社会学与社会工作研究论文写作
案例与方法

◎ 主　编　黄晓春　杨　锃　张天明

Paper Writing

上海大学出版社

图书在版编目(CIP)数据

社会学与社会工作研究论文写作：案例与方法/黄晓春,杨锃,张天明主编.—上海：上海大学出版社,2023.12
(研究生学术论文写作)
ISBN 978-7-5671-4912-0

Ⅰ.①社… Ⅱ.①黄… ②杨… ③张… Ⅲ.①社会学—论文—写作 Ⅳ.①H152.3

中国国家版本馆 CIP 数据核字(2024)第 001652 号

责任编辑　贺俊逸　陈　强
封面设计　缪炎栩
技术编辑　金　鑫　钱宇坤

"研究生学术论文写作"丛书
社会学与社会工作研究论文写作：案例与方法
黄晓春　杨　锃　张天明　主编
上海大学出版社出版发行
(上海市上大路99号　邮政编码200444)
(https://www.shupress.cn 发行热线 021-66135112)
出版人　戴骏豪
*
南京展望文化发展有限公司排版
上海普顺包装印刷有限公司印刷　各地新华书店经销
开本710mm×1000mm　1/16　印张18.75　字数311千
2024年2月第1版　2024年2月第1次印刷
ISBN 978-7-5671-4912-0/H・424　定价 65.00元

版权所有　侵权必究
如发现本书有印装质量问题请与印刷厂质量科联系
联系电话: 021-36522998

"研究生学术论文写作"丛书编委会

主　任　汪小帆

副主任　刘文光　李常品　曾桂娥

委　员　（按姓氏笔画为序）
　　　　　于瀛洁　王廷云　王远弟　毛建华
　　　　　卢志国　田立君　闫坤如　李凤章
　　　　　沈　荟　张勇安　张新鹏　姚　萱
　　　　　姚　蓉　聂永有　黄晓春　曾　军

总 序

教育部办公厅《关于进一步规范和加强研究生培养管理的通知》明确指出，研究生培养单位要加强学术规范和学术道德教育，把论文写作指导课程作为必修课纳入研究生培养环节。上海大学积极响应，安排各个学院组织开设相关课程并纳入研究生培养环节，取得良好效果。

为了进一步提升研究生培养质量，上海大学研究生院和上海大学出版社联合策划了"研究生学术论文写作"丛书，作为研究生学习学术写作的指导用书。本丛书内容涵盖文科、理科、工科、医学、经济、管理等多个学科，邀请各学科教授及学术骨干领衔担任主编，并根据学科特点，采用以下两种编纂模式：一是对已发表的高水平论文进行综合分析，归纳出写作要点；二是在已发表的论文案例基础上，论文原作者解析撰文过程和注意事项。这种"案例＋方法"的编纂模式，通过论文作者现身说法的方式，从问题意识、论证方法、创新之处等方面揭示论文的成文之道，为研究生提供可参考、可借鉴的学术写作范例。

上海大学老校长钱伟长生前指出，研究生培养分为两个阶段，一个是课程学习阶段，另一个是论文写作阶段。钱校长非常重视研究生学术论文写作能力的培养，他曾经在研究生开学典礼的讲话中指出："论文很重要。写论文以前，你首先要到第一线找到人家的'肩膀'在哪儿。"本丛书的编纂，践行钱伟长教育思想，探索案例和方法相结合的教学途径，为研究生提供学术研究的"肩膀"，为各学科研究生提供学术论文写作的方法指导，也可为青年教师撰写学术论文提供思路启发。

我们真诚地希望使用本丛书的教师、学生以及广大读者对其中存在的问题提出修改意见或建议，交流互鉴，共彰学术。

"研究生学术论文写作"丛书编委会
2021年9月

目 录

序言：论文写作的前置性工作 ································· 肖　瑛　1

第一编　社会学篇

中国政府的治理模式：一个"控制权"理论 ············· 周雪光　练　宏　1
　　方法谈：如何用理论与田野资料对话？ ······················· 24
草根动员与农民群体利益的表达机制
　　——四个个案的比较研究 ······························· 应　星　28
　　方法谈：社会学研究如何讲故事？ ··························· 49
产权怎样界定
　　——一份集体产权私化的社会文本 ··············· 折晓叶　陈婴婴　53
　　方法谈：案例研究的思考 ································· 93
消费制度、劳动激励与合法性资源
　　——围绕城镇职工消费生活与劳动动机的制度安排及转型
　　逻辑 ··· 王　宁　97
　　方法谈：文件分析作为方法 ······························· 120
经济体制、社会网络与职业流动 ··················· 边燕杰　张文宏　126
　　方法谈：量化研究的论文写作之道 ··························· 143

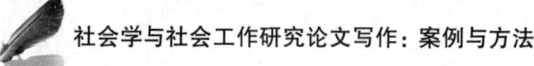

美貌与地位：中国人婚姻中的匹配与交换 …………………… 许　琪　147
　　方法谈：从复制到拓展：定量研究论文的写作技巧 ………… 180

第二编　社会工作篇

社会工作干预与中国乡村生态、生计和生活可持续发展的行动研究
　　——以绿耕项目为例 ………………………… 张和清　尚　静　183
　　方法谈：社会工作实务发展的探寻之路 ……………………… 205
空间正义与绿色社会工作介入：四川雅安灾后参与式社区设计的
　　行动研究 …… 古学斌　齐华栋　莉娜·多米内利（Lena Domineli）　211
　　方法谈：如何书写一篇符合国际标准的行动研究期刊论文 …… 229
从"脱嵌"到"再嵌"的张力及困境
　　——个体化视角下的单亲贫困母亲生命故事分析
　　　　　　　　　　　　　　………………… 范明林　董云芳　233
　　方法谈：浅谈生命故事分析的写作过程 ……………………… 249
改良的认知行为治疗小组对中国老年人阿尔茨海默症焦虑的干预
　　有效性 ………………………………………………… 安秋玲　252
　　方法谈：踏实实践，规范写作——社会工作干预论文的写作 …… 253

第三编　学术写作的思考

论文写作思维的转换：从"表达自我"到"为读者创造价值" ……… 项　军　256
穿梭于理论与经验之间
　　——博士学位论文开题与成稿的思考 ……………… 王元腾　261

序言：论文写作的前置性工作[*]

上海大学社会学院在编一本《社会学与社会工作研究论文写作：案例与方法》，以期为本科生和研究生的论文写作提供切实可行的指导，提升他们的写作能力。学院延请的撰稿人中，既有长期活跃在学术一线、成果斐然的资深社会学家，也有近年来崭露头角的青年学者，他们一方面提供示范性论文，另一方面对示范性论文的写作过程和思路作细致阐释。受命组织这一工作的张天明老师嘱托我为该书写序。我趁此机会，认真拜读了收入该书的论文和方法谈，受益匪浅，但同时自感才疏学浅，无能力也无资格对老师们的作品做出切中肯綮的评价，作序就更难以下笔了。但受命在身，不能不为，我不得不绞尽脑汁琢磨序言的角度。在阅读师友们的文章的过程中，我脑海中反复涌现的是他们的其他研究成果以及我与他们日常交往中的收获。本书所刊载的论文和方法谈只是他们的部分研究的简单呈现，或者是他们的研究成果的表象，藏在这些表象背后的，是他们经年累月的筚路蓝缕、孜孜矻矻的阅读、调查、思考、钻研和讨论，是他们在黄卷青灯的学术生涯中积累的深厚学术功底和独到学术见解，这些才构成他们学术的实质。但是，囿于本书主旨和体裁，他们不得已悬置了这些更有价值也更发人深省、促人走上真正的学术道路的洞见和体受，或者说更具基础性的工作，只能就文论文。有鉴于此，我何不利用作序的特权，摆脱本书的主旨和体例限制，基于自己的思考，结合对师友们的学术的理解，就他们没有机会论及的关于论文写作的更具基础性和前置性的"素养"培育问题发表一些看法，狗尾续貂

---

[*] 本文作者肖瑛，上海大学社会学院教授、博士生导师。主要研究领域为社会理论，出版学术著作9部，其中独著2部、合著6部、合译1部；在《中国社会科学》《社会》《社会学研究》等刊物发表论文80余篇。独著成果获教育部高校科研优秀成果奖二等奖1项，上海市哲学社会科学优秀成果奖一等奖3项、二等奖1项，陆学艺社会学发展基金会社会学优秀成果奖和增爱中国公益学术奖各1项。

地补充和接续他们的论述？基于此想法，我选择了一篇题为"从形式到实质：社会学研究的'更进一步'"的论文（发表于《中国社会科学评价》2022年第1期）权作为"代序"。受刊物版面限制，该文去年发表时有所删减，这次重新端详，除保留初稿的文字外，我又根据一年多来的阅读和调查体验对部分内容作了修改和补充。

社会科学在中国的发生和成长曾经长期依赖于对西方社会科学的引入和模仿。引入西方社会科学，不仅是跟随其问题意识，也是搬入其概念和理论，运用其认识论和方法，甚至还是模塑其评价体系。第二次世界大战以后，美国的全球霸权地位确立，曾经代表"西方"的欧洲国家的社会科学也不得不转而唯美国社会科学马首是瞻。在中国，改革开放四十多年来的社会科学发展史，也是一个从学习复数形式的西方转向模塑美国的历史。这一进程，对于中国社会科学的形成和壮大，对于形塑研究中国的学科体系，贡献巨大。但是，我们越熟练地使用美国社会科学的问题意识、概念、理论和方法来解释中国的各种经验，或者试图构建切合中国经验的中层理论或分析进路，制造出大批成果，对这类努力的不满足感也越强烈。我们会愈加明显地感觉到，此一路径既揭示构成某一现象的隐秘力量又触动和联通读者有待自觉化的某种深层次情感和价值的渴望总隔着一层未曾捅破的窗户纸。此类研究，受冯友兰的"中国哲学史工作者的一个任务，就是从过去的哲学家们的没有形式上的系统的资料中，找出其实质的系统"①说法的启发，我们姑且称为"形式性研究"。与之相对，能直抵人之情感和价值根源、能揭示现象背后深刻的结构性力量的研究，我们权宜性地称之为"实质性研究"。受教于费伊批评西方学界专注于"对韦伯式方法的形式主义分析"，而忽略了韦伯将"成熟的理解社会学的背景同实质的研究问题连接起来"的努力②，本文尝试将实质性研究确立为社会学研究的真问题和真目标。实质性研究既同形式性分析相对而存在，又是以后者提供的机制和技术为中介，是在后类研究基础上的"更进一步"(one step up)。③

一、何谓社会科学的实质性研究

关于何谓社会科学的"实质性研究"，很难从学理上做出精确的界定，本文基

---

① 冯友兰：《中国哲学史新编》，商务印书馆2020年版，"全书绪论"，第34页。
② Tony Fahey, "Max Weber's Ancient Judaism", *American Journal of Sociology*, Vol.88(1), 1982.
③ Dick Pels, "Reflexivity: One Step Up", *Theory, Culture & Society*, Vol.17(3), 2000.

于对社会科学作品的阅读和体验经验的反思,提出三个相互关联的标准。

(一) 推进"文化自觉":"世界图像"的抵达与接通

虽然"文化自觉"是费孝通在20世纪末才提出的一个概念,但中国人对它的关注有着悠久的历史,先是"天下"观念中的华夷之辨,凸显中国文化的崇高地位,然后是近代以来的中西对比,文化自觉被苦心孤诣地坚守,再后是近几十年来随着经济建设成效凸显而涌现的重新洞悉中华文明独特性的渴望和努力,包括在韦伯命题吸引下否证与证成儒家伦理与现代性的亲和性的各种尝试。而且,文化自觉不只是中国的概念,还是世界性的概念,就如罗斯所说,"所有的国家都孕育了一种'特殊性'的民族情感,而且从历史事实来说,所有的国家也都在某种意义上是独特的"[①],只要人们开始构建自己的文化、民族、国家认同,文化自觉就自然而然地成为社会科学的核心议题。众所周知的韦伯对欧洲文化独特性的好奇并由此而展开的浩大的文明比较研究[②],美国社会科学从19世纪开始的对美国例外论的界定、建构和重构其实也是美国社会科学自身的形成史[③],英国社会科学对"英国性"(Britishness)的呼吁[④],都在表明"文化自觉"是几乎所有国家的社会科学关切的核心论题。而且,社会科学不可能彻底规避文明性、民族性和国别性特征,它们都浸润在特定的文明之中,其问题意识和思维方式都难以超越所在文明的限定和引导。同样,社会学自从接纳德国历史主义一脉之后,就未曾规避而是主动迎接民族性,一种国别的社会学,既生发、浸润和实践于民族性又是对民族性的研究,其实质价值也通过增进对自身民族性的自觉来呈现。

文化自觉从根本上说是对一个社会、一种文明的"世界图像"(world images)的自觉。韦伯对"世界图像"有清晰的界定:第一,其作用就像"铁道上的转辙器,决定了轨道的方向,在这轨道上,利益的动力推动着人类的行动"。换言之,虽然是利益和权力驱动人们的行动,但人们如何理解、选择利益和权力,以及在理解和选择后如何决策,都不是利益和权力所直接决定的,而是由其心智结构中的"世界图像"决定的。第二,构成"世界图像"的,是具体的"观念"(idea)或曰共同

---

① 多萝西·罗斯:《美国社会科学的起源》,王楠、刘阳、吴莹译,生活·读书·新知三联书店2019年版,第674页。
② 马克斯·韦伯:《新教伦理与资本主义精神》,康乐、简惠美译,广西师范大学出版社2007年版,第1页。
③ 多萝西·罗斯:《美国社会科学的起源》。
④ Anthony Giddens, *In Defence of Sociology*, Cambridge: Polity Press, 1996, p.112.

精神气质(ethos)①,或者人们所真正据以行动而非口头宣称的"价值"。② "观念""精神气质""价值"是比"世界图像"更为深远的力量,是"文化自觉"的最终对象。这些东西是历史地形成的。中国古人说的"干、越、夷、貉之子,生而同声,长而异俗,教使之然也"(《荀子·劝学》),或"性相近,习相远",都说明:无论什么人之间都必定有某些共通的自然人性;但一旦出现人际互动,"习"和"俗"即认识、评价和处理"性"的具体方式就会悄无声息地衍生。"习"和"俗"是"观念"和"精神气质"的原型,也是文明的原型,复数的"习"和"俗"是种种彼此相异又相同的文明类型的具象化。由此可以说,社会科学的"文化自觉",就是从文明比较角度出发研究不同的"习"和"俗"在何处何时出现、如何界定和处理"性"、如何同与己相异的"习"和"俗"交往、如何变迁等基本议题,从而切近一种"世界图像"的构成、运行和变迁。当然,不是社会科学的所有活动都应以直接研究和把握所处文明的整体性"世界图像"为使命,事实上,大多数研究只是针对某种局部社会现象,但这类研究仍需自觉进入研究对象所处文明的整体脉络,也必须明确意识到自身同"世界图像"的内在关系。

(二)激活同情共感:读者与研究对象沟通的桥梁

关于道德和正义,启蒙运动形成了两种对张的思路,一条是理性主义,一条是情感主义(sentimentalism),前者强调是理性为心灵立法,后者则坚持每个个体都有道德反思即为自己立法、确立道德标准的能力,并且,"通过同情,经修正的反思性情感才得以在个体之间被分享"③,由此创造了社会的共同道德和规则。近代以来,"同情"(sympathy)被"同情共感"(empathy)取代,但情感主义的基本主张没有实质改变,反而得到越来越多的支持,并成为反思理性主义的武器。④

情感主义一方面预设了一些基本的共同人性,如"怵惕恻隐"等"善"的面向,以及利己主义等"恶"的倾向,使现实中跨越各种边界的相互理解成为可能,另一方面相信不同人群在处理同样的"恶"以建立秩序或达到其他目标时的方式并不必然不约而同,对理想"秩序"的想象也会各有抒发,文明及其分殊由此而创生,

---

① 韦伯:《中国的宗教 宗教与世界》,康乐、简惠美译,广西师范大学出版社2004年版,第477页。
② Max Weber, *The Methodology of the Social Sciences*, Glencoe: the Free press, 1949, p.14.
③ 迈克尔·L.弗雷泽:《同情的启蒙:18世纪与当代的正义和道德情感》,胡靖译,译林出版社2016年版,第2页。
④ 迈克尔·L.弗雷泽:《同情的启蒙:18世纪与当代的正义和道德情感》,第205页。

同情共感因此而蜕变成局部性的。同时,情感主义基于对理性主义的反思,一方面强调特定世界图像虽然可能跟有意识的创造相联系,但不可能完全源于理性规划、推理和实践,而一定是人们的日常生活的意外后果,无以脱离人们的日常关怀和情感取向,因此,求取世界图像的文化自觉若不依赖于同情共感,就难以达到目的,另一方面认为,即使理性化的社会规则也必须以同情共感为基础方能有效,如亚当·斯密和乔治·米德都强调,若没有参与者的道德反思,不"越来越具体地采取他人的态度"①,市场就不可能存续。基于上述原因,社会科学研究若摒弃研究对象的日常情感和价值,否弃"将心比心"的做法,就无法理解社会以及社会中的个人。

当然,对社会科学持客观性标准的读者看来,社会科学对"同情共感"的接受势必干扰研究的客观性。自韦伯以来,一般的社会科学都强调,为获得结果的客观性,研究者在研究中必须保持价值中立,不能夹带"私货"。其实这一要求涉及多个方面的问题:一是如何理解"客观性",是自然主义的外在性等于"客观性"还是作为特定群体的共同默会知识如世界图像抑或通过反思达成的共识属于客观性范畴。从情感主义角度出发,后者当然属于客观性范畴,而不能将之等同于主观主义和相对主义,而且,即使外在的客观规律也必须通过相关人们的意识或情感作用方能有效。二是基于这一认识,社会科学研究必须学会处理韦伯所说的"价值中立""价值关联""价值判断""价值诠释"之间矛盾性的相互依存关系。首先,研究者是通过"价值关联"(value-relevance)②而选择和进入某个现象和论题。若无特定价值的牵引,不仅选题难以进行,而且勉为其难确定选题后,研究者也难以忘我投入研究过程。如前所述,韦伯就自白"自己是欧洲文化之子"这个角色意识和自我定位激励着他开展文明比较研究。这种激情在苏格拉底的叙述中,就是"爱"。《理想国》描述了哲学家对终极理性的"激情之爱"的特点:"凡是真正地爱学问的人(real lover of learning),他总是出于天性就要去朝向'是'(being);他不会停留在那呈现为多的表象,相反,他将一直向前追求,不疲软,不松弛他的爱恋(erotic love),直到他通过他的灵魂中专门适用于去掌握每一个'是'的本性的那个部分,去掌握住了这样的事物的本性。"③换言之,对终极

---

① 米德:《心灵、自我与社会》,赵月瑟译,上海译文出版社1992年版,第261页。
② Max Weber, *The Methodology of the Social Sciences*, p.21.
③ 柏拉图:《理想国》,顾寿观译,岳麓书社2018年版,第278页;Plato, *Complete Works*, edited by John M. Cooper, Indianapolis: Hackett Publishing Company, Inc., 1997, pp.1112—1113.

的、不可化约的"是"的探索,是以对"智慧"这一"缪斯女神"的疯狂"热爱"为动力的。这也是苏格拉底在灵魂和心灵之间安插一个"激情"(spirit)的道理所在。其次,既然"所有关于精神现象和社会现象的科学都是关于人之行为举止的科学","包括所有思想和态度",那么,就必须采用代入性理解方法。韦伯提倡的"理解"(understanding),指研究者应进入研究对象所处的情境,去想象他/她在这一情境中会怎么想、怎么做,为什么会这样想、这样做。为此,研究者必须一方面借助大量历史和社会资料来建构同研究对象所处情境切近的情境,另一方面借助自己的阅历和同情能力,同研究对象展开跨时空的"同情共感"①或曰"价值诠释"(value interpretation)。② 韦伯的"理解",以及从亚当·斯密到乔治·米德对市场这一抽象社会中其他行动者的"同情",同陈寅恪主张的"与立说之古人,处于同一境界,而对于其持论所以不得不如是之苦心孤诣,表一种同情,始能批评去学说之是非得失,而无隔阂肤廓之论"③,即中国人说的"将心比心"若合符节。当然,"理解"只是获得客观结论的主观方法,同研究者是否从情感和价值上支持或原谅自己的研究发现或研究对象的所想所为,完全是两回事,"理解但不支持/原谅"很可能是研究者常见的选择。④ 最后,虽然韦伯说社会科学的研究结论不能代替行动者的选择,而只是告诉行动者做出某一选择的可能后果,但是,就如研究问题提出时需要"价值关联"一样,一个研究若不能在知识上给人以刺激,或在情感上给人以共鸣,或在价值上给人以呼应,或在道德上给人以反思,根本不可能被人关注并发生实质性影响。

(三) 见微知著:从特殊到普遍,从个体到整体

见微知著是社会科学研究的一个内在特点,可以从两个角度来理解:一是普遍性何以达成;二是个体与整体之间的连接,从个体探析特定全体,"迈向全体的个案研究"⑤就是这一连接的生动表达。

相比于自然主义(naturalism)的社会科学研究以"演绎性规律体系"作为目标⑥,同情共感提供的普遍化机制是"主体间性"(inter-subjectivity)。当一个研

---

① Max Weber, *The Methodology of the Social Sciences*, p.41.
② Max Weber, *The Methodology of the Social Sciences*, p.22.
③ 转引自费孝通:《补课札记》,载《费孝通全集·第 17 卷,2000—2004》,内蒙古人民出版社 2009 年版,第 49 页。
④ Max Weber, *The Methodology of the Social Sciences*, p.14.
⑤ 渠敬东:《迈向全体的个案研究》,《社会》2019 年第 1 期。
⑥ Anthony Giddens, *In Defence of Sociology*, Cambridge: Polity Press, 1996, p.68.

究能够触动同行和读者意识深处的某根神经,产生新奇、启发以及共感时,"主体间性"就发生了,读者和文本之间、以文本为中介的读者和读者之间的共识就出现了,普遍性应运而生。类似的共识以不同形式反复发生、扩散和积淀,不言而喻的"共识真理"逐渐奠定,构成集体性"精神气质"或曰"观念",塑造作为"转辙器"的"世界图像"。

以特定"世界图像"为中介的"同情共感"则是联结整体与个体的基本方式。自然主义的社会科学认为整体是直接作用于个体,或者说结构直接左右行动,但诠释学取向的社会科学强调每个社会人都是有着特定资格能力的行动者,有自己独特的行动目的和知识,这些要素影响着他们如何理解整体和结构,如何采取行动策略。换作韦伯的说法,整体作用于个体是个体以"世界图像"为中介来认识整体后采取行动而实现的。从这个角度来理解社会学经典著作,就会发现,经典之所以是经典,就在于它们是从人心的幽微处再现历史的力量,从个别现象出发重建整体的构成和变动,或者从整体的角度来观察一个时代落在一个人身上和心上后会表现成什么样子。如韦伯通过对新教徒女工的"职业伦理"和富兰克林日记的分析来呈现新教教义同资本主义伦理之间的关系[1],涂尔干从个体的自杀行动来彰显社会道德密度的变化[2],等等。同样,社会学者眼中的那些被冠以"史诗"之名的经典文学作品,如《战争与和平》《飘》《白鹿原》,也特别注意从细腻的情感描写中让人体悟具有整体意味的社会背景的形态,关注"大革命落在人心之上的样貌"。[3]

(四)小结

在上述三个目标中,"同情共感"是另外两个的实现路径。通过这三者来引导社会科学研究,不是要否定社会科学研究的自然主义取向,而是说单纯的技术性解释可能导致一些严重的困难:第一是很难对文明差异的构成性原因提出有说服力的解释依据,第二是很难对不同文明面对共同难题时采取的完全异质的认知和反应做出充分解释,如世界上不同国家对新冠肺炎的不同认知和应对,第三是社会科学可能忽视其根底上的"建构性"包括其所宣称的"客观性"的"建构性",故而"悬浮"于某种虚拟的"客观性"之中,限制了自身的生命力。

---

[1] 马克斯·韦伯:《新教伦理与资本主义精神》。
[2] 埃米尔·迪尔凯姆:《自杀论》,冯韵文译,商务印书馆1996年版。
[3] 潘丹:《自我、革命与爱情:〈红与黑〉中"心灵之爱"与"头脑之爱"》,《社会》2021年第4期。

二、社会学的想象力与实质性研究

实质性研究是所有社会科学的目标。但是,社会学比其他社会科学在这一目标上应更为自觉,这是由社会学的学科特质决定的,是社会学实践其独特想象力的内在要求。

与很多学科根据研究对象来界定学科性质不同,社会学是通过自己独特的想象力的彰显来自我界定的。所谓"社会学的想象力",就是将社会性现象放置在具体社会背景下,从人与社会互动的角度探索现象的构成逻辑和形成、变化的动力;但是,社会学不承认存在先验的、铁板一块的社会结构和观念结构,而是认为结构是一复数概念,同一或不同时空下的结构之间存有空隙,不同个体所处的结构也千差万别,这为不同性质和程度的个体性/主体性滋生创造了条件;主体性意味着个体拥有援引参照系、做出思考和选择的能力,其主体性因此而得到进一步弘扬。①

社会学的现象力从多个方面要求社会学研究走出抽象的、逻各斯中心主义的路数,而采用经验的、条件性的研究方式,不断追问社会现象发生和演变的现实和历史根源。其一,发生在社会中个体或者群体之上的任何现象都可能是社会性现象,必须从其与社会关联的角度分析哪些结构性因素对它有意义,是如何影响和形塑它的,并判断哪些结构性力量的变更可能对现象的构成和运行产生影响。社会学对具体社会条件的强调以及精益求精的追寻和分析,让一些哲学家攻击社会学消解了终极关怀而跌入相对主义的泥沼,譬如列奥·施特劳斯对韦伯的批评,但其实,这是古典政治哲学对社会学的误会。古典政治哲学不是经验性的学问,其首先追求的是人类终极美好的样子应该是什么,然后用以批判现实社会,而至于二者之间的距离、现实社会通往理想目标的可能性,则不是它们要考虑的;相反,社会学首先是经验性学问,是探寻我们的社会呈现为现实中的样子的具体原因,然后才在选定的理想目标指引下思考和研究社会变革的可能路径及其在未来某个阶段可能呈现的样子。而且,社会学不会消解终极关怀,也不会走向相对主义,其对于终极关怀的讨论不是从目的论出发,而是从社会建构性出发,分析终极目标的社会根源,或者个性化的社会建构如何通过社会传播机

---

① 肖瑛:《回到"社会的"社会学》,《社会》2006年第5期。

制而成为被普遍认同的社会规范。

其二,社会学对社会现象发生、变迁的社会条件的经验性理解,既是整体性的,又是历史性的。"整体性"指影响一种社会现象之形成的因素是多重的,它们之间虽然很可能不是系统论想象下的"纲举目张"的关系,但肯定会"牵一发而动全身"。"历史性"则想阐明,任何社会现象都不是前无古人地突然出现的,而一定跟之前的社会现象和条件有着千丝万缕或疏或近的联系,过往发生的现象可能以制度的惯性、思维方式的沉淀以及记忆和认同等方式在暗地里影响着后来人的意识、思维和行动,影响着社会现象的性格构成和变动。一个研究虽然难以一次性地实现对社会条件的整体性的和历史性的把握,并阐明其同研究对象之间的所有关系,因此在论述上自然会有各种畸重畸轻,但在研究和论述时不能没有整体性和历史性的意识,不能满足于线性的和单一的因果关系界定,或者"当下主义"(presentism)。① 对整体性和历史性的关照,在一定意义上是王铭铭提出中国人类学是关于文明的研究②,渠敬东将文明研究定义为社会学的本质③的初衷。

其三,当我们强调社会条件以记忆和认同、思维方式的形式绵延时,就暗含了一个基本观点:构成一个社会整体的各种因素,不全是物质的、制度的,还有精神性的、情感性的,它们也以结构性的形式存续。前文提及整体与个体的连接方式,除了吉登斯所谓的"结构二重性"以强调个体的能动性之外,其实最为重要的是韦伯所说的"世界图像"这样一种既作为社会的结构性因素又作为沟通或阻碍构成社会的各种物质的和非物质的结构性力量同个体行动关联的"转辙器"功能。一项研究要走出自然主义式的直接决定论和线性因果关系,避免"悬浮"状态,必须对研究对象所浸润其中的"世界图像"及其构成有清晰的认知和判断。一个社会和一种文明,既拥有基础性的"世界图像",这是不同社会和文明相互区分的根本,又在内部有着复杂的分化,特别是在全球交往日益频繁的背景下,各种"世界图像"不断地对话、冲突和再造,既增加了再生产出人类共有的"世界图像"的可能性,也强化了不同个人、群体、社会和文明之间"世界图像"构成和对话的复杂性。这就需要社会学研究者不仅对"世界图像"的作用机制有明确意识,而且要研究"世界图像"的变动进程及其阶段性后果,在历史主义视野中开展不

---

① 多萝西·罗斯:《美国社会科学的起源》,第 534 页。
② 王铭铭:《超社会体系:文明与中国》,生活·读书·新知三联书店 2015 年版。
③ 渠敬东:《作为文明研究的社会学》,《中国社会科学》2021 年第 12 期。

同"世界图像"的比较研究。这是社会学和人类学作为文明研究的学科的当然使命。

其四,"常识"可能蕴含着支配社会运转的结构性力量。一个社会的秩序,在很大程度上是由林林总总非系统化的常识决定的,因为"常识"往往是其拥有者的观念、价值以及情感的沉淀。在这个意义上,"常识"也是"常规"。同样,一个社会的变迁,在很大程度上表现为基本"常识"的转变。关注和研究"常识"是社会学想象力的内在要求。这当然不是指社会学是对各种常识的复述,而是指社会学首先必须正视和研究常识所蕴含的结构性力量,然后不能满足于对具体常识的社会作用的直观性感受,而必须对不同常识进行鉴别,譬如鉴别哪些常识对于特定社会秩序和人的行为的影响是表面的、无足轻重的,哪些常识是关键的,隐含着"世界图像",哪些常识只是更深层次的"观念"和"精神气质"的"保护色",等等。总之,社会学的研究既不能离开常识,但又必须与常识保持距离。离开常识的研究往往只是研究者对于社会现象的拟"唯智主义"想象;对常识的简单复述让研究难以被称为研究;尊重常识但又揭示常识隐秘的运作机制的研究才能同时给予读者以亲切感和启发性。

其五,自我反思的社会学实践。与自然主义想方设法隔离研究者与研究对象不同,社会学是特定文明和社会的产物和表征,社会学者亦如此,是其所研究的社会的成员。即使他/她不生活在其所研究的群体中,某些人性中的普遍情感也使其难以彻底摆脱自己同这个社群的共情。渠敬东认为,"个案的敞开过程与一个人的成长经历是相似的:他需要营造一个好的环境,有各类丰富充足的知识为未来做准备,但任何知识都终究代替不了生活的历练,在他所经历的无数故事里,他开始真正懂得自己从哪里来,到哪里去,懂得设身处地地为他人着想,感同身受地体会别人的情感和道理。唯其如此,他才会尝试着从社会中发现自己,从历史中看到未来;也唯其如此,他才能细心品察发生在现实生活中的每个意味深长的故事"。[①] 这段话可以说是对被费孝通牢记于心的燕京大学课堂上帕克的教导"我们自身的生活就是最好的社会学的素材"[②]的细致诠释。由此可见,社会学者没有必要刻意回避自己的生活阅历同研究之间的关系,反倒是要充分利用自己的阅历,研究者的社会阅历越丰富、对社会的参透越深刻,研究对象在

---

① 渠敬东:《迈向社会全体的个案研究》,《社会》2019年第1期,第33页。
② 费孝通:《补课札记》,载《费孝通全集·第17卷,2000—2004》,内蒙古人民出版社2009年版,第46页。

其思维中的形象就越复杂,其关联各种结构性因素的能力就越强,其洞见就越具有穿透力,也就越能激活同情共感。另一方面,为检验研究发现的可靠性,研究者应该把自己的发现运用于自身,检查其是否适应于自己,是否有助于反思自己的生活经验,或者与自己的生活经验和感受的距离,对自己反思自己人生带来的触动。当研究者本人都对自己的发现无动于衷甚至不甚相信时,这种研究的可靠性就存疑了。

这种"把自己作为方法"[①]的要求同布尔迪厄所主张的"反身性社会学"既相同又不相同。相同的是社会学和社会学者都应该接受社会学的检验;不同的是,反身性社会学渴望以此通往某种外在的客观性,但对于我们来说,客观性并不重要,重要的是通过社会学者自身的投入来增进研究的实质可靠性,当这些研究在不同范围的读者之间获得认可,成为他们自己反思的参照时,其普遍意义就出现了,客观性也就水到渠成。

当然,这里所说的"阅历"并不仅仅指个人自然成长过程中积累的经验,如果满足于这种"朴素经验主义",社会学作为一门学科的必要性就荡然无存了;而且,个人的生活经验是有限的。作为社会学者,需要通过调查、阅读、思考以及学者之间的交流来丰富和扩充自身经验,提升理解与己不同的其他现象、情感和价值的能力,才能尽可能地同时跳出"朴素经验主义"和"抽象经验主义"[②]以及布尔迪厄说的"唯智主义偏见"[③]。

总之,"社会学的想象力"规定了社会学的思维方式,也指明了社会学的研究目标,当自然主义方法在社会学中被推向极致时,社会学也就走向了自己的反面,即反社会的和反社会学的。

三、更进一步:通往社会学实质研究的一个尝试

(一)以实质研究为参照对社会学研究个案的反思

过去四十多年中,中国社会学无论是理论还是经验研究,都积累了一批批经典成果,对后续研究起着重要的示范和引领作用。但是,社会学的研究如何继续前行,如何跳出形式性研究和技术性研究有余而实质性研究不足的困境?需要

---

① 项飙、吴琦:《把自己作为方法——与项飙谈话》,上海文艺出版社2020年版。
② 应星:《"田野工作的想象力":在科学与艺术之间》,《社会》2018年第1期。
③ 布迪厄、华康德:《实践与反思:反思社会学引论》,李猛等译,中央编译出版社1998年版。

我们对这些成果不仅进行系统学习,而且以新的标准开展批评和检讨。检讨的目的不是否弃其价值,而是在他们的基础上打开新的学术空间。

首先我们来看理论建构。数十年来,在社会学中国化的鼓励下,一些学者积极尝试构建中国自己的社会学理论体系,一些学者致力于构建经验研究的理论框架和方法论,涌现出一批扎实的、富有创建的成果。这些成果对于推进社会学理论从引介转向重建的贡献毋庸置疑。但是,当我们以实质性研究为目标来找寻理论建构的新空间时,就会发现,"中国"在上述理论想象中的位置还不是十分明朗。症结之一,是社会学者大多是从社会学的一般性概念出发,譬如结构与行动、个体与社会、解释与诠释、话语与实在、结构与建构、国家与社会、制度与生活,等等,通过对这些概念的重新分解和组合来搭建一般性或中观层次的理论体系。这样的组合和搭建虽然增加了理解社会的复杂性,为世界社会学提供了新的养分,但若满足于在这些概念层面展开论述,就很难回答中国社会何以如此构成、运行和变迁,某个具体的中国人、组织何以如此思考和行动,某个政策何以如此制定以及何以被如此理解和执行等更为具体和实质的问题。这里以"制度与生活"为例。① "制度与生活"对于批判无条件地将"国家与社会"这样的西方问题意识和视角搬入中国场景的、在规范与经验之间制造"错置具体感的谬误"的现象有重要意义,并且确实为切近中国经验提供了更为复杂的思考进路。但是,这个概念仍然带有一切中西方理论建构共有的缺点:第一,提供了一些技术性和形式性的概念,如"制度""生活"和"非正式制度"等,作者对这些概念在具体语境下的内涵虽然有所探究,但其探究还是局限在中观层面,或者说对"生活"的理解是现象性的,未尝对其同该语境下人的"世界图像"的关联做更为深层次的挖掘,所以这些概念之间的搭配所呈现的社会行动和结构仍有一定的抽象性,难以呈现和解释具体个人和具体社会的行动和组织的实质依据和动力,特别是最为根本的"正当性"依据。第二,仅仅从权力和利益角度来理解社会互动,没能讨论具体社会中的行动者理解权力和利益的观念性凭依,既没能关注具体伦理同权力互抵互长的复杂关联,以功利主义方式简化了互动关系。第三,虽然注意到"制度"与"生活"的历史积淀和绵延性,但无明确的历史意识,反倒是迎合了经验资料的"当下主义"取向。一言以蔽之,在上述三个缺陷方面,"制度与生活"的提

---

① 肖瑛:《从"国家与社会"到"制度与生活":中国社会变迁研究的视角转换》,《中国社会科学》2014年第9期。

法与简单地引入"国家与社会"的做法并无实质区别,都以为只要在中观机制上展开分析就能揭示一个社会的实质性构成,而没有注意到,要达成这个目的,必须将"生活"和"制度"以及各自的行动者放置在具体社会语境中,爬梳构成"生活"的集体性"精神气质"根底。

再来看经典的经验研究。国内社会学界大多数的理论建构与其说是理论取向的,毋宁说是面向经验的方法论论说,譬如"制度与生活"就是基于经验提出并试图回归经验的。其中,孙立平的"过程—事件"分析方法的影响最为深远,他自己的一些非常精彩的经验研究是对这一方法的具体运用。但是,如前文所述,单纯的中国层面的经验分析很可能忽略一些更具实质价值的内容。这里以《"软硬兼施":正式权力非正式运作的过程分析》为例做简要讨论。在这个研究中,作者对自己观察和亲历的华北 B 镇收粮的若干个案做了细致梳理,呈现了镇干部是如何根据欠粮农民各自的性格、社会关系等因素,非正式地运作自己手中的真实权力,完成收粮任务的。① 这个研究对正式权力通过情理机制而展开的非正式运作的细致剖析,对于社会学的质性研究,特别是上访、抗争以及国家与农民的关系等主题的研究,影响深远,今天很多的相关研究依然处在它的影响下。但是,今天我们来回观这个研究,还是能发现其中可以"更进一步"的方面:镇干部何以能够非正式地运用权力工具,相关欠粮农民何以能配合其非正式的权力使用策略,其背后的"正当性"依据即文中所谓的"情"和"理"的根源在哪儿,或者说非正式权力实施的深层次情感和伦理根源是什么?虽然文中所使用的材料透露了一丝丝玄机,但作者似乎并不特别关注这一点,所以没有深究。而要回答这些更为独特和实质性的问题,需要细致分析这些被作者引用但又边缘化的材料所暗示的具体"世界图像"。

与上述以自创的方法论为引导的经验研究相似,这些年来,我国社会学界流行运用一些外来概念和理论,如国家与社会、表演理论、情感劳动理论、场域理论、消费社会理论、微观权力理论、工厂体制理论,等等,或者作者围绕权力、利益或者与之相关的概念如控制、支配等建构的中观分析框架,来分析中国的经验和历史现象,一些成果构思精巧、分析细致,形式完美,给人以启迪。但是,当类似的研究日渐丰硕的时候,审美疲劳就出现了,让读者感觉作者似乎没有把道理说

---

① 孙立平:《"软硬兼施":正式权力非正式运作的过程分析》,载《结构—制度分析,还是过程—事件分析》,谢立中主编,社会科学文献出版社 2010 年版,第 155—185 页。

透。这类感觉,说到底还是由于分析框架不是来源于研究对象本身而是来自"外围",研究者尚无自觉触摸从根本上影响经验现象的力量的自觉。

(二)通往联结经验与"世界图像"的实质性研究:以"家"为例

那么,如何在已有研究进展的基础上更进一步,建立经验和历史现象同其所处社会乃至整个文明的"世界图像"的内在联系,甚至,如何界定既是中国文明所特有的,又能展开文明比较的"世界图像"呢?作者暂时无力对这些问题做出一般性的准确回答,只能尝试以例证的方式提供一些可供参考的思路。

表达"世界图像"的概念非常之多,如"国民性""民情""深层结构",等等。对这个问题的探索自中西发生碰撞时就开始了,形成了一些观点,如梁漱溟、钱穆等思想家的西方"主动"、中国"主静"等表述。但遗憾的是,大多数的文明比较只在现象层面展开,较少取得实质性成果,20世纪上半叶只有费孝通的"差序格局"和"团体格局"这对范畴,才真正触动了中西文明的一般性"世界图像"的脉搏。遗憾的是,虽然"差序格局"在中国社会学界被频繁使用以致滥用,但较少人注意费孝通提出它时赋予其联结经验现象与中国社会的深层"世界图像"的价值,直到吴飞和周飞舟从丧服制度对"差序格局"的重新解读,才让这一价值得以凸显。① 当代最为接近中国人的一般性"世界图像"的实质内容的表述,当属杨国枢等学者的"泛家族主义"说。② 但杨氏对这个概念的解释还是稍显形式化。

可喜的是,近年来,社会学界似乎在有意识地寻找构成中国文明和中国人之心灵世界的基石,并有了一些成果。这首先表现在周飞舟在评论渠敬东的乡镇企业研究成果时,指出了乡镇企业研究的两条路径,一种是"'外围'解释",一条是回到乡镇企业的"乡土性":"乡镇企业具有浓厚的'乡土性'。这个'乡土性'并非指乡镇企业坐落于农村,使用的是完全来自农村的土地、劳动力等生产要素,而是沿袭了费孝通在《乡土中国》中所使用的'乡土'的含义,是与'差序格局''私人道德'等概念联系在一起的"。③ 周文虽然没有更细致阐述乡镇企业的乡土性研究的实质意义,但所区分的"外围"和"乡土性"即"内在",以及将这种内在路径直接同"差序格局"和"私人道德"挂起钩来,则完整表达了乡镇企业研究从形式性和技术性走向实质性的基本想法。杨善华、孙飞宇基于亲历的农村调查经验

---

① 吴飞:《从丧服制度看"差序格局"》,《开放时代》2011年第1期;周飞舟:《差序格局与伦理本位》,《社会》2015年第1期。

② 杨国枢:《中国人的社会取向:社会互动的观点》,《中国社会心理学评论》第1辑,社会科学文献出版社2005年版。

③ 周飞舟:《回归乡土与现实:乡镇企业研究路径的反思》,《社会》2013年第3期。

提出社会学应该关注"社会底蕴",并列举了五种"社会底蕴"类型。① 这些"社会底蕴"其实可以归结为一个字:"家"。而且,在他们的思维中,"家"不简单地是我们习惯上称呼的社会的基本构成单位,更是作为人们想象人际关系的"隐喻"的家。此后,在家庭社会学、家庭史、家庭人类学之外,学界关于"家"的研究逐渐丰富起来,其中的代表性成果有:渠敬东对《金翼》的重新解读,揭示了家作为中国人社会生命之根源的地位②,杜月以芝加哥学派的美国和中国研究个案为例辨别了家在美国人和中国人心目中的不同地位③,肖瑛提出以"家"作为方法来重建社会理论④,林叶对城市房屋征收所导致的分家的研究⑤,以及周飞舟通过阐释构成原始儒家的"家"核心的"一本"与"一体"的形成逻辑的梳理。⑥ 毋庸置疑,"家"不是到最近几年才成为社会学和人类学的新主题,恰恰相反,它曾经占据世界学术史的中心地位,在中国社会学和人类学学术脉络中也从来就是众星拱月般存在,留下了众多今天依然重要的成果。但在如今的社会学研究领域,家庭作为研究对象主要是实体性的存在,家庭社会学和家庭史研究习惯于引入权力、利益、阶级和资本等概念来解析家庭关系,把家带入本文所批评的形式性和技术性研究领域。但是,前文列举的四个研究与既有的家庭研究在对"家"的理解上有着根本的差别:渠敬东的研究突出的是家在中国人的情感和价值结构中的本体性地位,人们的一切活动都为家而展开,家是中国人安身立命的根本;杜月同样基于二手文献的比较研究证实了渠文的发现;周飞舟的研究不仅在原始儒家的理论上印证了渠文的观点,更为重要的是厘清了儒家从家出发到"治国平天下"的社会理论建构的逻辑起点和基本结构。的确,原始儒家的这一理论构想从来没有在历史和现实中得到完整的实践,但不可否认的是,它是中国传统社会伦理道德体系的核心,是中国人定位自己和想象世界的出发点和基础性参照,生生不息地深刻地影响和反复建构着中国人的思维方式和精神气质。进入 20 世纪后,反家的浪潮甚嚣尘上,但反家的闯将们其实也无法真正走出"家"。今天,虽然家庭危机被不断鼓吹,但作为思维方式和精神气质的"家"依然构成中国人

---

① 杨善华、孙飞宇:《"社会底蕴":田野经验与思考》,《社会》2015 年第 1 期。
② 渠敬东:《探索中国人的社会生命——以〈金翼〉的社会学研究为例》,《中国社会科学》2019 年第 4 期。
③ 杜月:《芝加哥舞女、中国洗衣工与北平囚犯:都市中的陌生人》,《社会》2020 年第 4 期。
④ 肖瑛:《"家"作为方法:中国社会理论的一种尝试》,《中国社会科学》2020 年第 11 期。
⑤ 林叶:《拆"穿"的家庭:住居史、再分家与边界之争》,《社会》2020 年第 6 期。
⑥ 周飞舟:《"一本"与"一体":中国社会理论的基础》,《社会》2021 年第 4 期。

复杂的"世界图像"的基底。基于这一考虑,肖瑛从中外比较出发,提出"家"作为方法,以构成家的基本纽带的"血缘"为基础,从情感、支配以及经济三个维度搭建分析架构。如果说肖瑛的上述设计还停留在理论和思想层面,那么林叶的经验研究则呈现了在中国人的日常生活和社会治理中"家"的多重面向和价值:既是分的对象,又是家庭分而不散的纽带,还是家庭内部利益处置的核心机制。在后两种情形下,"家"就是方法,它表现在家庭成员明明在分割利益,却声称"只谈恩怨,不涉利益",反复搜刮记忆中发生在兄弟姐妹姻娌叔侄之间的鸡毛蒜皮小事,来建构恩怨,表达取利之理由,也表现在万不得已不愿意对簿公堂,而是在貌似低效的反复争吵中让利益的天平倒向经济条件相对差的家庭成员,在各种看破不说破的"照顾"中实现家庭内部的"实质公正",等等。所有这些研究,在很大意义上接续了潘光旦、费孝通、林耀华、许烺光、杨国枢等前辈的相关观点,从"家"出发,重现了中国人一般性的"世界图像"及其根源。

(三)以"家"为方法推进实质性研究的一个尝试

以"家"作为方法来反观前文关于"制度与生活"和"收粮"分析之局限的讨论,可以更为直观地展现如何在已有研究基础上"更进一步",打开社会学实质性研究的新局面。

在《从"国家与社会"到"制度生活"》中,作者是这样界定"生活"和"生活主体"的:"'生活'指社会人的日常活动,日常生活(everyday life)既是实用性的、权宜性生产的、边界模糊的,又是例行化的、韧性的,如'民情'(mores)及各种'非正式制度',其中后者是前者反复使用和扩张的结果。""生活主体则是过日子的人们,是具体民情的承载者和建构者,他们不仅对自己的生活方式、诉求及其理由拥有一定的'知识',也具有依情势而生产出相应知识的能力,但与正式制度代理人的理性化相比,生活主体们的'知识'更多属于生计性的经验知识与道听途说的外来知识的混合体。"① 显然,无论是"生活"还是"生活主体"都不是自足性概念,在经验研究中需要通过其他概念和现象来确定其具体内涵。譬如,该文在"生活"向度中关于"合情"和"合理"的讨论,对各种权力实践策略——包括援引的《大河移民上访的故事》中访民与地方政府的互动逻辑——的讨论,以及关于差序格局的分析,都可以引入中国人构建社会关系和伦理所凭依的家庭隐喻。到了这一步,"生活"和"生活主

---

① 肖瑛:《从"国家与社会"到"制度与生活":中国社会变迁研究的视角转换》,《中国社会科学》2014年第9期。

体"定义中的"民情""非正式制度"和"知识"就有了更为充实和稳定的内涵,权宜性和例行性之间的关系也更为确定,权宜性行动看起来跳出了常规,譬如下文所要分析的官员"示弱",从政治层面看,的确不同寻常,是权宜性的,但这个行动之所以能发生并产生效果,根基还是在中国人所特有的家庭隐喻中。更为重要的是,当从家庭隐喻出发来重释"生活"的内涵,就能更清晰地理解"生活"是如何浸透到具体"制度"的制定、诠释和实践的,也能更深切地理解"民心向背"的道理。

再回头看收粮的个案。作者在文中讨论了多个故事,其中有三个最为典型。第一个故事是镇干部 Q 催村民 C 交公粮。在正式工作和通牒无效的情况下,Q 首先建构起自己作为驻村干部同村民之间的上下等级和特权关系,然后将二十多岁的 C 在道德上贬低成一个不明事理的孩子,再声称 Q 自己的儿子比 C 还年长,最后是把自己在这个村庄中的亲属关系摆在明处。经过这一系列建构,Q 成功地变成了 C 所属村庄的成员和长辈、与 C 的亲生父母相当的虚拟的父亲,拥有了教训这个不懂事的"儿子"的权力,再加上其他镇干部扮演黑脸,C 乖乖地上交了欠缴的粮食。第二个故事是 Q 催缴同事 W 家的粮食,W 不在家,W 的妻子坚决不从。虽然 Q 同 W 非常要好,但 W 的妻子以论事不论人的方式将 Q 拒之门外。Q 成功的策略是向 W 表示,若万不得已,他愿意帮 W 家缴纳欠粮,被逼到道德墙角的 W 妻不得不交出粮食。Q 在这个场景的策略,有两点值得关注:一是孙文所说的将这次收粮工作从 W 妻坚持的"公事"转变为 Q 与 W 家之间的"私事";二是在道德上将 W 家贬低成不帮朋友完成工作任务的忘恩负义者,Q 则是可以无条件地为兄弟两肋插刀的"好汉"。第三个故事是一位镇干部面对一年近七旬老者,技穷之时让老人把自己当成讨饭的叫花子,老人不得不缴清短欠的 15 斤花生。作者认为镇干部的成功源于他的屈尊策略,但联想得更深远一点,虽然镇干部比老人年轻,但二者是官民关系,镇干部比老人地位高,居于"尊"的一头,尊尊是父子关系的推广,当镇干部在老人面前故意颠倒这种拟血缘的尊尊关系时,老人若不买账就会被"折煞",因此不得不上交欠粮来恢复应有的尊尊关系。一言以蔽之,这三个故事,其伦理源泉都是家庭隐喻,是父子、兄弟隐喻。

如何处理家,是文明分化的起点。同古希腊文明和基督教文明不一样,中国古人不是离家出走,而是以家所内含的自然情感为基石来建构社会秩序和伦理体系。诸子百家时期的法家,虽然把社会关系、人际关系理解为赤裸裸的权力和利益关系,但也没有摒弃家庭关系以及由此建构的贵贱区别,只是把所有家庭关系当作赏罚的工具而已;墨家没有像孟子所批判的"无父",其"兼爱"主张的是既

"爱其家"亦"爱人之家"(《墨子·兼爱中》);儒家更是这套伦理和秩序体系最重要和最虔诚的创造者和担纲者。由于社会秩序同家的价值、目标和情感不被认为是冲突的,而是一体的,同人们的自然情感和习惯一致,加上数千年的传播和教育,"家"积淀而成中国人理解社会秩序和人际关系的根基性隐喻,人们无论是对村庄的内部秩序,还是官民关系,都会自然而然地从家的角度来想象和理解;当然,这并不意味着在大的共同体面前,各小家之间的边界不再有效,恰恰相反,"一本"意义下的家一定是有边界的,不同的家不能混为一谈,这也是 W 妻不能接受 Q 代缴欠粮的原因之一。一言以蔽之,"家"是中国人的"情"和"理"的根源,任何违背这些秩序的建构,都可能触动中国人精神世界中最关键的"正当性"。当然,上述三个例子,与其说镇干部是在弘扬儒家伦理,毋宁说他们利用了村民精神世界中的儒家伦理遗存而达到收粮的公的目标,是法家意义上的。但有意思的是,对儒家伦理的这种法家功利主义式利用,亦是中国人的这一精神世界再生产的机制之一。

(四)小结

当然,本节只是以"家"为例来讨论中国人一般性的"世界图像"是什么,以及如何把中观的形式性和技术性分析同其研究对象所处和所内在的深层精神结构联系起来,以切近更具实质性意义的讨论。但是,"家"想象也许只是探索中国人一般性"世界图像"的阶段性成果,其他的和后续的研究或许会在这个议题上有更多拓展和发掘,包括找到"家"想象的更深根源、"家"之外的想象、对"家"更为精致的想象,等等,从而再创造更大更多的实质性研究机会和空间。而且,"家"即使是中国人"世界图像"之根,那也不一定要将之勉为其难地用于所有的中国研究。譬如,20 世纪 90 年代,王汉生和刘世定等学者在苏南调查时发现乡镇企业通常有三本账,其中公开的账本是"'死的'制度",企业掌门人掌握的隐藏的账本是"'活的'制度",若调查者只知其一而不知其余,就不可能发现乡镇企业的实际运行机制。所以,调查最重要的是要研究"'活的'制度"。但是,这三本账又是内在关联的,没有"'死的'制度"的规定,就无其他账本的必要,因此先要有"'死的'制度",才能发现"'活的'制度"。要了解这三本账的来源,还需研究 1984 年国家实行的财政包干制度改革以及包干制是如何蜕变为"包税制"的。[①] 对这三本账产生原因及其对于镇企业运营所产生的深远影响的研究,虽然也可以追溯

[①] 刘世定、周飞舟:《田野调查的洞察力与想象力——刘世定教授访谈录》,《清华社会科学》第 2 卷第 2 辑,商务印书馆 2020 年版。

到中国人某种"世界图像",但至少跟家庭隐喻没有直接关联,而且,若在国家制度设计上把这种现象的根源说清楚,就能给读者莫大的实质性启示了。更为重要的是,不能以"家"来遮蔽对其他一般性"世界图像"的寻找。事实上,近年来,中国的社会学家找到了更多的与"家"类似的根基性概念,如渠敬东的"山林"。对于中国传统士大夫而言,"山林"与"社会"是一个基本命题,彰显的是他们在现实与超越之间、道统与政统之间寻求自身精神状态和心灵定位的各种尝试,并"针对现代社会人与世界的关联方式,给出另一种文明意义上的可能路向"。①

四、社会学教育的反思与实质性研究的重启

相比于上文列举的"更进一步"就能抵达研究对象之实质构成的成果,当下大多数的社会学论述是在相对抽象的层面展开的,或者说基本上是"外围"讨论:一些定量的写作,作者对数据的来源一无所知也无暇顾及,却忙于在抽象的变量之间搭建各种可能的相关关系;对西方社会理论的阅读,则不研究具体理论的来龙去脉和其产生的历史背景,只是在各种概念之间建立逻辑关联;甚或田野和历史题材的写作,着力点是找一个什么样的框架来包装材料,而非从故事与其环境的往还中挖掘属于故事本身的问题意识和分析理路。

实质性研究流失的根源之一是社会学学科的过分分化和独立化。霍布斯鲍姆曾把帝国时期(1875—1914)的社会学称为当时"社会科学中最具原创性的产品",它努力尝试从知识上来把握这个时期的各种历史转型现象。但是,这个与孔德和斯宾塞的实证主义社会学说"再见"的"新社会学"在当时还没有充分建立起来,还不是一门得到严格界定的学科(academic subject),其确切的学科内涵在国际上亦无共识,大学教席很少,大量在今天被归为社会学经典的作者在当时都不自称社会学家。② 但正因尚未被彻底"学科化/纪律化"(disciplined)或"正规化",社会学会扎根于更为深厚和广阔的知识和思想土壤之中,同哲学、历史学、经济学、政治学、法学有着各种各样的内在牵连,从中获取各种可能的养分和灵感,社会学者也会自觉地把自己放置在广博的社会和历史空间中,从对生活的体验中提出社会学的问题意识,"社会学的想象力"才能像荒原上的野草一样生

---

① 渠敬东:《山林与社会》,《社会》2023年第2期。
② E. J. Hobsbawm, *The Age of Empire*, 1875-1914, New York: Vintage Books, 1989, p.273.

机勃勃。从这个角度看，社会学者其实不应该把"社会学是什么"的困扰视为困扰，而恰恰应该当作自身生命力的根源。相反，随着建制化的推展，社会学一方面逐步建立起了自己的固定问题、具体研究领域、概念、方法论甚至理论体系，"社会学是什么"的困惑日益淡薄，另一方面也斩断了自己同其他知识、思想脉络以及历史和时代的联系，特别是斩断了其与所属文明乃至世界文明的内在关联，在越来越窄的抽象领域里把玩着越来越无实质意义的方法工具、可有可无的琐碎数据、不知所以的中观概念框架，生命力和想象力日渐枯萎。

社会学学科建设的这一趋势，在中国土地上更为严重。具体表现为如下几个方面：其一，由于在本科阶段就单独设置专业，社会学同其他培养学术素养和想象力的基础性学科如哲学、历史、文学的联系被过早割断。其二，一些学校和教师把本科生导师制理解为引导学生早日进入科研领域的门径，把连对社会学的整体印象都不具备的学生拽到某一研究方向和论题，抛弃了基础知识和学养的养育。今天，很多一年级、二年级的本科生就开始宣称自己是研究经济社会学、组织社会学、政治社会学、工业社会学、消费社会学的……，将学术活动理解为狭隘地同该方向内某个耳熟能详的经典观点的对话，进入田野时抱着"寻找"自己想看到的某种现象用以论证某种既定观点的先入之见，在解释视角上心心念念地执着于各自研究方向的本位主义。其三，学生身上的上述症候，其实是老师身上的缺陷的再现。学者们于激烈竞争中在学科内部兴起一波又一波的"圈地运动"："许多人误把自己的研究对象当作研究问题或分析传统，在村庄做研究就以为自己做的都是乡村研究，在工厂做研究就以为自己做的都是劳工研究，以农民工为研究对象就以为自己关心的理论问题是所谓的'农民工问题'。"[①]每种研究方向都局限于自己的文献、问题意识、概念、理论甚至论述方式，不同研究方法之间充斥提防之心，任何对话的企图都被预先贴上"心怀不轨"的标签，任何跳出既有论题、领域和方法的尝试都有被斥为"不务正业"之可能。其四，在阅读方面，一方面是误读"经典"的价值，将经典简单地理解为获取观点的资源，认为时过境迁之后，经典不再有现实意义，另一方面是每个分支学科都给自己规定了独占性的"经典"，即使它们都不得不面对马克思、韦伯、涂尔干、齐美尔、福柯等经典作家，也至多是从先行者的作品中翻检出一两个概念或命题作为分析工具或

---

① 应星：《"田野工作的想象力"：在科学与艺术之间》，《社会》2018 年第 1 期。

给自己正名的依据,更多分支学科干脆抛弃了"经典",只拥抱"枝叶文献"①,甚至把最新最时髦的论文作为学术训练的全部。

社会学研究和教育的故步自封和偏狭,给实质性研究带来了严重困扰。首先是理论素养的缺失。社会学从其起点上就是一门具有强烈理论取向的学科,理论素养不仅决定了问题意识的确立,材料的遴选和组织即怎么"讲"故事,②更为重要的是,经典理论本身扎根于深厚和广大的文明和思想土壤,是养成和扩张从业者的想象力、经验感和"可沟通性"③不可或缺的资源。经典之所以成为经典,不在于其观点是否放之四海而皆准,而在于其奠定了后来者理解、思考和研究历史和现实的问题意识,譬如,到今天,无论在经济学、政治学、法学还是社会学领域,无论哪种关于现代性的思考、判断甚至批判,都没法逃离韦伯的前期论述。而且,经典之所以成为经典,是其不受学科限制的开阔想象力,还有就是其复杂但又条理清晰的思维和论证能力。细致和扎实的阅读和体会经典,是从经典的字里行间去润物细无声地培育自己和个人的丰富的想象力、连接各种琐细现象的能力、形散神不散的思维能力和延伸解释链条的能力。理论素养的缺损,一则可能催生"理论的焦虑",即饥渴地寻找理论给自己的"研究""穿衣戴帽",概念堆砌、理论叠加,乍看起来基础丰厚但细品之下空洞无物、食之无味是普遍的弊病;二则学术创新裹足不前,今天很多研究者在丰富的历史、田野和数字资料面前问题意识的贫乏、论述逻辑的单一,都因此而生;三是在朴素经验主义和抽象经验主义之间的游移不决;四是社会关怀的表面化而对深层次重大议题的无感。

其次是历史感的阙如。历史转向是近年来大陆社会学界的一股新风,但也受到诸多质疑:一是把历史社会学当作边缘性分支学科,认为社会学应该研究现实问题;二则(也是最为根本的)以为中国和世界已进入数字时代,社会结构、价值观念和思维方式正在发生颠覆性变化,历史对于现实不再有意义。其实,历史社会学不以在过去找寻研究对象和材料为谋,而是以增进社会学研究的"历史感"和为当下现象寻找来龙去脉为目标,是在"撰写当下的历史"(writing the history of the present)④。譬如,中国虽然正在进入数字社会,但现实经验表明,

---

① 刘世定、周飞舟:《田野调查的洞察力与想象力——刘世定教授访谈录》,《清华社会科学》第2卷第2辑,商务印书馆2020年版,第208页。
② 应星:《"把革命带回来":社会学新视野的拓展》,《社会》2016年第4期。
③ 项飚、吴琦:《把自己作为方法——与项飚谈话》,第68页。
④ Michel Foucault, *Discipline and Punish*, London: Penguin Books, 1991, p.31.

不同文明和国家对数字技术的态度和使用方式并不一致,甚至有根本差异,这就需要超越技术层面而从不同文明的起源、世界图像的分化等角度来追根溯源。而且,即使易变的制度、体制和政策,也难以摆脱历史上形成的定势的约束和引导。前文所论周飞舟对儒家理想社会的设计和想象的研究、应星对军事发包制的研究①、周雪光对历史上官僚制下官吏分途的研究②,都在揭示这一古今关联及其变迁。而且,三位学者早期最具影响力的研究成果都是关于当下中国的,只因非历史视角无以给出让他们信服的答案,才回返历史。一言以蔽之,理论素养和历史感缺失的一个共同后果是本文一再陈说的学术活动同其所属文明之间内在关联的断裂,学术及其产出成了飘在半空的浮云。

在学科专业化难以改变的情况下,社会学如何回归实质性研究?其实药方就蕴含在诊断中,下文只就与阅读经典有关的关键点做些补充。

第一,从"枝叶文献"回归"经典文献"。回归的不只是专业性"经典文献",还有各学科和文明的"经典文献",通过它们来窥探各种文明的实质个性,也建立专业性学术工作同与相关文明、思想脉络的内在联系。

第二,对经典的阅读,一是不以以后研究社会学理论为目标,而是将之作为培养复杂的思维方式,增进自身对经验、现象、日常生活的敏感等"素养"的不二路径。"经典"的概念、理论固然非常重要,但无需沉醉于这些内容,而需要从人之常情亦即社会学的角度去阅读,把自己放进语境,去理解它,去思考为什么它会这样说,如果我在这个位置我会怎么想?一言以蔽之就是要把"经典"当作提升经验感、理论性和经验性直接结合又不机械套用的作品来体会。二是不仅关注经典中中观的概念体系之构成、方法论之运用,更应探究其论说扎根的文明土壤,如美国人思维背后未言明的个人主义想象。三是跳出形式性论说来研读经典的经验研究成果。显然,韦伯若像卡尔伯格解读的那样单纯从行动与结构、多因果分析等角度来铺陈其比较—历史社会学研究③,肯定没法揭示不同文明的个性,只有进入人类社会在其起点上就共有,在其后发展中也不得不面对,因应对方式不一样而出现文明分叉的基本单位——家——这一实质性议题,行动与结构、理念型等方法论讨论才有立基之地,其学术目标方可实现。由此可见,舒茨对韦伯的一些基本概念缺失精确性的抱怨,其实从反面凸显了韦伯的实质关

---

① 应星:《军事发包制》,《社会》2020年第5期。
② 周雪光:《从"官吏分途"到"层级分流":帝国逻辑下的中国官僚人事制度》,《社会》2016年第1期。
③ Stephen Karlberg, *Marx Weber's Comparative-Historical Sociology*, Cambridge: Polity Press, 1994.

怀。同样，对于布尔迪厄，场域、资本和权力等概念也只是分析工具，其田野调查和经验研究真正要揭示的，是当代法国社会结构和流动中家庭的基础性地位。阅读福柯，知识考古学、谱系学、知识型、权力机制等理论建构固然十分重要，但更为重要的，是欧洲社会中权利（司法）与权力（治理）关系的构成和演变，及其对生活其间的欧洲人的深刻影响，还有就是欧洲人对"家"的理解的历史变动，即是如何从古典时期和古典时期以前的全方位依赖（既作为安身立命的根基又作为政治正当性来来源），一步步脱离，直到个人成为治理的基本单位的。从一定意义上，福柯研究的，是欧洲特别是法国社会的"世界图像"的变迁过程。四是讲究"精读"和"群学"。论文的阅读和经典著作的阅读有本质区别，现在绝大多数的阅读，关注的是阅读量，是"泛读"。"泛读"当然非常重要，但"泛读"的能力蕴含在日积月累的"精读"中。有了后者，前者就水到渠成。一个人大学四年或者研究生三年，并不一定非要精读多少本经典著作才会有很大的收益，也许只系统性地精读了3—4本，但在能力塑造上肯定强于泛读1 000篇论文。当然，精读经典一定得有耐心，过程会很复杂，也可能很漫长，不是说今天读了明天素养就长出来了，故而需要恒心、耐心和热情，静等花开。"精读"与"群学"的结合有着事半功倍的效果。独自"精读"的最大问题是想象力的刺激源太过单调，知识拓展的路径狭隘，容易陷入自我强化的循环。谭嗣同意义上的"群学"则以学会为组织，"众寡舒疾，互研其理，农矿工商，各精其术"。[①] 我们这里所说的"群学"倒不一定非要以学会为单位，而仅指以"群学"方式来组织和推展"精读"，参与者在对话、争辩中相互启发，拓宽视野，丰富角度，深化对经典的理解。

结 论 和 讨 论

实质性研究要求对于社会学原发地的学者而言可能不需要特别关注，因为该学科是其所在文明自然的构成性部分，但对于移植该学科的文明，就必定是一个重要议题。这也是"本土化"讨论在中国社会学领域长盛不衰的原因所在。因此，实质性研究应作为中国社会学的"学术自觉"，既不懈地反思自己的学术理念、目标和方法，又警惕引诱学术偏离实质性轨道的外部因素如甚嚣尘上的课题驱动、发表为王的评价体制。可喜的是，中国社会学的实质性研究自觉从未缺

---

① 李敖主编：《谭嗣同全集》，天津古籍出版社2016年版，第86—87页。

场,早在20世纪上半叶,年轻的社会学家们就提出了"社会学中国化"的目标,"他们已经有通过运用或再造社区研究、统计分析等方法巨细无遗地洞悉中国社会的构成和运行特点,在中西古今框架中构建理论和经验上都贴切中国现实的学科体系的自觉和行动。"①在2000年前后,北京大学社会学系的学者们在某种意义上接续了燕京学派的传统,他们深入田野,提炼理解和分析中国社会的概念,推动国家相关政策调整,重建社会学与中国文明的内在联系。②当然,实质性学术活动之路是无止境的,就如第三部分的论说所显示的一样,具有非同寻常启发性的研究成果不需要经过多少年就有被新的学术要求批评和超越的可能。因此,中国社会学的从业者,需要的不仅是实质性研究自觉,也有实质性研究素养的不断提升:不一定非要从事理论的教学和研究,但必须有充分的理论素养;可以不做历史研究,但一定要有历史感;不必成为文学家,但有必要从经典文学作品中获取同情感和敏感性;无须以经验研究为业,但要深入不同现场作育经验感,激活理论、历史、文学与经验的互动,体会接受社会的脉动。

为避免误解,最后必须重申的是,实质性研究不是否定形式性论述,而是批判脱离实质关怀和根基的形式性论述以及这一取向已成社会学之"正统共识"(orthodox consensus)③的现象,为改变这一现象,它渴望在形式性研究基础上"更进一步"。实质性研究也不是否定社会科学对普遍规则和规律的追求,而是认为只有在实质层面进行研究和比较所形成的普遍规律或规则才有价值,虽然我们还是必须警惕这些普遍性发现所内含的研究者自身的中心论倾向,如韦伯的比较—历史社会学的发现。实质性研究不是只宣扬基于事实的经验性研究而否定规范性讨论即应然性诉求,而是认为社会学首先是经验性研究,在对一种文明、一个社会、一个人从何而来、如何来、其根本的民情即"世界图像"以及其他结构性特征是什么有清晰把握之前,就伸张其应该向何处去,虽然不是没有实质价值,但肯定是不负责任的态度。当然,在经验研究之后若不放置适切的社会期待,学术活动也会沦为犬儒主义。

肖 瑛

---

① 肖瑛:《从创造性适应到创造性转化:社会学的中国主体追求》,《北京大学教育评论》2018年第3期。
② 周飞舟:《论社会学的田野研究》,《中国社会科学》2021年第12期。
③ Anthony Giddens, *In Defence of Sociology*, Cambridge: Polity Press, 1996, p.65.

第一编　社会学篇

中国政府的治理模式：
一个"控制权"理论*

周雪光　练　宏**

摘要：本文借鉴经济学不完全契约和新产权理论的视角，提出一个中国政府内部权威关系的理论模型，将政府各级部门间的控制权概念化为以下三个维度：目标设定权、检查验收权和激励分配权。诸种控制权在中央政府、中间政府、基层政府间的不同分配方式导致迥然不同的政府治理模式，诱发相应的政府行为。这一理论模型为分析中国政府在不同领域、不同阶段的治理结构、权威关系、行为类型及其变化过程提供一个统一的理论框架，并提出相关的分析概念。本文以环保部门的环境政策实施过程的实证研究来解读这一模型，分析其中的权威关系和各种行为的组织基础。

关键词：权威关系；控制权；治理模式；行政发包制；政府行为

一、研 究 问 题

近年来，有关中国政府组织的研究工作有了长足的进步，尤其有关基层政

---

* 原载《社会学研究》2012年第5期，第69—93页。
** 周雪光，男，博士，现任美国斯坦福大学社会学系教授、清华大学社会学系兼职教授、香港科技大学商学院组织管理系主任、北京大学社会学系客座教授，美国社会学会、美国管理科学院会员，担任《美国社会学评论》《美国社会学杂志》和《管理科学季刊》编委。主要研究组织社会学、社会分层、经济社会学、中国社会。其代表著作有《组织社会学十讲》《中国国家治理的制度逻辑——一个组织学研究》等，在《美国社会学评论》《美国社会学杂志》《行政科学季刊》《组织科学》《比较政治研究》等刊物上发表论文多篇。练宏，男，博士，中山大学公共管理学院副教授、博士生导师，中国公共管理研究中心组织人事研究所所长。主要研究领域为组织人事和应急管理，在《中国社会科学》《社会学研究》《社会》《公共行政评论》等期刊发表学术论文近20篇，主持国家社科基金青年项目和一般项目各1项。

府(乡镇政府)或具体领域(如计划生育领域)的政府行为研究可谓硕果累累,涌现出了大量有关政府行为的经验研究成果。研究者采用田野观察方法参与政府日常工作,近距离观察官员实际行为,如他们在政策实施过程中如何处理多重压力,如何应对各种任务环境,如何实现个人的职业生涯,等等。① 这些丰富细致的经验研究呈现出纷杂多重、相互矛盾的政府形象。我们仅以政府研究领域中有关政策制定与执行之间矛盾冲突这一主题为例。大量研究工作关注基层政府在执行政策时采取的各种行为和策略。一方面,许多案例显示,地方政府在政策过程中竭尽全力,向下级施加更大任务压力,迫使下级官员采取措施以确保完成上级交代的任务。② 于此,"压力型体制"和"层层加码"成为中国政府研究文献中的常见词汇。另一方面,其他研究却展示了有些基层政府的另一幅面孔:面对上级政府和政策的压力,基层官员煞费心思地采用各种应对策略和共谋行为来敷衍或弱化政策实施。③ 许多研究还发现,同一政府机构常常扮演相互矛盾的角色,即向下施压、层层加码,与此同时又和下级共谋应对上级。④ 政策执行过程的检查阶段也令人困惑:一方面,检查方大张旗鼓、精心部署,被检查方风声鹤唳、全力应对;另一方面,检查过程时松时紧,各种谈判运作充斥其间,问题被发现后又常常不了了之。⑤⑥ 我们如何解释这些不同的、相互矛盾甚至冲突的图景呢?

随着政府运作过程的"黑箱"被逐步打开,这一领域中理论贫困的状况日益

---

① 何艳玲:《都市街区中的国家与社会:乐街调查》,社会科学文献出版社 2007 年版;周飞舟:《财政资金的专项化及其问题:兼论"项目治国"》,《社会》2012 年第 1 期;折晓叶、陈婴婴:《项目制的分级运作机制和治理逻辑——对"项目进村"案例的社会学分析》,《中国社会科学》2011 年第 4 期;狄金华:《通过运动进行治理:乡镇基层政权的治理策略:对中国中部的地区麦乡"植树造林"中心工作的个案研究》,《社会》2010 年第 3 期。

② 荣敬本、崔之元、王拴正、高新军、何增科、杨雪冬等:《从压力型体制向民主合作制的转变:县乡两级政治体制改革》,中央编译出版社 1998 年版;孙立平、郭于华:《"软硬兼施":正式权力非正式运作的过程分析——华北 B 镇收粮的个案研究》,《清华社会学评论》2000 年特辑;王汉生、王一鸽:《目标管理责任制:农村基层政权的实践逻辑》,《社会学研究》2009 年第 2 期;应星:《大河移民上访的故事》,生活·读书·新知三联书店 2001 年版;周雪光:《通向集体债务之路:政府组织、社会制度与乡村中国的公共产品供给》,《公共行政评论》2012 年第 1 期。

③ O'Brien, Kevin J. & Lianjiang Li, 1999, "Selective Policy Implementation in Rural China." *Comparative Politcs*, 31. Zhou, Xueguang, Yun Ai & Hong Lian, 2012, "The Limit of Bureaucratic Power: The Case of the Chinse Bureaucracy." *Research in the Sociology of Organizations*, 34. 周雪光:《基层政府间的"共谋现象":一个政府行为的制度逻辑》,《社会学研究》2008 年第 6 期。

④ 吴毅:《小城喧嚣:一个乡镇政治运作的演绎与阐释》,生活·读书·新知三联书店 2007 年版;欧阳静:《"维控型"政权:多重结构中的乡镇政权特性》,《社会》2011 年第 3 期;赵树凯:《乡镇治理与政府制度化》,商务印书馆 2010 年版。

⑤ Zhou, Xueguang, Yun Ai & Hong Lian, 2012, "The Limit of Bureaucratic Power: The Case of the Chinse Bureaucracy." *Research in the Sociology of Organizations*.

⑥ 艾云:《上下级政府间"考核检查"与"应对"过程的组织学分析》,《社会》2011 年第 3 期。

凸显出来。学者们很难找到合适的理论思路和分析概念来解读政府微观行为和过程机制。这并不是说在文献中缺乏有关政府角色的理论模型。① 但是这些理论观点大多着眼于宏观层面,对于解释地方政府行为缺乏直接的实证意义。举例来说,周黎安②提出,中央政府采取锦标赛的机制来激励地方政府官员追求经济增长。这一锦标竞赛模型指出了属地政府主要负责人行为的激励机制。但大多数基层官员的日常工作并不是来自锦标赛的激励,而是更多地受到其他政府逻辑和内部过程的影响。③ 理论贫困状况导致许多有关政府行为的研究工作停留在故事描述或就事论事的讨论上,或引入大而化之的抽象概念或理论比喻泛泛而谈,缺乏分析力度。政府行为的研究工作正进入一个收益递减阶段,即经验观察仍在不断积累,但却没有显著的知识增长。日常工作中的政府行为构成国家运行的微观基础,然而,理论解释的苍白无力在很大程度上限制了我们对中国政府在社会转型中作用的认识。

针对这一系列有待回答的问题,本文提出一个有关中国政府内部权威关系的理论框架,据此解读中国政府诸种治理模式及其相应的行为类型。我们借鉴近年来的组织理论,尤其是经济学中有关不完全契约和新产权的理论,提出一个"控制权"理论,关注和解释政府各层级间诸种控制权的分配组合,为分析各类政府治理模式和行为方式提供一个统一的理论框架以及相应的分析概念,以求在这些治理模式的相互联系中认识政府行为。

下面的讨论首先将理论分析定位在政府科层组织的三级管理层次上,并分三步阐述我们的模型:第一步,我们借鉴经济学的新产权理论,引入相关分析概念和研究问题,如不完全契约、产权、剩余控制权和组织权威关系等,在此基础上提出控制权的三个维度;第二步,我们应用这一分析框架,重新审视一个熟悉的政府治理模型,即"行政发包制"模型;第三步,我们扩展控制权理论,提出一个统一模型,用以解释中国政府内部各种控制权的不同分配形式和相应的治理模式。

---

① Montinola, Gabriella, Yingyi Qian & Barry R. Weingast, 1995, "Federalism, Chinese Style: The Political Basis for Economic Success in China." *World Politics*, 48. Oi, Jean C., 1992, "Fiscal Reform and the Economic Foundations of Local State Corporatism in China." *World Politics*, 45. Walder, Andrew G., 1995, "Local Governments as Industrial Firms: An Organizational Analysis of China's Transitional Economy." *American Journal of Sociology*, 101.

② 周黎安:《晋升博弈中政府官员的激励与合作》,《经济研究》2004年第6期;周黎安:《中国地方官员的晋升锦标模式研究》,《经济研究》2007年第7期。

③ Zhou, Xueguang, Hong Lian, Leonard Ortolano & Yinyu Ye, 2011, "A Behavioral Model of Muddling Through in the Chinese Bureaucracy." Unpublished manuscript.

然后,我们应用这一模型来分析环境保护领域中不同层次政府间的权威关系和相应行为。

二、控制权分配和组织治理模式:
一个"控制权"理论

(一)组织背景

组织中权威关系这一概念特指建立在组织内部正式职责基础上的合法权力。为了阐述我们的理论思路,首先提出一个委托方—管理方—代理方的三级科层组织模型。在这个组织背景上,我们可以将中国政府的三级层次(如中央政府—中间政府—基层政府)放入这个模型,即中央政府(委托方)拥有政策制定和组织设计的最终权威,包括激励设置、绩效评估等权力;而基层政府(代理方)如乡镇政府、街道、职能部门有责任执行落实自上而下的指令和政策。在这一结构中,中央政府授部分权威予中间政府(管理方)如省政府、市政府或上级职能部门,使其承担起监管下属基层政府执行政策的职责。

在上述三级层次组织结构中,不同的理论视角有着各自不同的着眼点。委托—代理模型[1]强调,由于委托方和代理方之间的信息不对称和目标各异,组织设计的关键在于激励机制的安排,使得代理方的利益与委托方的目标保持一致,并采取与组织目标一致的行动。委托—代理理论对中国政府研究工作产生了深刻影响。例如,魏昂德[2]提出,中国政府内部的激励设计是中国乡镇企业成功的关键所在,因为基层政府对其管辖区中的企业有着实际所有权,有激励去提高当地企业的绩效。戴慕珍[3]提出,中央和地方之间税收分成的财政政策为地方政府推动其管辖区内经济发展提供了强有力激励。这些研究工作从不同方面揭示了中国政府在改革时期的作用和行为。但这些理论观点大多停留在一般层面,缺乏针对基层政府和政府官员微观行为的解释力度。诚如本文开始指出的那些相互冲突的组织现象仍有待于进一步的理论解释。

---

[1] Jensen, Michael C. & R. H. Meckling, 1976, "Theory of the Firm: Managerial Behavior, Agency Costs, and Ownership Structure." *Journal of Financial Economics*, 3.

[2] Walder, Andrew G., 1995, "Local Governments as Industrial Firms: An Organizational Analysis of China's Transitional Economy." *American Journal of Sociology*, 101.

[3] Oi, Jean C., 1992, "Fiscal Reform and the Economic Foundations of Local State Corporatism in China." *World Politics*, 45.

(二) 从不完全契约、产权到控制权

过去 25 年来经济学不完全契约理论的一个着眼点是经济活动者之间的产权分配及相关问题。① 这一思路的前提假设是：现实中任何契约都无法将组织间或组织内部(如雇主与员工间)关系的诸多可能性全部考虑在内。由于无法制定完备契约，资产的使用不能事先完全确定，因此任何谈判达成的契约通常都由资产所有者持有剩余控制权(residual right of control)，即所有权者占有和控制契约规定之外的资产使用权。在这一分析框架中，一个企业即是一组资产的集合，而资产所有者拥有这些资产的剩余控制权。据此，"资产的所有权结构对谈判结果以及激励机制有着重要影响"。②

不完全契约理论中的产权概念与传统经济学的产权理论有着重要不同，即：产权不是指收入或其他资产的剩余索取权，而是指资产使用的剩余控制权。这一视角引导我们关注产权分配蕴含的权威关系和相应的组织边界，即在什么条件下经济活动应该在组织内部，或者应该放在市场交易中进行。以雇佣制和发包制这两种不同治理形式为例。在雇佣制中，委托方通过科层结构控制政策制定和执行过程。这意味着，委托方掌控组织生产、激励设计、绩效评估等各种权力。而在发包制中，委托方将一些特定政策目标(如经济增长速度、污染减排量)承包给外包商(如下属管理方)，要求他们如期按约"交货"，即完成契约规定的政策目标；与此同时，委托方将相应的剩余控制权赋予承包商，即后者有权决定契约实施的组织工作、资源分配、激励设计等。这意味着，承包商在契约明确规定的条款之外对其"资产"拥有剩余控制权，即拥有管辖区域内实施过程中的真正权威。

我们可以将这一理论思路应用于分析政府内部的权威关系。在这一分析框架中，产权被界定为对契约明确规定之外的资产(或组织活动)的控制权。在以上三级政府模型中，委托方、管理方和代理方三者之间的关系因为控制权分配的不同而变化。例如，在传统的韦伯式科层政府组织中，委托方与代理方的关系体现在正式权威基础上，通过上下级指令传达执行机制而加以实现。但委托方也

---

① Grossman, Sanford & Oliver Hart, 1986, "The Costs and Benefits of Ownership: A Theory of Vertical and Lateral Ownership." *Journal of Political Economy*, 94. Hart, Oliver, 1995, *Firms, Contracts and Financial Structure*. New York: Oxford University Press. Hart, Oliver & John Moore, 1988, "Incomplete Contracts and Renegotiation." *Econometrica*, 56.

② Holmstrom, Bengt & John Roberts, 1998, "The Boundaries of the Firm Revisited." *Journal of Economic Perspectives*, 12.

可能采取发包制,将政策目标"发包"给管理方,包括赋予管理方实际执行和激励设计的控制权。委托方与管理方之间的权威关系因此发生微妙但重大的变化。梯罗尔①指出,从这个角度来看,"政府组织结构可以看作是各种控制权的分配形式,而这些分配形式为宪章、法律或传统所决定"。控制权的分配方式不是一成不变的。例如,在计划生育政策落实的早期阶段,中央政府集各种控制权于一身,不仅持有目标设定、检查验收等控制权,而且强力介入激励设计,如"一票否决"制度。但在后期阶段,中央政府更多地将实际执行和考核控制权赋予省市级的中间政府。可见,组织参与者间剩余控制权的不同分配形式决定了组织内部的权威关系和不同类型的治理模式。

　　控制权的分配还可能采取更为微妙的形式。埃斐和梯罗尔②在不完全契约理论框架下讨论了组织内部的正式权威(formal authority)和实质权威(real authority)。正式权威指基于组织正式地位的权威,而实质权威则指占有信息之上所实际拥有的权威。如,委托方考虑到时间和努力的代价,可能会策略地将一些实质权威下放给管理方,即在契约明确的规定之外(或在传统权力分配常规之外),拥有实质权威的一方有着对资产(或各类活动)事实上的控制权。组织研究文献很早就注意到了类似的这一正式权威和非正式权威之间的区别。③ 区分正式权威和实质权威的意义在于,即使在正式权威没有发生明显变化的情形下,一个领域的实际控制权也可能会以非正式形式转移到管理方手中,治理模式也随之经历重大变化。

　　借鉴上述有关研究,我们将组织内部实际运行过程的"控制权"重新概念化,提出控制权的以下三个维度。

　　1. 目标设定权,即组织内部委托方为下属设定目标任务的控制权。这是科层权威关系的核心。目标设定的过程可能是委托方单方面制定,以自上而下的科层制度推行实施;也可能以委托方与管理方协商的方式产生,类似于市场过程中双方经过谈判达成的契约。

---

　　① Tirole, Jean, 1994,"The Internal Organization of Government." Oxford Economic Papers, New Series, 46.
　　② Aghion, Philippe & Jean Tirole, 1997, "Formal and Real Authority in Organizations." *Journal of Political Economy*, 105.
　　③ Blau, Peter M., 1955, *The Dynamics of Bureaucracy: A Study of Interpersonal Relations in Two Government Agencies*. Chicago: University of Chicago Press. Homans, George C., 1950, *The Human Group*. New York: Harcourt, Brace.

2. 检查验收权，即在目标设定权基础上，检查验收契约完成情况的控制权。检查验收权附属于目标设定权。委托方在设定目标后，可能自己行使检查验收权，但也可能将这一控制权下放给管理方。值得强调的是，检查验收权不同于下面谈到的激励分配权，其行使目的是确保完成契约条款（即达到政策要求），而不是对管理方下属的代理方进行绩效评估。

3. 激励分配权，即针对管理方下属的代理方的激励设置以及对其表现进行考核、奖惩的权力；契约执行中的组织实施、资源配置等控制权也包括在此。我们把激励分配权看作是一个特定的控制权，独立于目标设定权和检查验收权，即委托方的检查验收权与激励设计权可能是分离的、互不关联的，前者为委托方拥有，而后者则可能在管理方手中。值得注意的是，有关管理方的激励分配权仍然由委托方控制，大多体现在契约条款中。但有关代理方具体绩效的激励和考核的控制权，可能是保留在委托方手中，但也可能下放给管理方。

以上，我们从三个维度将组织内部或组织间资产或活动的"控制权"加以重新概念化。我们提出了一个中心命题，即构成产权的一束控制权在概念上是可以分解为不同维度的，在实际过程中、在组织各层次、各部门间可以有着不同的分配组合，从而导致了不同的治理模式。控制权的分配组合不是任意的，而是有着相应的成本代价。在上述三级政府模式中，中央政府（委托方）、中间政府（管理方）和基层政府（代理方）三者间有着辽阔的行政范围和漫长的空间距离，在许多情形下这些控制权的分离实属不得已而为之。例如，在环保管制领域中，每个县的二氧化硫减排任务涉及数十个项目和治理设施。如此推算，在地市一级有着数百个如此项目，在省一级减排项目数以千计，而在国家层面数以万计。试想，中央政府（如国家环保部）如果一手掌握所有的控制权，其实施过程必然不堪重负：欲有效行使激励分配权，中央政府需要掌握有关代理方（各县环保局、有关企业、治理项目）的努力程度、客观状况和其他可能事件的准确信息。显然，中央政府行使这一权力会成本高昂，力不从心。在这个意义上，中央政府行使检查验收权的范围和力度也是有限的，欲对所有减排项目进行全面认真的检查验收，也同样会因付出极高的成本代价而无法承受。

因此，在中国政府实际运行中，诸类控制权在层次间的分离和不同分配形式是司空见惯的。通过考察控制权的不同维度以及它们在不同层次、部门间的分配组合，我们可以深入分析组织内部的权威关系和治理模式之间的关系。下面，我们用一个众所周知的例子来进一步阐述有关研究问题和分析概念。

(三)"行政发包制"的重新思考:一个例子与理论讨论

周黎安①指出中国政府的"行政发包制"特点是中央政府将政策目标"发包"给直接下级或者当地政府。周黎安和王娟②在有关清代时期海关治理的个案研究中进一步阐述了这一思路,并详细比较了行政逐级发包制和雇佣制之间治理差异的四个方面:行政权分配,财政与预算控制,考核评估,雇员激励。周黎安的研究启发了我们的研究思路,但我们提出的控制权模型与其不同:周黎安的模型着眼于以上诸种要素间的匹配兼容,而我们的分析框架强调不同控制权间的分离和它们在不同组织层次上的分配组合;周黎安的模型没有直接涉及委托方、管理者和代理方三者之间权威关系和控制权分配等问题,而这些问题成为我们理论思路的中心所在。在这个意义上,我们的控制权理论是对周黎安行政发包制模型的重要修正和扩展。

从控制权理论思路来看,一般意义上的承包制、包括行政发包制有着以下特点:(1)委托方行使目标设置权,然后将设定的政策目标发包给"承包商";(2)委托方持有对承包商提交的"货物"的检查验收权;(3)承包商行使其管辖区内激励分配的控制权以及实施政策的其他控制权。将这个模型应用到三级政府组织,我们可以重新勾勒行政发包制下的政策执行过程如下:首先,中央政府(委托方)通过正式(或非正式协商)的过程,设立具体政策目标(如污染物削减比例、生育率等),将这些政策目标"发包"给中间政府(如省、市级政府部门)。然后,中央政府行使检查验收权,定期检查、评估中间政府上交的政策实施成果,以确保作为承包商的中间政府如期按约完成政策目标。最后,行政发包制模型的关键是将激励权以及实施过程的控制权赋予作为承包商的中间政府。

我们的理论模型在三个维度上对控制权加以明确界定,蕴含着有关组织内部各方行为的丰富实证意义。我们首先讨论这一模型中委托方的行为特征。在"行政发包制"模型中,委托方只关心承包的结果即政策执行结果,所以他不但持有制定政策目标的控制权,而且保留检查验收的控制权,目的在于确保"承包契约"的预期结果;但另一方面,委托方将激励分配的控制权授予管理方。这一做法是合理的:首先,委托方只关心政策执行结果,并不关心政策执行的实际部署。因此,他把执行的控制权交给管理方,从而调动后者在政策实施过程中的积

---

① 周黎安:《中国地方官员的晋升锦标赛模式研究》,《经济研究》2007年第7期。
② 周黎安、王娟:《行政发包制与雇佣制:以清代海关治理为例》,载周雪光、刘世定、折晓叶主编:《国家建设与政府行为研究文集》,中国社会科学出版社2012年版。

极性。其次,在任何一个有着相当规模的组织中,委托方欲行使激励分配权,都需要极高代价才能获得有关代理方努力程度的信息;而承包商部署和参与代理方的政策执行过程,因此对实际情况和代理方努力程度有着更为准确的信息,可以更好地行使激励分配权。

这一模型对认识委托方行使检查验收权的行为方式有着丰富的实证意义。如上所述,委托方关心政策执行结果——即管理方上交"货物"(完成政策目标)的质量情况。但针对政策执行结果进行全面检查验收的成本极高,所以委托方大多采用抽查形式来"验货"(如选择某些村庄彻底检查生育率执行情况,或选择污染源加以重点检查等),以确保承包商所上交物品的货真价实、未打折扣。因为委托方关注的是政策执行结果状况,而不是行使激励分配权,所以检查验收过程与激励分配(即针对检查过程中发现问题实施奖励或惩罚)关系松散,甚至毫无联系。在很多情况下,委托方刻意制造检查过程的不确定性——检查标准及其实际应用时紧时松,抽查地点不断变换——以便保持对管理者和代理方的压力,使得后者小心翼翼地努力完成承包任务和质量要求。这一分析框架引出的实证意义与这一领域中的众多实证研究发现颇为吻合,而且揭示了这些行为背后的因果逻辑。

现在我们讨论管理方在这个模型中的行为涵义。管理方扮演承包商角色,其中心任务是确保如期按约向委托方"交货"。为了达到这个目标,管理者有激励权在不同阶段采取三种不同类型的行动。首先,为了保证圆满完成任务,管理方向代理方施加压力,使其努力工作、完成任务。从这一角度我们可以解释中间政府"层层加码"的策略做法,即在政策执行过程中给下属增加更高的政策指标,以便应对检查验收过程的不确定性,确保万无一失地完成任务。其次,与此相应的是,在这一治理模型中,是管理方而不是委托方更为关心和行使激励分配权,确保奖惩配置与代理方的努力程度相吻合。再次,在委托方的检查验收过程中,管理方和代理方有着共同利益来确保契约所要求的"货物"被委托方接受。所以,他们以激励权采取各种应对策略使得验收过程不出纰漏,顺利完成。因此,周雪光[①]所讨论的基层政府间共谋行为,最有可能发生在检查验收阶段。

我们通过关注控制权在组织各方间的分配,提供了一个新的分析视角来考察治理结构的特征及其所蕴含的行为意义。这里的基本思路是,控制权的不同

---

① 周雪光:《基层政府间的"共谋现象":一个政府行为的制度逻辑》,《社会学研究》2008年第6期。

分配形式导致了作为委托方的上级与作为承包商的管理方的不同目标函数以及相应的行为方式：委托方关心上交货物的质量，因此其检查过程意在确保地方官员（代理方）所完成任务的真实程度；与此相反，承包商关注的是发包契约所规定的任务目标，特别是委托方认可接收"货物"的可能性。这一理论思路特别强调区分以下几个重要概念和现象。

第一，需要明确区分委托方的检查验收过程与管理方的绩效评估过程。两者在实际运行中可能是结合在一起的。例如，管理方有时按照上级政府检查验收的结果作为对下属部门评估与激励的基础。但在更多情形下这两者是分离的。我们的理论模型指出，检查验收权与激励分配权在概念上是两个不同的控制权。在发包制中，验收权控制在委托方手中，而激励权则由管理方把握行使。这一特点可以解释上级检查过程所发生的那些司空见惯却似乎有悖常理的行为特征。例如，检查过程时紧时松，难以预料；当检查组发现问题后，这些问题大多被大事化小、小事化了，几乎没有负面影响。因为委托方是从总体上评估和验收下级提交的任务完成情况，所以某个具体地方出现的问题，类似于货物验收抽查时发现的次品，只要这些问题（次品）发生在允许的误差范围内，就不会影响整批货物的接收。从这个意义上，我们不难理解为什么检查过程中所发现的问题常常没有引起太大的后果。但验收过程对弄虚作假的做法尤为敏感，因为这意味着整批货物的质量有可能普遍存在类似问题。所以，一旦发现作假问题，常常通过严惩措施以儆效尤；而被检查方则努力把这些问题解释为偶然、个别的情况，与整批"货物"无关。

第二，需要区分基层政府不同类型的"偏差"行为。基层政府官员在政策的执行过程中不同偏差行为在我们的模型中有着大相径庭的意义。我们区分了三种偏差行为。第一类偏差行为反映了管理者在其管辖区域内行使各自控制权的做法。例如，管理方可能对委托方在检查过程中发现的下属执行问题淡化处理，甚至加以包庇。正如下面案例所示，委托方在检查验收中发现的问题可能产生于当地的具体困难。在这种情况下，更为知情的管理方可能置委托方的验收发现于不顾，行使自己的激励分配权来重新评估代理方的努力程度。第二类情形指管理方及其下属的代理方在政策执行过程中采取各种"变通"策略来达到上级要求。这些应对策略使得管理方可以因地制宜地完成上级政策目标。这些行为与委托方的目标设置是一致的，反映执行过程中的灵活性，因此上级部门对这些做法和出现的问题视而不见，不予处理，甚至暗中默许支持。第三类情形指在检查验收过程中，管理方与代理方共谋来掩盖问题,确保契约"货物"如期按约上交。基于我们的"控制权"模型,政策执行过程中的这三类偏差行为本质上有着不同的意义。在行政发包制中,管理方的前两类行为是合理的,因为它拥有激励分配权和契约目标实施的控制权,只有第三类偏差情形才是真正违反了发包契约的规定。

第三,这一模型也帮助我们解释为什么同一管理方可能扮演两种明显不同甚至相互矛盾的行为角色。如上所述,有关基层政府行为的文献指出了"层层加码"和"共谋行为"这两种相互矛盾的政府行为。我们的理论模型指出,这两类行为表面上相互矛盾但实为同一行为逻辑驱使,发生在两个不同的过程中,有着特定的因果关系和限定条件:在"发包契约"的执行过程中,基层政府会竭尽全力向下级层层加码,以确保完成政策目标;但在检查验收过程中,管理者和代理方采取共谋行为,采用各种策略掩盖问题。

我们可以进一步考虑具体制度内容来丰富以上的理论模型。在中国政治的运行过程中,上级部门常常向管理方强行下达目标和政策指令,不像典型的承包制度模型那样由委托方和承包商之间进行谈判达成契约条款。因此,这些政策目标与本地情况不符的概率极高,下级部门难以实事求是地实现这些目标。再者,政策结果不是工业产品,其测量或评估有着很大的随意性。检查者和被检查者在政策执行和评估过程中存在着讨价还价的更大空间;并且,在实际运行过程中,中央政府并不将下级政府视为真正意义上的承包商,不会把政策执行和激励分配权全部交与下级政府,而是保留随意干预的权力。因此,委托方的授权并不具有可信承诺的约束力,从而弱化行政发包制治理模式,甚至迫使其转化为其他治理模式。这意味着,行政逐级发包制仅仅是各种政府治理模式之一。我们下面进一步扩展控制权理论思路,讨论控制权的不同分配组合形式,以及由此产生的诸种治理模式。

(四)控制权分配与政府治理模式:理论模型的扩展

组织内部各种控制权的分配形式因不同情形和不同领域而异;控制权在委托方、管理方和代理方之间的不同分配方式导致各有鲜明特点的治理模式。我们进一步讨论控制权分配形式与政府治理模式的关系。我们首先引入组织研究领域提出的有关组织方式的一对分析概念:"高度关联型"组织与"松散关联型"组织(tight-coupling vs. loose-coupling)。组织内部不同部门层次间的关联程度有着很大弹性。在一个高度关联的组织中,部门间联系紧密,有着极为敏感的互动反应;而在松散关联的组织内部,各部门保持自己的独立性,相互间反应迟缓、松散且不稳定。① 高度关联型的组织状态类似于集权型政府,而松散关联的组织状态类似于分权型政府。由于文献中有关集权和分权的概念意义纷杂,为了避免不必要的歧义,我们借用高度关联型和松散关联型这一对概念来描述这两类相应的治理模式。表1总结了三维控制权的不同分配状况所导致的不同治理模式。我们简要描述各类治理模式如下。

表1 政府内部控制权分配和相应的治理模式

控制权类别	国家治理模式			
	高度关联型	行政发包制	松散关联型	联邦制
目标设定权	委托方	委托方或协商	委托方或协商	管理方
检查验收权	委托方	委托方	管理方	管理方
激励分配权	委托方	管理方	管理方	管理方
行为意义				
中央政府	运动型动员机制	检查验收策略	象征性权威	缺失
中间政府	失去主动性 有效治理能力减弱	执行阶段层层加码 验收阶段合谋行为	委托方角色	委托方角色

1. 高度关联型

在这一治理模式中,委托方保留包括目标设定权、检查验收权和激励分配权在内的所有控制权,并通过管理方实施其权威,导致高度集权、高度整合的治理模式。采用这一治理模式常常伴随着高度动员机制,使得中央政府能够有效地、自上而下地实施其政策。不同领域中或应对危机时的运动式治理是这一治理模式的典型表现。

2. 行政发包制

如上讨论,在这一治理模式中,委托方设定目标和政策取向,然后将任务"发包"给下属管理方。委托方保留检查验收、评估执行结果的控制权,但政策执行和激励分配等剩余控制权都赋予管理方。在这里,管理方扮演一个承包商的角色,在其管辖范围行使自己的剩余控制权来安排落实政策执行活动。这是中国政府的常态治理模式。

---

① Weick, Karl E., 1976, "Educational Organizations as Loosely Coupled Systems." *Administrative Science Quarterly*, 21.

3. 松散关联型

在这一治理模式中,委托方仍然保留目标设定权;但将检查验收权和激励分配权放在管理方手中。在这种情形下,委托方有着正式权威,但这一权威更具有象征性意义;而管理方拥有检查验收权和激励分配权,因此拥有实质性权威。在放权的历史时期或边缘领域(如毛时代的集体企业)中,这一治理模式较为明显。

4. 联邦制

在这一治理模式中,委托方将某一领域或某一职能的所有的控制权都交给管理方;因此,管理方拥有正式权威和实质权威。在中国政府制度中,这一"所有权"分配的治理模式是有限的、非正式的和暂时性的。

在控制权理论视角下,各级政府、部门扮演的角色不是一成不变的,而是因控制权分配方式变化而相应变化。例如,当上级政府将各类控制权把握在手时(如计划生育政策早期阶段),各级政府间权威关系表现为"雇佣制",中间政府(如县政府)只是扮演一个上传下达、落实执行的管理者角色。而当上级政府将执行实施的实质权力下放在中间政府手中时(如 GDP 增长),后者则成为承包商角色,其权力与激励也相应地发生变化。借此,政府内部控制权分配提供了解读不同时期和条件下各级政府扮演不同角色的重要角度。

以上"控制权"理论模型有助于增强研究政府行为的分析力度。首先,通过关注不同控制权在委托方、管理方及代理方之间的具体分配状况,我们能够深入考察因此导致的组织各方行为的机制、意义和表现方式。例如,基层政府间的共谋现象通常指管理方与代理方之间联手,对委托方的指令和干预作出策略性反应。① 表 1 表明,这个组织现象更可能发生在"行政发包制"治理模式中。具体来说,它更可能出现在委托方行使"检查验收权"的阶段,而在其他治理模式中出现的可能性较小。例如,在"高度关联型"治理模式中,各方高度相关、反应敏感,共谋行为一旦被发现会导致严厉处罚,代价高昂,因此不易发生。而在"松散关联型"或"联邦制"的治理模式中,管理者实际上扮演着委托方角色,行使检查验收权,因此没有激励和代理方一起共谋。我们的模型也隐含了"层层加码"政府行为发生的特定条件,即这些行为更可能会发生在高度关联型和行政发包制的治理模式中,更可能发生在自上而下政策的执行阶段中,而不是在检查验收阶段。可见,控制权的不同分配方式对政府官员的激励和行为有着不同意义。

---

① 周雪光:《基层政府间的"共谋现象":一个政府行为的制度逻辑》,《社会学研究》2008 年第 6 期。

其次,我们可以在统一的分析框架中讨论中国政府的不同治理模式以及它们间的相互关系,而不是把这些治理模式和诸种现象作为各自不同、相互分离的个案来分别对待。不同治理模式有着不同的成本收益,有着特定的限制条件,无法任意选择。例如,高度关联型治理模式导致政府内部层级或职能部门间有着高度敏感的反应和互动,从而有助于自上而下的政策实施。但这种动员型机制成本极高,很难长期维持。这一治理模式的另一代价是基层政府"丧失积极性",弱化了其解决地方性问题的能力。① 因此,高度关联型模式具有内在不稳定性,极有可能通过正式或非正式渠道重新分配控制权,从而转变为其他类型的治理模式。如表1所示,当委托方放松管制并允许管理方行使激励分配权时,高度关联型治理模式就转变为行政发包制;而当委托方将检查验收和激励分配的控制权授予管理方时,高度关联型模式则转变为松散关联型模式。我们在政府实际运行过程中不难发现这些转化的例子。如在计划生育政策早期阶段,我们看到一个高度关联型的治理模式,即中央政府掌控了目标设定、检查验收和激励设置的诸种控制权,因此诱发了一个高度动员的政策执行状态;随着时间的推移,中央政府越来越多地将激励分配控制权授予下级政府,这一领域中的治理模式相应地转变为行政发包制模式。在发生危机或重大活动时,委托方也可能通过高度动员的手段将所有控制权暂时但有效地回收在自己手中,从而导致了行政发包制模式向高度关联型模式的转变。委托方的制度设计、环境条件变化、组织各方间的互动都可能导致控制权的重新分配,引起治理模式在不同方向上的转变。这些变化有时是通过正式渠道确认的,有时则是通过非正式的过程悄然发生的。

以上,我们借用了经济学不完全契约的理论思路,在组织内部不同控制权分配的基础上,提出了分析中国政府各级层次间权威关系的一个理论模型和一系列分析概念,以便帮助我们理解中国政府中的不同治理模式。下面,我们应用这一思路来分析环境管制领域的一个案例,以此来进一步阐述这一理论思路和实证意义。

三、环境管制领域中的治理模式:一个案例研究

从2008—2011年,我们在中国某市环境保护局进行了长期跟踪的田野调查。图1描述了环保领域中政府各部门间的正式权威关系。从职能部门来说,位于最

---

① 周雪光:《权威体制与有效治理:当代中国国家治理的制度逻辑》,《开放时代》2011年第10期。

顶端的是国家环境保护部,以下依序为省、市和县环境保护局。而各环保局同时是当地政府的下属部门。在上述三级政府的组织模型中,我们将市环保局作为管理方,相对市环保局而言,国家环保部和省环保厅是委托方,而县环保局是代理方。在大多数情形下,以下的分析将省环保厅和国家环保部处理为同一个委托方。这一简化的假设和本文研究的理论目标相一致,有助于我们集中关注本文的主题,即市环保局和上级机构间的控制权分配。

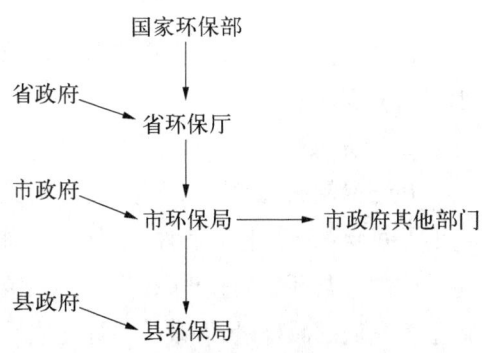

图1　市环保局在政府组织体制中的结构位置

我们追踪观察了2006—2010年市环保局执行"十一五"期间减排目标的过程。持续追踪的田野调查给我们提供了极好的机会来观察政府不同机构间的控制权分配、互动和相应的行为方式。我们在这个"十一五"规划的前两年没有进入田野调查,但通过追溯方式寻找到了相关信息。国家环保部和省环保厅每年分别进行两次检查(即半年检查和年终检查),以督促下级按照预期进度完成"十一五"规划目标。

下面首先简要描述国家环保部/省环保厅、市环保局和县环保局之间的控制权分配,在随后的个案讨论中阐述这些控制权运行的实际过程和行为意义。

(一)环境管制领域中的控制权分配:简要描述

1. 目标设定权

"十一五"规划目标主要集中在两个污染物的削减指标:污水处理(化学需氧量COD)和二氧化硫(SO_2)减排。国家环保部根据中央政府的"十一五"规划,给各省设定具体减排目标。在此基础上,省环保厅有着在其管辖范围内对各市环保局设置目标的控制权。对于市环保局来说,省环保厅是事实上的委托方。我们田野研究所在的市环保局的任务指标是在五年规划期间分别削减19%的化学需氧量和9%的二氧化硫。① 根据田野资料,市环保局及其下属县环保局均没有参与目标设置的过程。显然,环境管制领域的目标设定权掌握在国家环保

---

① 我们对考核数据等资料进行了技术处理,以便保证调查地点单位的匿名化。文中事例除特别说明外,均来自我们的田野观察。因篇幅限制,未一一注明原始记录出处,但均有记录备查。

部和省环保厅即委托方的手中。在市环保局层次复制着同一逻辑,即一旦任务目标发包给市环保局,后者在其管辖区域内即拥有针对各县环保局的目标设定权。换言之,"发包目标"确定之后,目标实施的控制权在很大程度上掌握在作为承包商的管理方手中。

2. 检查验收权

在环保领域,委托方(国家环保部和省环保厅)拥有检查验收权,其行使形式主要是每年例行的检查程序,具体步骤如下:首先,在特定时间内,作为基层执行单位的各县环保局整理、提供某一领域中环保治理项目和设施等档案资料,据此上报它们的减排量,即政策目标完成情况。其次,国家环保部和省环保厅派出检查组审查和评估这些资料,对各个项目逐一审核,接受或拒绝(一定比例的)各笔减排量。各县环保局被认可的减排量汇总后便成为该市环保局的年度减排情况,相当于承包方提交并被委托方认可的承包契约规定的"货物"。国家环保部也不时会派出检查组,有针对性地现场检查污水厂和减排项目。在检查验收过程中,检查组和当地环保机构之间有着大量、频繁的讨价还价活动,涉及测量准确性、证据可靠性以及下级解释合理性等方面。但是委托方拥有最终决定权,包括何时何地检查,检查的形式和过程,减排比例的认可,等等。

3. 激励分配权

市环保局的激励分配权主要体现在对管辖范围内各县环保局的绩效评估上。虽然国家环保部或省环保厅的检查验收直接确定了县环保局所上报的减排量,但前者并没有兴趣对各县环保局进行激励分配;这些绩效评估的实质权威保留在它们的直接上级即市环保局的手中。

上述描述表明,环保领域各种控制权的分配形式与行政发包制的特征吻合:委托方(国家环保部和省环保厅)保留目标设定权和检查验收权,而作为承包商的管理方(市环保局)拥有激励分配控制权。下面,我们转向实际的政策执行过程,分析讨论三级政府机构间各类控制权的实施状况。

(二)委托方权威的实际行使:目标设定和检查验收的控制权

在典型的承包制模型中,契约目标常常是公司和承包商之间谈判达成的,因此是可行的、有约束力的;但政府领域中的目标设定可能是一个自上而下强制推行的过程。从市环保局的角度来看,五年规划的政策目标必须听命于上级,没有商量余地;但在实际运行过程中,委托方和作为承包商的管理方在检查验收过程中有着诸多讨价还价的谈判机制,这些谈判松紧变化在很大程度上决定了目标设定的实际控制权。

如上所述,上级检查过程的一个关键环节是审核承包方提供的档案资料如关停污染源、污水处理厂开工情况等,以此确认是否完成政策目标。每一轮的检查过程通常需要花费几天时间,对市环保局汇总统计的档案资料逐一审查,并要求市环保局就有关问题做出解释。对市环保局来说,这一审查过程至关重要,一年的努力和业绩取决于审查过程能够认可多大比例的减排量。我们的田野研究发现,检查验收过程中有着频繁密集的互动和讨价还价。检查验收过程中通常有着正式的环节,让双方坐下来解释和讨论检查组认可的结果,为讨价还价和化解检查过程所发现的问题提供一个合法平台。① 在这个意义上,虽然目标是由委托方设定,但检查验收的结果来自委托方和代理方之间的谈判。因此,检查验收过程的灵活性使得实际上的目标设置接近于经过双方协商过程的结果,即目标设置实际上近似于委托方和承包方通过谈判而定。不过,检查过程松紧控制权因时间或场合不同而发生变化,因此,这些权威关系和"组织"边界也相应地发生着变化。

检查验收过程的一个突出特点是高度的不确定性。在每次检查验收前夕,市环保局会同县环保局花费大量时间和精力准备资料和现场,以确保这些资料和有关设施指标能够在检查过程中顺利通过。但检查结果常常出乎意料,甚至连经验丰富的市环保局官员也感到无所适从。例如,省环保厅在 2008 年度的检查突然比以前大为严格,并一反常态地坚持拒绝下属环保局的各种谈判尝试,结果是大幅度削减了市环保局上报的减排量。对于一些重点项目,检查组只认可了市环保局上报减排量的 10%—58%,因此引起了市环保局的抱怨和很强的挫折感。但在其他年份,检查过程却可能十分顺利,认可的减排量超过了市环保局的预期,如在一次国家环保部年度检查验收中,整个过程极为顺利,并没有出现以往检查中紧张的讨价还价情形,这甚至使得市环保局官员感到有些失望,为他们事先大量细致的准备工作没有派上用途而感到遗憾。

检查结果的不确定性可以从图 2 略窥一斑。这一图表显示了国家环保部和省环保厅在"十一五"规划最后三年对市环保局上报减排量的认可比例。我们看到,国家环保部和省环保厅的认可比例每年都不尽相同,这大多是因为检查标准

---

① Zhou, Xueguang, Yun Ai & Hong Lian, 2012, "The Limit of Bureaucratic Power: The Case of the Chinse Bureaucracy." *Research in the Sociology of Organizations*, 34.

和检查松紧程度不断变化所致。在许多情形下,这些认可的判断决定和减排执行的实际状况并不相关。例如2009年二氧化硫减排比例为17%的低认可水平,与该市环保局实际表现并没有真正关联,事实上市环保局当年有着很高的二氧化硫的减排成绩。市环保局官员认为,省环保厅之所以这样做,主要是因为市环保局已经提前三年完成了五年规划规定的任务目标,因此省环保厅有意将该市完成量压低,以便其他地市赶上全省减排量的完成节奏。省环保厅对市环保局减排量的认可,也受到国家环保部对全省减排量认可情况的影响。

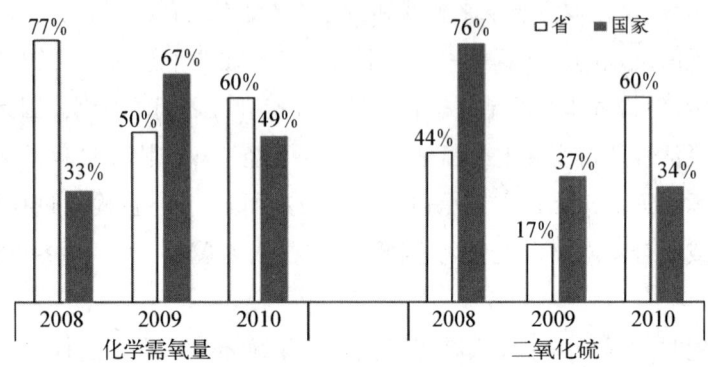

**图2　国家环保部和省环保厅对市环保局上报
污水处理和二氧化硫减排量的削减比例**

我们怎样理解检查验收权行使过程的这些特点呢?我们的观察表明,在很多情形下,减排量的认可决定与下级代理方实际努力之间的关系是松散的,甚至没有关系。这些检查过程给人的印象是:委托方在检查之前就已经确定了"从紧"或"宽松"检查的基本定势,而这个定势的选择与具体承包方的实际努力程度无关。我们的理论思路提供了这样一种解释,即委托方检查验收的种种做法主要是一种威慑策略,以此制造压力和不确定性,即行使检查验收权的目的在于事前向承包商施加压力,使其在政策执行过程中认真努力落实,但与实际执行过程的事后结果并没有太大关系。

（三）管理方权威的实际行使:激励分配的控制权

我们指出,激励分配的控制权主要掌握在管理方即市环保局手中。但在实际过程中,这一权力的行使面临着更为复杂的情形:国家环保部和省环保厅的年度检查主要基于每个县环保局提供的档案资料。这意味着,国家环保部和省环保厅的检查验收事实上相当于直接对各县环保局的绩效加以评估,由此产生了明确的各县环保局相对绩效排名。如果这一评估排名成为各县环保局得以激励的基础,那么市环保局对下属县环保局的激励分配权在很大程度上便被弱化或不复存在。

　　事实远非如此。我们的田野观察发现,每当国家环保部和省环保厅的年度检查结束后,市环保局会花大气力在其内部重新调整各县环保局的完成比例和绩效。这些调节有时候是以微妙的方式进行的。例如,市环保局通过调整每年各污染源新增量(因经济增长而增加的污染总量)在各县的分配,可以增加或减少各县环保局减排量的完成比例。有时候这种重新分配是公开实施的。例如,2008年,一个污水处理厂投入运行,处理来自三个县的污水。按常理,这个处理厂的减排量应该按照实际处理的污水量分配给三个县环保局。但市环保局并没有如此行事,而是根据三个县环保局前两年的完成情况,将大部分的减排量分配给其中两个落后的县环保局,以帮助他们按期达标。这种绩效(重新)评估导致的结果是,市环保局确认的各县环保局业绩排名与上级部门检查验收结果的排名常常相去甚远。图3和图4呈现了2008年根据省环保厅认可的各县化学需氧量和二氧化硫减排的排名序列,以及市环保局重新调整后的排名序列。我们看到,省环保厅的验收结果和市环保局的重新评估结果之间存在极大差异。以图3为例:按照省环保厅检查的结果,若干县环保局都没有完成6%的化学需氧量年度目标。但是经过市环保局的调整,所有县环保局都达到了年度目标的要求。我们也从二氧化硫领域看到同样的情形(见图4)。市环保局的重新调整也常常改变了各县环保局原来的排名次序,这进一步表明市环保局的绩效评估和省环保厅的验收结果之间的松散关系。例如,根据省环保厅的检查结果,"CL"县环保局的化学需氧量减排,远远未能达到年度目标的要求,但是经过市环保局的重新调整,该县环保局在全市排名第一。这是因为市环保局官员重新调整这个县环保局的减排完成量,以便确保其能够顺利完成五年规划目标的要求。在一些情形下,市环保局会通过正式文书方式向省环保厅请示建议重新分配某一县环保局或某一项目的减排任务;但在更多情形下,市环保局会悄悄地在内部进行重新调整。虽然图3和图4只涉及2008年的情形,事实上类似的调整过程在整个五年规划时期的各个年份均有发生。

　　应该怎样看待市环保局针对各县环保局绩效考核的这些调整做法?从表面上看,这些做法可能会被解释为管理方和代理方之间应对委托方检查的共谋活动,但我们的"控制权"理论则提供了一个不同的解释。在我们看来,市环保局的

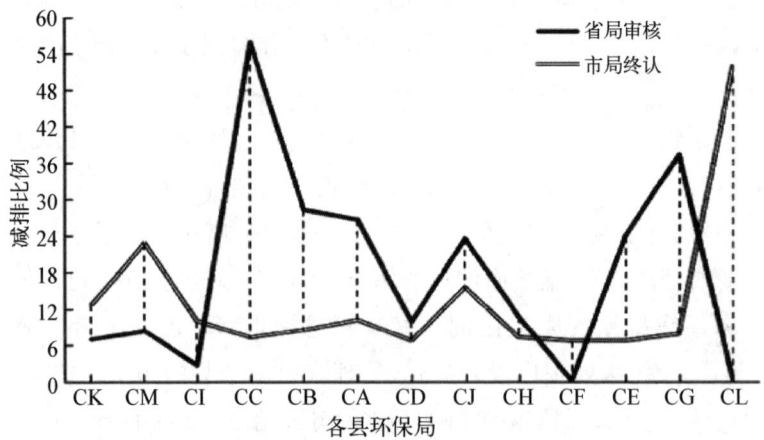

图 3 2008年省环保厅与市环保局对各县污水处理
完成情况的评估排名(年度目标为 6%)

注:"CK、CM、CI、CC……CL"表示各县环保局的匿名编码,图 4 同此。

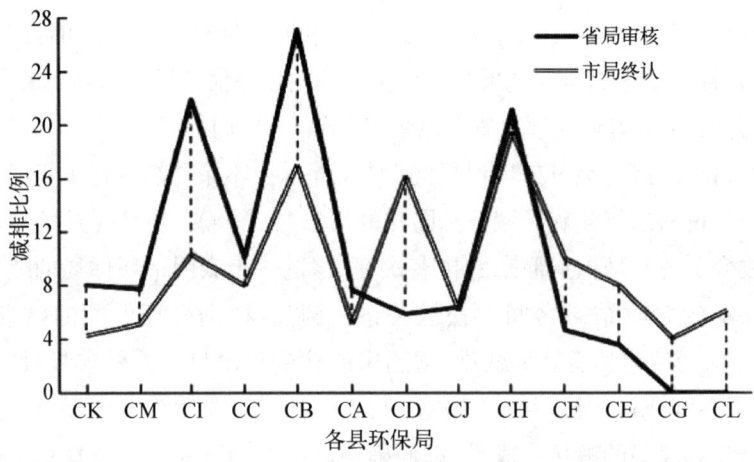

图 4 2008年省环保厅与市环保局对各县二氧化硫
完成情况的评估排名(年度目标为 4%)

上述做法可以被解释为作为"承包商"抵制外界干涉的合理行为,即它在更为知情的前提下,行使属于它的激励分配控制权。我们的田野观察发现,环境管制的实施和执行涉及许多复杂因素,如不同的县环保局位于不同的地区,有着不同的环保压力,等等。这些复杂因素无法在自上而下的目标设置和检查验收过程中加以充分考虑。与省环保厅相比,市环保局更清楚各县环保局的努力情况和面临的挑战,所以市环保局的调整在很大程度上更为真实地反映了各县环保局的绩效和努力。另外一个重要的影响因素是政府内部运作的政治联盟逻辑,即市环保局和县环保局(以及各县政府)在执行政策过程中长期合作,互为依存。所以市环保局需要帮助县环保局达到政策目标,以确保县环保局未来继续与其合作。从这一角度来看,重新分配和调整的一个重要考虑是,确保所有县环保局能够完成年度目标和五年规划所规定的政策目标,这与锦标赛模型所预期行为恰恰相反。①

那么,为什么各县环保局会容忍市局这些重新调整和重新分配的做法呢? 我们根据田野调查,有以下推测:一个重要原因是县环保局和市环保局有着长期互为依存的共生关系,这些调整是双方在不同时间点上持续不断地社会交换的一部分,从整体上来说,各方都因此而受益。另一个原因是,县环保局在检查验收过程中的认可结果有着相当的水分,甚至可能是市环保局和县环保局共谋而达到的。对此,市局有着更为准确真实的信息。所以,县环保局不得不接受市环保局基于实际可靠信息的重新评价。

以上讨论表明,市环保局花费了大量精力行使其激励分配权。与此相比,国家环保部和省环保厅并不关心各县环保局的业绩评估;即使检查出问题(如变通政策意图,执行过程问题),委托方只是要求承包方整改问题和对相关人员进行处罚,但处罚的实际权力在承包方手中。2008年发生的一个案例可以说明这一情形。环保部检查组的一次突袭检查发现某县环保局虚报数据,省环保厅为此向市环保局提出严重警告,并要求市环保局调查和处罚相关人员,市环保局表示遵照省环保厅的要求进行整改。但根据我们的田野观察,市环保局只是做了象征性姿态,事实上并没有也无权进行实质性处理。这些事例与我们的理论模型蕴含的行为意义是一致的:委托方真正关心的是上交"货物"的整体质量,即管理方是否如期按约完成了规定的政策目标,但并不关心管理方在其管辖范围内微观管理的细节。检查验收过程中发现问题所产生的主要后果通常是导致下一个回合中更为严格的验收过程。例如,委托方的一种做法是,将发现严重问题的地区作为下一轮验收的重点检查单位。② 这些做法与检查验收权的目标是一致的,即对承包商未来行为和绩效评估制造更大的压力。

---

① Zhou, Xueguang, Hong Lian, Leonard Ortolano & Yinyu Ye, 2011, "A Behavioral Model of Muddling Through in the Chinese Bureaucracy." Unpublished manuscript.
② 艾云:《上下级政府间"考核检查"与"应对"过程的组织学分析》,《社会》2011年第3期。

由此可见，环保领域中权威关系的实际运作与以上提出的行政发包制模型十分吻合。在这一治理模式中，委托方只关注市环保局是否完成政策目标，但将实际实施的权力和激励分配权交给市环保局，使得后者可以按照其需要行使激励机制。但在五年规划过程中，委托方、管理方的做法不是一成不变的，而是随政策周期有着明显的变动，政策执行过程中的权威关系也随之发生变化。这些变化主要来源于参与各方对各类控制权的非正式分配转变。以委托方的检查为例。在政策实施的第一年，由于缺乏经验，整个检查过程都很宽松，委托方认可了大量的减排比例。这可以解释为委托方对拥有更多信息的管理方的一种妥协让步。换言之，在这一轮的验收过程中，承包方有着更多的实质性权威。但在随后两年中，委托方在更大程度上掌控了检查过程，并拒绝承认市环保局上报的大量减排量，对各县环保局的绩效评估产生了极大影响。这些行动意味着，这一领域中的治理模式由行政分包制转向了高度关联型模式。在五年规划最后两年间，虽然正式验收仍然如常进行，而且许多上报减排量没有被认可，但随着政策目标的顺利完成，完成任务的压力明显下降，市环保局的评估调整权力有着越来越大的空间。从这个意义上说，政策实施转向了松散关联型的治理模式，即检查验收和激励设置控制权非正式地转移到管理方手中。从中不难看出，我们提出的控制权理论模型提供了一个整体性框架和一组分析性概念，有益于理解把握这些治理模式间的变动和转化。

毫无疑问，不同政府领域有其特定任务，这些领域的目标设定过程和验收过程存在着巨大差异。环保领域中的治理模式、行为方式及其转化有其特定条件，因此，我们以上的讨论不能简单地推广到其他政府领域。但另一方面，中国政府的不同职能部门和区域在控制权分配的制度结构上有着极大的相似性。因此，本文提出的理论模型及其所揭示的政府过程和机制，对于我们认识其他政府领域和属地政府的治理行为有着普遍意义。

四、讨论：从洞见性的类比到具有分析力度的理论

在社会科学研究的发展长河中，知识进步的一个重要标志是对社会现象的解释从类比（metaphor）转变为具有分析力度的理论（theory）。我们希望本文提出的理论模型体现了这一转变。在政府治理模式的早期文献中，有关承包制的讨论主要是一种类比。周黎安提出的"行政发包制"指出了承包制在中国制度背

景下的具体内容和意义,对我们思考和认识环保领域中的种种现象极有启发意义。本文对周黎安的行政发包制模型做了重要修正和推进,提出了"控制权"分配的理论思路来认识中国政府内部机构间的权威关系,特别是政府内部各个层次的"发包制"过程。这一理论将组织中的控制权进行三个维度的概念化,讨论了它们在中国三层机构间的分配组合、由此产生的不同治理模式,以及它们的丰富的和可验证的行为意义。在我们的理论框架中,组织中的目标设定、检查验收和激励设计等控制权的不同分配组合导致了权威关系的变化。在一种极端情况下,委托方可能保留所有的控制权,从而导致一个"高度关联型"的治理模式;在另一极端情况下,委托方可能把某一特定领域的各类控制权都授予管理方,从而导致一种类似"联邦制"的治理模式。在这一分析框架中,行政发包制只是多种控制权分配形式之一,即委托方拥有目标设置权和检查验收权,但将激励设置的控制权给予管理方。我们的分析框架有助于把握具体的治理模式、不同检查策略、不同应对策略(如层层加码或共谋行为)发生的约束条件和机制。更重要的是,我们的模型提供了一个统一的分析框架,能够解释这些迥然不同的组织现象及其相互关系。

需要指出的是,我们提出的这些治理模式是"理想类型"。在现实生活中,各类控制权分配常常不是明朗无疑的,而是交错重叠的。在某一时期,可能某一类治理模式占主导地位,更多地表现出了某一类治理模式的特点,但同时兼有其他模式的某些特点。更为重要的是,在长期历史过程所形成的中国国家制度中,作为委托方的中央政府有着最终的"随意干涉"权[①];即使在常态的"行政发包制"治理模式中,虽然激励分配的实际控制权在管理方手中,但委托方仍然有着"随意干涉"的权力,体现在时常发生的自上而下大张旗鼓的整顿和运动等情形中。我们提出的理论模型和治理模式有助于认识中国政府内部权威关系和运作过程,但不能替代具体组织背景下的深入分析。

从"控制权"理论角度来看,以激励设计为中心的理论思路有着明显局限性。组织内部的激励机制为控制权分配形式所制约,其分配组合塑造了组织内权威关系的特定形式。例如,检查控制权放在委托方手中还是放在作为承包商的管理方手中,导致了显著不同的治理模式,由此对各方的行为激励产生重要影响。在三级政府结构中,委托方行使检查验收权,为管理方和代理方的共谋行为提供

[①] 周雪光:《权威体制与有效治理:当代中国国家治理的制度逻辑》,《开放时代》2011年第10期。

了激励;而当检查验收权让与管理方时,管理方扮演了委托方角色,使得管理方与代理方的关系发生了质的变化,其共谋激励也随之消失。换言之,激励设计的执行和效果因组织内其他控制权分配方式的不同而变化。因此,有关激励机制的理论解释必须放在各类控制权分配的治理模式背景下才能有其分析力度。

政府部门的日常工作构成了国家运行的微观基础;只有深入理解政府及其官员的具体行为,才能恰当地解读国家在中国社会转型中的作用。我们的"控制权"理论对于有关政府行为研究提出了一系列新的研究课题。这一理论思路要求我们不能停留在政府行为的描述阶段,而要对这些行为背后的因果关系、控制权分布以及相应的治理模式进行深入的分析解释。例如,我们不能停留在发现和堆砌执行过程中的种种"偏离行为",而是要对这些行为及其背后逻辑做进一步区别和分析。

此外,本文虽然讨论了控制权分配的类型以及不同治理模式的意义,但对各种控制权的分配形式的背后机制以及各种治理模式间的相互转化未能深入讨论。例如,资源分布和财政制度与政府各部门各层次权力分配有着密切关系,但对于本文讨论的各种控制权及其分配形式的意义尚不明朗,这些方面有待于理论上和实证研究上的进一步发掘。另外,我们在本文中提出了控制权的三个维度,但在不同领域中或因为不同研究分析目的,可能需要进一步考察和界定其他类型的控制权及其实际运行。我们希望,本文提出的"控制权"模型能够提供一个有益的理论思路来重新审视众所周知的种种政府行为,从而提出更好的研究问题,使得这一领域的案例叙述和经验观察与有力的理论分析相得益彰。

 方法谈:

如何用理论与田野资料对话?

我和练宏在 2012 年以剩余控制权作为分析框架,提出了一个有关中国政府治理模式的"控制权理论",在实际应用上有很强的分析和解释力度。

在 2009—2012 年期间,练宏是我在北大社会学系指导的博士研究生,参与了我和斯坦福另外两位教授 Lenard Ortolano、Yinyu Ye 合作的环保政策研究。练宏在某市环境保护局(今更名生态环境局)做了长时间、细致的田野观察研究,收集了有关政策执行过程中任务部署、检查落实、应对验收等环节的丰富田野资料。练宏于 2010 年秋季来到斯坦福大学做一年的访问学生,我们共同解读分析这些资料。

记得当年面对练宏整理出来的一大堆田野观察到的经验资料,我们感到内容丰富但头绪繁多,许多现象十分有趣但令人困惑。政府许多行为看上去相互矛盾,似乎显示着中国官僚体制的种种弊端和非理性行为。几个在田野资料中经常出现的镜头如下:其一是作为委托方的上级政府(如环保部、省环保厅)自上向下落实工作时常常有着自相矛盾的情形:有时目标宏大但没有具体指标;有时目标明确,但没有执行验收的具体部署。检查验收过程也是时松时紧:有时严密部署,十分严格;有时声势浩大,但实际上只是走走过场。从直观上看或就事论事来看,委托方的这些行为似乎是很荒谬的。其二,作为中间环节的市环保局在与委托方的上级部门(省环保厅)与代理方的下级部门(县环保局)的互动过程中,有时层层加码,加大执行压力;但有时又和下级部门一起变通共谋,掩盖问题,应对更上级委托方的任务。在应对上级部门的验收过程中,也是时松时紧。其三,下级的执行过程也有着类似的情况。有时极力执行,甚至力争超额完成;有时得过且过,掩盖问题。这些现象不是孤立的,在我自己和其他学者的各种研究工作中也有类似的发现。

我们在整理、解读这些行为现象资料的过程中,试图找到一个理论模式来理解和解释这些现象,但是苦于找不到一个合适的理论思路。当时我正在和刘世定、折晓叶两位学友编辑《国家建设与政府行为》论文集,其中有一篇周黎安和王娟合写的文章,以清朝海关的管理制度为例来比较讨论行政发包制与雇佣制这两个治理模式在中国背景下的区别。我们受到这篇文章的启发,尝试从行政发包制的理论角度来解读上面谈到的田野观察发现的种种情形,但发现这个模式对于解释我们的问题不太好用。行政发包制强调行政权分配、财权分配和预算控制、考核监督与内部控制、人员激励几个要素的相互关联和互补性。但在我们田野观察的场景中,这些要素时常是分开的。另外,即使在这些要素及其相互关系没有太大变化的情形下,也会观察到政策执行过程中时松时紧的大幅度变化波动。由此推断,行政发包制理论指出的这些要素结合并不是我们研究场景的主要特点。我们需要另辟蹊径,寻找更为适当的理论分析思路。

带着这些问题继续思考的过程中,我重新阅读了不完全合约与剩余控制权理论的文献。在环保政策落实过程中,有着目标部署、检查落实、考核验收、评比排序等环节。上面列举的诸多事例让我产生了这样一个想法,即环保政策制定

社会学与社会工作研究论文写作：案例与方法

和执行过程中的各方间有着各自不同的权力。例如，市环保局对目标设置没有任何发言权；但它在自己区域内的任务分配、具体实施和激励分配过程中有着全部的决策权，几乎没有受到上级部门的干预。从上级部门（环保部、省环保厅）来看，它们决定目标部署和验收标准和形式，但它们对这些目标在一个具体行政区域内部的分解落实、奖励分配等毫无兴趣。而且上级部门对具体各县完成份额并不关心。它们关心的是总额达标，完成更上级交给的任务。更为有趣的是，验收过程高度不稳定，时紧时松，主动权全部在于上级部门，大多不是针对下级部门出现的问题，似乎有着它自己的运行逻辑。这些例子使得我们不得不正视这样一个现实：目标设置与激励实施的分离，执行过程与验收过程的分离，这些恰恰是这个领域中的常态。如果从行政发包制的角度来看，行政权、财政权、实施权和激励权在不同层级的政府部门间恰恰是相互分离的。

这一观察和思考让我产生了剩余控制权有着多种类型或维度的这个想法，进而尝试将这些剩余控制权分为目标设定权、检查验收权、实施激励权这三个维度。当我们试图从这个角度重新来看这些经验材料时，惊喜地发现对许多以前困惑可以提出新的解释，例如，为什么目标设置与激励机制分离，为什么委托方不关心基层验收的具体次序，为什么检查验收时松时紧，为什么管理方一方面层层加码而另一方面共谋应对，等等。

我们的"控制权理论"的最大贡献是提出了控制权的不同分类和组合，从剩余控制权理论逻辑上做了新的开拓扩展，引申出一系列有趣的实证意义，与我们的田野发现十分吻合。在经济学的剩余控制权讨论中，学者们注意到了控制权在不同资产所有者间的分配（独立还是合并，合并后的所有权放在哪一方手中），也注意到了在组织内部控制权放在委托方或者代理方手中的问题；甚至涉及正式授权和非正式授权的情形。但是还没有人考虑到控制权可能有着不同的维度，而且这些不同维度的控制权可以在分析概念上和实际运行中，在不同参与者间可能有着不同的分离和分配组合。所以说，我们在这个方向上的理论思考是开拓性的，而且对田野观察现象有着很强的解释能力。

特别值得提出的是，这一理论模式针对实证问题的涵义是在澄清了控制权的不同维度及其理论意义之后从逻辑上推理出来的，包括行政发包制的特例，以及不同治理模式的条件性，等等。因此才有了对"理论的力量"（the power of theory）的意外惊喜。

回想这个研究经历，有几个心得。其一，认真踏实的态度和系统的田野观察是一切好的研究工作基础。练宏在田野过程中长时段地进行参与观察,与当地官员打成一片,深入了解到他们的想法、感受和行为,而且在这个过程中积累了系统的完整的田野记录,为我们以后的梳理和提炼提供了宝贵的原始资料。没有这个基础,任何研究工作都是无米之炊,不可能产生好的作品。

其二,理论准备的重要性。在观察到有趣或令人困扰的现象后,如何寻找好的解释成为一个重要环节。已有的知识储备为我们的思考提供了各种关联和启发的可能性。如果在此前我们不熟悉经济学中的不完备契约这个文献的话,就不会按照这个逻辑思考下去。

其三,要有"更上层楼"的意愿。一个研究工作可以在不同的层次上完成。我们的这个研究工作也可以以田野资料为主写出一篇有质量的文章。但我们不满足于此,我们试图追求一个理论层次的分析解释,将田野研究作为理论开掘的机会和资源。正是这种追求和努力给了我们提出一个有分析力度的理论模型的可能性。

草根动员与农民群体利益的表达机制

——四个个案的比较研究[*]

应 星[**]

摘要：本文首先提出研究农民群体利益的表达机制是事关社会稳定和社会和谐的一个重大问题，然后从一个特定的角度——草根动员——来切入对这个问题的分析。作者通过四个个案的比较研究，突破了西方社会运动研究范式与印度底层社会研究范式在有组织的精英场域与无组织的底层场域之间的简单对立，作者拓展了对"依法抗争"概念的理解，并批判了国内目前流行的农民群体利益表达已进入"以法抗争"新阶段的观点。作者认为草根行动者是一个既不完全认同于精英、也不完全代表底层，而是有着自身独特行动目标和逻辑的行动者。草根行动者所进行的草根动员，使农民群体利益表达机制在表达方式的选择上具有权宜性，在组织上具有双重性，在政治上具有模糊性。草根动员既是一个动员参与的过程，同时也是一个进行理性控制并适时结束群体行动的过程。

关键词：草根动员；草根行动者；农民群体利益表达；双重性

一

中国社会结构经过20多年的改革开放已经发生了巨大的变化。从利益格

---

[*] 原载《社会学研究》2007年第2期。
[**] 应星，男，博士，清华大学社会学系和政治学系双聘教授，博士生导师。主要研究历史社会学、政治社会学、社会运动与新革命史。出版《大河移民上访的故事》《村庄审判史中的道德与政治》《"气"与抗争政治》和《新教育场域的兴起》等专著，在《中国社会科学》《社会学研究》《法学研究》《社会》《近代史研究》《开放时代》《中共党史研究》等期刊发表论文多篇。曾获《社会学研究》创刊三十周年"中坚作者奖"。

局的角度来看,改革开放前全国总体性、单一化、均质化的利益格局被打破,各个地区、单位和身份群体成为相对独立的、多元化的利益主体。与此同时,利益主体之间的差距也在逐渐拉大。尤其是1992年中国开始较全面的市场化改革以来,利益失衡的问题显得更加突出。"弱势群体"一词进入政府工作报告,"和谐社会的构建能力"成为衡量中国共产党的执政能力的重要指标,"新农村建设"被提到关系我国发展全局的重大问题的高度,这些都表明,如何形成一种有效协调利益关系的社会良性运行机制,已经成为当前的社会焦点问题之一。

协调利益关系的机制包括利益表达机制、利益博弈机制及制度化解决利益冲突的机制等。其中,首要的问题是利益表达。没有有效的利益表达机制,其他的利益协调机制都无从谈起。[①]

而在利益表达机制中,我们又需要高度关注弱势群体的群体利益表达机制,因为,这是一个直接关系到社会稳定与社会和谐的重大问题。本文即是要从一个特定的角度——草根动员——来研究农民群体利益的表达机制。

大体而言,中国目前的群体利益表达行动主要有三类方式:集体上访;某些集团诉讼;某些就地抗争。"某些"集团诉讼,是指那些在进行集团诉讼的同时也进行集体上访的行动类型,或者用某种位于法律边缘的群体聚集等形式对法院或政府施加压力的集团诉讼。"某些"就地抗争,是指那些在当地依托合法的组织(如工厂职代会)、采用合法的宣传政策或较节制的群体聚集等方式来表达群体利益的行动。需要说明的是,这三类群体利益表达行动常被人们笼统地称"群体性事件",我觉得这是不妥的。因为那些发生了明显的暴力冲突、出现了严重的打砸抢烧等违法犯罪行为的群体行动,与采用法律法规所允许的或没有明确禁止的方式来表达意愿的群体行动,有着本质的区别。尽管后者有时会出现个别的、轻微的违规行为,甚至在某些情况下可能向前者转化,但将两者简单混为一谈,无益于我们对社会稳定问题的深入认识。在本文中,我把前者称为"群体性事件",而将后者称为"群体利益的表达行动"。

关于群体利益的表达行动的研究,可以在西方的集体行动或社会运动理论中得到某些启发。不过,本文之所以用"群体利益的表达行动"一词,而不用"集体行动"或"社会行动"[②],主要基于以下几点考虑。

---

① 孙立平:《博弈:断裂社会的利益冲突与和谐》,社会科学文献出版社2006年版。
② 但本文为行文的简洁起见,在下文多处用"群体行动"一词作为"群体利益表达行动"的简称。

其一,从通行的定义看,西方的集体行动和社会运动都是制度外的或对抗性的政治行动。但在中国,制度外的或对抗性的政治行动面临严重的合法性困境,严格意义上的集体行动和社会运动因为难以制度化而缺乏存在的空间。只有处在制度化边缘的群体利益表达行动具有某种含糊的合法性。

其二,西方的集体行动和社会运动一般是指具有较高组织化程度的制度外群体政治行动。自从麦卡锡和左尔德的论著①发表后,"专业化"(professionalization)就成了西方尤其是美国社会运动研究领域最重要的术语之一。社会运动职业组织及其专业化的动员,被看作是西方社会运动的显著特点。但中国社会现在几乎完全不具备社会运动职业组织化的制度环境,草根动员(grassroots mobilization)而非专业化动员,是中国群体利益表达行动的一个基本特征。

20世纪80年代初,出于对西方学界在研究社会运动和市民社会时所表现出来的浓厚的精英史观的不满,一批多为印度出身、研究现代南亚历史的学者创造了一个被称为"底层研究"(subaltern studies)的学术流派。② 底层研究学派的基本旨趣是要研究农民底层政治相对于精英政治的自主性问题,以及底层意识的独特结构是如何塑造底层政治的问题的。比如,在其学派代表人物查特吉看来,既有的国家与市民社会的分析架构不足以描绘与解释第三世界的底层人民是如何在实际的社会关系中创造非主流政治的民主空间的。这些底层人民不仅不是国家的主体,甚至也不是市民社会的主体,而只是社会精英动员的对象,一俟权力分配完成,则继续成为被支配的对象。但是,在许多状况中,底层人民为了生存而必须与国家以及以中产阶级为主体的市民社会周旋。在这个周旋过程中,他们的目的不在于夺取国家机器,也不在于取得市民社会的领导权,而是要开启一个中介于两者之间的暂时性空间,这即查特吉所谓的"政治社会"(political society)。③ 也就是说,强调底层与精英是在不同的政治场域里运作,两种场域的政治行动逻辑是不同的,这是印度底层研究学派研究集体行动的一个鲜明特点。

---

① McCarthy, J. & M. Zald, 1973, *The Trends of Social Movements in America: Professionalization and Resource Mobilization*. Morristown, PA: General Learning Press.
② Guha R.(ed.), 1982, *Subaltern Studies*, vol.1. New Delhi: Oxford University Press. 刘健芝等编:《庶民研究》,林德山等译,中央编译出版社2005年版。
③ Chatterjee, P., 1986, *Nationalist Thought and the Colonial World*. Delhi: Oxford University Press. 查特吉:《关注底层》,《读书》1988年第8期。查吉特:《社群在东方》,载陈光兴编:《发现政治社会》,巨流图书公司2000年版。

底层研究学派对于我们突破西方社会运动理论在思考中国问题上的局限具有重要的意义。尤其是农民底层政治的自主性应该成为我们分析农民群体利益的表达机制的一个基点。不过,底层研究学派本身也还存在若干局限。这个学派早期的著述把关注的焦点放在了农民革命和起义这样的宏大事件上,因而特别强调农民的集体团结力。然而,正如斯科特①所批评的:"大多数底层阶级对改变宏大的国家结构和法律缺乏兴趣,他们更关注的是霍布斯鲍姆所称的'使制度的不利……降至最低'。正式的、组织化的政治活动,即使是秘密的和革命性的,也是典型地为中产阶级和知识分子所拥有;在这一领域寻找农民政治大半会徒劳无功。"斯科特就此提出了对农民反抗的日常形式的研究。不过,我们还需要特别注意在农民革命与农民反抗的日常形式之间的一种底层政治,这即欧博文②所谓的"依法抗争"(rightful resistance)。查特吉后来提出"政治社会"这个概念,其实就是想把底层研究的重心转向对"依法抗争"行动类型的研究。但是,这个学派在转向中出现了另一个问题:碎片化。按照查特吉③自己的说法,"底层历史是碎片化的、不连续的、不完整的,底层意识的内部是分裂的,它是由来自支配和从属阶级双方经验的元素建构起来的"。如果说在精英主导的分层历史中,底层的日常生活的确是破碎的历史,而对这种破碎的执着就是对底层日常生活自主性的捍卫的话,那么,我们又该如何去理解查特吉所谓的"政治社会"呢?散兵游勇足以建构起抗争具有某种组织性的"政治社会"吗?难道小农的某种自利性和保守性不会使他们在群体利益的诉求行动中成为奥尔森④所谓的"搭便车者"(Free-Riders),从而使群体行动的发生变得不可能了吗?

我们之所以选择草根动员作为研究农民群体利益表达机制的入手点,就是想在理论上同时超越来自西方的社会运动研究范式与来自东方的底层研究范式。这里所说的社会运动研究范式主要是指在西方特别在美国至今仍居主流地位的资源动员理论和政治过程理论。这些理论的共同点是把组织和网络作为研究社会运动的动员结构的要害。但是,这种以精英为主导的、以正式组织为形式、以专业技术为特征的动员方式在中国现阶段是完全不适用的。底层研究范式所强调的运动的草根性才更有启发性。不过,底层研究范式的碎片化特点会

---

① Scott, J., 1985, *The Weapons of the Weak: Everyday Forms of Peasant Resistance*. New Haven: Yale University Press.
② O'Brien, K. 1996, "Rightful Resistance." *World Politics*, 49(1).
③ 查特吉:《关注底层》,《读书》1988 年第 8 期。
④ 奥尔森:《集体行动的逻辑》,陈郁等译,上海三联书店 1995 年版。

让我们只看到草根,而看不到动员;只看到精英与底层的径直对立,而看不到底层积极分子在农民群体利益的表达机制中所发挥的重要作用。本文着眼于草根动员,是要超越有组织的精英政治场域与无组织的底层政治场域之间的简单对立,深入理解农民底层政治的复杂性。

"草根动员"这个概念的用法较为广泛(从制度内的选举行动到制度外的社会运动),定义也较为多样。① 从本文的研究目标出发,我给"草根动员"作如下操作性界定:它是底层民众中对某些问题高度投入的积极分子自发地把周围具有同样利益、但却不如他们投入的人动员起来,加入群体利益表达行动的过程。底层民众者那些发起动员的积极分子就是所谓的"草根行动者"(grassroots activists)。② 在这里值得一提的是,于建嵘近年来发表了一系列在学界较有影响的文章,宣称农民集体维权自 20 世纪 90 年代以后已经进入了"有组织的抗争"或"以法抗争"阶段。③ 在国内学者中,于建嵘对农民作为政治主体及其集体维权行动的研究具有某种开创性的价值,他的研究成果对本研究不无启发意义。不过,在我看来,他的研究也还存在一些较大的缺陷。首先,他的研究有较强烈的情感介入和价值预设,这样恐怕会使我们对草根行动者形象的认识有过于理想化之嫌。其次,他大大夸大了农民抗争的组织性尤其是政治性。尽管我们可以相信他在湖南等地所作调查的真实性和深入性,但他的政治热情和价值取向似乎还是使他过快地得出了这样的结论:当代中国农民维权正在走上政治化的道路。本文的分析将对他的这一结论提出质疑。在我看来,无论是草根行动者的形象,还是农民群体利益表达行动的走向,都比于建嵘所分析的要复杂得多。

本研究采取个案比较方法。这些个案包括:西南地区 A 村村民就地抗争个案;华北地区 B 村村民集团诉讼个案;西南地区大河移民集体上访个案及 S 乡移民集体上访个案。这些个案的选取,不仅考虑了群体行动的不同种类,也考虑到

---

① Castells, M. 1984, The City and the Grassroots: A Cross—Cultural Theory of Urban Social Movement. Berkeley: University of California Press. Norris, L. & S. Cable 1994,"The Seeds of Protest: From Elite Initiation to Grassroots Mobilization." Sociological Perspectives 37.
② 须注意的是,中国目前已经出现了一些由知识分子到社会底层去发动的、有关环保或乡村建设等主题的草根组织。这种由外来精英带着较强理念到底层进行的动员与本地的利益受害者自发进行的动员在运作机制上有很大的区别。本文对草根动员及草根行动者的研究仅限于后者。
③ 于建嵘:《农民有组织的抗争及其政治风险》,《战略与管理》2003 年第 3 期;《当前农民维权活动的一个解释框架》,《社会学研究》2004 年第 2 期;《90 年代以来的农民维权抗争》,《二十一世纪》2004 年第 12 期;《当代农民维权组织的发育与成长》,《中国农村观察》2005 年第 2 期。

了草根行动者是否具有外部资源①、当地农民近年有无类似行动的经验②等诸多因素。

对A村的田野调查是我2005年8月完成的,此后半年又陆续补充了一些新的调查资料。对B村先后三次的田野调查是我与一位同事在2004年7月、8月和2005年1月共同完成的。S乡是大河移民的所在地,我在1997年7月到1998年7月曾对该乡前后两起集体上访个案作过长达一年的田野调查,此后6、7年里又对相关当事人进行了多次的深入访谈。

二

我在本节先对这四个个案分别作一个概括介绍③,然后再对其基本要素作一个简单比较。

(一)周孝忠与A村村民就地抗争个案

A村是西南一个经济比较富裕的临江村。当村民周孝忠听说地方政府要在江边修建一座大型水电站,他们的村庄将因此被淹没,于是,他开始动员村民抵制建坝。

周孝忠的历史颇为复杂。他父亲1949年前参加了革命,但因出身不好而在"文化大革命"中受到迫害。周孝忠少时曾在外游荡,以逃避迫害。"文化大革命"结束后,他考上了大专,毕业后在城里教书。后来为了照顾母亲,他辞职回村,以做小生意为生。因为文化水平高,口才好,又敢说话,他在村里颇受人尊重。A村1997年发生"5·13事件"时,他振臂一呼,充当了民意领袖的角色。当时村后的山上有一家选矿公司,他们排出的工业废水污染了全村的饮水水源。因为该公司的后台硬、关系多,村里人多次上访无果,后来竟连电话也打不出去、邮件也寄不出去。周孝忠组织了4 000人的签名,并连夜派人走到外地,将"状

---

① 草根行动者并不都会缺乏对外部资源的调用。这些外部资源包括新闻媒体在行动前后的关注,外部提供的资金帮助,以及草根行动者通过同乡、亲友关系从政府内部获得的支持,等等。是否具有这些外部资源,不仅影响到草根行动者可用于动员的资源总量,而且更重要的是,还关系到能否扩大行动发生和发展的政治机会,关系到能否为草根行动者提供某种保护伞,以及为群体行动增强合法性。关于社会运动中政治机会结构的研究,可参见Tarrow,1996:41—61;塔罗,2005。

② 当地农民群体近年是否有过参加群体行动的经验,其结果如何,这些因素会对我们的研究产生重要影响。因为它们直接关系到草根行动者的行动能力和威望,关系到当地民风的强悍与否、农民群体凝聚力的强弱、对行动的认同感的高低以及对行动成功的期望的大小等因素。

③ 为保护当事人起见,这四个个案里的人物均使用的是化名。

纸"寄到北京。5月13日这天,3 000余名群众齐起与镇政府交涉。尽管在整个交涉过程中秩序良好,但周孝忠等四位领头人物后来还是被关进了县拘留所。不过,斗争持续两个月后的最后结果是:周孝忠他们被无罪释放,政府决定移址建厂,给有病的民众安排治疗,并为全村重新引水。

2004年3月,江边将建坝的消息不仅使村民们议论纷纷,而且也引来了在外工作的A村人后代的关注。在一位A村人后代的积极奔走下,建坝的消息开始引起了国内外媒体的关注。2004年7月,经这位A村人后代推荐,周孝忠参加了由一个NGO组织主办的社区可持续发展培训班。会后,以周孝忠为首的一批当地积极分子(一部分是当年参加"5·13事件"的积极分子,另一部分是这次新加入的)积极投入了保卫家园的动员工作。他们不仅组织村民签名,在村里张贴相关报道,组织热爱家乡的活动,到与建坝相关的邻村邻乡去游说和散发材料,用政府内部的私人关系收集相关文件,还与政府官员正面对话,希望用理念打动地方官员,理解和支持他们保卫家园的行动。这些活动的大部分花费,周孝忠都是利用他在外面的关系和逐步扩大的影响,从外面募集来的。周孝忠开展所有这些活动,很讲究在法律和政策允许的范围内,而且不成立任何组织。目前,A村村民不愿搬迁的意向已经基本达成认同,国内外的环保组织也在关注A村。建坝方案是否实行,尚在僵持中。

(二)田亮生与B村集团诉讼个案

B村是华北一个经济发展水平中等、位于黄河边的村庄。1999年12月,县河务局为加固黄河大堤二期工程而需要就地取土,在未办正式手续的情况下,直接与B村村委会协议取土。村委会未召开村民大会,就擅自同意以每亩3 000元的价格让河务局取土。村民田亮生得知此事后,就联合与村委会有矛盾的村民李盛民等人,动员村民抵制河务局的行为。由于田亮生本人患有面瘫和腿瘸等疾病,一些事情是由李盛民出面组织的。但实际上,田亮生是整个行动中的灵魂人物。

田亮生1945年生,曾上过7年学,后来因为身体残疾而被迫休学,在村里开了一个小卖部。田亮生虽然说话和走路都非常吃力,但因为读书较多,头脑非常清醒和冷静,考虑问题相当周全和理性,在村里有一定的号召力。

当田亮生得知河务局的取土行为后,就把这种行为定性为"占地",并认定河务局没有法定手续。于是,他理直气壮地鼓动一些村民去现场阻止施工。在施工队被迫撤离后,田亮生又让李盛民带人去县土地局上访。土地局发现河务局的确未办手续,就下达了停工通知。但后来县政府认为此项目属于黄河防洪抢险工程,可以本着"特事特办,急事急办"的精神,边施工边办手续,故而又撤销了县土地局的停工通知。对此,村民们非常不满,仍继续阻止施工。由于工期紧急,河务局后来被迫另选他址。在阻止取土获得成功后,田亮生、李盛民又把斗争焦点指向了当初同意"卖地"的村委会。先是村委会主任被上级诫勉,后来村委会的广播被抢走,村委会的工作陷入瘫痪。尽管县公安局介入调查此事,但因为村民的不满事出有因,又没有找到田亮生、李盛民等村民代表的"罪证",特别是因为县公安局刚刚因为在别的村庄滥用警力受了处分,所以,县里最终没有对村民代表使用强压手段,而采取了软化矛盾的方式。河务局被勒令将B村被破坏的土地复耕。但是,田亮生认为只有按照土地被征用的标准赔偿村民才是解决问题的根本。在村民反复阻止下,复耕被迫终止。

田亮生他们决意用尽一切合法途径去为其土地讨个说法。上访也好,复议也好,打官司也好,都坚决抗争到底,直到获得赔偿。所有费用由村民集资。为了鼓励村民的积极性,田亮生确定了这样一个集资方案:每个村民集资的额度可以在1元钱到100元钱之间自愿选择,但无论多少,将来官司打赢了,都双倍偿还。现在不参加集资的人,将来一分钱也分不到。

2001年5月,田亮生、李盛民联合了815名村民,先去市政府行政复议,要求撤销县政府关于复耕的决定。在市政府维持决定后,他们就把县政府告上了法庭。一审败诉,他们又把希望寄托在市中级法院上。为此,他们在上诉前做了一个重要的工作,即要求重新选举村委会,以堵住他们不是法人代表因而没有土地诉讼主体资格的缺口。2001年11月,村委会重新选举的结果是,李盛民当选为主任,田亮生当选为副主任,其他几个行动积极分子当选为委员。在开庭当天,为了给法院施加一些压力,田亮生、李盛民还组织了上百村民去市政府上访。不过,市中院还是把他们的诉讼请求驳回了。其后,田亮生他们在近两年的时间里又进行了第二轮、第三轮的行政复议和行政诉讼,结果都被驳回。不过,为了化解矛盾,2003年11月,市中院在维持原判的判决书下达后,又进行了调解,最后县河务局给B村支付了23万元的土地赔偿费。村委会拿到钱后,如约兑现了双倍偿还集资款的承诺。

(三)许绍荣与大河移民集体上访个案

S乡是西南一个经济落后的乡镇,一条俗名为"大河"的溪流从S乡横穿而过。从1975年起至今,S乡农民大规模的集体上访一直持续不断,其上访可分为两个阶段,都与水电站有关:1975年地区行署在S乡兴修了一个中型水电站——大河电站,S乡一部分农民变成了大河移民,他们为自己土地的补偿问题一直上访到1994年才基本得到解决;而1994年后,由于一个特大型水电工程的上马,不仅大河电站将被完全淹没,大河移民变成二次移民,而且移民数量还扩大到了全乡其他地方。从1997年起,S乡移民又开始了新的集体上访。S乡农民这两个阶段的集体上访的关键人物分别是许绍荣与周克旺。

许绍荣在"文化大革命"爆发时是县一中的高三毕业生。"文化大革命"开始后他曾组织过一个小型"造反"团体,积极参加了一段"文斗"。但当"武斗"开始时,他就躲回到S乡老家,后来当了村小学的代课教师。大河移民刚开始的集体上访是以生产队干部为主体的,但久无结果。1982年7月当地发生了一次特大洪灾,大河移民生存条件大大恶化,由此,迫切需要组织得力、谋略得当的代表来推进上访。许绍荣因为有文化、见过世面、有过运动经验,就被大家请出来,充当了出谋划策的灵魂人物。在许绍荣的调度下,大河移民逐步形成了一个结构稳定、制度严格、运作有效、反应灵敏、团结一致的上访精英集团,他们采取各种方式把农民自身的生存困境建构为地方政府不能不认真对待和解决的问题,从而逐步获得了应得的土地补偿。上访资金刚开始是靠移民自己集资。后来大河移民掌握了一个乡办企业,因此,变卖这个企业的资本就成为移民后期斗争的主要资金来源。由于许绍荣非常懂得拿捏行动分寸,大河移民在被有效地动员起来进行就地抗争的同时,又没有造成局面失控,因而,地方政府尽管对他非常恼火,但始终没有抓到他什么把柄。尽管许绍荣在上访过程中也曾受到刁难,但到最后他还是基本做到了全身而退,而那个本来就不具有正式组织形式的上访精英集团也随上访结束而解散。①

(四)周克旺与S乡移民集体上访个案

周克旺原来是大河航运公司的职工,"文化大革命"期间也曾积极参加过运动。他退休后回到S乡老家居住。他文化并不高,但在外面见过世面,性格倔强,心直口快,能说会道。当周克旺发现移民补偿不足、"假移民"现象严重时,就主动冲到了集体上访的前列。周克旺在刚开始组织S乡移民集体信访的1997年,初见成效。有69个村民组盖章、号称"万人诉状"的材料引起了高层领导重视。省市县组成了联合调查组,专门来S乡调查移民反映的问题。但调查结果

---

① 应星:《大河移民上访的故事》,生活·读书·新知三联书店2001年版。

公布后,让周克旺他们大失所望。调查组认为所谓"移民补偿不足"的问题并不存在,是移民代表对政策理解错了;而"假移民"的确应该查处,但情况并不像移民代表所说的那么严重。周克旺决定从信访转为走访,去高层政府直接上访反映问题。不过,由于有联合调查组的调查结论,周克旺组织的集体上访再没有被认真对待过。迫于无奈,周克旺组织了一次几百名移民从S乡步行数十公里到县政府去要求解决问题的行动;在县里的官员到S乡作移民搬迁动员时,周克旺还公开找他们辩论,说问题不解决好就不能答应搬迁。因为完成移民任务的压力很大,县里决定对周克旺等几个主要的移民代表采取强硬手段:先抓人,再收集证据;先定性,再通过法院定罪。在收集"证据"的过程中,县里发现上访代表的一份书面材料中有周克旺等人成立"移民监视协会"的情况,如获至宝。尽管"移民监视协会"并非一个真正的组织,而是上访代表心血来潮的一种说法,但这个名目仍被当作了周克旺他们有组织地破坏移民工作的"铁证"。周克旺后来被判刑三年,其他几个移民代表被判刑两年。70多岁的周克旺在牢中摔坏了腿。但是,当他被刑满释放后,又继续投入了集体上访。除了继续反映S乡移民的问题外,为自己的案子翻案成了新的上访动力。周克旺因反映移民问题而入狱在外界产生了一定的震动,一些媒体和NGO组织开始关注S乡。不过,S乡移民上访的资金仍都来自移民集资和上访代表自己的资金。

我们下面用一个表格的方式简要地比较一下这四个个案的基本要素(见表1)。

表1　四个个案的要素分析

要素\地点	A 村	B 村		S 乡
群体利益表达行动的主要形式	就地抗争	集团诉讼		集体上访
当地农民近年有无群体利益表达行动的经验	有("5·13事件")	无	大河移民 无	S乡移民 有(大河上访)
主要的草根行动者	周孝忠	田亮生	许绍荣	周克旺
草根行动者有无运动经验	有	无	有	有
主要资金来源	外部	集资(双倍返回)	集资;企业	集资;自己垫资

续表

要素 \ 地点	A 村	B 村	S 乡
是否有外部资源	有(关注、关系和资金)	无	无	有(关注)
是否有行动组织的名称	无	无	无	有("移民监视协会")
草根行动者的结果	安全;行动中	当选村委会副主任;已退出	安全,已退出	曾入狱三年;行动中

三

在了解了四个个案的基本情况后,我们现在要从五个方面来作详尽的个案比较分析。

（一）草根动员与群体行动的发生究竟是何关系？

无论是群体性事件的发生,还是群体利益表达行动的出现,有人都习惯将之归咎于背后有所谓"黑手"的指使。我们要问的是:群体行动都是经动员而产生的吗？

就 A 村、B 村和 S 乡移民的个案来说,一开始就是由周孝忠、田亮生和周克旺分别动员起来的。不过,我们在大河移民那里看到了不同的情况——许绍荣是在群体行动开始几年后才出现的。在那以前,大河移民基本处于群龙无首的局面。尽管有些时候群众推举生产队长作为上访代表,而生产队长的作用只限于此,他们还称不上是真正的"草根行动者";移民集体跑到乡政府去"诉苦"的时候都是三三两两,没有组织的。我们再仔细地分辨一下这两种情况的差别,会发现:草根行动者在先、群体行动在后的情况,往往发生在群体利益的受损还处在比较隐性的时候,需要草根行动者的动员,大多数农民才会意识到问题的严重性;而群体行动先于草根行动者的情况,往往发生在群体利益的受损已经相当明显且普遍,无须动员,农民已经都认识到问题的严重性。比如,A 村的建坝还只是在规划中,大多数村民都没有觉察到自己将来生活所面临的威胁。河务局在 B 村的取土是在离村 6 公里远的地方,大多数村民还不知道此事,即使知道,也不会将取土与征地联系在一起。S乡移民补偿偏低的问题,是需要了解移民补偿政策才明白的;而"假移民"的问题,是需要有机会看到村组干部炮制的移民名单才会发现的,这些都不是普通移民周知的。因此,只有靠草根行动者的动员,农民才会在较短的时间里达成群体行动的认同。但在大河移民的案例中,大河电站对移民土地的冲刷是摆在每个移民面前的现实问题,这种冲刷给移民带来的生活影响是直接的、严重的。因此,共同利益的严重受损,使移民们在无须动员的情况下就可能采取群体行动。草根行动者只是调整了群体行动的组织方式、行动目标和斗争手段,而不是这种行动最初的鼓动者。尽管我们选取的这四个案例并不足以使我们去推断纯粹自发出现的类型在群体行动中到底会占多大的比例,但我们至少可以看出:先有动员才有群体行动,这并非一种固定的模式。群体利益的严重受损本身就可以成为最强有力的动员因素。群体行动在这种情况下的发生,既可以说是"自然的",因为它是集体利益受损的必然结果;也可以说是"突然的",因为群体行动具体会以什么形式出现、什么时候出现、因何导火索而出现,这都可能是即时发生的,并没有充分的准备。草根行动者可能在群体行动的中间介入进来,甚至可能在整个过程中始终就不存在草根行动者。

(二)草根行动者基本的身份特征究竟是什么?

在出现了草根行动者的群体行动中,我们可以为他们勾勒怎样一幅群像呢?从我们所研究的这四个案例来看,这些人与当地其他农民相比,一般有较高的文化水平,大多有在乡村外生活、工作或闯荡的经历,大多有参与政治运动或群体行动的经验,对法律和政策较为精通,对政府处理问题的逻辑较为熟悉,能说会道,足智多谋,理性控制力较强。于建嵘①对乡村所谓"抗争精英"的身份特征的描绘也大体符合这些特征。不过,如果我们非要在草根行动者身上贴上"精英"(elite)这个身份标识的话,恐怕也还需要进行更深入的辨析。

在现代精英理论的创始人帕雷托那里,真正的精英并不是泛指各个领域中较有才能的人,而是特指那些直接或间接在政治上对民众起着支配、统治作用的人。精英这个概念的意义就在于它对民众的支配性。或者说,帕雷托所关注的是,那些当权者即统治精英与那些无权者即民众之间的直接对抗。②精英理论的另一位代表人物莫斯卡③不同于帕雷托的地方在于,他强调精英所代表的社

---

① 于建嵘:《当前农民维权活动的一个解释框架》,《社会学研究》2004年第2期。
② 巴特摩尔:《平等还是精英》,尤卫军译,辽宁教育出版社1998年版。
③ 莫斯卡:《统治阶级》,贾鹤鹏译,译林出版社2002年版。

会利益的多样性,强调精英通过"亚精英"(sub-elite)或"新中产阶级"而与民众保持着密切的联系。尽管莫斯卡所用的"精英"概念要宽泛得多,但即使从他的视角来看,恐怕也还是难以接受"农民精英"这样的概念,因为这样一来,使用精英概念的社会分层基础——社会上层与社会底层的划分——似乎就被大大模糊化了。在我看来,由于"精英"一词在今天已经常常被泛指各个阶层或各个领域较有才能的人,所以,我们并非不能使用"农民精英"或"乡村精英"这样的说法。然而,我们必须注意到两个问题。

其一,乡村精英与一般精英有一个非常重要的差别:一般精英在精英内部向上流动的可能性是较大的;而乡村精英很少有上升为一般精英的可能性。由于户口制度的刚性约束,由于城乡的二元分割,中国农民处在代际继承性最强并且流出率最低、上升流动机会最少的社会最底层。因此,"乡村精英"更固着的身份是"农民"而非"精英"。关于这一点对其动员行动的影响,稍后详论。

其二,从乡村精英与制度的关系来说,乡村精英可以进一步分为乡村制度精英与乡村非制度精英。乡村制度精英一般是指村干部(不含村民组长),他们拥有制度赋予的政治权力。而本文所研究的草根行动者则大多属于乡村非制度精英,他们只拥有非正式的权力。具体而言,草根行动者往往是因其文化、经历、见识和谋略而在当地具有一定的文化资本和社会资本。在不少情况下,草根行动者的影响力甚至超过了村干部,但草根权力的非正式性使草根行动者的身份是含糊的,因此,他们的政治担当就有相当大的伸缩性。[①] 他们可以担起动员的重任,也可以拒绝动员的使命;他们可能在这个问题是一个积极分子,也可能在其他问题上就是一个非积极分子(比如,许绍荣推动了大河移民的上访,却不再参加后一轮的移民上访);他们可以是主动地"站"出来,也可以是被动地被"推"出来。因此,无论我们用"草根行动者"一词,还是用"乡村(非制度)精英"一词,都应该认识到,它并不是一个固定的身份,而是一个临时的角色,是相对于某些特定问题被界定的[②];它在政治行动上与其说是一贯的,不如说是随机的。

(三)草根行动者究竟是携私的小人还是理想主义的英雄?

草根行动者常常被涂抹上了浓厚的两级的道德化色彩。一极把草根行动者

[①] 与中国传统士绅的非正式权力不同的是,草根行动者对主流意识形态的认同不如士绅,而草根行动者的制度地位也远不及士绅。

[②] 奥立佛、马维尔:《集体行动的动员技术》,莫里斯等编:《社会运动理论的前沿领域》,刘能译,北京大学出版社 2002 年版。

看作是别有用心的小人,他们是为私利而有意挑拨民众与政府的关系;另一极则把草根行动者看作是理想主义的英雄,他们不畏强势,为民请命,勇挑重担。但在我看来,无论是阴谋图私论,还是理想奉公论,这种道德化地评判草根行动者的方式都是同样简单化的做法。

1. 从草根行动者的现实处境来看

我们所定义的草根行动者,并不是外来的精英或知识分子,他们自己就是利益受损者,所以,他们的利益与其他受害农民的利益是一致的。他们既是在为私利奔走,同时也是在公益奔走;他们既是在为民众说话,也是在为自己说话。从这一点来说,公心与私心是合二为一的。但是,从群体行动所面临的"搭便车"困境而言,他们的挺身而出仍需要一种特别的理想精神。在西方社会中,集体行动的主要困境在于行动者需要付出金钱和时间。①

但这两点困境在中国社会倒不成大的问题。

首先,小农深厚的平均意识和群体压力基本可以解决金钱的困境。奥尔森的理论前提是假设人是理性的动物。这一点如果放在小农身上,就是波普金②所谓的"理性小农"。关于斯科特的"道义小农"与波普金的"理性小农"之争,本文不予详论。但正如许多学者已经看到的,生存伦理和理性计算其实是小农的不同侧面。③ 我要进一步指出的是,在不同的行动中,小农所表现出来的侧面是不同的。拿中国农民的群体行动而言,危及他们基本生存条件的状况使他们势必表现出较高的集体认同感。纵使他们中的大多数不敢站出来组织,他们中的一部分人甚至可能连就地抗争或聚集都不敢参加,但要他们通过集资表示支持,这还是不难做到的。那些不参加集资的人,在一个平均主义意识浓厚、没有陌生人存在、世代相处的村庄共同体中,将会面临巨大的压力。因此,在中国农村,草根行动者可以通过集资的方式来解决低成本的群体行动的经济支持问题。④

其次,草根行动者所需付出的时间也基本不构成困境。因为,在一个劳动力大量富裕、生活工作节奏相当缓慢的乡土社会,时间可以说是非常丰沛的资源。而且,行动者还可以在集资款中列出"误工补贴"来解决这一问题。

---

① 奥尔森:《集体行动的逻辑》,陈郁等译,上海三联书店1995年版。
② Popkin, S., 1979, *The Rational Peasant: The Political Economy of Rural Society in Vietnam*. Berkeley: University of California Press.
③ 黄宗智:《华北的小农经济与社会变迁》,中华书局1986年版。
④ 当然,像田亮生那样把集资变成一种投资,就更能激发农民参加集资的积极性了。不过,这种理性投资的激励机制仍是以道义共存的激励机制为基础的。

因此,金钱和时间都不构成中国草根动员的主要障碍。但是,草根行动者"站"出来仍是一种道德义举,这是因为中国社会存在着群体行动特殊的困境:安全性困境。即使群体行动的发生既是合乎情理的,又是严守法规的,草根动员者也还是很可能被地方当局视为"刁民"而遭到各种打压,甚至以"扰乱社会秩序"罪名入狱。对群众"开口"施惠与对出头者"拔钉子"施压,这是政府摆平逻辑的两面性。① 周克旺的入狱和周孝忠(在5·13事件中)的被抓就是一个明证。许绍荣曾受到地方当局的多方刁难。田亮生也险些被抓,只是因为一个偶然因素才幸免于难。因此,几乎所有草根行动者的出场,在头上都悬着一柄"达摩克利斯之剑"。对于终身在底层讨生活的人来说,如果没有一定的道德勇气、正义感,是断难作出挑头行动的选择的。

但是,问题的复杂性也由此而生。正因为草根行动者始终怀有安全焦虑,所以,除了群体利益外,草根行动者如何最大程度地保障自身安全,就成了他们自己介入行动后的独特利益需求。草根行动者在动员时总是会向大家表露他们不怕牺牲的勇气。但是,草根行动者大都是非常理性的人,他们不仅要关心群体行动的成败,而且也绝非不考虑自己的安危。因此,在某些时候,就可能出现草根行动者的目标与农民群体行动的目标发生分离的情况。比如,在大河移民上访中,由于许绍荣面临被地方官员"秋后算账"的危险,他后期所组织的群体行动的主要目标就不再是移民经济利益的最大化,而是如何通过"告官打虎"来扳倒地方官员,以保证上访代表的安全。当然,我们也要看到,草根行动者保安全的"私心"与代民言的"公心"是缠绕在一起的。②

---

① 应星:《大河移民上访的故事》,生活·读书·新知三联书店2001年版。
② 草根行动者的理想性与现实性兼具的二重性格常常与他们自己特殊的人生经历和地位有关。我们在前面强调了草根行动者作为农民的基本身份。然而,细辨起来,生活在农村的未必都是农民,而有农业户口的人也未必都是农业劳动者。一项全国性的调查表明,农村人口实际上由八个阶层构成:农业劳动者阶层、农民工阶层、雇工阶层、农民知识分子阶层、个体劳动者和个体工商户阶层、私营企业主阶层、乡镇企业管理者阶层和农村管理者阶层(陆学艺,2002:170—171)。这里我们应该特别注意两个人群:一是出身在农村,曾在外参过军、读过中专以上学校、当过正式工人甚或做过国家干部,最后又因种种原因回到农村,作为普通村民生活的人群;二是农村知识分子人群。这两个人群尽管在农村人口中所占比例很小,但却是最容易诞生草根行动者的人群。他们或者是从社会较高层面重返底层,或者对社会较高层面有较深的体认,在乡村底层社会中地位较高,却又不再可能继续上升。这样特殊的遭遇、尴尬的地位常常铸就了他们复杂的性格。比如,周孝忠、许绍荣和周克旺的个人命运都与"文化大革命"有直接的关联。周孝忠的父亲如果不是在"文化大革命"中被迫害致死,周孝忠不会受那么多磨难,他也不必为照顾母亲而被迫离乡。如果不是"文化大革命"爆发,许绍荣很可能已经上大学去了。许绍荣和周克旺后来都因为积极参加过"文化大革命"而在个人发展上受到了限制(不过,他们并非"文化大革命"结束后要严肃查处的"三种人")。对这些"文化大革命"的经历者来说,毛泽东时代对平等精神的倡导与他们个人的现实遭遇,在他们身上有非常复杂的折射。他们一方面可能具有较高的理想气质,为底层带来清新(转下页)

2. 从草根行动者的行动逻辑来看

草根行动者常常自视为底层的代言人,但问题是他们真的就能代表底层吗?同样出身印度的学者斯皮瓦克①在一篇著名的论文(《底层会说话吗?》)中这样批评印度的底层研究学派,说他们尽管企图为底层说话,但他们的表述方式仍然采用的是西方殖民者写作历史的方式,因此,他们所书写的"底层"的历史还是一种"实质化"(essentialized)或"同质化"(ho-mogenized)的历史,即根据西方认识论模式塑造过的历史。实际上,面对"历史的无名者"那些含混的咕哝,面对那些夹杂着美与恐怖的黑暗中的传奇,面对着那些破碎的"生命的诗"②,无论是"大写历史"的书写者,还是以代人立言自居的知识分子,或是出自底层本身的草根行动者,都是同样的无可置喙。我在对大河移民的研究中就发现,在许绍荣的行动逻辑中是不可能将山坳的孤魂纳进视野中的。③ 因为他用以抗争的武器实际上正是被抗争者传授给他的。或者说,草根行动者手上并没有铸造出不同于精英政治的武器。正如斯皮瓦克所说的,"政治主体性的问题不能通过将庶民浪漫化而得到解决"④,同样地,底层政治的主体性问题也不能通过将草根行动者浪漫化而得到解决。即使草根行动者有意识地要去代表民众,但他们的行动逻辑并不一定就都能体现他们的意识。在中国社会,尽管底层政治与精英政治的具体目标不同,但两者的行动逻辑却可能是一致的。

(四)草根动员究竟如何选择群体利益表达行动的类型?

群体利益表达行动的类型从是否诉诸法律手段可以分为司法救济与非司法救济。草根动员是否会有意识地选择司法救济或非司法救济呢?我们结合上述个案来作一个具体分析。

集团诉讼属于司法救济方式,而集体上访和就地抗争属于非司法救济方式。如果在法治理想主义者看来,两者之间有着重要的界分;为加快法治的进程起

(接上页)的思想气息,但另一方面也难免有某种自觉不自觉的怨恨情结(关于怨恨的社会学分析,参见刘小枫,1998:385—434)。如果说他们当年可能具有鲜明的理想主义气质的话,那么,当他们的一生被固着于"底层"的时候,即使他们身上还保留着某种战斗精神,也不大可能如往日那般单纯为抽象的理念或英雄的气质所激荡了。

① Spivak, G., 1988," Can the Subaltern Speak." in Nelson & Grossberg (eds.), *Marxism and the Interpretation of Culture*. Urbana: University of Illinois Press.
② 福柯:《历史的无名者》,李猛译,《国外社会学》2001年第4期。
③ 应星:《大河移民上访的故事》,生活·读书·新知三联书店2001年版。
④ 怀南特:《斯皮瓦克谈庶民政治》,吕卓红译,载刘健芝等编,《庶民研究》,林德山等译,中央编译出版社2005年版,第244页。

见,理当扬司法救济,抑非司法救济。然而,具体的个案分析却表明这两者的界限在草根动员中似乎并不清晰。比如,B村村民的集团诉讼其实只是他们表达群体利益过程中的后期阶段,而他们在前期广泛使用了就地抗争的手段。甚至就在中级法院开庭的当天,他们还同时组织了大批人去市政府请愿。我在访谈中得知,A村村民之所以现在未提起诉讼,是因为大坝的修建目前尚在计划中,法院无法受理尚未构成实际侵害的案件。他们并不排除今后可能同时使用法律手段。大河移民未提起诉讼,则是因为当时《行政诉讼法》尚未颁布实施。而在第二波的移民抗争时,就是一边向党政部门上访,另一边同时在向法院申诉。实际上,在草根行动者眼中,法治与人治、司法与非司法的界限并不重要,真正重要的区分是某种手段在表达利益、解决纠纷上实用与否。正如我与合作者在别的地方通过其他个案的对比分析所指出的:"由于'诉讼的政治学'使司法与行政处于同一权力谱系中,因此,公民寻求救济的行动就不会拘于司法救济/非司法救济之分。他们打官司并不一定是出于他们对法律的相信,就像他们上访也并不一定出于对'青天'的相信。他们把法律和上访同样都作为权宜救济的手段,就如同支配者把法律和信访作为权宜治理的手段一般。"①

(五)草根动员的组织化和政治化程度究竟如何?

我们在前面已经谈到,并非所有的群体行动都会存在草根行动者及草根动员。但一旦出现了草根行动者,群体行动的组织化程度则会大大地提高。这主要是出于以下的因素。

首先,草根行动者所面临的安全困境迫使他们要精心地组织。草根行动者从一出场,头上就悬着一把剑。为此,他们必须尽可能使群体行动不授人以柄。

其次,"踩线不越线"的行动策略更使他们要小心翼翼,强化控制。为了使群体行动能够获得成效,草根行动者往往并用合法和半合法手段,使用"踩线不越线"的"问题化"行动策略:即在向政府诉苦的同时运用有节制的群体聚集手段,边缘性地触响秩序的警铃,有分寸地扰乱日常的生活,以危及秩序的信号来唤醒官员们解决问题的诚意。但这种手段是一把双刃剑:它既可能很管用,也可能马上带来灭顶之灾。② 正因为这种策略的高度危险性,更使草根行动者要加强

---

① 应星、汪庆华:《涉法信访、行政诉讼与公民救济行动中的二重理性》,《洪范评论》第3卷第1辑,中国政法大学出版社2006年版。

② 应星、晋军:《集体上访中的"问题化"过程》,《清华社会学评论》特辑,鹭江出版社2000年版。

对行动的控制,以免群体利益表达行动演化为"群体性事件"。

再次,农民政治行动的跳跃性使草根行动者必须把握好达成妥协和结束群体行动的适当时机。从自发的农民政治行动来说,具有较强的跳跃性特点:要么是不去行动,一忍再忍;要么是在忍无可忍的时候,就可能投入激烈的、意气的、不知底线的行动。① 农民投入政治行动并不一定都是为了物质利益,而可能是为了德治秩序下具有的差序性位置而战斗,为了争一口"气"而战斗。农民行动的群体性可以使这种战斗到底、绝不妥协的"气"交融在一起,从而使群体行动的发生地被建构成了一个"不达全胜绝不收兵"的宏大气场。为了实现对农民的充分动员,草根行动者无疑会经常利用这样一个气场,甚至对于所谓"叛徒"会采取某种惩罚措施。然而,如果任由这个气场来左右整个群体行动,那么,或者会因为出轨之举而遭政府严惩,或者会因为无法接受妥协而最终带来全败的结局。因此,草根行动者就不能不以较强的组织性来抑制这种气场,以有限的胜利捕捉妥协和退出的时机。草根动员不仅是使农民起来参加群体行动的动员,也是使农民适时结束群体行动的动员。

故此,在我们所研究的这几个案例中都可以看到,所有的草根行动者在进行动员时都表现出了较强的理性控制、精心组织的面向,都会在实际上有组织的分工、决策机制和激励—约束机制。当然,草根行动者在进行组织动员时几乎都是坚持名实分离的。也就是说,尽管大部分草根行动者实际上必须通过某种组织化的活动才能有效地控制群体行动的局势,但他们都不愿意以一个正式或非正式的组织名称来发号施令。在我们所研究的四个案例中,只有周克旺一个人曾经用过"移民监视协会"的说法,也正是这使他付出了代价。

于建嵘试图将农民近年这种有组织的群体抗争总结为一个新的概念——"以法抗争"。他的这一说法主要是想超越李连江和欧博文所提出的"依法抗争"的说法。李连江和欧博文②所谓的"依法抗争",即"以政策为依据的抗争"(policy-based resistance),其特点是利用中央政府的政策来对抗基层政府的土政策,这种反抗形式是一种公开的、准制度化或半制度化的形式,通过诉求上级政府的权威来对抗基层干部的"枉法"行为,进行有关集体具体利益的抗

---

① Thaxton, R., 1990,"State Making and State Terror: The Formation of the Revenue Police and the Origins of Collective Protest in Rural North China during the Republican Period." *Theory and Society*, 19(3).

② 李连江、欧博文:《当代中国农民的依法抗争》,载吴国光主编,《九七效应》,太平洋世纪研究所1997年版。

争。而于建嵘①所谓的"以法抗争"与"依法抗争"有着实质差别,因为"这种抗争是以具有明确政治信仰的农民利益代言人为核心,通过各种方式建立了相对稳定的社会动员网络,抗争者以其他农民为诉求对象,他们认定的解决问题的主体是包括他们在内并以他们为主导的农民自己,抗争者直接挑战他们的对立面,即直接以县乡政府为抗争对象,是一种旨在宣示和确立农民这一社会群体抽象的'合法权益'或'公民权利'政治性抗争"。我们可以看出,"以法抗争"与"依法抗争"之间的关键差别并不是群体行动的组织化程度,也不是组织方式的差别(是上访,还是其他方式),而是群体行动的政治性的高低。"依法抗争"介于政治抗争与政治参与之间,是在维护既定权利格局的前提下对具体利益的争取;而"以法抗争"则已经接近于纯粹的政治抗争,是对整个权利格局的挑战。

然而,于建嵘的这一说法真能站得住吗?我认为在他的分析中忽略了五个问题。

其一,政治合法性的困境注定了草根动员是在既有的制度框架所明允、默许或至少未强力禁止的前提下去展开的。政治合法性的困境是任何一个理性的草根行动者不得不去面对的。尽管我们并不能排除某些草根行动者所具有的强烈的激情和牺牲精神,但从包括马克思、斯科特、波普金在内的诸多大家对小农或农村人口的经典研究中,可以看到,在没有外来知识分子或革命团体的影响的情况下,小农自身的动员基本上是就事论事的动员,借用蒂利②的说法,农民群体利益表达行动是"反应性的"(reactive)而非"进取性的"(proactive)群体行动。也就是说,农民群体行动的斗争目标是局部性的而非整体性的,是较为具体的而非抽象的;即使有较抽象的性质(如"气")存在,也是事关行动者在当地具体的生存状态,而不会触及一般性的权利安排格局。

其二,日常生活的压力注定了草根动员在目标追求上的高度有限性。我们前面刻意强调了草根行动者与一般精英相比的"农民"或"底层"身份。如果说一般精英可以具有较高的政治和文化的超越性的话,那么,农民,哪怕是农民中所谓的"精英",则会在日常生活中面对着马克思③所谓"经济关系的无声的强制"。巨大的谋生压力迫使底层的群体行动会紧紧围绕具体的利益特别是经济利益展

---

① 于建嵘:《当前农民维权活动的一个解释框架》,《社会学研究》2004年第2期。
② Tilly, C., 1986, *The Contentious French*. Cambridge, MA: Harvard University Press.
③ 马克思:《资本论》第1卷,《马克思恩格斯全集》第23卷,人民出版社1972年版。

开,而罔顾其他。

其三,跨乡的草根动员成本很高。赵鼎新^①在分析中国的群体行动时曾经提出:中国政治性的中间组织缺乏发展的空间,因此,人的居住和活动环境以及以人的居住和活动环境为基础的网络关系就成为群体行动者唯一可利用的动员手段。[②] 如果说知识分子的群体行动都是以生存的空间环境为基础的,那么,对于资源缺乏、政治性较低的农民群体行动来说,就更是如此了。即使像A村、大河、S乡这三地的水电站兴建涉及多个乡镇甚至多个县区的移民利益问题,但比较紧密的群体行动仍是以本乡尤其是本村和邻村为单位的,与外乡移民的联系是非常松散的,跨乡协同、全县"联网"的行动非常罕见。

其四,草根动员和草根行动者具有很强的临时性特点。草根动员因具体的群体利益问题而起,也因这个问题得到某种解决后而止。草根行动者作为组织者或农民代表的临时身份也就随之而终结,他们的身影会再次没入芸芸众生中。

其五,在某些情况下,草根行动者还具有向正式的、合法的制度化精英转变的可能。最典型的例子就是B村的田亮生等草根行动者在进行集体上访和集团诉讼的过程中被全部选进了村委会。我们说草根动员者一般情况多为底层非制度精英,但B村的例子让我们看到了村民自治制度使非制度精英具有向制度精英转化的可能性。而在全国目前许多土地纠纷中,村级组织与农民的利益是一致的,因此成为群体行动的主体。这意味着草根组织可能与村级组织合二为一,草根行动的合法性将大大增强。

综上所述,草根动员尽管在实际动员过程中表现出较强的组织化,但这种组织性与其说是政治性的,不如说是去政治性的——它在进行有限动员的同时也在努力地控制着群体行动的限度特别是政治的敏感性和法律的界限。当然,于建嵘所研究的湖南衡阳等地的农民群体行动也许的确出现了一些值得关注的新特点(如政治性的增强、全县"联网"的出现),但就全国而言,在现有的体制环境中,我认为"依法抗争"大体而言依然是农民群体行动最基本的模式。

当然,我也要对李连江、欧博文的这一范式提出一点修正。他们所谓的"依法抗争"指涉还较为狭隘,主要限于通过上访和就地抗争来对基层政府施加压力,而行政诉讼则被看成是典型的政治参与,不被包含在内。然而,正如我在前

---

① Zhao Dingxin, 1998, "Ecologies of Social Movements." *American Journal of Sociology*, 103.

② Zhao Dingxin, 1998, "Ecologies of Social Movements", *American Journal of Sociology*. 103: 1493—1529.

面所分析的,对中国农民来说,司法救济手段与非司法救济手段常常是交错并用的。所以,"依法抗争"不仅仅是依据法律或政策在法院外进行的抗争,法院本身也可能成为这个群体行动场域内在的组成部分。

四

本研究通过对草根动员的个案比较研究,揭示了农民群体利益表达机制的若干重要特点。这些特点包括如下几点。

（一）草根行动者在作为农民群体利益代表上的两面性

草根行动者或底层非制度精英并非一个固定的身份。他们一方面固着于底层,其政治目标与精英政治的目标有异；但他们的行动逻辑有时又更近于精英的行动逻辑而非底层自身的行动逻辑。他们在行动中的"公心"和"私心"可能是纠缠在一起的,我们应该突破对草根行动者的两极化的道德化认识。

（二）农民群体利益表达机制在表达方式上的权宜性

无论是把群体利益表达行动划分成集团诉讼、集体上访和就地抗争,还是把它划分成司法救济/非司法救济,我们都可以看到,这些表达方式都不具有相互的排他性,农民群体行动常常本着实用主义的精神,交错或同时使用这些方式。

（三）农民群体利益表达机制在组织上的双重性

农民群体利益表达行动有自发出现的可能。如果出现了草根行动者,那么,这种群体行动的组织性会大大增强。但它并不具有组织的正式形式,属于弱组织化现象,在一般情况下不会尾大不掉,构成对政治秩序的威胁。

（四）农民群体利益表达行动在政治上的模糊性

与西方社会运动不同的是,中国农民群体利益表达行动的主要问题不在资源动员上,而在合法性上。这种群体行动是一种带有一定对抗性质的政治行动,又常常使用边缘的"踩线不越线"的手段,因此,它对当地日常的社会秩序会带来一些消极影响,如果控制不好,甚至可能演化成较严重影响社会稳定的群体性事件。但是,这种群体行动基本上是以贯彻落实国家法律和高层政策为宗旨的,尤其是由于草根行动者的理性控制,它既能使农民群体将其群体利益表达出来,又能尽力使其对秩序的负面影响降到最低,有时还能完全被制度所吸收。一般地说,草根行动者的存在是有利于防止群体行动向失控的群体性事件演化的,草根动员往往也同时是草根控制的过程。因此,如果通过采取简单打压草根行动者的方式来抑制群体利益表达行动,很可能会适得其反,使生存受到威胁的农民群龙无首,其政治表达的跳跃性可能使其在自发状态下直接导向群体性事件,甚至可能真正被外人在政治上利用。

总之,本文所揭示的这些特点对于既有的研究成果在继承和吸纳的基础上都各有批评和推进。针对西方的社会运动研究范式,本文以"草根动员"的概念回应其"专业动员"的概念,以"合法性的困境"回应其"资源动员的困境"。针对印度的底层研究范式,本文不仅强调了底层行动不总是碎片化的,而是通过草根行动者建构的弱组织来推进的;而且指出,尽管底层政治的目标与精英政治的目标不同,但两者的运作逻辑却可能是同一的而非对立的或替代性的。针对李连江和欧博文的"依法抗争"范式,本文提出应该拓展对这一概念的理解,从理论上被定义为政治参与的行政诉讼,在中国社会的实际中也可能成为介于政治参与和政治抗争之间的"依法抗争"的新手段。而针对于建嵘所提出的中国社会目前已进入"以法抗争"的新阶段的观点,本文认为至少就农民群体利益表达行动的自发趋向而言,这是难以成立的。

当然,应该看到,在外部资源对草根行动者及群体行动开始产生一定影响的情况下,农民群体利益表达行动的确可能出现一些新的变化。特别是外界知识分子精英、新闻媒体和国外NGO组织积极介入后,农民群体利益表达行动的组织性会大大提高,政治性也更为明晰。不过,这种更明晰的政治性并不一定都会走向对抗性政治,它也可能导向新农村社区再造的非对抗性政治形态。当然,这就需要另文研究了。

方法谈:

社会学研究如何讲故事?

《草根动员与农民群体利益的表达机制——四个个案的比较研究》(以下简称《草根动员》)一文属于典型的质性研究,也可以说是广义的社会学叙事。这种研究如果做得不好的话,可以达到惨不忍睹的地步,讲故事变成了一地鸡毛式的零碎:随便的选材,随意的漫谈与随性的评判。这种"说点情况"的社会学研究还真不如一篇优秀的新闻调查。那么,社会学研究如何才能讲出有韵味的故事呢?我想至少取决于这样几个因素。

其一是问题意识。各种社会现象弥散在我们的生活世界中,只要留意观察就能尽收眼底。但要想透过某些特定的社会现象去把握社会结构的枢纽和社会运行的机制,最具决定性的因素并不是田野观察和经验直觉,而是我们的问题意识。这种问题意识又是长期浸润在理论和历史中培养出来的"社会学的想象力"的产物。正是这种想象力,才可能从熟悉的世界中感到震撼,从平静的生活中看到动荡,从常规的秩序中发现悖论,从繁荣的景象中体察断裂。《草根动员》一文的问题意识一方面延续了《大河移民上访的故事》的问题关怀,即旨在揭示在表面冲突的官民关系背后共享的政治文化;另一方面又将这种问题关怀进一步聚焦到草根动员机制上,并拓展到新的时空领域里。动员问题在中西方的社会学研究中都是一个核心问题。比如,在西方的社会运动研究关注的一个重点是专业动员问题;在中国革命和政治运动的研究中关注的一个重点是社会动员问题。以往对中国的群体利益表达行动的研究虽然也涉及动员的问题,但注意的焦点却都放在动员的工具层面——法律或政策,却忽略了动员的行动者层面。《草根动员》一文所要着力勾画的是蒙在"抗争行动组织者"这层模糊面纱背后的鲜活的灵魂。而这种关注视角正是由韦伯、福柯那样的思想大师所赋予其方向感和生命力的。我们今天任何一篇经验研究文章中似乎都标识有理论对话,但许多理论实际上仅仅是默顿意义上的中层理论,而这种理论往往是用来包装八股、剪裁现实、切割生活的工具。我的意思并不是说经验研究不能采用中层理论,事实上,我们在一篇经验研究的文章中往往只能述及中层理论。然而,问题在于我们现在往往只读中层理论,只为自己的经验研究临时去中层理论的工具库里挑选自己看似顺手的工具,我们会觉得经典理论和大师著作过于庞大,既没有精力,也没有兴趣,实质上也没有能力去触摸。岂不知古人早有云——"取法乎上,仅得其中;取法乎中,仅得其下"。当你的思考起点始终定位在中层理论的时候,就已经注定了你的研究绝不可能是上乘之作。在我看来,即使是一个专业从事中国社会学经验研究的学者,也应该相对系统地学习西方社会理论,一方面通过对西方社会理论的根植性的体察,深入地理解西方现代性的基本架构和西方文明的基本演变机制,另一方面则要把西方社会理论经典放在西方思想的整体脉络上进行有选择性的研读,通过触摸学术大家的博怀与锐识来培养我们自己把握经验问题的洞察力。只有建立在这样的前提下,我们才可能对相关的中层理论进行恰切精当的梳理,再结合自己对中国文化的体味和田野中的经验直觉,最后抓到真正具有洞察力的问题。没有良好的理论训练,绝不可能做出优秀的经验研究。

其二是叙事对象的复杂性。量化研究和质性研究都是通过研究部分来理解总体,因此,部分的选取甚为重要,但两者选取的逻辑机理是不同的。量化研究讲究的是经过严格的抽样程序的代表性。而质性研究讲究的是复杂性。这种复杂程度不仅仅是指场面的壮阔,声势的浩大,人物的繁多,过程的曲折,关系的交错,事件的叠起,时间的漫长,而且最重要的是要从中能感受到心灵的颤动。现在的质性研究盛行一种我所谓的"家乡社会学",似乎家乡自然地就可以成为社会学研究的灵感源泉,以为费孝通回家写出过《江村经济》的名篇,我们也可以回家写出"张村社会""李庄政治"之类的作品,全然不察我们自以为熟悉的家乡有些时候恰恰可能构成认识的屏障。量化研究者花费了成千上万的巨资,动用了巨大的人力、物力,经过了严格的抽样,研究了几百个村庄,然后经过严格的推算,才敢告诉读者说,他们的研究结论足以代表整个中国农村。凭什么你回到自己的家乡说点情况,就敢说这代表整个中国乡村?在我们的生活世界,在我们的家乡,随时随地都在发生着各种各样的故事,但一个什么样的村庄故事具有足够的复杂性,足以与量化方法对几百个村庄的研究相媲美甚至超越那种大数据的研究,其条件甚为苛刻。因此,寻找这样的个案是极其困难的,有时甚至需要运气。运气并非每个人都能碰上,即使你碰上了,也未必意识得到,抓得住。我在《大河移民上访的故事》中幸运地抓到了一个极其复杂的故事。但即使对我来说,这样的故事也是不可复制的,是可遇不可求的。因此,我在《草根动员》一文中进行了另一种尝试,即进行多个案的比较研究。虽然这些个案的故事较为单薄,但把这些有同有异的个案放在一起围绕"草根动员"机制来仔细比较时,也可以从某种程度上展现出社会关系的复杂性。而现在的质性研究基本上停留在单个案研究上,或至多进行两个个案比较,很少进行三个以上的多个案比较。那种零碎的、表面的个案叙事往往成为证实或反驳某种总体概括的"个案"或理论分析的"例子",丧失了个案叙事本身的生命力。当然,这并不意味着使用多个案分析就一定优于单个案分析。关键的问题还是在于我们对质性研究的复杂性有着怎样的理解。当量化研究者质疑我们的叙事的代表性时,我们完全不必胆怯,甚至根本不必理会,因为这并没有抓住叙事研究的软肋。真正值得叙事研究者焦虑的是——如果没有极其丰富的素材,我们的叙事就可能是干巴零碎的;而如果缺乏独特的生命体验,如果我们把故事处理成既不说理又不动情的"材料"汇集,我们的叙事就可能是缺乏灵魂的。

社会学与社会工作研究论文写作：案例与方法

其三是修辞术背后的想象力。讲故事的成功不仅仅在于故事本身的复杂和精彩，更重要的是要靠研究者"讲"出来的。所谓"讲"，绝不仅仅是一种修辞术的运用。实际上，无论是材料详略的取舍，还是叙事框架的确定；无论是对事件关联的判定，还是对人物心迹的捕捉；无论是对叙事张力的呈现，还是对人物臧否分寸的把握——这一切都要依凭"社会学的想象力"，依凭我们的问题意识。在讲故事中必须体现足够强大的张力，容纳足够复杂的关系，展示足够微妙的细节。在这里，我们要反对的是记者式的讲述或诗性的语言。我们需要的是将理论的力量完全融化在故事看似"自然"的呈现中。我在《大河移民上访的故事》正文通篇用了"白描"的手法，将理论的力量完全消融在对故事的编织呈现上。而在《草根动员》一文中，鉴于对四个个案同时进行比较的特殊性，我没有再通篇使用"白描"手法，而是采用了质性研究中常见的先叙再议的手法。不过，我在对这四个案例的简略叙事中仍尽力保留了这些案例本身的复杂逻辑，而不是使这些案例直接服务于或服从于后文的理论分析。

其四是理智的正直诚实。我们在田野调查中，经常置身在所谓"刁民"与"贪官"的对立中无所适从；而在思想立场上，我们又容易将自己的研究变成"左"右相争的战地。因此，我们对复杂性和具体性的研究常常被我们的政治激情、人文情怀或民粹想象所裹胁或遮蔽。而我在研究大河移民时，努力去突破"刁民与贪官"一类的道德对立，把尖锐对立的双方都放在社会结构和社会机制的层面去理解，既理解双方在社会结构面前的无奈，又理解他们各自的"狡诈"与"执拗"之处。在田野中，我有时热血沸腾，有时又寒冰浸身。而我在写作中，则将热和冰统统化作了看似平静的叙说。同样地，我在《草根动员》一文中，一方面尝试对那些草根行动者"去污名化"，另一方面又努力克服对他们所寄予的民粹主义想象。相对那种立场鲜明、爱憎对立、为民代言的做法，我宁肯让自己的激情付诸福柯所谓"灰暗的、细致的和耐心的"谱系学追寻。用韦伯的说法，这是要去发现"那些让立场冲突的双方都感到不舒服的事实"。他将这种立场称之为"理智的正直诚实"或"科学的禁欲主义"。顺便要说的是，我所从事的研究主题一直都具有较高的政治敏感性，而正是这种"科学的禁欲主义"使得我的这些研究基本上是出版方可以接受的。当然，这只是我所秉持的研究伦理的意外后果。

产权怎样界定

——一份集体产权私化的社会文本[*]

折晓叶　陈婴婴[**]

摘要：产权界定,作为一种当事人之间缔结或改变权利合约的互动过程,无疑是经济生活史上一项重要的社会活动。20世纪90年代中期以来,乡镇集体企业改制的某些经验事实就表明,社区集体产权主要不是一种市场合约性产权,而是一种社会合约性产权。这种社会性合约既不是某种有意识设计的制度,也不是社会关系的自然表达,而是特定行动关系协调的产物,反映的是一种社会和谐秩序。在市场合约不完备的情况下,它有可能以非正式的方式比较好地处理和解决社区内部的合作问题和产权冲突,具有界定和维护社区产权秩序的作用。但是在制度环境发生急剧变化时,它的这种作用就是十分有限的。在当下依靠行政力量推动改制时,如果仅仅以制度设计来取代非正式的社会合约规则,而不能充分考虑到后者的延续或替代问题,将会给社区的持续发展带来严重的不良后果。

关键词：产权界定;社区集体产权;社会性合约;改制

---

[*]　原载《社会学研究》2005年第4期。

[**]　折晓叶,女,硕士,中国社会科学院研究员、博士生导师,1993—1994年美国芝加哥大学社会学系访问学者,1998—1999年荷兰莱顿大学、英国牛津大学人类学系访问学者,2003年9—11月德国慕尼黑大学访问学者,中国社会科学院城市研究室副主任,社会学研究所组织与社区研究室研究员,社会学研究所学术委员会委员。主要研究组织(制度)社会学、社区研究等。出版《村庄的再造：一个"超级村庄"的社会变迁》《社区的实践——"超级村庄"的发展历程》《中国城乡居民生活调查报告》《社会中间层：改革与中国社团组织》和《城市在转折点上》等专著。在《中国社会科学》《中国乡村研究》《社会学研究》《中国社会学年鉴——1996—1998》《中国社会科学季刊》《管理世界》等期刊发表论文多篇。陈婴婴,女,博士,曾任中国社会科学院社会学研究所研究员、博士生导师。主要研究领域为社会调查方法、农村社会学,出版专著《职业结构与流动》,合著《中国沿海发达地区社会变迁调查》《中国百县市国情调查第二批调查点问卷调查：调查报告和资料汇编》等。

产权是一种社会基本权利关系的制度表达,它与法权的不同之处在于,实践中的产权不是一种条文、律例或规定,而是一种留有解构和建构空间的制度安排。关于这一问题的讨论大多是在新古典经济学继而新制度经济学的产权理论框架中进行的。引入产权分析也是中国学者在理解和提供改革方案时的一项重要工作,特别是乡镇企业由早期成功走向后期改制的经历以及国有企业面临的改革困境,都促使人们重视对产权经济学范式的追求。而这一范式的基本逻辑,是以私有制作为产权清晰的最终参照,由此推论出并明确了"只有界定清楚的产权才能有效率"的结论。

然而,这一解释逻辑在中国却遇到了挑战。首先是"产权模糊"的乡镇集体企业作为一个"例外",在改革开放初中期曾提供过异常成功的经验。其次是"产权明晰"并没有能够解决乡镇集体企业后期改制中存在的诸多实践难题。例如,为什么在同一地区相同的市场条件下会出现不同的产权选择?有些乡镇企业并不主动改制甚至抵制改制?[①] 而且,为什么相当数量的企业在改制后仍然不能避免失败的命运?实际的情况是,乡镇企业原本就存在多种产权模式,在产权选择上甚至出现"一村一制"的多样性[②],而每一种模式又都有成功和失败的例子。由此看来,产权理论至少在解释乡镇企业多样化的产权选择上,即在实证解释方面,尚缺乏内在逻辑性,还不能既解释私有制的成功,又解释"集体制"的不败。

这些来自当代中国乡村实践的难题,其实是在引进产权经济学的基本概念框架下分析问题的结果。关于"实践知识"相对于"认识论知识"而产生的"悖论"和"抵触",已有一些经典的研究成果。[③] 相对于企业改制来说,无论是"国企"还是"集体",目前似乎也都面临着类似的悖论问题:没有产权就没有真正的市场;[④]而没有真正的市场,产权是难以界定的。[⑤] 这就给我们提出一个值得认真思考的问题:在当前市场制度不健全的环境下,产权在大规模改制运动中是否可以被合理界定?实践中的产权又是怎样被界定的?

---

① 张军、冯曲:《集体所有制乡镇企业改制的一个分析框架》,《经济研究》2000 年第 8 期。
② 折晓叶、陈婴婴:《社区的实践——"超级村庄"发展历程》,浙江人民出版社 2000 年版。
③ 黄宗智:《中国经济史中的悖论现象与当前的规范认识危机》,《史学理论研究》1993 年第 1 期;黄宗智:《认识中国——走向从实践出发的社会科学》,《中国社会科学》2005 年第 1 期;詹姆斯·C. 斯科特:《国家的视角:那些试图改善人类状况的项目是如何失败的》,王晓毅译,胡搏校,社会科学文献出版社 2004 年版,第 7 页;孙立平:《实践社会学与市场转型过程分析》,《中国社会科学》2002 年第 5 期。
④ 张维迎:《企业的企业家——契约理论》,上海三联书店、上海人民出版社 1995 年版;张维迎:《企业理论与中国企业改革》,北京大学出版社 1999 年版。
⑤ 林毅夫、蔡昉、李周:《充分信息与国有企业改革》,上海三联书店、上海人民出版社 1997 年版,转引自平萍:《站在改革的下一个十字路口:产权、充分信息与市场环境——对国有企业制度安排的研究述评》,《开放时代》2004 年第 6 期,第 104 页。

目前，经济学对上述问题的争论尚难以走出困境。新近一些从组织社会学制度学派和"关系网络"学派以及人类学解释逻辑出发的研究，为解释上述悖论问题提供了一些新的思路。倪志伟等在研究"非正式或自发私有化"时指出，在政府反对大规模私有化的情况下，经济活动者转而追求非正式的私有化策略。这里的非正式私有化，是指在社会的意义上将公有财产的产权交给私人，这种移交是宪法所不承认的，因而也就不受法律的保护。非正式私有化是以对资源使用权的社会认知为基础的，它有赖于已经形成并正在发挥作用的社会关系。① 彭玉生进一步指出，非正式产权与非正式规则的运作有关，这些规则涉及谁应该控制并从稀有资源中获取收益。家庭团结和信任将有助于产权中那些非正式规则的实施。② 林南等则强调了家庭网对集体产权渗透的意义，认为集体制企业私有化的有效途径，是通过家庭网对股份制进行有效利用。③ 这些研究提出，在市场制度不完善的条件下，产权存在被社会关系网络非正式地界定的可能性。另一些研究指出，产权不仅存在被非经济因素界定的可能，而且并不总是由大效率原则所驱使，它还受到政治过程、文化观念等社会性因素的影响；并且，这些因素的不确定性还使产权处于被反复界定的状态。张静在研究农村土地纠纷处理问题时强调了权利和利益关系的重要性，指出土地使用权的界定并不是建立在稳定的法律制度之上，而是常常随着政治权力和利益集团的参与而不断变化，产权归属表现出极大的弹性。④ 张小军则使用"象征地权"概念来解释"地权可能通过政治权力的强迫或者社会观念的改变而改变"的现象。⑤ 申静和王汉生的研究从一项集体土地产权遭遇反复界定的实践中，发现产权实际上是"对行动者之间关系的界定"，从而得出"成员权是界定集体产权的基本准则"的结论。⑥ 而

---

① Victor Nee & Sijin Su, "Institutions, Social Ties, and Commitment in China's Corporatist Transformation," in John McMillan & Barry Naughton (eds.), *Reforming Asian Socialism: The Growth of Market Institutions*, Ann Arbor: University of Michigan Press, 1996, 转引自孙立平：《实践社会学与市场转型过程分析》，第91页。

② 彭玉生：《中国的村镇工业公司：所有权、公司治理与市场监督》，《清华社会学评论》2002年第1期。

③ Nan Lin & Chih-Jou Jay Chen, "Local Elites as Officials and Owners: Shareholding and Property Right in Daqiuzhuang," in Jean C. Oi & Andrew G. Walder (eds.), *Property Rights and Economic Reform in China*, Stanford: Stanford University Press, 1999, pp. 145–170.

④ 张静：《土地使用规则的不确定：一个解释框架》，《中国社会科学》2003年第1期。

⑤ 张小军：《象征地权与文化经济——福建阳村的历史地权个案研究》，《中国社会科学》2004年第3期。

⑥ 申静、王汉生：《集体产权在中国乡村生活中的实践逻辑——社会学视角下的产权建构过程》，《社会学研究》2005年第1期。

更进一步的研究则切入产权概念主题,试图与经济学概念分析框架进行对话。刘世定对"产权"这一概念及其分析框架在中国问题上的概括力和解释力提出质疑,他根据乡镇企业的经验,寻找到较之产权更为基础的概念"占有"——作为工具①,继而提出"关系合同"概念,认为合同只部分依靠于法律体系,部分则嵌入于人格化的关系体系之中。后者发生在正式合同缔结之后,由那些经营代理人在相对独立地从事经营活动的过程中和他的经营伙伴缔结而成,并使合同嵌入于他们之间的关系。② 周雪光则着眼于组织与其环境即其他组织、制度环境或者内部不同群体之间稳定的交往关联,进一步提出与经济学"产权是一束权利"不同的"关系产权"概念,以此强调"产权是一束关系"这一中心命题,从而提供了一种与经济学产权理论不同的全新思路。③

本文对产权界定的研究与上述思路较为贴近,不过,我们更强调集体产权的社会合约规定性,着重于揭示缔约—解约—再缔约的动态界定的社会过程。我们的研究还只限于对村社区类集体产权的分析,而且尚未涉及其中"以市场方式聘用企业家"的类型,因此,并不试图对共有产权的一般形态和问题做出解释。本文特别关注到,在 20 世纪 90 年代中期以来的乡镇企业改制中,"集体资产退出"是一条基本路径,然而,最令人困惑的却正是这一集体资产的边界和归属为什么会变得如此地难以界定。我们需要追问的是:一项按法定规则界定的名义产权为什么会遭遇到反复界定?界定的依据又是怎样发生变化的?"集体"为什么在正式的制度安排中表现出"弱势"性格,既不具有"回收"资产和投入的能量,又不具有讨价还价的资本和能力?而其间隐含更深一层的问题还有:在集体制的制度框架和意识形态下,何以最终会产生出排斥集体的力量?

一、社区集体产权:一种社会合约性产权

合同、企业治理结构和企业所有权,是同一事物由具体到抽象的一级层面④,合同双方是否独立法人与合同是否能够执行有关,因此,合同关系与产权关系有重要关联,可以通过前者来透视后者。本文将在同一种意义上使用合约、

---

① 刘世定:《占有制度的三个维度及占有认定机制——以乡镇企业为例》,潘乃谷、马戎主编:《社区研究与社会发展》(下),天津人民出版社 1996 年版。
② 刘世定:《嵌入性与关系合同》,《社会学研究》1999 年第 4 期。
③ 周雪光:《"关系产权":产权制度的一个社会学解释》,《社会学研究》2005 年第 2 期。
④ 参见张维迎:《企业理论与中国企业改革》,北京大学出版社 1999 年版。

合同和契约概念并从广义上加以理解,即任何两个经济实体的双边关系,甚至多边关系,都可以称为合约关系。合约可以是正式的,具有法律效力的;也可能是非正式的,建筑在社会期待之上的。① 所谓社会性合约所指的就是这后一种合约。

我们在讨论乡镇企业的性质时曾经指出,经济学有关企业是"一种或一组市场合约"的中心命题,并不能够对"不规范的市场"中的"非常规"的乡镇企业,特别是村办企业的本质特征做出令人信服的解释。原因在于,乡镇企业产生于社区母体之中,并不是一种纯粹的"市场里的企业",它同时也是一种"社区里的企业",不仅企业的经济活动深深"嵌入"于社区的社会关系结构之中,而且非正式合约在解决产权问题上具有特别重要的作用。在我们看来,非正式合约不仅是建立在经济原则基础之上的交易合约,而且是建立在社会合法性基础之上的以互惠交换为核心内容的社会性合约。这种情形下的企业,就不仅是"人力资本和物质资本的特别合约"②,还是一组包含人力资本和社会资本(含制度资本)的特别合约。③

这样一来,如何理解村落社区企业的"合约"性质,就成为一个理论难题,一个需要对以往的市场合约理论做出某些修正和补充的难题。在村域里通行的社会性合约,其本质也是规定权利关系,特别是对人们预期中的收入和资产在占有和使用中的互惠权利关系进行认定。在这类合约中,约定者关注的不仅是其未来的收益,而且在意其声望、声誉、信任以及互惠承诺;投入的也不仅是土地、人力或资金,而且还有他们的互惠期望、社会期待、信任和忠诚,以及机会成本和风险。这是一种隐含的非正式的社会性合约,它在确定企业事实上的产权安排中具有重要的作用。

对合约的这种理解,较接近于涂尔干对契约的解释:"在契约里,并不是所有一切都是契约的。"④所不同的是,涂氏所强调的契约中内含的道德和法律等要素是非契约性的,契约等同于交易;而我们这里所说的社会性合约,其核心要素是互惠和交换,是一种对交易合约残缺或不足予以补充的合约。这样理解的社区集体企业的合约关系,就不是一种处于一切社会规范之外的纯粹经济交易,而

---

① 周雪光:《组织社会学十讲》,社会科学文献出版社2003年版,第221页。
② 周其仁:《市场里的企业:一个人力资本与非人力资本的特别合约》,《经济研究》1996年第6期。
③ 折晓叶、陈婴婴:《资本怎样运作——对"改制"中资本能动性的社会学分析》,《中国社会科学》2004年第4期。
④ 涂尔干:《社会分工论》,渠东译,生活·读书·新知三联书店2000年版,第185页。

是包含有社区互惠规范作用的社会交换关系。这种社会交换关系之所以不同于经济交易,是因为它难以确定或者并不期待等量的交易价值,但却追求互惠和回报,并以达成就业、福利、保障、发展等社会性目标为直接目的。

这种社会性合约,是在集体"带头人"的人力资本与社区成员的合力所聚成的社会资本之间达成的。对于村组织和创办企业的带头人来说这一合约具有动员村民广泛参与并以合作方式支持非农化的作用。工业化初期,许多村庄并没有任何集体积累资金可以投入,所谓的"集体"并不是一个有现值的经济实体,只不过是一个有赢利预期的、有待重建的社区共同体。对于创办者来说,如果有一个可以提供信任、可以运用非市场原则处理经济合作和冲突问题、可以承担转嫁的企业风险、又可以容忍他从多次失败和损失中增长才干的社会场域,就显得十分重要。达成社会性合约,就可以使他从一开始就进入一个社区合作环境,找到一个可以使其人力资本积累和增殖的社会支持系统。在这个系统之中,他为增长才干所付出的经济成本,就会因为社区提供的土地和劳力低廉而降低;他所付出的社会成本,也因为熟人社会的信任和忠诚以及稳定的社会关系而变得很少;甚至于他所经营的企业的风险也转由社区来承担。

对于社区成员来说,工业化导致他们的"土地权"向"就业权"转换。原来可以分割清楚的地权,经过非农使用后,不再能够分割,而是转换成了非农就业权和集体福利享有权。以往对集体产权的研究,或者只针对土地产权,或者又只针对企业产权,并不关注二者转换过程中权利合约的变化。而土地权向就业权和福利享有权转化时,提出的正是社会性合约问题,因为企业的市场合约所遵从的经济理性不再能够保证村民就业权和福利权的实现,而社会性合约所补充约定的恰恰是这一类建立在共同体合作关系基础之上的基本权利。

按照我国法律对集体企业产权的界定,集体企业的财产是一种高度抽象的"劳动群众集体"(一定社区或企业的劳动者集体)所有形态,虽然我们从产权理论出发,可以发现这一规定把集体所有权界定成了一种看不见、摸不着的悬空状态的所有——这种所有,使集体所有的权利主体高度模糊化,既难以体现为集体成员的个人所有权,又不能体现为集体组织的法人所有权①,但是,我们还是可以发现其中隐含着成员权是集体产权的基础这一命题,并且实践中的集体产权

---

① 孔祥俊:《中国集体企业制度创新——公司制·合作制·股份合作制》,中国方正出版社 1996年版。

也正是按照这一命题来运作的。

成员权是一种建立在共同体成员身份和关系基础上的共享权利,表明的是产权嵌入社会关系网络的状态。研究产权问题的学者,容易将"由于稀缺资源的存在和使用"所引起的人们之间的行为关系作为产权制度的内核,从而忽略产权发生的既定社会关系背景的作用。按照本研究的理解,产权嵌入社会关系网络之中,这不仅是指由于物的使用确定了人们之间的社会关系,而且也是指社会关系网络的性质可以影响到物的使用方式,包括产权"排他"的边界、权利的明晰程度以及它所产生的效率和激励效果等。特别是对于产生于村社区母体的共有产权来说,这种"结构性嵌入"就更加明显,甚至于社区母体的社会关系的性质决定着资产聚集和分割的渠道。从这个意义上说,不是交易引起了关系,而是关系引起了交易。

在谈到工业集体成员权问题时,还有两点需要明确。

第一,在村社会,即便是工业化了的村社区,所谓"集体(共有)产权",也总是要站在村落共同体的立场上才能表达,它不只是包含共同财产权或等同于财产权,而且包含有与社会关系相联系的成员资格和权利,甚至于包含嵌入共同体社会关系网络中的"人权"。例如,以生存理性支配下的使用共同财产的就业权利,为规避经济不确定性带来潜在危害的合作权利,摄取由社会网络承载的稀缺资源并由此获益的成员资格权利,等等。特别是经过二十余年的集体工业化过程,工业共同体的运作还使"共有"成为一种被制度化了的文化,使村集体不只表现为一种经济形式,也表现为一种"社区共同体"的社会形态和社区合作文化。因此,我们可以看到,村民所获得的集体产权是一种有限排他的不完全的产权形态,它嵌入社区共同体的关系网络之中,是由共同体的成员关系来界定的。

第二,需要对不同制度环境下村民是如何获得又如何丧失"集体产权人"的成员身份加以区别。在农业集体制时期,村民的集体成员资格是一种"天赋人权",是从户籍身份中自然获得的。而且,这种成员资格的获得与土地产权的获得有某些关联之处,也是伴随社会政治运动直接重新分配土地产权的结果。而通过政治运动制造了所有权的国家,同样可以通过政治运动改变所有权。[①] 因

---

① 周其仁:《产权与制度变迁:中国改革的经验研究》,社会科学文献出版社2002年版,第9—10页。

而，集体成员的身份在某种意义上说也是国家赋予的，它的获得和丧失都不完全取决于个人或共同体。村庄工业共同体的形成则与此不同，它是由"土地使用权人"和"共同创业人"两种资格来确定成员身份的。原来的天赋人权由家庭联产承包责任制时的"分田人头"重新加以确定，成为新的工业共同体成员资格的基础条件，但这绝不是必然条件，有没有参与工业创业，是获得成员资格的另一维坐标。在本文所涉及的案例村和周边村庄可以看到，只有这两种身份重合者才是当然的成员，有"分田人头"资格但没有参加工业创业者，如常年外出做生意而不屑于村籍的人，则不能获得成员资格；相反，那些对工业创业有贡献的外来人则有可能获得成员资格。这时候的共同体成员资格是由个人和共同体来自主选择的，是不易获得也不易失去的。

这样看来，社会合约性产权的解释逻辑与市场交易合约性产权的解释逻辑不同，它将成员权及其连带的社会关系网络看作是社会性合约形成的基础。这种合约是以土地集体所有权为基础，其中渗透了"成员共有权""平均权"和"人权"等社会关系成分，因而它必然包含有互惠信任和抑制机会主义行为的社会期待。从这个角度说，村社区共有土地资源的投入是一种社会性投入，索取的也是社会性的回报。其次，这种社会性合约还基于熟人社会的人际关系，具有连带责任和信任感，其背后是习俗和惯例一类的非正式制度。它所约束的双方行为，包括经济性的但不一定是市场性的"交易"行为，或者更确切地说是社会性的"交换"行为，由于发生在村社区这样的熟人社会中，依靠长时段形成的信任来维持，因此它的达成甚至不是在事件发生时才进行，而是事前就以隐性的方式存在。因而，这种合约同样可以形成对获益的稳定的预期。

作为隐性合约，社会性合约基于社会合法性机制。首先，它不同于法定合约，不是正式的书面规定甚至连口头协议也称不上，因此没有法律效力。但它又无疑是一种"事实上的契约关系"[1]，集体组织及其带头人与社区成员之间以互惠达成相互间有条件的允诺与义务[2]，只要一方遵守而另一方默认，就算已经达成相互存有期待的合约。这些期待虽然没有见诸文字，但双方都是默认执行的，一旦双方在此基础上产生了很强的互赖性，如果违约，就会导致纠纷。[3] 合约双

---

[1] 郲剑星：《事实合同新说——王泽鉴〈事实上之契约关系〉读后》，2004。
[2] 迈克尔·莱斯诺夫：《社会契约论》，刘训练、李丽红、张红梅译，江苏人民出版社 2004 年版，"导论"，第 11—12 页。
[3] 周雪光：《组织社会学十讲》，社会科学文献出版社 2003 年版，第 220 页。

方在实践中所要解决的核心问题,是如何约定一种可以为成员事实上所接受的权力和利益分配机制,在促进总收益增加的同时,如何合理分配来自集体产权安排的权利和收益。这种约定在内部有助于达成社区的整体目标,也有助于共同体的整体生存,还有利于在集体产权内部边界模糊的情况下避免因争议而带来的不便。当然,由于这种合约是相互依赖基础上的产物,相互的义务也可能是不对等的。一旦依赖的倾向发生变化相互的义务也会随之变化。比如,随着企业的发展壮大,企业对于社区及其成员的依赖性减小,而后者对前者的依赖反而会增强,这时就会发生权利和义务不对等,引起讨价还价以致发生再缔约的情况。

最后还应看到,这种合约包含有观念和道德的力量,它是社区成员互惠行动关系的产物,而不是有意识设计的结果;但它又不同于文化和信念,因为它还借助于特定的法律合法性,如集体制度和集体企业政策等的支持。因此,我们也可以将它看成是一种介于正式与非正式之间的制度"合成物"。不过,社会性合约内含的观念和道德的力量,虽然具有习惯法的作用,但并不能绝对地约束权威人物和村人的行为,特别是,一旦外力推行的正式制度或政策的力度强硬到可以挑战习惯、可以被名正言顺地用来作为变迁依据时,它的约束就会被降低;又由于这种"社区眼"的作用以双方"在场"即信息可以共享为前提,一旦社区的经济和社会生活扩展到村里人并不能直接了解和控制时,它的作用就是有限的了,它所能界定的权利边界也就是模糊的、有弹性和易受损害的了。这正是大多数乡镇企业集体产权难以界定的原因所在。因而,事前对名义产权的界定不管多么模糊,"集体企业"的法定名义仍然给社区所有权划定了保障底线。正如有人所言,"名义产权在某种程度上说也是一种事实力量"[①],它可以对社会性合约提供一个保障的框架,它的保障作用在产权的事中和事后界定中都可以比较清楚地看到。

这样理解问题,就使我们有可能将"乡镇集体企业"中的"镇办"与"村办"从社会性质上加以区别。这一区别对于理解社区集体产权十分重要。已有研究者根据非正式私有化理论和地方法团主义理论对村属企业和镇属企业在要素生产力、代理等方面的差异进行了研究[②],而按照我们的理解,"村办"企业

---

① 刘世定:《占有制度的三个维度及占有认定机制——以乡镇企业为例》,潘乃谷、马戎主编:《社区研究与社会发展》(下),天津人民出版社1996年版。
② 彭玉生:《中国的村镇工业公司:所有权、公司治理与市场监督》,《清华社会学评论》2002年第四卷。

与"镇办"企业的产权之所以存在实质性差别,就是因为它们所嵌入的社会关系的性质不同。乡镇政府所办的企业,并不带有社区母体的社会关系的典型特征,其收益与区域内的农民没有直接关联,农民难以对它形成稳定的社会期待。因而,改制前后的主要问题都是收益如何在政府官员和企业经营者之间分配的问题。① 但是,村办企业则与此不同,其原始积累阶段所利用的土地和劳力乃至某些启动资金,都直接取自社区,并且是以共同体内的信任结构和互惠规则作为"摄取"和"出让"的社会性担保的,其收益主要是在企业与村集体组织及其成员之间分配,因而在改制中引发出的诸多问题,也就集中反映为如何对社区进行回报的问题。

现在,让我们根据苏南一个集体制村办企业改制的实例,来对上述问题进行观察。

二、一个动态界定事件

塘村位于长江三角洲沿江平原,曾是苏南众多工业化程度很高,又采用集体制方式办企业的村庄之一。制鞋是村里的主导产业,产品多年来直销日本等国际市场。到 20 世纪末集体制解体之前,塘村已经是当地有名的富裕村和纳税大户。

20 世纪 90 年代中期以后,苏南本土开始对单一集体制模式进行反思,塘村的改制三部曲也就此正式拉开帷幕。村办集体企业的产权问题一般发生在三个关系层面:一是发生在村集体组织的外部边界处,即村集体与乡镇政府之间;二是发生在村办企业的外部边界处,即村政权与村办企业之间;三是发生在村企"内部人"之间,即经营者与村民及普通职工之间。问题每每都出在如何从上述关系上界定产权。塘村的改制三部曲正是围绕这些问题在这三个层面上不断展开的。

(一)一部曲:"转"——"股份合作制"改造

90 年代中期,当地乡镇企业已经渡过了经济起飞时的高增长阶段,普遍面临经济效益滑坡、产品销路不畅、坏账呆账增多、负债严重的困境。面对困境,人们提出"调整改造产业结构"等举措,开始注意"集体制的弊端"问题。塘村的情景却与此不同。塘村鞋业以外向型经济为主,靠接单生产,销路稳定,效益明显

---

① 温铁军:《乡镇企业资产的来源及其改制中的相关原则》,《浙江社会科学》1998 年第 3 期。

好于当地其他一些乡镇企业,正处于"做好做大"的鼎盛时期,到90年代中期,已经兼并了数十家当地镇办企业,1995年被批准为省级集团公司。在企业效益和职工收益俱佳的时候,对集体制"动手术"的直接目的显然不是为了追求市场效益。

虽然塘村所在地的乡镇企业从1993年即已开始各种转换经营机制的改革,多个镇办村办企业实行了拍卖、租赁和风险抵押承包,一些企业已经试行股份合作制。但是,这一时期所在地的省级政府仍然把注意力锁定在企业"姓社还是姓资"问题上,政策举棋不定,塘村也就并不急于做这件事。进入1997年,党的十五大召开前后,关于产权制度改革的政策方案陆续出台,地方开始了大规模推行以股份合作制为主要形式的转制。当年中旬,政府有关部门干部进村,在塘村搞试点,按政策和村情设计出一套股份合作制方案,随后召开转制大会,成为当地"骨干乡镇企业改革比较成功的典型"。

塘村掌权者在"接受地方政策指导"中一向很有"办法","善于变被动为主动",很快就给这种自上而下推动的"股份合作制"改造加入了社区意图。塘村领导人在此时已经看到了对集体产权动手术的两种潜在前景。他一直认为集体产权是个"拎不清"的东西,其一是与地方政府包括村级行政组织的关系不清不楚,其二是与职工的关系不清不白,股份化则有可能"把集体那一块从中拎出来"。

于是,集体"存量"在这种背景下做出了如下"置换"①:净资产(1997年)中集体资本金占93%,其中包括村集体46.8%,职工个人股20.1%,职工享受股②20.1%,经营者个人股13%;净资产中另有社会法人资本金7%。

集体产权由此发生了一些实质性变化,其中一部分由私人资本联合而成。另有一部分则以配股的方式量化到个人,而剩余的"集体大股"(法人产权)这时无论从名义上还是实质上都已经与职工个人(出资者)发生了分离。职工的注意力集中在个人股和配给的享受股上,集体股对他们的意义更加模糊,此时的集体股实际上已经彻底地转入集体代理人手中。

另一个显著的分离作用发生在集体产权的外部边界处,村里人对此心知肚

---

① 所谓"集体产权置换",是指在集体经济组织控股的前提下,划出一定比例的集体股折为现金股,吸纳公司内部职工投资认股。被认购的部分明确为"职工个人股",数量按工龄职务、贡献等确定。

② 一般从集体资本金中拿出一部分设立"职工享受股",按个人现金股一比一的比例划配,量化到人,其股权仍属村集体所有,个人只享有分红权,实行"人在股在,人去股消"。

明。塘村接受转制,与当地其他一些多年坚持集体制的村庄相似,出于一种非常现实的考虑,这就是,他们再三权衡过村庄的实际利益,预期到如此转制可以改变与地方政府的经济关系。正如一位村干部所说:"股份制前,上面伸手,你不好不给,开支很大。现在股东拿税拿费,我们干部不好说了算的,上面也要考虑。"虽然村里人清楚这并不足以形成对政府行为的约束,但至少可以找到一个合理的说法和托词。如此考虑之下的转制,有可能促使地方权威更快地甚至彻底地退出对村办企业原本就已微弱的控制。

那么,集体企业与村行政组织的产权关系又如何处理呢?塘村在对企业进行股份合作制改造的时候,以职工为入股对象,不强调村民身份,一是因为该村90%以上的村民在村办企业里工作,从事力所能及的制鞋业;二是自从鞋业集团成为村里的主导产业后,虽然一直实行"公司办村"的管理方式,但企业集团与村委会因为执掌者不同,在职能和财政上又都是相对分开的。以职工为对象的股份合作制,没有让所有的村干部都成为企业股份的当然拥有者,不在企业任职的村主任和其他村干部没有股权证,公司人士说"他们的利益用其他办法来解决",也就是由公司支付村干部高于其他周边村数倍的工资,办事经费每年可向公司报批和报销。在这种股份和股权选择及设计中,显然是加入了对社区权利格局的考虑和设计者个人的产权意识,强调了经济精英的权利,为下一步在内部实现"村企分开"埋下伏笔。

(二) 二部曲:"拟"——"公司制"处置

塘村转制的第二个直接目的是抑制村庄内部行政系统对产权及其收益的索求。靠办企业起家的村书记对企业成败有更深一层的考虑,认为企业一定要与村政分开。为此,他一直想寻找出一个两全其美的办法来。眼下的股份合作制让他觉得是个办法,但在如何划分资产上,依据仍然不清楚。

事隔两年,进入1999年后,村书记应邀参加了当地一次省级有关大中型乡镇企业改制的会议,他领会到的要义是:"改要改彻底,首先资产要界定清楚。"他在会议文件上标出的重点,基本上包括了界定产权的最新原则,如"公司制"原则、确定企业经营性净资产权属的原则、集体股可退出原则、职工持股会所有权原则、经营者和经营层股权奖励原则等。

于是,塘村在这些地方政策的鼓励和依托下,开始了对集体产权"分家析产"的过程。图1是一份由村集团总公司制定的原始示意图,较为直观地揭示出划分的结果:

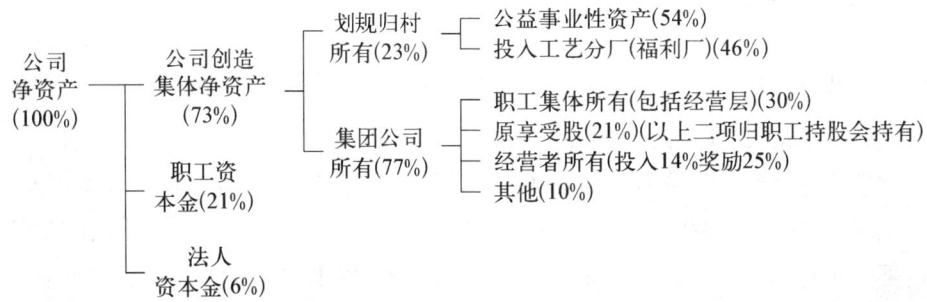

图 1 净资产产权界定剥离示意图

注：此图依据塘村总公司 2001 年 4 月提供的图表绘制。

这份精心制作的原始图表，标明塘村集体产权经过了如下几个分家过程。

1. 村企分家

在这份原始图表中有一处值得细究的提法和做法，即"公司创造集体净资产"，这个说法第一次将"公司"与"村"加以严格区分，将"村集体"排除在"公司集体"之外。

村行政组织所占资产的比例怎样确定，是一个耐人寻味的过程。实际划分中没有人追问或有所依据地辨析什么是"投入"或"初始投入"，"鞋厂是老板（指村书记兼董事长）办的，村里没有投过一分钱"，这是公司拥有界定权的一个权威解释，村委会和村民对此给予默认。但"企业是集体厂"也是最具政策合法性的不争事实，因而，首先琢磨和商定出一个分配比例才是大家最关心的事情。村占比例如何确定，地方政策中并无依据可循。细问由来才得知，确定这近 1/4 比例很具有戏剧性，完全是村书记兼董事长在与当地另一个同类村庄的交流中偶然获得的一个尺度。也就是说，这个比例曾在当地村庄之间进行过参照和协商，具有一定的地区合法性。事后村书记回忆说："这个比例也不是随便说说的，估计到村子里靠这些收益差不多也够用，再说资产是公司做出做大的，他们村里也不会有意见。"显然公司要依据"谁投入、谁创造、谁收益"的原则与村行政组织做一个了断。公司人士甚至认为，公益性资产是公司送给村里的，只有福利企业才是政策性归还。果然不出所料，村委会没有对公司提出的分割比例提出疑义，只是在划分产业等细节上做了些讨价还价，并坚持要求镇政府出面做见证人，后来镇政府便以正式文件的形式对此加以确认。村主任并不认为自己有理由向公司提出更多要求，只认为"把这个事体定下来"很重要，因为这些年村里办事都是找公司要钱,村里有没有、有多少财产从来都没个说法。

从图1中可以看出,村与公司的"所有物"有严格划分。依据地方政策,社区性的公共物品和按政策享有优惠的福利企业产权应归村集体组织所有,这在村里人看来也是情理中的事,按村里人的说法,公益事业是"为老百姓办的大事实事",将这部分没有收益但具有公共物品性质的固定资产归村所有,是理所当然。村主任也以同样的逻辑作过一番思量,他最看中的是村里的公共事业设施都归村委会所有,而这些"大事"都已经由公司办好,今后不用再投入。只是在事隔一年之后,他才意识到公益设施的非经营性质,使村里出现了有"资产"而无"进账"的局面。

对公共物品的计价是严格按照投资和折旧计算的,对此村主任手里有一笔细账:"十多年来村里办了18项工程,总投入800万元呢,考虑到固定资产折旧10%,一次性折价买进又优惠10%这些政策,算给我们这么多。"巧妙之处在如何对归公的福利厂进行计价上。按照地方政策,福利企业只能以集体名义举办,集体资产应占到总资产的50%以上。改制中这部分应归在村集体名下。按析产原则,这家福利厂的资产规模"算下来"正合适,刚好补上村应得比例中的差额。看起来,人们对这一部分的实际价值并不真正关心,只按总价1/4的析产原则大致匡算。可见,村企分家的真正意图,只在于对"公司创造集体净资产"即新增值资产的权利归公司所有这一界定确定一个说法,并就此把村政和村集体经济组织彻底"排他"在公司集体之外。

2. 经营者与公司集体分家

与此同时,公司内部将经营者的产权与职工持股会的产权也作了明确划分。经营者此时已经占有公司股权中49%比例的股份,其中14%为前次转制中确定的现金股比例,25%为本次依照地方政策得到的"奖励股"。

职工持股会是一个掌管职工集体产权的代理机构,它所掌管的这部分股权实际包括两部分,一部分是前次转制中已经配给职工的享受股,另一部分是从公司资产中新划出的(即减去经营者个人股后的剩余集体资产)归职工集体所有的股份;这两部分都已相对独立于企业经营者,虽然其拥有者无权自由支配它,但却可以通过监管防止受到侵害。这样一来,所谓"集体产权"已经不同于以往集体制下的产权,而是具有了相对清晰的产权边界,归某具体群体——"职工集体"——所有。

塘村的这次转制,虽然保留了职工内部出股和社区合作的性质,但在治理结构的设计上却模拟了"公司制"。经过这样处置,基本上完成了公司治理结构向"股份有限公司"的转变。公司内部成立了股东代表大会,选举产生了董事会和监事会。在这个框架下,村集体只占有公司一个福利小厂50%的股份,基本上已经退出公司股权结构。所谓传统的"集体产权"已基本被动摇摧毁,开始向多元产权演变,经营者和职工持股会各占半壁江山,公司成为"共同持股的有限责任公司"。特别是以分配股权的方式,重新形塑出了全新的"产权主体",各自都有了可以指认、可以计价、可以交易的资产。因此,地方政府和公司经营者都以"公司法"为依据,断定改制后的塘村集团会成为"符合现代企业制度要求的政企分开、产权明晰、自主经营、自负盈亏的法人实体"。

(三) 三部曲:"改"——私有化

显然,公司制处置是塘村产权变革中最重要的一步,借此基本上处理了"村集体资产退出"和"经营者持大股"等难点问题,特别是重新界定了新的产权主体。至此,塘村公司的产权变革可能面临两种前景,维持现状或进一步私有化。而后者的基础已经奠定,只要有政策鼓励,将经营者的持股比例增加到足够大时,即可水到渠成,浮出水面。而这两种选择对于经营者来说,都只是要不要或如何在公司"内部人"之间交易产权的问题。

进入2000年之际,有两个因素促进了塘村私有化的进程。此时,地方政府改革派之间首先出现了分歧。原来帮助塘村转制的部门认为,股份合作制更适合于塘村这样大而好的企业,搞拍卖转让或减少集体股甚至让其全部退出,不利于企业的发展,也不利于"共同富裕"。而力主私有化的一些干部则代表当地新改革派的意见,决意大刀阔斧推行改制,他们直接进村抓点,参照地方国营企业改制的办法,工作重点是动员村集体彻底退出,由董事长买断企业,并且协调市总工会、银行、镇政府等有关部门支持塘村"改制转私"。第二个因素,是塘村策划了数年的"上市",在这一年又被合作方提起,现有的内部股份合作制显然不合上市规范。于是,改制转私被正式推向了前台。

"集体资产退出",是苏南集体企业改制最重要的政策之一。经过前两次转制后的塘村,涉及两个利益实体,一是以村委会为代表的村社区集体,另一个是以职工持股会为代表的职工集体,怎样让他们顺利退出,成为各方运作的焦点。最终,塘村采用了如下几个策略。

第一,变现策略。村集体资产退出企业,在此时的苏南,既有官方舆论和政策的支持,又有基层干部的迎合。于前者,政府直接经营企业,已经被认为是"下策";于后者,获得独立的财政能力,已成为地方政权新的追求。因此,当改制一开始有人劝村委会干脆将福利厂另一半的股权从公司买下时,被村主任一口回绝。此时镇里的企业已经"全部私营了",镇干部劝说"干脆搞定算了,把福利厂全卖掉"。村主任接受了这个建议,同意将村占资产卖给公司。作价出卖时,村主任、村书记兼公司董事长、镇政府代表三方到场。协商是平和的,几乎没有讨价还价的过程,村书记兼董事长答应这笔钱算作村委会借给集团总公司,按超出银行数倍的6%的年利率计息。

第二,上市策略。塘村集体资产的另一部分由职工持股会持有。蹲点策划改制的上级领导提议,撤销职工持股会,其所持股权全部转让给村书记兼董事长。但是,撤销职工持股会,涉及全员职工与全体村民,是一个比"村退"政策性更强的事件,其依据何来?《公司法》又再次成为制度依据。理由是职工持股会的存在依据的是"工会法",与"公司法"有矛盾;它的历史使命已经完成,它的存在使集团公司不符合上市条件。上市的盈利预期对职工已经具有很大的激励,相对于股份而言,它似乎更具有吸引力。集体资产有偿转让,在当地早已不是什么新鲜事,职工持股会代表们对此没有提出异议。村书记兼董事长表示,持股会所持股份可以转让给他也可以转让给别人,代表们一致反对转让给别人,结果全票同意转给村书记兼董事长本人。至于如何"吃下"职工持股会持有的股份,村书记兼董事长回答道:"股份最后由我出面买下,但我也没有(那么些)钱。我考虑了一天,到市银行去商量,能不能借给我个人。农行行长请示了(上级),(同意)借给我私人,我的厂子信誉很好。"

让代表们最关心的另有两件事,一件是这笔转让费如何处置,另一件是公司对职工的政策会不会发生变化。对此,村书记兼董事长做出两项承诺:第一,转让所得从公司总资产中析出,作为公司职工奖励基金,单独立账,专户管理,专款专用,将根据贡献大小对职工实行年度奖励(此一承诺依据地方有关政策做出),满三年工龄的职工每年可拿一千元,与过去分红差不多。第二,对职工的政策保持不变。这些承诺不管公开不公开,实际上都是职工转让股权的潜在期待。

第三,赎买策略。对于转让职工持股会股份,经营层较之普通职工更为敏感。他们原来拥有的享受股份比普通工人高出数十倍以上,如何使他们的利益得到保障,是转让得以顺利完成的关键。处世精明又不失诚恳的村书记兼董事长对此作了如下处理:将经营层年享受股的"明"分红改为"暗"红包,数额差不多,每年还略有增加。

以上策略的实行使塘村的改制进展顺利,村民和职工以平静的心态接受了改制。转让决议达成后,经市总工会和体改委批复执行,按《公司法》的有关规定,办理相关的变更手续。变更后的产权界定示意如下:净资产(1999年)中的77%归集团总公司所有,其中经营者本人拥有55%,经营者儿子拥有45%;"村集体"的总资产份额由转制初期的93%,经过三次动态界定,至此为23%,冠以"村所有资本金",主要包括无收益的公益性资产和收益不多的土地收益金及一次性的福利厂转让费等。

至此,塘村鞋业公司完成了私营化的公司制改造,成为有限责任公司。

从塘村产权界定的全过程可知,实行股份合作制,是塘村工业集体制实行后第一次也是最重要的一次界定产权事件,我们以此作为正式合约安排即"事中"界定,并以此为基准,将其他过程划分为"事前"界定和"事后"界定。

三、事前界定:社会性合约的形成和运作

(一) 有没有以及什么是"初始合同"

与大多数乡镇企业一样,塘村改制遵循的也是公司法中"谁投资,谁创造,谁受益"的原则,已有研究讨论过这一依据的不当之处①,这里我们将从另一个角度来看问题。依据公司法的上述原则,"初始"投入和界定是改制最为重要的依据。但是,追寻起来,我们往往被告知,大多企业都陷于"无初始合同"的尴尬之中,塘村集体组织亦不例外。于是,村集体对企业有无所有权、应占有多少资产,就成为包括集体组织在内的各方不断追问的问题。由于没有初始合同作依据,这往往成为企业经营者向村讨价还价或压低归村比例的理由。这里所谓"初始合同",是指企业创办之际的正式市场合约,遵循的是科斯意义上的"企业"即一种或一组市场合约的规则。但是,乡镇集体企业的创办遵循的不完全甚至可以说主要不是市场的企业合约逻辑。在这一点上它类似于公有制企业,同样也不是建立在市场合约基础之上的。② 有研究指出,无初始合约基本对应于乡镇企业创办时期的市场环境和制度背景,企业创建之初,不可能建立一个正式的初始合约,企业所需要的土地很大一部分由当地政府半送半卖取得,是不付费或少付

---

① 温铁军:《乡镇企业资产的来源及其改制中的相关原则》,《浙江社会科学》1998年第3期。
② 参见周其仁:《产权与制度变迁:中国改革的经验研究》,社会科学文献出版社2002年版第101页注4,第140、150页。

费的,并没有一个哪怕是最简单的契约;其机械设备部分来自原集体的财产,价格很低或者不付费,作为地方政府的支持无偿给予企业,因此也没有任何契约;其资金大部分来自银行贷款,也得益于地方政府官员的支持。地方官员在当时的条件下,利用手中权力,采用集体担保甚至集体贷款给企业使用的方式来为企业取得所需资金,这其中也没有任何正式契约。无初始契约的弊端在企业建立之初并没有显露出来,但当企业发展壮大之后,各参与方提出价值分割要求时,就逐步暴露出来了。[①]

塘村办厂与大多数乡镇企业一样,在村政权组织主持下,依靠为城市加工项目来注册"集体厂",在此名目下再依靠能人找项目"借鸡下蛋","集体"就作为企业的一个不可分割的产权所有者整体性地存在。企业创办之初,实行"收入转队记工"的办法,进厂村民的所得并不直接归自己,而是分配到生产小队,再由小队以记工分的形式分配给本人,以便拉平与不能进厂的务农者之间的收入差距。显然,"集体人"主体之间无所谓也无市场性合约可言,而是以一种内部规矩来维持经营秩序,减少体制摩擦实现公平分配。

没有初始合同,这使集体企业在事后量化和界定资产时遭遇到极大的困难。因而,一些经营好的大中型集体企业为减少对企业经营的冲击,并不主动改制甚至抵制改制,或者如塘村一样干脆将"投入"只确定为"投资"甚至"现金投入",而对土地、劳力以及无形资产等投入掩去不计。在谈到这一话题时,村主任回忆说:"当时什么也没有,只给了他们几间破旧房子(村办公室)。"办厂的现任村书记兼董事长也对此记忆犹新,他说:"村里一分钱也没有出。(拿到第一批外贸订单时)我个人拿出 350 元,另外从上海那边一个老队长那里借了 100 元。"参与改制设计的董事长助理这样介绍:"其实所有职工都知道,这个企业是老板(指村书记兼董事长)一手办起来的,别人没有投资的。老板说,要说该给谁股份,那个老队长应该给一点。(好在)老板没有换过,如果换过就比较麻烦,其他人不用考虑。"

但是,既然集体初始投入为零,所谓企业发展过程中的累积增值也就与集体无关;照此逻辑推论下去,则塘村企业可能类似"戴红帽子企业",按地方政策"摘帽"即可。然而,改制又何以在塘村这样的村庄中既被"公司人"倡导,又被村集体接受并被村民所默认呢?塘村改制过程中的许多关键问题仍然难以解释。看

---

① 焦斌龙:《中国企业家人力资本:形成、定价与配置》,经济科学出版社 2000 年版。

来,这里面另有某些隐性的非经济的力量在发挥作用。

村社区的集体产权在事先安排时,虽然难以确立一个正式的经济性合同,但却有一个建立在社区情理之上的隐性的或者说非正式的社会性合约,村办企业大多就是在这种隐含社会合约的情形下创办的。① 只不过,达成社会性合约,并不只是出于经济性的(如节约交易成本)需要,其更深层的动力在于维护社区共同体集体生存的需要,是社区互利互惠逻辑的延伸。

从塘村办厂的经历中可以看到,创办企业是一个风险选择,选择是对风险的对抗,也是对未预料结果的承担。选择的对错与否,往往是人们事后对结果的评价,而选择行动本身却是在前途未卜、对错难分时进行的,权威人物之所以能够掌握选择的主导权,正是基于村民对他们行事能力的判断和人格的信任。② 因此,村民在选择集体办企业时,也更愿意依靠事前对这些权威人物的判断,以便选出一个可信可靠的人,带领大家共同致富。他们也必须与创办人达成某种隐含的合约:集体地永久性地放弃土地经营,参与非农产业,投入创业初始回报极其廉价低效的劳力和部分土地,投入机会成本和承受因企业不景气而转嫁的风险。这些对于农民来说,几乎就是其经济权利的全部转让,因此,他们要求以"集体经济"的法定名义保护他们的投入;除此而外,他们所能投入的也主要是信任、忠诚、合作,以及身家托付和对互惠回报及"共同富裕"的期待;而村民索求的主要是以集体地流动到非农职业、保障就业和提高社区福利水平为主要内容的回报。这种不言而喻的约定,在村子里人人皆知,成为一种符合社区情理的、具有社会合法性的、对合约双方都有很强约束的力量,我们在此称之为"社区力"或"集体力"。相应地,企业家所获得的回报也是丰厚的,他所经营的企业可以向社区转嫁风险,他个人不仅有低成本、高收益的经济性回报,而且有抉择人和创新者的权威地位,有能人,甚至救星、恩人的声望,以及可信可靠的声誉等社会性回报,而他也必须按社区内通行的互惠规则给社区以回报。这种合约,对村民和权威人物都有相当的约束力,以致权威人物在做出抉择时,不能不考虑自己对村人的责任和忠诚于社区的重要性。这也是村书记兼董事长在改制前后都须将"村里老老小小"和村内公益事业放在重要位置,不敢肆意怠慢的原因所在。

不容置疑,地方的集体经济政策在制度上支持了社会性合约的存在,为它可

---

① 刘世定:《科斯悖论和当事者对产权的认知》,《社会学研究》1998年第2期。陈剑波:《制度变迁与乡村非正规制度——中国乡镇企业的财产形成与控制》,《经济研究》2000年第1期。
② 折晓叶、陈婴婴:《产权选择中的"结构—主体"关系》,《社会学研究》2000年第5期。

以作为"初始合同"提供了法律合法性依据。更重要的是,这种事前隐含的社会性合约,具有非正式地界定集体产权的作用,或者严格地说可以成为不能剥夺集体所有权的合法性依据。因此,我们才可以视之为隐性的非正式的"初始合同"。塘村第一次也是最重要的一次界定产权事件——实行股份合作制改造正是以此作为依据,将93%净资产确定为"集体资本金"的。同时,从集体产权在事中和事后多次遭遇"再界定"的过程中我们也看到,由政策正式界定的"集体产权",作为正式制度,只是一种"制度底线",底线以上具有大量可以建构的制度空间,而底线的维持则是要以非正式的社会性合约来保证的。

（二）界定依据和方式——合法性机制

产权合约安排是通过预期来影响人们的经济行为的,因此它从一开始就有合法化的要求。① 但是,合法化是一个复杂的多层面的社会政治参与过程,绝不能简单地将其只归结为法律合法化问题,特别是不能忽略"社会承认""社区情理"一类因素的作用,因为某些实践中的合法性难题是借此来解决的。

塘村在界定产权时,不仅寻求上级行政支持、政策和法律认可,而且看重当地的意识形态取向,甚至社区的观念和道德以及社会期待所产生的影响,并试图在其中求得某种平衡。我们可称这种种方式为"合法性机制",即那些诱使和迫使行动者(组织或个人)采纳受到社会承认具有公义性的组织制度结构和行为的制度以及观念力量。②

我们将合法性机制看成一组既具有独立意义又相互作用的机制丛,主要有这样几种成分：法律合法性、行政合法性、官方意识形态合法性、社会情理合法性。③ 不同机制的界定结果既可能是兼容的,也可能是不兼容的、矛盾的,但却是可以并存的。而且,它们之间的不一致性还可以成为达成某种平衡的前提。甚至没有哪一种合法性机制所隐含的逻辑可以作为单一的逻辑来整合界定的过程,即使正式的界定过程也无法一味地排斥非正式的过程,而且还可能就依存于后者。

初始的社会合约性产权的界定所依据的主要就是其中的"社会情理合法性"机制,其基本思想是：一个社会的社会观念、社会期待和期望规则一旦被广为接

---

① 周其仁：《产权与制度变迁：中国改革的经验研究》,社会科学文献出版社2002年版,第9—10页。
② 周雪光：《组织社会学十讲》,社会科学文献出版社2003年版,第75页。
③ 刘世定：《占有制度的三个维度及占有认定机制——以乡镇企业为例》,潘乃谷、马戎主编：《社区研究与社会发展》(下),天津人民出版社1996年版。

受,就成为人们习以为常的社会事实,具有道德力量,从而规范着人们的行为。如果有悖于这些"社会事实",就会出现"合法性"危机。因而,可以更确切地把社会情理合法性机制看作是一套社会承认的逻辑或合乎情理的逻辑。[①] "社会情理合法性"机制的实践性很强,在权利界定中具有极其重要的作用,它所造成的既定社会事实往往会成为法律、行政乃至官方意识形态界定时的参照,甚至成为促使这些法规、惯例、观念变通或变革的力量。相对而言,前三种机制在实践中则具有统一性、强制性、稳定性和滞后性,并因各自变化的速度、程度和范围不同,所界定的初始结果往往不相一致,这应是事情的常态;而界定过程正是这几种机制相互摩擦、磨合、交织和最终兼容的过程。"社会情理合法性"机制又具有很强的潜隐性,它的界定结果即便与另外三种不兼容,也有可能在事实上起作用,与其他界定结果并行而存,并使后者在事实上无效用。因而,我们视之为最具实践意义的界定机制,它不仅在确定初始社会合约时有作用,而且在界定后文将要分析的非正式"事实产权""无争议产权"中,也具有重要作用。

在塘村的一系列产权安排中,我们便看到了许多这样看似矛盾却长期并存的现象。

村办企业之归属和收益的确定,实际上不是完全按照名义所有权索求的逻辑,而是按照村域内通行的互惠互利规则和逻辑来进行的。在"无工不富"的工业化初期,塘村集体组织虽有办厂的念头和动力,却没有资金也找不到好项目。于是,"老村干"们请曾经当过会计的村中能人,即现任村书记兼董事长来主持办厂。如果说按政策话语"集体所有权"所表述的产权是"模糊"的话,那么村企之间对工厂的实际权利归属却一开始就十分地清楚,"厂是某某办的""某某的厂",这在村里是一个通行的说法,不仅指规模较大的鞋厂,对其他小厂也是这样认定的。这些说法的实际意义是,办厂人对厂具有村里人界定的非正式的控制权,"谁办的厂谁说了算",其他人不可以插手,即便是作为名义所有权代表的村政组织也不可随便干预。正因为有这个规则,才会有人在一无所有、前途不清的情况下出面为集体办厂。但是,在村档案中可以看到,办鞋厂的成绩却是作为政绩记在老书记的先进事迹中,作为对集体产权法律合法性的对应。而实际上,村政领导对鞋厂不得要求任何实际的权力,村里人也将办厂的功劳和因此致富的感激只记在创办人头上,以至于后来鞋厂在与日商合资时可以经营者与日商两人的

---

① 周雪光:《组织社会学十讲》,社会科学文献出版社2003年版,第74页。

姓名来联合命名；村里的小企业转制时，在村里人看来，将企业首先卖给办厂的人似乎是天经地义的事情。这种情况在我们所观察的其他类型的集体合作经济形式中也同样存在。我们在某村曾经看到一张安排不甚合理也不符合效率原则的股份公司机构图，当问及为什么某些分公司和企业会从总公司变动到村委会名下时，得到的回答出人意料，原来仅仅是因为创办这些企业的老村长从总公司退位到村委会，因而理所当然地带走了"他的公司和企业"。更为出人意料的是，在村子里，这些法定集体企业所发生的这种变动，被看成是一件非常正常而合理的事情，以至于村组织据此而改变了村公司的管理和财政流程。①

其实，这正是村里人处理产权矛盾的一种平衡策略，矛盾的一方被强调时，另一方则被虚拟化或者象征化了，但却保留事后追究的权力。村里人按照他们习惯的方式，一方面将控制企业的权利认定给了开办和经营厂的人，另一方面又将名义产权留给了村集体，而且这两种界定都具有意义。村里人在非正式地界定产权时，绕开了对名义所有权的追究，将它悬置起来，但并不出让。他们对实际产权归经营者的强调合乎小社区情理的安排，对名义产权归村集体的保护，则合乎大社会政策和意识形态的要求，也表明村民对"共同拥有"的在乎，这些都具有平衡权利的作用。即使是村政组织，在"经济发展为中心"的目标下，也采取了灵活的策略，懂得"要让企业做下去，就不能老搬出政策压人"的方略。这样做出的认定一旦成为惯例，就具有了社会合法性，在正常情况下都会被自觉执行，成为双方都采用的最佳反应策略。我们可以将这种界定下的产权看作是一种"习俗性产权"，它基本上不是依赖于界定和实施所有权的法则和逻辑，而是依赖于共同体内部自组织的互惠互利规则和逻辑。②

例如，村组织在将企业的控制权交给经营者时，隐含的互惠的逻辑是，如果公司保证支付"为村民办大事"的费用，他们就不反对公司自主经营并占有和支配盈余；村民默认"谁办的厂谁说了算"，或者在改制时不同意把企业转给别人，这里互惠的逻辑则是，把厂交给会办厂又顾大家的人，厂才办得好，厂好了大家才有饭碗，有钱赚；而将名义产权留给村组织，则是出于希冀通过集体组织保护村民分享企业收益，维持福利水平。塘村企业在发展过程中，曾出资八百余万元，为村民办成"十八项公益大事"，就是这种互惠的结果。进一步说，它们最终

---

① 折晓叶、陈婴婴：《社区的实践——"超级村庄"发展历程》，浙江人民出版社 2000 年版。
② 青木昌彦：《比较制度分析》，周黎安译，上海远东出版社 2001 年版，第 35—36 页。

合乎这样一种情理和逻辑：社区的整体利益得以增进，个人的收益才有保障；社区尊重经营者的权利，经营者也同样会尊重社区的权利。其相互之间对此有着稳定的预期。这种稳定性来自村里人长期的实践经验，他们认识到，遵循这种情理和逻辑，实际上有助于达成社区的整体目标，也有助于共同体的整体生存，还有利于在集体产权内部边界模糊的情况下避免因争议而带来的不便。

这里需要注意的是，村民对集体企业所有权归属的认知仍然遵循着土地产权的逻辑。他们既投入土地办厂，就把借助土地谋生的权利转换成为在企业就业的权利，当他们的就业权利遭受剥夺或没有获得合理补偿时，才会向集体索要，甚至以让企业"管吃管住"的传统方式加以抗争。但是，他们并不就此认为企业是自己的，而往往认为企业是老板的，土地才是自己的。可见，所有权的分割不只受法律的影响，还受社区传统社会结构和习惯力量的影响。村民对产权的这种认知，与国家构造的产权安排和结构有很大的不一致，当问题涉及他们安身立命的根本——土地——之所属时，农民的认知遵循的也主要是习俗产权的逻辑，他们的这种"合法性"意识根深蒂固。[①]

应当看到，社区情理合法性机制具有"软约束"的性质，当外部行政干预强大到实行"一刀切"的统一行动，或者机会主义强大到足以破坏道德力量时，它的约束力就会被消解。还应看到，社区的情理合法性机制表现的其实是社区共同体关系网络的特征。村域内非正式界定的产权所嵌入其中的社会网络越稳定，对财产的使用就越可能是习惯性的，这种使用越受到社会规范的支持，对于这种产权的争议就越少，这种产权也就越是有保障，并且在制度环境变化时，会成为获得正式产权的基础[②]，这正是塘村改制遵循的一条基本逻辑线索。在这种逻辑下，企业控制权落入经营者手中，就不仅仅是由于"经营者的可替代性降低"而产生"套牢"的问题，也是社区谋求通过经济发展而求得"共同富裕"的一种互惠互利的制度安排。

这种由"小社区"情理和通行规则界定的习俗性产权，在大多数情况下与其他几种"大社会"合法性机制的界定结果并不一致，有时甚至冲突，然而却总以潜隐的非正式的方式存在着。可见，获得社区情理合法性的意义，在于实践的便利。当然这并不说明其他几种合法性机制在界定村社区产权中无效。村社区生

[①] 参见党国英：《论农村集体产权》，《中国农村观察》1998年第2期。
[②] Victor Nee & Sijin Su, "Institutions, Social Ties, and Commitment in China's Corporatist Transformation".

存在大小社会文化和正式非正式制度环境的交合之处,界定过程必定是这几种机制相互摩擦、磨合、交织和最终兼容的过程。从塘村改制的过程中可以看到,苏南官方意识形态中对集体制的评判,一直影响着村企分家析产的进程,特别是影响着制度企业家的行为。他们非常看中地方公共观念的力量,更愿意按照当时当地大众社会的价值和道德准则以及人们对他对企业的社会期待来安排产权结构,调整自己的行为,并且还会在做出重大决策和变动之前,寻求地方行政"给说法""给见证""给政策",甚至通过运作或与某些官员"共谋",让事实上已经在村域内通行的产权安排得到官方认可。可见,获得官方意识形态合法性和行政合法性的意义,不仅在于获取政策收益,而且在于获取地方社会的认可和赞许。在产权界定中还可以看到,无论是社区成员还是制度企业家都要求对其名义或法定所有权进行预设或追认,要求在法律上实现其实际占有权的合法化。因此法律合法性仍然是对产权的一种终极保障,具有"保底线""保安全"的作用,是产权合法性的终极目标。

四、事中界定:社会性合约的达成和弱化

依靠社会性合约界定的"集体企业",是一种"主体非人格化"的模糊的名义产权安排,这就给产权在实际执行中留下大量可供解构和建构的空间。事中界定,就是发生在这样一种情形下的经过重新界定的事实上的产权安排。

(一)社会性合约的实现与"剩余"产权的占有

社会性合约在企业创办初期和在非正式地界定企业控制权中所起到的作用,是显而易见的,那么,它在什么条件下难以约束非正式产权的膨胀以至于不能阻断集体产权的私化过程呢?这是本节想要说明的问题。

与社会性合约相关联的是如何理解村社区集体产权的"剩余"问题。村社区的实际问题是,集体产权往往没有正式初始合同,在发展过程中大多如塘村一样并未实行过真正的承包制,就是说并未向经营者"清产核资"即核清所经营的资产价值,因而也就无从以此为基础来计算或预期"剩余",那么,它的产权问题何在,其中的关键要素又是什么呢?在新制度经济学派的解释中,"剩余"的占有和享用是产权问题的核心。所谓剩余,是相对于合同以外的权益。不完全合同理论对这种实际占有权力的产生进行了创造性的思维。这一理论虽然是在企业是一系列市场合约的框架中提出的,但不同的是,科斯定理告诉我们,只要谈判(交

易)是有成本的,产权分配就是重要的;而不完全合同理论则认为,由于信息的不完整和不确定,换言之,即明晰所有的特殊权力的交易成本过高,合同是不可能完全的。当合同不完全时,资产归谁所有,谁拥有对资产的支配权或控制权,才变成了关键性问题。① 这一理论从根本上说明了法定产权(合同)以外的"事实产权"产生的可能条件,即由于合同不完备从而出现"漏洞"。如果合同有可能是完备的,就不存在所谓产权问题,任何所有制形式的效果就都是相同的。这一理论出现后,"产权"概念强调的重心发生了变化,如果说过去的理论强调的是对财产权利和剩余收益的占有,那么现在强调的则是对剩余资产的使用权或控制权。

上述理论强调了合同完备的不可能性,也就是说,不完备是一种被动状态。企业家理论和人力资本理论对此给予了别开生面的解释。除去信息不可能完备,交易成本过高外,这两种理论还认为,市场的企业合约之所以特别,就是因为在企业合约中包含了人力资本。人力资本的产权特性使得在直接利用这些经济资源时无法采用"事前全部讲清楚"的合约模式。企业合约作为一个特别的市场合约,其特别之处,即合约里多少保留了一些事前说不清楚的内容而由激励机制来调度,可以由人力资本的产权特征得到说明。② 也就是说,合同的不完备是一种制度设计,是加入了设计者意愿的主动行为。这两种理论还进一步地用企业家的人力资本来界定企业产权,提出"企业家和制度企业家才能界定企业控制权"。③

但是,上述两种解释,强调的都还是正式制度设计,还不能够对村社区复杂的制度变迁过程给予完满的解释。这里,我们换一个角度,从正式合约里包含非正式合约要素,正式制度寄生于非正式制度过程④的角度理解问题。正式合同不完备或者不可能,是因为一部分权利需要非正式合约来调整和控制,或者说,没有这些非正式过程,正式过程就不可能存在和完成。这一思路不仅反映了我们关于社会性合约的考虑,也反映了契约法和企业间合同关系治理形式的演变实践。例如,"古典合同法"只关心合同条文的执行以及如何解释法律条文等问题,发展到"新古典合同法"后,开始强调合同双方有着依赖关系,再发展到"关系

---

① O.哈特:《企业、合同与财务结构》,费方域译,上海三联书店、上海人民出版社1998年版,"中译本序一",第7、35页。
② 周其仁:《产权与制度变迁:中国改革的经验研究》,社会科学文献出版社2002年版。
③ 同上书,第104页。
④ 詹姆斯·C.斯科特:《国家的视角:那些试图改善人类状况的项目是如何失败的》,社会科学文献出版社2004年版,第7页。

合同法"后,就只搭建一个如何解决合同问题的治理框架,而合同关系则可依据情况随时调整。①

那么,在社会性合约作为初始合同的情形下,何谓"剩余",其意义又何在呢?从塘村的社区目标中可以发现,社区社会性合约所要求的"互惠"条件集中在满足就业、实现福利以及公益方面,对这些方面的期待在当地又有特定的社区发展水平作为参照,因此实现这些目标所需要的投资,相对于劳动密集、效益尚好的鞋业收益来说,并不难做到。塘村以此作为底线,采用"公司办村"的方式经营社区福利,这之后所产生的便是所谓"剩余"问题。可以看到,首先,"剩余"被最大化了,而且从未采用承包制等其他治理方式来重新确定企业总资产,这就使"剩余"无限膨胀了;其次,公司人对控制"剩余"的要求,随其膨胀而逐渐从非正式转向正式,最后成为再次缔约的潜在动力。

(二)"二次合同"与非争议产权

倪志伟和苏思进在研究中国经济改革时,从市场转型的角度,提出中国经济增长的功绩应归于产权的非正式私有化。非正式产权是嵌入更为广泛的规范和习俗的框架之内的。一般地说,非正式产权所嵌入其中的社会网络越稳定,对于产权的争夺就越少,这种产权也就越有保障。但是,随着时间的推移,当对财产的使用已经是习惯性的,并且是受到社会规范支持的时候,用非正式的方式建立的产权就会不断地硬化。在将来,这种非正式的产权会成为获得正式产权的基础。②

这一研究给予的启发是,非正式产权嵌入社会网络之中,网络所提供的稳定性有可能使这种产权在习惯的作用下变成非争议性的,从而合理地转换为正式产权。但是倪、苏的研究没有对这种转换是通过什么机制而实现的做出交代。而对这个过程的揭示,正是本文的兴趣所在。前面我们已经对在社会合法性机制作用下经营者获得非正式控制权的情形进行了探讨,需要进一步说明的是,这种控制权需要通过再缔约过程才能变成非争议的进而变成正式的产权。

对"二次关系合同"的透视,是有助于理解问题的一个角度。

我们首先将"二次合同"定义为与"初始合同"相对应的实际执行的事实合同。研究者对"二次合同"有正式与非正式之分,实践中,非正式"二次合同"的产

---

① 周雪光:《组织社会学十讲》,第 222—223 页;《"关系产权":产权制度的一个社会学解释》。
② Victor Nee & Sijin Su, "Institutions, Social Ties, and Commitment in China's Corporatist Transformation".

生是大量的、活跃的和具有解构意义的,往往由于它的实际存在而使正式文本合同形同虚设,以至于导致正式合同的再缔结。

这一类"二次合同",问题一般多出现在文本合同关系松散(失灵、疏离)的地方,是非正式关系作用的结果。从"嵌入性"视角出发所做的解释,认为合同部分依靠于法律体系,部分则嵌入于人格化的关系体系之中。后一种被称作"二次嵌入"的机制,发生在正式合同缔结之后,由那些经营代理人在相对独立地从事经营活动的过程中与他的经营伙伴缔结而成,并使合同嵌入他们之间的关系。这一过程将引发非正式的再缔约过程,于是形成"二次关系合同"。①

塘村鞋业公司的对外贸易所采用的"接单"生产方式,正是这种"二次关系合同"得以缔结的契机。接单生产,大多依靠企业经营者掌握和建立的人际关系网络,并且由经营者私人掌握。在我们访问的这一类企业中,厂长本人都直接掌握两大权力,首先是接单权,其次是财务权,实际上,只要这两权在手,企业的生死存亡在相当程度上就掌握在经营者个人手中了。有关研究指出,这时"经营者的可替代性便大大降低。因为这时更换经营者,要冒垮掉那个企业的风险。企业资产便因而具有了经营者专控资产的特性。这意味着经营者占有资产的排他性的强化。甚至法律上的所有者也在一定程度上被排除在外。一般来说,经营者对其占有权边界的认知也会随此而发生变化。和刚刚获任时相比,他会更多地将企业资产特别是在他的控制下增殖起来的资产,看作是其排他性占有的领域"。② 塘村转制时亮出"公司创造集体净资产"的底牌,就是这种认知的结果。

在这种认知下,企业经营者对经营权收益乃至所有权的索求,就成为集体企业转制的另一大动力。甚至在转制政策尚未明确的情况下,经营者个人实际上已经排他性地占有、支配和处置着企业资产,企业资产是否流失或转移,完全依赖于经营者个人对集体的忠诚、对其私有意识和欲望的限制等道德因素来约束,这时候,法定所有权已经无法限制企业资产的转移。"二次合同"的一个明显结果,就是通过对界定规则和习惯的多次非正式确认,强化在社区中已经存在的事实上的"非争议产权",最终使其全方位地取得正式合法性的支持。

当然,经营者对于资产转移的这种暗箱操作所产生的暂时性、有限性和不确定性,往往会产生焦虑,甚至犯罪感,因而就要求对个人私有权的补偿公开化和

---

① 刘世定:《嵌入性与关系合同》,《社会学研究》1999年第4期。
② 刘世定:《科斯悖论和当事者对产权的认知》,《社会学研究》1998年第2期。

合法化。这种非正式合同的公开化和合法化要求,又将导致另一类"二次合同"的缔结,而这往往采用正式缔约的方式,使名义所有者与实际占有者之间的权利博弈由"暗处"走向"明处"。

这种另一类的"二次合同"问题,原本出现在市场竞争机制失灵的场域,是非市场力量作用的结果。经济学家假设,在充分竞争的市场条件下,公司可以通过市场机制选择最佳的合作伙伴,签订长期合同。但是,合同双方一旦进入合同执行期,这种合同就不再受市场竞争规律的制约。这是因为合同双方有了信息的不对称性和"谈判"地位的不平等性。假设一个小公司签订长期合同向一个大公司提供某种产品配作,在合同执行期,合同双方就产生了相互的依赖关系。但是这种依赖关系是不平等的,大公司可能有着更为有利的竞争地位,因此要求"重新谈判"合同条件,而小公司由于对大公司的依赖地位而不得不接受"重新谈判"的不平等条件。① 这种合同的再缔结,往往因权力不平等,引起对产权的重新界定。

塘村转制三部曲中的股份制改造、公司制处置和改私,都带有建立"二次合同"的意义。转为股份合作制时,"公司人"提出 70%净资产归公司占有的要求,欲与"村集体"重新确定资产关系;村集体资产由最初占有总资产的 93%,经过股份制改造、公司制处置和改私三次分割,最后确定为只占 23%,都可以被看作是一次次"二次合同"的缔结。可以看到,企业经营者对企业产权事实上的控制和占有,使他们与名义所有者之间的权力天平倒向经营者一方,出现与上述权力地位不平等相似的情况,这正是导致"二次合同"文本化的主要原因。这也是在委托代理人之间出现"套牢"问题,出现经营者实际上已经非正式占有,而委托人又因为没有足够的信息或适当的动力去监督企业而不得已采用的方式。可以看到,乡镇企业发展过程中出现的一系列转制或改制举措,如经理收入与企业剩余挂钩、风险抵押承包、经理租赁承包制、认债购股、股份合作制中经营者持大股、企业改制转私等,大都起于不得已的"放权让利",集体"放权"让经营者尽其所能来找项目,拉关系应对市场风险和面临的各种问题,包括独自承担风险。经营者借此在自己的企业建立起不可逆转的管理权威后,"让利"就成为"激励"的必要手段。这时候,缔结"二次合同"也成为名义所有权者被动地维护自己权利的最后手段。

(三)"公司办村"与村政"出局"

再缔约的过程强化了公司的强势性格,权力的摆针偏向公司一侧,于是,集

---

① 周雪光:《西方社会学关于中国组织与制度变迁研究状况述评》,《社会学研究》1999 年第 4 期。

体制下"村企合一"的机制也由办厂初期的"村办企业"顺利地过渡到"公司(或企业)办村"。在这里,村办企业不仅是指企业产权的归属关系,也指以村庄的方式办企业;反之,"公司办村"不仅是指以公司的方式办村,也指企业所有权向公司的转移。

"公司办村"在当地如塘村一样的村庄中十分流行。在一些村庄里,企业集团公司集"党政企"权力为一体,村委会往往作为集团公司的一个分支机构,主管农业和村政事务,村财政也是公司财政的二级核算单位,村政事务的所有费用均由企业支出,并且采取"实报实销"的方式。有的村庄,农业部分干脆就是企业的一个"车间"或农场,生产、经营和管理也是以企业的方式进行的。从这个意义上来说,村庄就是一个企业,是以企业或公司的方式存在的。

这种现象,其实是"村书记兼董事长"的权力现象在村庄管理体制中的反映。在公司经济成为村庄经济命脉的情况下,村书记兼董事长的设置不仅实现了村企权力一元化,同时也宣布了村政被公司"兼并"的结局,村集体也由此丧失了集体资产看管人的地位和权力,表现出弱势性格。

不难发现,公司"埋单"对村政产生了两个实质性的影响。首先,村作为下属机构,与分厂有相似的从属地位,接受公司的统一领导,从而失去对公司的控制权,进而也就失去了与公司讨价还价的能力。其次,公司办村是种福利性经营策略,主要职能是在企业经济增长和增进社区福利之间确定预算决算,并负责向村提供社会福利,而福利资金的提取也没有合同规定,不是依据产权大小对剩余按比例分享。在这个过程中,公司对村庄事务的权力伴随福利供给的增长而增长,村委会则逐渐演变为公司集体福利的执行机构,公司经济增长越快,村委会可支配的福利资源也就越多。在这种格局下,村委会与公司之间产生了新的权益博弈策略,只要公司不反对支付"为村民办大事"的费用,他们就不反对公司兼并村政,反而还可以通过福利策略让公司效益尽可能多地在村庄内部分配和共享,也就是说,可用"村政缺席"这个最小成本来换取"增进福利"这个最大收益。

(四)界定者:"公司人"、制度企业家及产权的等级秩序

塘村模拟"公司制"转制时,曾亮出这样一张底牌——"公司创造集体净资产",这可以被看作是实现"公司人"控制的宣言。明确集体资产是公司创造的,这在产权界定中具有重要意义,可以此作为公司占有绝大部分资产的依据,也可依此由公司获得在分家析产中"定盘子"的权力(指有权制定方案等)。

这里的"公司人",类似于经济学所称谓的"内部人",是指事实上或依法掌握

了控制权的经理人员,他们的利益在公司战略决策中得到了充分体现。经理人员常常通过与工人共谋来达到这一目的。① 但是,塘村的全部劳动人口几乎都在村办公司工作,公司董事长又是村政最高领导人,为什么还要分出内外?

在塘村,村企分家并在企业中形成内部人"共谋"并且得以长久维持,是建立在这样一个共同利益和社区基础之上的:现任村书记兼董事长创办企业在先,入主村政在后,没有"老村干"的身份,也不是工业化初期"村集体经济"的带头人,因而也就不会虔诚地秉承集体制的制度和意识形态遗产。相反,他始终认为自己最适合"做企业",因而与村政"拎清楚"一直是他要达到的愿望和谋略。加之,公司内部出现的"我们赚钱,他们花钱"的不满和不平衡心态,使公司内部成员更愿意与经营者结盟,以便请村政"出局";而且村书记兼董事长又不是来自"经理人市场"上的外聘经营者,他来自社区内部,作为村书记,他被官方和民间都赋予了集体资产"看管人"的角色,与村民和职工之间不存在明显的利益冲突。并且,企业绝大部分经营管理层人员都是从企业内部提拔上来、"愿意跟着他干的",而职工90%来自本村,多是他亲手安排的乡里乡亲,因而他们之间的联盟更容易并可更好地维持下来。

实现"公司人"控制,是集体产权转变和界定中的关键步骤。其一,在正式改制之前,内部职工股东已经与名义集体所有者——村集体之间,通过不平衡的利润分配获得了绝大部分的利益,甚至在"公司办村"的格局下村委会干部也无权"出股"和享有股份分红;其二,通过非正式的事实上的占有和控制,"公司人"及其领导者在正式改制时获得了"定盘子"即界定产权的权力。虽然在塘村的产权界定过程中,"公司人"的权力和利益,在排除村委会成员后,也同样发生了分化,产权在多次界定之后,最终集中到村书记兼董事长个人及其家庭成员手中,但是在村企分家之时,"公司集体"进而"职工集体"已经获得了相对于"村集体"较多的资产权利,尔后这些权利仍以"职工奖励基金"的方式得以保障。

不过,在多次产权界定中,真正掌握和运作界定权的是"公司人"的领导者——村书记兼董事长,正所谓"强权界定权利"。这种权力源自他"制度企业家"的特征、身份和能力。② 这里,制度企业家是指兼有社区政权领导职务和企业经营者双重身份的企业家,较之普通企业家,他们一方面可以更便利地获取体

---

① 青木昌彦、钱颖一主编:《转轨经济中的公司治理结构:内部人控制和银行的作用》,中国经济出版社1995年版。

② 周其仁:《产权与制度变迁:中国改革的经验研究》,社会科学文献出版社2002年版,第104页。

制内资源,另一方面也需要为社区直接而负责地承担公共义务和责任。①

在苏南等地的村办企业中,制度企业家一般有两种固定搭配:一种是由"老村干"直接创办企业并担任现职,有"党支部书记—董事长""村长—总经理"的搭配方式;另一种是村政权组织吸收有经验的村办企业经营者入主村政,担任村书记职务,或者外聘成功人士经营企业,并委以村书记副职等。一般来说,不再委派其他村干部进入企业,目的是要通过这种制度安排既给企业经营者一定的经营自主权,又将社区利益与企业紧密联系,依靠企业的成功使社区和村政也从中获益。塘村属于后一种情况。

制度企业家在产权安排中之所以具有强权,这与集体制产权内含的行政等级制度相关联。集体制的权力结构以"行政职位权力"为基础,依此形成等级结构,特别是最高权力,是由"行政职位"加"公司职位"共同构成。失去前者就必须放弃后者,在这里,产权明显依附于行政权。因而,"村书记兼董事长"这个职位,作为村内最高权力,一直是村域政治争夺的焦点,也就不足为奇了。而且,产权内含行政权,权力和财力紧密结合,也是私有化过程中集体产权得以最终向"党支部书记—董事长"职位集中的制度基础。

这里的问题在于,制度企业家的双重身份在什么条件下会发生分离,作为"村书记"的董事长为什么可以"少"代表村集体而"多"代表公司呢?

我们注意到,至少有两个因素影响到他的行为。第一个因素是,兼职的双重身份改变了村集体与企业经营者之间的"委托—代理"关系。需要说明的是,这里并不是从严格的意义上使用"委托—代理"理论,只是为了与事实上经营企业的"代理人"相区别,所以仍将企业以外的社区组织领导人称为"委托人",村书记兼董事长的角色安排,从形式上看,似乎与"政企分开"的理论逻辑格格不入,但却在实际中被广泛采用,其中隐含着这样的双赢逻辑:这种角色安排使担当者既成为集体产权法人代表(委托人),又是企业经营者(代理人),从而改变了"委托—代理"链。从名义产权的角度看,委托权被同时安排给了代理人,这是在代理人的行为不易直接被委托人观察到的基本假设下,将合约激励变成为委托安排激励的最优办法。② 而从实践中事实产权的角度来看,则是对已经被代理人非正式地占有了的企业所有权进行某种约束,这是在代理人的行为已无法被控

---

① 折晓叶、陈婴婴:《资本怎样运作——对"改制"中资本能动性的社会学分析》,《中国社会科学》2004年第4期。
② 张维迎:《企业的企业家—契约理论》,上海三联书店、上海人民出版社1995年版。

制的假设下,将委托激励变成责任或制度激励的最优办法。只有如此,村社区才有可能通过对"村书记"角色的社会期待,获得相对最大的收益。不过这样一来,也就顺理成章地把村政组织所代表的集体对企业的所有权虚置起来了,特别是在村书记身份依附于经营者身份时,情形会更加如此。

第二个因素是,在村书记兼董事长的权力结构中,甚至从没有真正实行过"承包制",因为向谁承包是不清楚的,产权主体是无须追究也无须分清楚的,他可以集"党政企"于一体,甚至连"家"也融入其中,几者的区别在他的实际运作中是模糊化的。他的"视厂如家",与普通职工不同,从产权的角度看,在他那里,企业就是自己的,公产与私产的界线是模糊的,两者之间的贡献甚至也是相互的。例如,他根本不太区分自己和家庭的"私产"与企业"公产"之间的差别,甚至一连几年都不从企业拿出由地方政府核定的属于自己的上百万奖金,"就像顾家一样地顾厂"。当然,在这样的制度安排中,他也可以不分公私地将集体资产据为己有。这种情形下,一旦政策和意识形态主张"集体退出",他就会强调自己"企业创办人"的身份,从而淡化自己的"集体代理人"身份。

我们观察到,这一双重身份自身所产生的角色冲突,在"政府创办并控制乡镇企业得到的合法化承认和保护比获得'清晰的产权'要高"①的制度环境中,被隐蔽、被淡化了,而随着上述制度约束条件在改革开放中逐步消失,它便被启动、被强化、被突现了。在重新界定产权时,塘村村书记兼董事长首先弱化自己的村书记身份,站在企业家的立场上寻求自己和"公司人"的最大权益。但是,村书记这另一重身份也仍然约束他,即便按当地人通行的办企业时"村里没有投入一分钱"的说法,他也须为工业集体制解体时期的村政和公益事业做出"对得起村里"并让村里人认可的安排,仍然要"为了村里的老老小小"承诺在位期间不改动原有的用人制度和管理方式。他的这种行为方式可以看作是制度角色和社区道德共同约束的结果。可见,在村域内,这种角色冲突尚不足以彻底改变制度企业家的双重性格和责任。

五、事后界定:社会性合约的清算和表达

所谓产权的事后界定,首先是相对于企业没有事前或初始的经济合约而言。

---

① 参见萨克斯(Jeffrey Sachs):《乡镇企业的产权改革》(1994),李稻葵:《论转型经济中的模糊产权》(1994),转引自周其仁:《产权与制度变迁:中国改革的经验研究》,第113页。

一般认为,事后界定是一种谈判程序。然而,一旦进入事后谈判程序,就会发现陷入了一种科斯困境:在自愿谈判和交易的情况下,产权的初始界定不影响资源的配置。一些经验研究表明,实际操作中的产权界定最终要看双方的谈判,是双方讨价还价的结果,①而不管这种谈判是桌面上的还是私下的无言较量。这里的关键问题是,谈判双方的权力是否对等,是否具有谈判的本钱和能力,谈判程序是否公正等。其次,由于产权界定准则的确定是在企业已经壮大成熟之后才进行的,那么,事后界定就变成一种纯粹"内部人界定"的过程,公平与否,是以内部人自愿达成的协议为依据,外部人的界定不管多么合理,都很难作为评判公平的依据。最后,是相对于一次历史性的清算而言,由于清算后退出的集体资产仍然作为不可分割的"村财"而存在,并且还有再次进行集体经营的可能性,因此,事后的末次界定并不意味着集体产权的解体,而是对以往产权潜在的矛盾和争议的一次强制性裁决。

(一)形塑"卖方"和无言较量

"产权主体非人格化"或"所有者缺位",是人们判定公有制产权模糊性时的一个基本因素。这种现象对于乡镇集体企业来说,是指其产权关系具有社区内"公有"或"共有"的模糊性。在这种集体制框架内不可能存在市场性交易,谁是卖方与谁是买方一样,原本是一个并不存在的问题。改制提出产权转让问题后,有偿出让或受让集体产权的交易行为需要人格化的买卖双方,这样一来,谁是产权主体,谁是卖方,就成为一个不断被追问的问题,一个特定的产权问题。因而,形塑或者说营造出一个人格化的产权主体特别是"卖方",就成为事后界定产权时的必经过程。

从塘村的经历中可以看到,股份合作制和公司化过程最实质性的结果,是以分配股权的方式重新形塑出人格化的"产权主体",即产生出可以指认的落实到具体对象的初始"卖方"。不管分配中"蛋糕"如何切割,大小是否合理,过程怎样复杂,其结果是村集体、职工集体和经营者各自都被赋予了可以指认、可以计价、可以交易的资产,成为有资格进行市场交易的买方和卖方。这一结果应该说是转制最为实质性的内容,它为实现产权交易准备了条件,提供了可能性,之后的私有化不过是在市场交易原则下经营者与其他产权主体之间进行的买卖而已。从这个意义上说,实行股份合作制是重新界定集体产权或者说最终走向私有化

---

① 张晓山:《乡镇企业改制后引发的几个问题》,《浙江社会科学》1999年第5期。

的最重要的过程。

形塑人格化的产权主体虽然是在事后进行的,但是在事中所形成的事实产权就已为其规定出了确定"买方"的大原则,即村书记兼董事长是控股且具有买方资格的最佳人选。而"卖方"的形塑及其定价,则是产权事后界定中最值得探究的过程。

"卖方"的确定是法律合法性和社会情理合法性机制共同作用的结果,这在村中并无疑义,问题在于如何为卖方定价。一旦出现资产分割,定价就需要寻求经济法律依据。在塘村改制的每一个环节中,我们都可以看到《公司法》被多次作为依据。而当乡镇企业的股份制改造直接套用《公司法》时,集体产权内含的社会性合约便会遭到严重无视甚至否定,这对集体企业产生的影响几乎是颠覆性的。

从塘村所在地的诸多案例中可以看到,改制企业一旦依据《公司法》,就可以将企业分块出售而不必整体出售,这就为大而赢利的大中型企业的出售提供了依据;一旦成为上市公司,在所谓"规范化"的要求下,合作制内部的公共积累和内部职工股便失去存在的可能,这也为公司产权向经营者手中集中提供了依据。而且,一些研究指出,企业经营者一旦按照《公司法》运作上市,便可以通过资产评估和建立规章制度,顺理成章地把企业原有的上级所有者——乡镇或村的经济联合体"总公司"或"联社"以及名义所有者——社区成员排除在外。于是,在企业经营者成为独立法人的同时,集体企业的资产便名正言顺地转入他们手中。① 一旦依据公司法改造,在确定产权时就容易只依据"资本金投入"来确定初始产权,如果根据"谁投入,谁创造,谁获益"的原则,乡镇企业的"投入"特点将被忽略,从而造成集体资产的变相流失。有研究认为,乡镇企业并不像国营企业那样是公司法的主要立法对象。如果仅从初始投入角度来界定财产权益,至少要明确,在我国农村资金要素长期高度稀缺的条件下,乡镇企业恰恰是不得不以劳动和土地"替代资本投入"而形成企业资产的。对此,《公司法》却基本没有涉及,这就从客观上已经造成了集体资产流失和农民权益的损失。②

不过,塘村在为卖方实际定价时,却也难以完全遵循《公司法》。若按"资本金投入",塘村集体初始投入为"零",零定价是不可能为村民所接受的。定价虽

---

① 温铁军:《乡镇企业资产的来源及其改制中的相关原则》,《浙江社会科学》1998年第3期。
② 同上。

然没有经过标准的谈判过程,但却是在无言较量中进行的。这时候。作为"卖方"的"村集体"由于没有事先确立的可以作大依据的经济合同,其资产经过事中反复界定之后,"卖价"仍然难以用经济原则来加以确定。村主任在介绍这一情况时一再重复这句话:"他(村书记兼董事长)会考虑村里的。"在这里,无言较量成为一种非正式的谈判过程,社区成员希冀通过社区情理合法性机制来对此加以约束。可以看到,社会性合约再次成为事后界定产权时的重要依据,不过,它也只能起到"保底线"的作用罢了。我们可以从下面这个过程中清楚地看到这一点。

(二)"倒推算法"的合约含义

塘村在界定村集体资产时,采用"公司行政"的方式,首先为之确定了一个占总资产"1/4"的定价比例。在我们对这个比例表示疑惑之际,公司方指明"这也不是随便说出的",村政一方也表示"不好再向公司要什么"。接着,他们各自用同样的逻辑为我们算了一笔细账,以示这个比例数的合理所在。

计算从村政和社区福利的需要出发,倒推出集体资产的大致数额,可用如下公式表示:

公共性设施和事业需求+村政日常工作开支+村民福利开支=村集体资产

"倒推算法",首先根据村内预期"办大事"即举办大型公共设施和公共事业的所需费用算出一个底数,再加上日常工作开支和村民福利费用,形成村资产的基本结构。由于村里的大事(在村书记兼董事长手里)基本都办好了,因此对已经形成的公益性物品折旧后作为固定资产归村所有;预期要办的公益项目已经有限,则从集体股变现资金中拿出一小部分即可满足;日常开支按改制前的正常水平预算,也大致可由变现资金所获利息(变现资金投入鞋业公司以获得较高的长期收益)和政策性收益(如土地使用费、农业发展基金、社会事业费)等来维持。这算法的底线,是保持村民在近20年集体工业化过程中已经享有的福利水平,并有所上升,也就是维持社会性合约的底线目标。这也正是村委会和村民愿意接受这一安排的隐含条件和期待,即社会性合约所隐含的内容。

以"倒推算法"界定的产权,显然不完全合乎经济学意义上的产权安排逻辑,它不是按照所有权或物权收益分享比例来界定资产,而是按照满足公益需要的程度来推导出资产数额及其权利归属,具有习俗性的"福利产权"性质。福利产权所涉及的资产"量"的多少,事实上涉及社区情理合法性对公共福利提出的预期,也与村民对分享企业收益的认知有关。工业部门与农民熟知的农业部门大不相同,它在为村民提供高收益的同时也剥夺了他们对于工业活动的知情权,企业收益对于村民来说,是一个无法控制的变量。因此,村民并不关心收益分享额的上限能达到多少,但对下线却有一定的预期,那就是在企业经营不出现大问题的情况下,维持历史最好水平并逐年有所提高,并且这种预期是以达到当地最高水平为参照的。也可以说,这种习俗性的"福利产权",是按照村社区共同体的共享互惠原则和逻辑做出的"末次合同"安排。

这一"末次合同"明显地具有社会性合约的性质,按照缔约双方的表述,这是一种"还债"的历史契约和"还情"的社会契约。村书记兼董事长事后说"这就对得起村里了",个中意含的"债务"就是含糊地指"村里以往的支持",这应该包括对集体优惠政策的利用、对土地资本转移收益的无偿占有、对内部廉价劳动力的利用和未支付的社会保障资金的占有等。以公共性资产和公益投入来清还历史"欠债",是目前苏南对集体企业改制中比较通行的做法,虽然对"债务"未作明晰计算,但这做法既承认改制安排中对集体无形资产计价的合理性,又可以避免因这部分资产难以准确计价而可能被悬置的难题和尴尬,因此受到地方政府支持,也得到村干部和村民的赞同。塘村由于一直比较重视社区公益建设,村中"大事"早在公司发展过程中基本办妥,所以将公益性资产还村,表明公司已经逐年还清了村社区应享有的权益;至于今后公司"钱多了还要为老百姓办事",就如公司经营者和村主任所表示的"那就是个人为老百姓办事了",由此而对这两种公益行为进行了严格区别。而在苏南另一些对社区改造和建设长期投入不足,欠债较多的村庄,事后也不得不同样采取向社区投入改造资金的办法来清还历史欠账,例如将改制前多年积累的减免税依法投入社区改造资金;将股份制改造过程中置换出来的村集体所有的现金依法投入社区改造资金;按国家规定每年上交地方政府的费用作适量分流,部分依法作为乡镇财政规费的转移支付投入社区改造,等等。① 上述做法也可以看作是工业集体制解体时期回报村民的一种方式。改制中若能为村民建立起一个以维持和增进福利为标准的财政结构,不失为一个能让村民直接而长久受益的相对明智的办法。

这一事后安排的真正问题,首先在于,改制中村集体回收到账的这一笔资金该如何管理和处置,使之真正用于增进福利。为避免回收资金被滥用和流失,地

---

① 毛丹、张志敏、冯钢:《后乡镇企业时期的村社区建设资金》,《社会学研究》2002年第6期。

方政府鼓励探索集体资产经营增值的办法,例如,建立工商业社区用以招商引资,委托证券投资,利用闲置土地、厂房、基础设施推进产业化经营,等等。但村干部和村民对于再次进行集体经营特别是生产性经营已经没有太大兴趣,害怕再次陷入"集体经济"的困境。如果退出经营后的资产留在村组织手里,村委会又担心被上级政府和某些官员"惦记着"、被"借走"用了,村民则担心钱到了村干部手里守不住,被"开支"完了。因此,改制后的集体资产相当普遍地采用如塘村那样租借给企业使用的办法,由集体组织收取租金并加以管理。这部分资产被认为在量上界定清楚,在质上提高了安全性,因为租金能保证租借资产有稳定收入。① 这部分收入作为全村的福利保障,在村社区中受到认可,也相对易于监督。

其次在于,以社会性合约作为底线确定的村财底盘,至多只能维持村民的现有福利,至于社区进一步发展的资金将以何种方式筹集,进而社区新的公共空间如何再建构。这里的关键问题是村政组织是否能够发展成为"村政"与"民企"的合作体系,以处理好社区内分散化的经济资本如何向社区公共事业投入,新的公共资源和"公共财产"如何聚集,新的公共权威又如何树立等一系列问题。②

(三) 末次合同中的机会主义

塘村以福利需求为根据界定的产权,最终作为村企商定的结果,以"协议书"的正式文本形式签署,并由镇政府存档加以确认,具有法定意义。并且,这一文本是对集体制产权的一次历史性清算和确认,又具有"末次合同"的意义。"末次合同"既是对事中形成的事实上的产权的一个法定默认,又带有讨价还价的谈判过程所提供的届时机遇,因而其缔结过程类似于一次"末次博弈",事中被"排他"在边缘的村集体,这时候反倒可以以法人所有权者的身份出场博弈。虽然较量是无声的,但是"出场"就意味着提供了变量,增加了预期,制造了机会。

作为处置集体产权的"最后一次晚餐",改制中包含的机会主义欲望似乎是显而易见的,这从大量有关批评和揭露中可见一斑,例如,企业经营者在清产核资中对资产的隐匿和分割,致使集体资产隐性流失;官员与经营者"合谋"欺骗政府和集体,地方官员事后寻租,双方恶意串通,弄虚作假,以各种名目侵占集体资

---

① 邹宜民、戴澜、孙建设:《苏南乡镇企业改制的思考》,《经济研究》1999年第3期。
② 折晓叶、陈婴婴:《资本怎样运作——对"改制"中资本能动性的社会学分析》,《中国社会科学》2004年第4期。

产；转让双方串通故意压低底价成交；等等。这很类似于"一次博弈"或"末次博弈"中的"一锤子买卖"：如果双方认为他们的交易是一次性的或最后一次的，那么未来收益的损失就可能微不足道，在这种情况下，违约的成本似乎就十分地低，从而双方违约的概率就十分地大。

那么，发生在村庄共同体内部的"末次合同"安排，会不会真的也是一次"末次博弈"呢？在村社区，改制虽然可以看作是处置集体产权的最后一次博弈，但是仍然受到社会性合约的无声监督，受到社会期待的潜在约束，并没有表现出"末次博弈"的完整特点，只不过变成社区"重复博弈"中的一个关键性场次。严格地说，发生在村社区共同体内部的博弈几乎没有"一次性"的和"最终性"的，长时段的共同生活使任何种博弈都"嵌入"相对稳定的社会关系网络之中，人们的思维和决策受到制度文化模式的支配，很难做出为村里人不齿的赤裸裸的机会主义选择。当社区还是乡镇企业赖以生存的母体时，即便企业转为私营，企业家仍然要十分重视自己的信誉和声誉，因为他在留有自己和家人根基的熟人社会中，始终进行的是一个重复的博弈，要想得到社区持续性的合作，他必须拥有"兑现承诺"的良好声誉，必须对自己的机会主义行为有所限制，这正是社会性合约的延伸效应起作用的结果。

但是，社会性合约毕竟是由当事人之间的人际关系来维持的，塘村书记可以在企业产权归自己家庭时，仍对村民和村组织做出恪守"不解雇职工"，"有钱还投资村里建设"等在先前合约还对他起作用的情况下所做的种种承诺。这样做似乎不完全是个人的道德操守问题，其透露出的是村社区对他个人的社会期待。这种社会期待对这样的权威人物尚具有约束力，他们在位期间一般不会轻易改辙，但这种"承诺"嵌入他个人与社区的人格化的社会关系网络之中，一旦这种关系解构或者断裂，由于没有制度化的保证，这种人格承诺对其后继者的约束就值得大打问号了。我们发现一些相似的例子，在苏南另一个大型村办集体企业改制时，村民出让股权时得到时任董事长和总经理的承诺：只要企业存在，就要保证他们的就业机会，并以他们在职期间工资的9%为限，为他们购买养老保险（公司支付7%，个人支付2%）。不幸的是，时隔不久这位董事长去世，他儿子接替职位后，出于提高效率和管理的需要，首先改变的即是用人用工制度，不再承诺保障村民就业。当公司外聘人员的优厚待遇引起一些本地职工的不满和反抗时，公司加快了置换企业职工的速度，首批42名够一定年龄的村民职工被辞退，其中未到退休年龄的，每月发给300元—400元生活费，待达到退休年龄后再办理正式退休手续。之后,还陆续采用"一次性买断工龄"的办法①清退不适应公司需要的本地职工。

这时,改制所引发的机会主义行为将不可避免地爆发,这正是塘村等诸多改制村庄存在的潜在危机,也是近年来改制地区清退职工诉讼案逐渐上升,基层政权组织财政严重萎缩等问题的成因之一,这个问题同样也是改制设计者——地方政府——面临的严峻社会问题。

六、结 束 语

我们从考察一项集体产权遭遇反复界定的过程中,提出了集体产权其实是一种社会性合约的看法,并且探讨了这种合约对于界定产权关系的有限作用。从中可以得出如下一些初步结论。

改制即以私有化的方式明晰产权,这是否企业改革的关键所在,理论界已经有"产权还是市场重要"之争。不过,这些争论首先是以肯定内部"产权明晰"和外部"市场充分竞争"都是企业改革的必要条件为前提,只不过存疑于孰重孰轻的问题,并没有涉及在解决这个悖论问题中产权单位内部是否具有处理问题的能力,譬如,社区的互惠规则、平衡机制和合作能力等是否也是构成"激励"和"效率"以及解决冲突的要素,等等。其实,由互利互惠规则和逻辑串起的"互惠链",现实地维持着社区内的产权秩序。在政策推动改制之前,产权在塘村这样发展水平较高的集体制村庄中并不是社区问题的核心或关键,也就是说,社区用习俗和惯例有可能比较好地解决自己的产权问题,而由外力推动,自上而下用统一政策一致性地处理产权问题,则有可能破坏这种平衡,从而使产权问题真正突现出来。

社会性合约反映的是一种社会和谐秩序,但它既不是某种有意识设计的制度,也不是社会关系的自然表达,而是特定行动关系协调的产物。作为一种非正式制度和过程,它与"集体经济"政策和"共同富裕"意识形态等正式制度相互依存。这二者之间的关系接近于斯科特所描述的共生关系②,仅仅依靠简单的政策和意识形态话语本身并不能建立可以正常运作的社会秩序,它们在很大程度

---

① 王红领:《委托人"政府化"与"非正式化"对企业治理结构的影响》,《经济研究》2000 年第 7 期。
② 詹姆斯·C. 斯科特:《国家的视角——那些试图改善人类状况的项目是如何失败的》,社会科学文献出版社 2004 年版,第 425 页。

上依赖或寄生于非正式的社会性合约;同时,没有政策和制度环境的支持,处于行动关系中的社会性合约也难以自我创造和维持,因而,在制度环境发生急剧变化时,社会性合约对产权的界定作用就是十分有限的。

在市场合约不完备的情况下,社会性合约有可能比较好地处理和解决内部的合作问题和产权冲突,也具有维护集体产权底线的作用。从塘村改制的经历来看,以政策确立的所谓"集体产权",实际上是依赖这种社会性合约维持的。在以行政力量推动改制时,如果只以制度设计替代非正式互惠规则和逻辑,而不充分考虑到社会性合约的延伸或替代问题,将会给社区的持续发展带来严重问题。特别是对于像塘村这样原本企业经营绩效好,村内公益事业发展水平高的社区共同体来说,以外部行政方式和政策规定打断原有的利益平衡机制时,就不能够只偏重于保障经济合约的明晰和企业经营者的权益,也必须以制度化的民主公平的方式留住村民应得的长久利益,以便弥补"硬性"的市场合约对"软性"的社会性合约的消解。否则,问题看似明晰了简单了,却有可能在公共空间形成既没有正式制度安排又破坏了社会性合约的真空状态,使社区公共利益的获得成为大问题。可以看到,在这种情形下,社区利益的维持已经具有更大的不确定性,只能依靠当事人之间个别的更加软性的人际关系。改制后,塘村在经历村委会主任的换届选举前,曾发生过全体党员"抗上"事件,他们反对上级政府以行政方式提前换下村委会主任的做法,执意推选原主任,其中潜藏的一个原因,就是原主任与公司董事长是"连襟",村民预期他通过这种亲戚关系,会比较容易向改私后的公司为村里要钱。这种预期较之原来由社区共同体关系网络的合法性机制提供的预期,其不确定性要大得多。

社区"集体制"所具有的社会合约规定性,使其产权成分并不都是市场合约性的,还包含有"成员共有权""平均权"和"人权"等社会关系成分,因而我们并不能把集体产权当作一个简单的经济问题来处理。在处置集体产权时,不能只遵循经济权法则的逻辑,还须遵从社会关系法则的逻辑,否则不但不能真正解决集体制的弊端,也难以找到改私后解决公共问题,维持共同体生存和发展的替代方案。改私是一个对共同体成员强制性"排他"的过程,在将集体产权明晰到经营者个人私有时,如果不能公正地处理如何排除原始产权主体——全体村民——的权利问题,使社区丧失公共积累和公共财政能力,无力重建新的公共空间,不能满足成员的公共需求,就会使这种产权安排与其嵌入其中的社会关系网络发生撕裂,从而导致高昂的讨还成本。一旦公共问题突出起来,社区成员对公共产权的共识就会发生变化,对原有公共产权的追索和清算,就可能成为一个新的产权难题。

在社会性合约存在并发挥作用的情况下,村社区内的不"理性"行为是有可能大量存在,并被合理维持的,因为产权问题受到社会性合约的调节和抑制。例如,改制时,村民对自己的就业权利是否得到保障的关心远胜过对占不占有股份、占有多少股份的关心。村民们因自己拥有的"集体"名分,追究的不是企业究竟创利多少,归属村民的比例是否合理,而是个人的收入和福利是不是逐年提高并且达到当地较高水平;他们在产权变动时计较的不是企业资产自己有没有份,而是有没有按规矩维持已经得到承诺的收入和福利。村民是以这样一种理性逻辑来计算自己的利益的:他们以土地交换的非农机会,只有通过在企业就业才能实现,只要保障他们的就业权利,他们就不反对改制;他们的非农收益,只有在企业保证赢利的情况下才能持续地获得,只要能使企业赢利并以福利的形式分享部分收益,他们就不反对经营者个人拥有企业。只有当这两种权利遭到侵害时,他们才会重新追究自己作为集体成员的权利,产权问题才会真正突出和激化起来。

 方法谈:

案例研究的思考

这篇文章是我们关于产权研究系列论文中的一篇。研究的问题、采用的方法和理论思考,都是在长时段的田野观察和案例比较中逐步明确的。回顾成文的过程,经验资料和学理思考上的每一次推进都是学术积累的结果。

长时段实地调查在学术积累上具有重要意义。作为学人,学术积累来自两个方面,一方面是对前人研究文献的积累,这可以让我们在遇到难题时易于给自己的研究定位,知道从哪里开始,又要到哪里去。另一方面就是对经验研究的积累,这可以让自己的学术志趣和偏好落在实地。当日常生活事件扑面而来时,更易于捕捉到其中的要意,让研究的脉络有似水到渠成,延展下去。本文可以算作是一次学术积累的中间成果。

虽然从田野观察现象可知,产权变革问题,是讨论农民再合作绕不开的一大难题,也是农村总体改革中的主要议题之一,但是怎样从社会学的视角来看待和理解这个问题,又如何将它变成一个有价值的学术问题呢?①

我们在初期关于一个超级村庄个案研究中已经初步认识到,"产权体系不仅是一个经济构造,也是一个社会构造"。我们发现 20 世纪 90 年代中期在村社区新的产权合作体系内部,建立在信任结构基础之上的"模糊产权",即在新的合作基础上形成的"共有产权",并不一定重新造成内部的低效率、"搭便车"或积极性低下等"外部不经济问题",反而有可能是一种积极的有激励作用的因素。②

但是,这个由单个案例所得出的结论,是否具有典型性呢?之后我们开展了对多个村庄的比较研究,基本上都加入了上述思路去发现、补充和检验问题,初步提出了产权是一种"社会性合约"这一理论命题。发现经济学有关企业是"一种或一组市场合约"的中心命题,并不能够对"不规范的市场"中的"非常规"的乡镇企业,特别是村办企业的本质特征做出令人信服的解释。如果从乡村工业化的日常生活逻辑出发,乡镇企业产生于社区母体之中,并不是一种纯粹的"市场里的企业",也不仅是"人力资本和物质资本的特别合约",它同时也是一种"社区里的企业",不仅企业的经济活动深深"嵌入"社区的社会关系结构之中,而且非正式合约在解决产权问题上具有特别重要的作用。非正式合约不仅是建立在经济原则基础之上的交易合约,而且是建立在社会合法性基础之上的以互惠交换为核心内容的社会性合约。这样基本形成了一种经济社会学的理论思路,用来与经济学的企业和产权理论对话。③

进一步的研究还使我们认识到,产权怎样界定是一个比产权明晰更为基本的和关键的问题,而且它发生在产权形成的事前、事中和事后的全部过程中,实际地决定着产权的社会性合约性质。由于这是一个探索性的研究,对于这一类研究,个案研究的方法最为有效。个案研究的方法经常被运用于社会现象比较复杂、有关的理论解释又不十分完善的场合。个案研究的方法所涉及的调查对象较少,因而能够对较多的项目进行调查,比较容易形成完整的印象。同时,也便于研究者根据调查中的发展及时修改自己的调查内容及研究方案。于是,我们又回到单个个案中去仔细地进行观察和分析。本文就是这种延展研究的一个成果。

---

① 参见折晓叶:《田野经验中的日常生活逻辑:经验、理论与方法》,《社会》2018 年第 1 期。
② 参见折晓叶:《村庄的再造》,中国社会科学出版社 1997 年版,商务印书馆 2020 年版。
③ 参见折晓叶、陈婴婴:《资本怎样运作——对"改制"中资本能动性的社会学分析》,《中国社会科学》2004 年第 4 期。

文中通过对塘村改制案例的深入观察和分析,进一步从理论分析上完善了产权也是一种"社会性合约"的命题。指出社区集体产权主要不是一种市场合约性产权,而是一种社会合约性产权,是在集体"带头人"的人力资本与社区成员的合力所聚成的社会资本之间达成的。社会合约性产权的解释逻辑与市场交易合约性产权的不同,它将成员权及其连带的社会关系网络看作是社会性合约形成的基础。这种社会性合约既不是某种有意识设计的制度,也不是社会关系的自然表达,而是特定行动关系协调的产物,反映的是一种社会和谐秩序。在市场合约不完备的情况下,它有可能以非正式的方式比较好地处理和解决社区内部的合作问题和产权冲突,具有界定和维护社区产权秩序的作用。但是在制度环境发生急剧变化时,它的这种作用就是十分有限的。在依靠行政力量推动改制时,如果仅仅以制度设计来取代非正式的社会合约规则,而不能充分考虑到后者的延续或替代问题,将会给社区的持续发展带来严重的不良后果。这篇论文的各个章节都是围绕这个主题展开的,如同抽丝剥茧,层层深入。

此外,本文的价值还体现在,以案例村企业改制为经验观察,从产权的事前、事中和事后的动态界定过程中认识到,产权是一种社会基本权利关系的制度表达,它与法权的不同之处在于,实践中的产权不是一种条文、律例或规定,而是一种留有解构和建构空间的制度安排。产权界定,作为一种当事人之间缔结或改变权利合约的互动过程,无疑是经济生活史上一项重要的社会活动。这也就基本上回答了本文提出的原初问题:一项按法定规则界定的名义产权为什么会遭遇到反复界定?界定的依据又是怎样发生变化的?

当这项研究初步完成时,新的问题和思考又产生了:村民和村集体对于集体产权的改制或者说丧失,会不会事后再去追索呢?虽然有这个疑问,但当时并没有经验事实作为回应的依据,因此这篇文章尚未能够对此做出回答。对于这种现象的观察和思考,让我们又引入了一个新的分析性概念——追索权,来对产权事后界定的动态过程进行研究。从比较的角度,我们选择一个与塘村情形不同的村庄先期进行观察和分析。这个案例的产权追索发生在村集体与当地政府之间,村集体和村民事后对于土地产权进行追索的情形是十分强烈和复杂的。[①]那么,这种追索会不会也发生在改制后的村集体与企业(公司)之间,又将以什么

---

① 参见折晓叶:《土地产权的动态建构机制:一个"追索权"分析视角》,《社会学研究》2018年第3期。

样的方式展开呢?

于是,这篇文章发表之后,我们又对塘村进行了持续追踪观察。发现产权追索的潜在可能和意识,事后经过不断磨合,最终被企业与村集体主动进行的合作行动化解了。案例塘村的企业集团公司,在属地一直是地方标杆型企业,曾经是国内规模最大的工艺鞋生产出口基地,进入 21 世纪后,又瞄准了新的投资方向,开始走"多元发展"道路,产业向科技型、低碳化、轻资产、高增长发展。如今的集团公司已经拥有 20 余家子公司,总资产达 70 亿元,年销售收入近百亿元,成为生物医药、化纤新材料、金融创投、地产置业的多元化经营的企业集团公司。值得关注的是,塘村的村企关系经过了由合作到分离再到合作的复杂过程。企业改制私营化初始,原集体企业不但与村集体在产权上剥离,而且改私后撤离村庄迁入市级开发区,扩张成为多种产业集合的集团公司。不过,这种分离却也有似藕断丝连,数年后经济总量增长到一定程度,企业转而又与村集体合作,将工业资本回归村庄,投资于生态农业和家园建设,其中既有企业资本获利的投入,也有乡缘牵扯下企业与村委会合作的公益投入,在多种事业上取得新进展,如今已获得"康居乡村特色村"、环境生态村、国家森林乡村、田园乡村等多个荣誉称号。这种工业"进村、出村和返村"的反复过程,充分展示出村企互动过程的复杂性以及反复利用村庄社会性资源所产生的不同结果。①

我们将本文放在一个长时段的系列研究和学术积累中加以理解和展示,所研究的村庄案例虽小,却也集中反映了中国农村变革最基本的方面和重要特征,对于所要研究的现象也体现出了尽可能多的可能性。只有咬定这一类案例不放松,不断加深理解,才能扩展思路,不断在理论解释上有所进步。这类工作极具魅力,使陷于其中的我们欲罢不能,竟在这个领域流连往返耕耘近三十年。这些地方的有些事情和有些人物的命运,能让我们牵挂一辈子,因为说到底,这还关涉到我们自身的人文关怀。

---

① 参见折晓叶:《工业的乡缘:一个"适配"分析视角》,《清华社会科学》2021 年第 2 期。

消费制度、劳动激励与合法性资源[*]
——围绕城镇职工消费生活与劳动动机的制度安排及转型逻辑

王 宁[**]

摘要：本文运用政府文献分析法，对20世纪50年代初到90年代末消费制度的转型及其逻辑进行了宏观分析。本文认为，在一个全能主义国家，消费并不仅仅是个人层面的事情，它在很大程度上是国家政策和制度安排的结果。而国家对消费的制度安排，同劳动激励的方式和状况密切相关。消费制度与劳动激励关系的变化，又同国家的合法性资源有着内在的联系。从国家所拥有的合法性资源的消长变化趋势，不难辨认出国家在居民消费生活和劳动激励上的制度安排的逻辑轨迹。

关键词：消费；劳动激励；合法性；理性化；制度转型

一、问题的缘起

消费制度转型是社会变迁和社会转型的组成部分。在有关中国社会转型的

---

[*] 原载《社会学研究》2007年第3期。本研究得到中山大学二期"985工程""公共管理与社会发展"哲学社会科学创新研究基地资助；同时也得到国家社会科学基金资助（批准号：01BSH018），特此致谢。

[**] 王宁，男，博士，中山大学社会学与人类学学院副院长、社会学与社会工作系教授、博士生导师。主要研究方向和专长：消费社会学、旅游社会学、发展社会学、质性研究方法、制度社会学。著有 Tourism and Modernity: A Sociological Analysis、《消费社会学》、《消费的欲望》、《从苦行者社会到消费者社会》、《家庭消费行为的制度嵌入性》等著作，主编《消费社会学的探索》，并在 Annals of Tourism Research、Tourism Management、Leisure Studies、《中国社会科学》、《社会学研究》、《社会》等国内外刊物发表一系列有关旅游社会学、消费社会学和定性研究方法论的论文。

著述中,虽有学者从社会学角度结合消费来探讨社会转型①,却鲜有论著专门分析消费制度及转型规律问题。虽然不少经济学家探讨了中国消费制度的变迁②,其视角却局限于经济学,忽略了消费制度变迁与非经济变量,尤其是社会结构、意识形态、合法性资源等社会学变量的关系。本文的目的就是从社会学角度出发,对中国城镇自 50 年代初至 90 年代末消费制度转型及其规律进行"鸟瞰式"的宏观分析。

所谓制度,根据诺斯的定义,指的是"一个社会的游戏规则,或更正式地说是人类设计的、构建人们相互行为的约束条件。它们由正式规则(成文法、普通法、规章)、非正式规则(习俗、行为准则和自我约束的行为规范),以及两者的执行特征组成"。倪志伟也指出,制度"是支配社会关系的一套相互关联的规则和规范,由正式和非正式的社会约束构成,这些约束形塑行动者的选择系列(choice-set)"③。本文将沿用这一新制度主义的"制度"概念,不过,本文只分析正式消费制度,不涉及非正式制度。在本文中,消费制度指的是国家通过消费政策或行政命令与法规而对国民的私人消费和集体消费所做出的正式安排,这种安排构成了居民消费选择系列的约束。换言之,在实际生活中生效的国家消费政策构成正式消费制度。

毋庸置疑,中国城镇的消费制度在改革开放前后发生了深刻的变化。有关这一变化,经济学家们进行了一系列研究。例如,林毅夫等人对中国在 20 世纪 50 年代采取抑制消费的宏观政策进行了经济学分析,认为这种抑制消费的政策是出于在资源高度稀缺的国情下国家为了实行"赶超"战略、优先发展重工业、降低劳动成本而采取的措施。④ 杨圣明探讨了中国消费体制的演变,认为中国在 30 多年的经济建设中,形成了消费三部曲:抑制消费、补足消费和刺激消

---

① Davis, Deborah S. (ed.), 2000, *The Consumer Revolution in Urban China*. Berkeley University of California Press. (本书已译成中文:戴慧思、卢汉龙译著:《中国城市的消费革命》,上海社会科学院出版社 2003 年版)。Walder, Andrew G., 1986, *Communist Neo-Traditionalism*. Berkeley: University of California Press. 陈昕:《救赎与消费:当代中国日常生活中的消费主义》,江苏人民出版社 2003 年版。郑红娥:《社会转型与消费革命——中国城市消费观念的变迁》,北京大学出版社 2006 年版。

② 杨圣明:《中国式消费模式选择》,中国社会科学出版社 1989 年版。林毅夫、蔡昉、李周:《中国的奇迹》(增订版),上海三联书店、上海人民出版社 2002 年版。李通屏:《中国消费制度变迁研究》,经济科学出版社 2005 年版。房爱卿、范剑平、朱小良:《我国消费需求发展趋势和消费政策研究》,中国经济出版社 2000 年版。

③ Nee, Victor, 1998, "Sources of New Institutionalism." in Mary C. Brington & Victor Nee(eds.), *The New Institutionalism in Sociology*, Stanford: Stanford University Press.

④ 林毅夫、蔡昉、李周:《中国的奇迹》(增订版),上海三联书店、上海人民出版社 2002 年版。

费。① 李通屏从经济学角度对中国从 1949 年以来的消费制度变迁进行了研究。他认为,改革开放以前,中国采取了抑制消费的制度安排,而从 20 世纪 90 年代后期开始,中国则采取了刺激消费的政策和制度安排。② 房爱卿、范剑平、朱小良等人分析了新中国成立以来消费需求和消费政策的变化。他们把国家的消费政策分为四个不同阶段:第一,抑制消费政策阶段(1949—1978 年);第二,补偿消费政策阶段(1979—1988 年);第三,适度消费政策阶段(1989—1997 年);第四,鼓励消费政策阶段(1998—2004 年)。③ 郑功成等学者则对中国社会保障制度的变迁进行了详尽的研究和评估④,而社会保障制度的很大一部分属于集体消费制度。

这些论著描述和分析了中国消费政策与消费制度演变的过程、阶段和趋势,但是,由于仅仅局限于从各种经济学变量(或因素)来解释消费政策与制度的变化,故而未能超越经济学的视野。从学术分工的角度看,这样的学术取向是无可厚非的,但单一的学科视角毕竟是有局限的。事实上,消费政策与制度的变迁不但涉及经济学的变量,而且也涉及各种非经济学变量,包括政治的、社会的、意识形态的、文化的变量等。社会学角度无疑有助于说明非经济学变量对消费制度的影响。

本文的一个基本前提是,在中国,消费制度的演变并不是一个独立自足的过程,而是嵌入在中国社会的总体结构、治理模式和意识形态的背景中,并受到这些条件的约束的。本文认为,在影响消费制度安排的众多因素中,劳动激励方式是最为关键的条件之一。换言之,消费制度安排与劳动激励状况有着内在的互动关系。要了解消费制度的演变,不能离开对劳动激励方式的考察。但是,消费制度与劳动激励的关系演变,受到更深层次因素的影响。由此引出我的研究问题:消费制度的安排与劳动激励状况是什么关系?二者的关系是如何演变的?导致二者关系发生变化的更深层的条件又是什么?

本文对这些问题的研究将集中于城镇地区。

本文采纳了政府政策文献分析法。围绕劳动激励与消费制度的关系问题,笔者对新中国成立以来重要的相关政策文献进行了梳理和分析。由于政府文献

---

① 杨圣明:《中国式消费模式选择》,中国社会科学出版社 1989 年版。
② 李通屏:《中国消费制度变迁研究》,经济科学出版社 2005 年版。
③ 房爱卿、范剑平、朱小良:《我国消费需求发展趋势和消费政策研究》,中国经济出版社 2006 年版。
④ 郑功成等:《中国社会保障制度变迁与评估》,中国人民大学出版社 2002 年版。

繁多,资料的分析涉及如何筛选的问题。我所采取的筛选标准是看这些政策是否在现实生活中对行动者的选择系列实际地发挥约束作用,就是说,是否构成相对持久的制度性安排。资料分析采取了"主位分析法"和"情境分析法"。首先从政策决策当事人的立场出发,根据当事人对当时所处的具体情境的感知(感知到的现实)来理解他们的所思所想及其相关决策行动。然后,联系当时的社会情境,分析政策选择背后的逻辑脉络和路径。

本文认为,尽管一般而言政策的形成涉及多方参与和博弈,但在中国这样一个全能主义国家,最高领导层成员对国家的重大政策的制定却具有关键性、全局性的影响。所以,尽管这些政治人物是一些个体,他们却不是普通的、在微观层面上行动的个人,而是"宏观行动者"。他们的政策理念、观念和决策,左右了国家政策和制度安排的方向。研究中国的社会转型,不能不研究国家的行动。而要研究国家,不能不"把人带回到国家中来"①,因为国家本身并不是一个行动者,国家的行动不过是行使国家权力的人群的行动。②

二、劳动激励与消费抑制之张力:
　　神圣化激励机制的形成

在以集权为特征的当代中国,国家在社会变迁过程中发挥了关键作用。消费制度变迁在某种程度上是国家行动的一个后果。人们消费什么、消费多少、如何消费,并不完全是个体层面上的事情,而是在很大程度上受到国家政策和制度安排的约束。由此可见,戴慧思等人所倡导的从国家与社会关系的角度来看待消费变迁,依然是一个十分有效的视角。③

但是,众所周知,在全能主义国家,不存在严格意义上的与国家相对的社会。这一点在改革开放以前的计划经济时代尤其明显。事实上,与国家相对的,不是作为一个具有相对独立性的有机社会,而是由一个个离散的个体、家庭或群体构

---

① Levi, Margaret, 2002, "The State of the Study of the State." In H. V. Milner (ed.), *Political Science: The State of the Discipline*, Washington, D. C.: W. W. Norton; American Political Science Association.
② 陈那波:《海外关于中国市场转型的论争:15年文献述评》,《社会学研究》2006年第5期。
③ Davis, Deborah S. (ed.), 2000, *The Consumer Revolution in Urban China*. Berkeley: University of California Press. (本书已译成中文:戴慧思、卢汉龙译著:《中国城市的消费革命》,上海社会科学院出版社2003年版)

成的机械集合体。所以,"国家与社会的关系"的分析视角事实上可以转变为"国家与个人的关系"。由此出发,我们可以将国家与个人的关系看作是一种隐性交换关系。但是,双方在不同的时期,所交换的东西可能是不同的。而所交换的东西的变化,往往导致二者关系的变化。

从改革开放之前的计划经济时代来看,国家用什么,并且要从个人那里交换什么东西呢?要回答这个问题,我们必须先看看当时国家所面临的主要约束。在新中国成立初期,为了迅速摆脱贫穷落后的面貌,国家产生了"现代化冲动",并确立了实现社会主义工业化的目标(远期是实现共产主义)①。但是,由于当时国家所拥有的物质资源极度匮乏,国家必须迅速提高资源动员能力和社会动员能力,集中一切人力和物力实现社会主义的工业化目标。②为此,国家于1953年实施了"统购统销"制度,并于1956年完成了对农业、手工业和资本主义工商业的社会主义改造。在此之后,国家至少与个人进行了两种隐性交换:第一,用国家施恩(阶级剥削和压迫制度的消灭、终身就业保障、社会福利制度等)来交换个人基于感恩心理的劳动热情和积极性;第二,用国家承诺(未来的幸福理想和美好蓝图)来交换个人对目前阶段的抑制消费("滞后享受")的同意。换言之,国家用其所拥有的合法性资源③(包括国家施恩和国家承诺)来换取个人的劳动积极性和对抑制消费的接受。

第一种交换是为了提高国家的社会动员能力。国家要带领人民实现国家的目标(社会主义工业化),就必须在物质激励的幅度受到较大约束的前提下,借助某种非物质资源来激发人民的劳动动机(劳动热情和积极性)。这种非物质资源之一就是国家的"合法性资源",它体现为国家所带来的"解放效应"("民族解放与独立""劳动人们翻身得解放""当家作主""消灭剥削和压迫""人人平等"的社会主义制度)和"庇护主义"(全方位的免费福利和社会保障,即集体消费制度)。在这里,就业保障和单位福利成为体现"社会主义制度优越性"和"劳动人们翻身得解放、当家作主"的证明之一。国家通过对城镇职工进行施恩和庇护,唤起城镇职工的感恩、忠诚和劳动积极性。不过,这种交换不是一种显性交换(显性契

---

① 可以说,当时的中国是一个奥克肖特所说的"事业结社型"国家,而不是"公民结社型"国家(详见Oakeshott,1975)。
② 林毅夫、蔡昉、李周:《中国的奇迹》(增订版),上海三联书店、上海人民出版社2002年版。
③ "合法性"是一个复杂的概念,由于篇幅限制,本文不展开对该概念的语义辨析。为了分析的便利,本文将"合法性资源"界定为国家或组织所拥有的民望、声望或威望,以及获取这些民望的途径和资源。合法性资源的多寡体现为人们对国家或组织的接受、支持、拥护和顺从程度。

约),而是一种隐性交换(隐性契约)。

第二种交换是为了提高国家的资源动员能力。国家的使命是带领全国人民实现社会主义的工业化目标。为了在物质资源极度贫乏的国度实现这样的目标,就必须集中一切可以集中的资源,用于社会主义的工业化建设。为此,国家要求居民"艰苦朴素""勤俭节约""节衣缩食""勒紧裤带搞建设",以便提高积累的比例,节省一切能够节省的资源用于社会主义的工业建设。例如,刘少奇早在1950年就指出:

> 为了保卫中国与提高人民的生活水平,就需要进行大规模的经济建设,使中国工业化。而为了要大规模地进行经济建设与加快工业化,就需要由人民节省出大量的资金以投资于经济事业。而要人民节省出大量的资金,就不能不影响人民生活水平提高的速度,就是说,在最近一二十年内人民生活水平提高的速度不能不受到一些限制……我们为了筹集资金去建设我们的工业以创造将来更好的生活,在我们不饿不冻并能保持通常的健康的条件之下,我们尽可能多节省一点,少花费一点,以便由国家把资金积累起来,去加快工业化的速度。①

那么,国家用什么东西来换取个人对抑制消费水平的同意呢?毋庸置疑,国家通过1953年推行的"统购统销"制度将基本消费生活资料的控制权垄断在自己的手里,使得个人不得不接受国家所规定的消费水平,但这只是问题的一个方面。问题的另一方面是,如果个人是被迫接受国家的限制,那么,个人必然在劳动行为上做出某种"抵制"(如:消极怠工)。② 然而,从历史和统计资料看,人们至少在相当一段时期内并没有出现这种情况。之所以如此,既有国家"施恩"的原因(如:终身就业保障和社会福利制度),也有国家"承诺"所导致的人民对未来的期待的原因(当然也不能完全排除在一定范围内有限的物质激励以及履历激励的原因)。③ 国家通过向人们承诺未来的理想蓝图,而换取人们继续发扬

---

① 刘少奇:《国家的工业化和人民生活水平的提高》,《刘少奇选集》下卷,人民出版社1985年版。
② 在1953年,工人的劳动积极性对国家来说还没有构成突出的问题,因为那时国家对资本主义工商业的社会主义改造还没有完成。私营企业里的工人受到劳动纪律和传统工作伦理的约束。所以,这个张力的广泛出现是在1956年社会主义改造完成以后。
③ 魏昂德认为,根据他对受访者的访谈,积极分子的积极并不单单是为了物质利益或个人前途(履历利益),也不单单是出于大公无私。事实上,对大部分人而言,劳动动机是多样而模糊的,包括履历发展的好处、物质回报、官方表扬以及荣誉地位、党的道德赞同和认可,等等,很难说哪一种最重要(Walder,1986:146)。

"艰苦朴素"的精神(亦即"集体滞后享受")。

这两种交换是相互影响和相互加强的。一方面,国家的社会动员能力促进了国家的资源动员能力。从组织资源层面看,由于按照权力金字塔结构而建立的计划经济体制和单位制,使得社会被高度组织化了,国家的"命令性权力"大大提高。从合法性资源层面看,由于国家具有丰富的合法性资源和新的合法性来源(如:国家承诺),使得国家的"说服性权力"大大增强。凭借"命令性权力"和"说服性权力"(二者均构成社会动员能力),国家便可以极低的交易成本实行全民低工资,限制居民消费水平,腾出消费资源用于社会主义原始积累。另一方面,国家的资源动员能力反过来促进了国家的社会动员能力,当几乎所有的基本消费生活资料的支配权都掌握在国家手里的时候,国家的以行政手段为特征的社会动员能力无形中也大大提高了。

可以看出,在改革开放以前的计划经济时代,国家从个人那里所"交换"的东西,主要是劳动积极性和对限制消费水平的同意。消费制度与劳动激励之间因而具有内在的联系。但是,在新中国成立初期,抑制消费的制度与劳动激励之间事实上是存在张力关系的。这一张力得到某种程度的缓解,主要是因为国家当时有着十分丰富的合法性资源(国家施恩与国家承诺),并在此基础上形成了强大的"说服性权力"。

从操作层面上看,在20世纪50年代初做出了抑制消费的制度安排以后,国家逐渐形成了一种建立在合法性资源基础上的"神圣化激励机制"。这个激励机制经历了两个阶段。第一个阶段是精神激励为主、物质激励为辅的阶段(1956—1965年);第二个阶段是突出精神激励、冻结物质激励的阶段(1965—1977年)。如果说在"四清"运动以前,奖金等有限的物质激励机制还在起作用,那么,"四清"运动之后,"非物质化"的神圣化激励机制占据了支配地位。

神圣化激励机制之所以形成,主要在于物质激励的幅度受到约束,只能借助非物质资源的激励(思想政治教育)进行弥补。神圣化激励机制的一个理论前提是,人性是可以通过思想政治教育来改造的,自私自利是可以克服的。而精神力量一旦被调动起来,就可以变成巨大的物质力量。正如毛泽东在《人的正确思想是从哪里来的?》一文中所阐述的,物质可以变精神,精神反过来也可以转变为物质。[①] 正

[①] 毛泽东:《人的正确思想是从哪里来的?》(1963年5月),《毛泽东著作选读》(下册),人民出版社1986年版。

是由于思想观念的重要性,所以,在毛泽东看来,"政治工作是一切经济工作的生命线"①。魏昂德也指出,中国共产党把对居民的思想道德教育看作是唯一有效地唤起居民奉献和服从的手段。党在对工人阶级进行动员的过程中,实际上把适用于党员的行为和思想标准扩大到全体居民。按中国共产党党员的行为和思想标准来要求全体人民,构成中国的一个鲜明的特色。②

就其实质来看,神圣化激励机制是国家的"说服性权力"在基层组织中的实施,主要体现为以下各种制度性措施:第一,国家意识形态宣传和城镇各单位的思想政治动员(通常体现为单位的常规化的政治学习活动③、谈心活动等);与此同时,各单位也对各种的错误思想和劳动态度进行批评教育(或批评与自我批评)。第二,劳动竞赛制度、评比与表彰积极分子与先进分子的制度。通过劳动竞赛和评选与表彰"先进生产者""劳动模范",树立劳动典型。第三,党团员和干部的模范示范制度,通过"先进"带动"后进",提高车间和单位的整体劳动热情或工作积极性。第四,借助免费福利制度和充分就业制度等福利系统,来体现党和国家对职工的关怀、爱护与庇护,体现社会主义制度的优越性,唤起人们的知恩图报、积极奉献的意识。

神圣化激励机制虽然强调思想政治动员,强调个人的奉献精神,但在具体操作层面上,基层单位领导在给予积极分子以荣誉和精神的回报之外,依然给予一定的物质或机会的回报。魏昂德描述了这个机制的运作过程,即以"表现"为依据的奖惩机制。他认为,虽然"表现"是一个模糊的字眼,但人们却能根据心照不宣的规则评判某个人的"表现"。它既包括个人的政治态度和观念,又包括人们的劳动积极性、义务加班与奉献精神、与同事和领导的关系,以及个人生活作风(如:是否俭朴或是否贪图享乐,男女关系是否检点等),等等。在工资尚未冻结(1963年以前)和奖金制度尚未取消(1965年)之前,单位是依据对个人"表现"的评价来评定个人工资级别、奖金的等级数额的。但是,在工资冻结期间(1963—1977年)和奖金制度取消以后,物质激励也几乎冻结了,代之而来的是"机会激励",尽管这种"机会"有时是物质性的(如:分房),但绝大部分是履历性

---

① 毛泽东:《〈中国农村的社会主义高潮〉的按语》,《毛泽东选集》第五卷,人民出版社1977年版。
② Walder, Andrew G., 1986, *Communist Neo-Traditionalism*. Berkeley: University of California Press.
③ 单位政治学习的常规化和制度化是从1964—1965年开始的,并一直持续到改革开放以后一段时期。

和荣誉性的,如:个人履历的好处(入团、入党、提级、提干)和精神荣誉(表彰)等。相反,如果"表现不好",尽管不会被扣工资或解雇(只有犯罪才会被解雇),却可能被领导批评,责令作检讨,严重的还要在大会上作检讨。在当时的政治氛围下,批评和检讨是对个人很大的羞辱和道德惩罚。所以,如果说积极分子为了争取上述奖励而积极表现,那么,非积极分子则形成了一种"被动防御"的取向,以避免因表现不好而招致批评、做检讨或被领导"穿小鞋"。所以,通过这种微观机制,非积极分子会表现出一种"仪式主义的顺从",而积极分子则往往会表现出"竞争性的无私"。

尽管神圣化激励机制在劳动态度和动机上造成一种分化的结果,即积极分子群体和非积极分子群体的分化,在70年代以前,这个机制却成功地阻止了消极怠工的大面积出现。尽管不是每个职工都能当积极分子,但是,长期的政治动员和思想政治工作以及"回报的政治化",使得政治忠诚、组织顺从、积极劳动和生活俭朴已经成为大部分职工的一种"第二本性"。[①] 神圣化激励通过"说服性权力"而塑造了"本能"的政治顺从者和尽职劳动者。

可以说,至少对积极分子群体而言,正是由于神圣化激励机制的作用,使得个人在一段时期内(70年代以前)既能忍受清贫的物质生活,同时又能保持"积极"的劳动热情和"旺盛"的干劲。他们不但能够在消费生活上"艰苦朴素",而且能够积极响应党和国家的号召,努力工作,积极奉献。因此,他们不仅是消费生活上的"苦行者",而且是工作和事业上的"奉献者"。在国家"说服性权力"的影响下,形成了以节俭为特征的"苦行文化"和以"不计回报"与"自我牺牲"为特征的"奉献文化"的"联姻"。人们既能约束和抑制自己的消费欲望,同时又能保持积极的劳动动机。导致这两者同时并存的主要条件是神圣化激励机制。

三、从神圣化激励向世俗化激励的转型

一旦神圣化激励机制失效,苦行文化和奉献文化的"联姻"将发生崩溃。可见,苦行文化和奉献文化的结合是脆弱的,因为神圣化激励机制是脆弱的。

[①] Walder, Andrew G., 1986, *Communist Neo-Traditionalism*. Berkeley: University of California Press.

社会学与社会工作研究论文写作：案例与方法

为什么呢？神圣化激励的作用取决于两个前提：第一，神圣的目标、理想或对象不容玷污。第二，国家承诺不容违背，因为这种承诺正是一种神圣的目标。到了"文化大革命"中后期（1971—1972年以后），神圣化激励机制开始失效了，部分原因是神圣化激励机制的两个前提在"文革"时期遭遇了危机。事实上，这种危机在"文革"以前就开始了（如："三年困难时期"），但是，只有到"文革"中后期，它才表现得较为集中：第一，"文革"期间残酷的政治斗争现实，使得原来显得神圣的理想和目标不再具有过去那种神圣的魅力；第二，国家承诺落空。尽管从1957年起工资调级几乎停滞了（国家只是分别在1962年和1972年对工资做了小幅调整），并经历了1959—1961年的困难时期，但由于60年代初国家对经济的整顿和调整，人们的生活水平在"文革"前夕还是有了较大提高。但是，"文革"开始后，随着1965年奖金制度被彻底废除和职工工资的长期冻结（1963—1977年），大部分职工实际生活水平趋于下降。那些在工资冻结期间就业的职工比起以前的职工生活更为困难。与工资冻结同步，住房问题也不断趋于恶化。凭票定量供应的副食品和消费品越来越难以满足人们的基本需求，同时，供给也不断恶化，有钱有票也未必能买到东西，为了获得消费必需品，"走后门"现象开始蔓延。国家的承诺，在经过人们二十来年的积极奉献以后，未能得到兑现、未能满足人们的预期，逐渐失去了神圣性。

神圣化激励机制一旦不那么有效了，人们的消费抑制和劳动动机之间就会发生另外一种关系。即由于生活水平始终难以提高，人们便不愿像过去那样拼命苦干了。生活的长期贫困和"感知到"的工资收入的不平等（例如，工人有八级工资制），使得一些特定年龄群体职工开始消极怠工，劳动积极性开始降低了。用魏昂德的话说，劳动力"去道德化了"。特别是在1971—1972年以后，职工的劳动纪律松弛了。"文革"的政治冲击使得单位领导的权威衰落了，由于加强劳动纪律管理会带来政治风险，所以单位领导不敢、也不愿抓劳动纪律管理了。管理层纵容了劳动纪律的松弛，他们只能借助政治学习和充满政治口号（如："抓革命、促生产"等）的周期性生产运动来试图调动职工的积极性[1]，但这种神圣化激励机制却已经不再有效。由于干好干坏在收入上是一样的，使得不论是工人还

---

[1] Walder, Andrew G., 1986, *Communist Neo-Traditionalism*. Berkeley: University of California Press.

是领导的工作责任心在很大程度上下降了。人们这种微观的劳动态度导致了宏观社会劳动生产率增长缓慢。① 结果是,人们感觉到,一方面,人们"忙"得很辛苦;另一方面,人们却始终难以解决消费品短缺问题。而消费品短缺,反过来使得人们的劳动积极性难以提高;更致命的是,它助长了人们通过"拉关系""走后门"来谋取特定的物质利益(如:分房、泡病假等)的做法。② 这种不公平竞争现象进一步瓦解了神圣化激励机制的效用,加剧了劳动力的"去道德化"。与此同时,政治运动中的不断批评和指责,反而使得工人心生反感和怨气,干群关系紧张,积极分子被孤立,而工人则频繁地将工厂的东西偷回家,或通过索取假病条来泡病假。显然,"文革"期间强化的政治学习和政治动员并没有达到劳动激励的目标,是失败的。

神圣化激励机制的失效导致了节俭文化与奉献文化"联姻"的崩溃,这使得"文革"期间被"打倒"、"文革"结束后出来工作的新一代国家领导人不得不寻找新的激励机制作为替代。那么,这个激励机制是什么呢?不论是作为权宜之计,还是作为根本出路,它都只能是世俗化的激励机制,即以物质刺激为主的激励机制。正如林毅夫等人所说的,改革开放最初的实践就是要建立一个新的劳动激励机制,以调动劳动者的生产经营积极性,提高社会劳动生产效率。③ 也就是说,通过改革劳动动机的激励机制,国家试图解决神圣化激励机制失效所遗留下来的劳动动机不足的问题。

但是,仅仅通过增加工资而不改变那种不合理的传统产业结构(农、轻、重比例失调),增加了的工资也难以买到消费必需品。所以,为了使得物质激励起到充分的作用,国家调整了农业、轻工业和重工业的比例失调关系,大力发展消费品产业,满足人们不断提高的消费需求。国家放弃了20世纪50年代所奉行的"重工业优先发展""先生产、后生活"政策,转而实行改善和补偿人民的消费生活的政策。而之所以如此的另一个原因是,改革开放之初,国家所面临的头等问题是党和国家声望的下降。

既然提高人民消费生活水平具有重构国家合法性的功能,那么,国家就必须想方设法增加消费品的供给。因此,改革开放以来,国家一方面调整积累与消费

---

① Field, Robert Michael, 1983, "Slow Growth of Labour Productivity in Chinese Industry, 1952—1981." *China Quarterly*, 96(Dec.).
② Walder, Andrew G., 1986, *Communist Neo-Traditionalism*. Berkeley: University of California Press.
③ 林毅夫、蔡昉、李周:《中国的奇迹》(增订版),上海三联书店、上海人民出版社2002年版。

的比例,增加消费的比重,大力发展消费品产业;另一方面,恢复奖金制度,对长期冻结的工资(调级)进行"解冻",提高职工工资,落实"按劳分配、多劳多得"的分配政策,对劳动者实行物质刺激,以物质报酬的方式调动劳动者的生产劳动积极性与效率。很显然,注重效率,是改革开放初期的一种很自然的选择,因为国家领导人意识到,没有效率,就没有人民生活水平的提高,也就没有党和国家的威信,从而合法性也就难以重建。于是,效率逻辑就成为改革开放以来经济工作所遵循的主要逻辑。与此相联系,工作动机的激励不再是以神圣化激励为主,而是以世俗化激励为主,即多劳多得、按劳分配,物质取代精神而成为劳动激励的主要方式。

从个人层面来说,人们不再是计划经济时代的那种"奉献者",而是逐渐变成了"自利人",即可以合法地追求包括物质利益在内的个人利益的人。劳动、人事、工资等制度的改革,使得个人与国家在越来越大的程度上成为一种契约关系。随着人们的奉献文化让位于自利文化,苦行文化也让位于消费文化,物质财富和消费品的占有成为人们奋斗的一个目标。在某种程度上,物质主义取代理想主义,成为越来越多人的工作与生活的动力之一。

四、私人消费制度的转型:从理性化逻辑到合法性逻辑

上面已经说过,在短缺经济时代,就私人消费领域的制度安排来说,当国家有着丰厚的合法性资源之时,国家便可以采取抑制消费的制度而不担心劳动激励不足的问题;但是,当国家的合法性资源遇到危机的时候,国家便不得不改变抑制消费的制度,并将改善人民的消费水平当作恢复合法性资源的途径(以及提高城镇职工劳动积极性的措施之一)。可见,合法性资源是影响私人消费制度安排的一个更深层次的变量。那么,是否可以说,由于国家的合法性资源不同,国家在做出私人消费制度安排时所遵从的逻辑也不同呢?如果这些逻辑不同,那么,它们分别是什么逻辑呢?

20世纪50年代初,国家对私人消费制度的安排受到各种具体因素的约束。它们包括:第一,物质资源约束。新中国成立之初,中国是一个在经济上极度落后的国家。也正因为如此,中国政府存在一种强烈的摆脱农业国的贫困落后面貌、实现工业化的"现代化冲动"。第二,传统伦理约束。中国有着几千年的节俭

伦理的传统,这个传统在新中国的缔造者中国共产党那里得到了完全的继承。共产党在先前的革命根据地所奉行的是一种达到极致的节俭伦理。受"根据地节俭伦理"的影响,国家存在着将"根据地节俭伦理"向全国人民推广的倾向。第三,意识形态约束。中国共产党及其政府有着自己的一套宏伟的社会理想和意识形态性目标,它的所有活动都是要去实现这个目标。第四,苏联的示范作用。新中国成立以后,由于西方的封锁,中国政府采取了向苏联"一边倒"的外交政策,苏联的计划经济体制和重工业优先发展的模式成为中国模仿的对象。所有这些约束汇总在一起,使得国家走上了建立抑制私人消费的制度安排。为了在资源极度缺乏的国度动员和组织人民实现国家的工业化目标,国家通过建立高度集中的计划经济体制,提高自己的资源动员能力,并因此而采取抑制消费的政策(低工资,提高积累的比例,降低消费的比重),以减少居民在消费上与工业化争夺资源的可能。

从政策取向看,国家之所以能在新中国成立初期贯彻落实抑制消费的制度(这种制度一直持续到改革开放之前),是因为国家有着很高的声望,有着丰富的合法性资源作为政策的支撑。在国家看来,国家目标高于一切,事关全民族的根本和长远利益,为了这个目标,这一代人有必要在消费水平上做出牺牲。在国家领导人看来,个人利益必须服从国家利益[①];当国家目标与居民消费欲求之间发生了冲突的时候,国家只能暂时牺牲一代居民的消费欲求,限制他们的消费水平,以保障一切资源优先用于国家工业化目标的实现。所以,国家在居民的消费欲求问题上所制定的政策,遵循的是"理性化逻辑"(即:手段合理性逻辑)(表1)。为什么这么说呢?因为,在国家看来,抑制居民的消费水平,是实现国家工业化目标的一种必要手段、一种理性选择。即便这种制度安排可能引起居民的不满,国家也力推这种制度。

表1 国家在私人消费制度的安排上所遵循的逻辑

阶　　段	私人消费政策
改革开放以前	理性化逻辑
改革开放前期(80年代)	合法性逻辑
改革开放近期(90年代末以后)	理性化逻辑

[①] 毛泽东说:"我们历来提倡艰苦奋斗,反对把个人物质利益看得高于一切。"

最能体现这种理性选择的消费制度,就是粮食的"统购统销"制度。它由陈云设计①,并得到毛泽东的同意。在1953年10月2日召开的中共中央政治局扩大会议上,毛泽东肯定了陈云提出的、对中国宏观消费制度发生重大影响的实行粮食统购统销的建议。毛泽东在对会议进行总结时表示,"赞成陈云同志的报告,详细办法以后讨论……这也是要打一仗,一面是对出粮的,一面是对吃粮的,不能打无准备之仗,要充分准备,紧急动员"②。毛泽东在肯定了粮食征购的必要性的同时,也肯定了粮食配售的必要性。他说,"配售问题可以考虑,我观察也势在必行。因为小农经济增产不多,而城市粮食的需要年年增长……至于名称,不叫配售也可以,可叫计划供应"。毛泽东也意识到统购统销工作的难度,"这样做可能出的毛病,第一是农民不满,第二是市民不满,第三是外国舆论不满。问题是看我们的工作"。他主张,"要大张旗鼓地宣传粮食统购统销政策,但报纸一字不登"。显然,尽管毛泽东意识到粮食配售(即统销)会引起市民"不满",但为了国家的长远目标,依然坚持推行。之所以如此,部分是因为粮食配售有利于国家在粮食短缺条件下对私人的粮食消费欲求进行限制。显然,国家领导人不惜因为粮食的"统购统销"而与农民和市民"打一仗",是因为他们在"合法性考虑"和"理性化考虑"权衡中,选择了后者。事实上,他们之所以如此选择,也正是因为当时党和国家有很高的声望和丰厚的合法性资源可资利用,因而并不担心国家的合法性会因此而受到损害。

1954年9月23日,周恩来在第一届全国人大第一次会议上所做的政府工作报告中也明示了抑制消费的权宜性和手段性(理性化逻辑):

> 重工业需要的资金比较多,建设时间比较长,赢利比较慢,产品大部分不能直接供给人民的消费,因此在国家集中力量发展重工业的期间,虽然轻工业和农业也将有相应的发展,人民还是不能不暂时忍受某些生活上的困难和不便。但是我们究竟是忍受某些暂时的困难和不便,换取长远的繁荣幸福好呢,还是因为贪图眼前的小利,结果永远不能摆脱贫困和落后好呢?我们相信,大家一定会认为第一个主意好,第二个主意不好。③

---

① 陈云:《实行粮食统购统销》(1953年10月10日),《陈云文选》(1949—1956年),人民出版社1984年版。
② 毛泽东:《粮食统购统销问题》(1953年10月2日),《毛泽东文集》第六卷,人民出版社1999年版。
③ 周恩来:《政府工作报告》(1954年9月23日在第一届全国人大第一次会议上所做的报告),中共中央文献研究室编,《建国以来重要文献选编》第五册,中央文献出版社1993年版。

在国家领导人看来,抑制消费是人民暂时牺牲眼前利益,是一种权宜性手段,目的是换取国家的长远利益。显然,在消费安排上,国家推行的是一种集体性的"滞后享受"。

从20世纪50年代党和政府的各项文献可以清楚地看出,党和国家领导层在当时是具有非常高的合法性自信。这部分是因为当时的党和国家领导人有着非常高的声望,具有丰富的合法性资源可资利用(同时也由于国家全能主义的社会组织方式)。正是由于此国家在推行抑制消费的制度的时候,才能够最大限度地减少社会抵制,以低成本落实"抑制消费"的制度安排。这种制度安排为提高国家的资源动员能力,进而提高国家的社会动员能力,建立和强化计划经济体制,发挥了重要的作用。

由此而引出的下一个问题是,改革开放以后所推行的消费制度是否也同国家的合法性资源有关系呢?依据我对政府政策文献的分析,答案是肯定的。但此时不同于彼时,合法性资源与消费制度发生关系的模式发生了变化。上面说过,在50年代,国家之所以推行抑制消费的制度,部分是因为国家拥有丰富的合法性资源。不仅如此,在国家领导人看来,抑制消费只是一种阶段性的、权宜性的手段,它最终将为党和国家赢得更多的合法性资源,因为一旦工业化的目标实现,人民可以过上更加美满幸福的生活,党和国家就能获得更高的声望。但是,到了改革开放前夕,在实行了20多年的抑制消费的制度以后,人们的生活水平不但没有提高,而且实际上还下降了。换言之,国家当年的"承诺"落空了。我们在这里暂且不提新中国成立以来历次政治运动,尤其是"文革"期间的"动乱"对国家目标的神圣性的瓦解和解构作用,单是持续了20多年的物质、精神生活的贫困,就足以在很大程度上耗竭国家原有的合法性资源。由此不难看出,要了解改革开放以后所实行的消费制度,不能不考虑改革开放之初国家所面临的合法性资源枯竭这一关键性的背景和前提条件。

从改革开放启动之初的党政政策文献可以清楚地看出,党和国家领导人邓小平之所以实行改革开放,同他以及集体领导层对当时国家所面临的合法性资源危机的体察和感知有内在的联系。关于党和国家的声望(合法性资源)下降的问题,邓小平说得十分清楚:

> 林彪、"四人帮"对我们党损害极大,现在应该说,我们党在人民当中的威信不如过去了。过去,我们克服困难,党的一个号召,党中央的一句话,全

国照办,非常顶事。1959年、1960年、1961年那样的严重困难,在党的统一领导下面,很快就克服了。那是很值得回忆的。两千多万职工下放,走群众路线,讲清楚道理,大家并不埋怨。现在就不那么容易了。①

邓颖超在中共中央纪律检查委员会第三次全体会议上的讲话中也指出:

现在群众不是说我们党威信下降了吗?我们自己也承认这个问题。经过十年动乱,这么多的歪风邪气,这么多的问题存在着,我们党的威信是有所下降。②

而导致党和国家的声望或威望下降的关键原因之一,就是人民长期处于贫困之中。这一事实无形中瓦解了"社会主义制度优越性"的官方话语,而"社会主义优越性"恰恰是国家的合法性资源之一。所以,在党和国家领导人看来,要化解国家的合法性资源危机,重建党和国家的合法性资源,办法之一就是发展经济,增加职工的收入,提高人民的生活水平。③ 下面的引文是邓小平在1978年及随后几年的讲话:

社会主义要表现出它的优越性,哪能像现在这样,搞了20多年还这么穷,那要社会主义干什么?我们要在技术上、管理上都来个革命,发展生产,增加职工收入。

我们干革命几十年,搞社会主义30多年,截至1978年,工人的月平均工资只有40、50元,农村的大多数地区仍处于贫困状态。这叫什么社会主义优越性?因此,我强调提出,要迅速地坚决地把工作重点转移到经济建设上来。十一届三中全会解决了这个问题,这是一个重要的转折。从以后的实践看,这条路线是对的,全国面貌大不相同了。④

---

① 邓小平:《目前的形势和任务》(1980年1月16日),《邓小平文选》第二卷,人民出版社1983年版。
② 邓颖超:《坚定不移地搞好党风》(1981年2月24日),中共中央文献研究室编:《三中全会以来重要文献选编》(下),人民出版社1982年版。
③ 魏昂德也指出:"党不再要求居民广泛的牺牲……它对消费者的需要做出了强有力的承诺。的确,有能力满足这些需要成为自我强加的党的合法性的标准。"(Walder,1986:224)
④ 邓小平:《一心一意搞建设》(1982年9月18日),《邓小平文选》第三卷,人民出版社1993年版。

> 社会主义要消灭贫穷。贫穷不是社会主义,更不是共产主义。①
> 从1958年到1978年这20年的经验告诉我们:贫穷不是社会主义,社会主义要消灭贫穷。不发展生产力,不提高人民的生活水平,不能说是符合社会主义要求的。②

可见,新一代国家领导人意识到,提高人民生活水平是"社会主义优越性"的必要体现和证明,为此必须发展经济,必须进行经济改革。而"社会主义优越性"正是国家的合法性资源所在。所以,调整消费和积累的比例关系,发展消费品产业,增加人民的收入,改善人们的消费生活水平,就具有重构国家的合法性资源的功能。

由此不难理解何以国家在改革开放初期(1979—1988年)在私人消费领域采取了补偿消费的政策。根据国家统计局的数据,从1978年到1981年,消费在GDP中的比重从62.1%上升到67.5%;相应地,积累在GDP中所占比重从38.2%下降到32.3%。与此同时,国家提高了城镇职工工资,恢复和实行了奖金制度。国家还提高农副产品的收购价格,提高农民的收入,相应地为城镇职工实行农副食品价格补贴。③

可以说,改革开放初期所实行的物质刺激和补偿消费的政策,不但调动了人们的劳动积极性,提高了劳动生产效率,重构了劳动激励机制(即世俗化激励),而且由于消费品供给的改善和人民消费生活水平的提高,使得党和国家迅速恢复和提高了声望,在很大程度上克服了国家的合法性资源危机。可见,随着80年代中期全民性的消费生活水平的改善和提高,包括饮食、服装消费水平的提高和家用电器消费的逐步进入城市居民家庭,党和国家的改革开放政策得到了广大人民群众的衷心拥护和支持,合法性资源也因此得以重构。

从改革开放初期可以明显看出,居民消费水平的提高成为老百姓拥护"改革开放"的重要原因之一。可以说,居民私人消费水平的提高在国家重建合法性中扮演了十分关键的角色(尽管不是唯一角色)。所以,在改革开放初期,国家在私人消费领域所制定的政策遵循的是"合法性逻辑"。居民的消费不仅仅是手段,

---

① 邓小平:《目前的形势和任务》(1980年1月16日),《邓小平文选》第二卷,人民出版社1983年版。
② 邓小平:《政治上发展民主,经济上实行改革》(1985年4月15日),《邓小平文选》第三卷,人民出版社1993年版。
③ 房爱卿、范剑平、朱小良:《我国消费需求发展趋势和消费政策研究》,中国经济出版社2006年版。

也不仅仅是经济问题,而且是首要的政治问题之一,因为它有助于恢复国家的合法性资源,事关党和政府的执政基础。不仅如此,私人消费水平的提高,反过来有助于激励人们的劳动动机。由上可见,从改革开放以前到改革开放的前期,国家在私人消费的政策和制度安排上分别遵循了不同的逻辑,即从理性化逻辑向合法性逻辑的转变(表1)。

不过,有必要指出的是,经过1989—1997年的"适度消费政策阶段"以后[①],国家在90年代后期(1998年至今)采取了鼓励消费的政策。[②] 到了90年代末期,随着中国告别了短缺经济,产品开始出现过剩,特别是随着1997年东南亚金融危机爆发,市场需求疲软成为制约经济增长的瓶颈之一。在此背景下,国家出台了一系列旨在促进国内消费的经济政策,如:在短短几年内连续8次降低银行存款利率,降低住房、汽车等耐用消费品的消费税率,征收存款利息税,提高城镇低收入者和公职人员的工资,推行消费信贷,延长节假日(并因此形成三个旅游"黄金周"),等等,以扩大国内消费市场,促进经济增长。很显然,从改革开放初期"补偿消费政策阶段"向90年代末期"鼓励消费政策阶段"的转变,意味着私人消费水平的普遍提高,私人消费作为重建国家合法性的角色趋于弱化,私人消费的政治功能开始让位于经济功能,消费开始回归到经济的角色,相应地,在90年代末期,国家在私人消费上的制度安排开始回归"理性化逻辑"(见表1)。

但是,出乎国家消费政策制定人的预料,90年代后期推出的一系列旨在扩大国内市场消费的经济政策的效果并不十分理想。究其原因,则不能不联系到90年代后期所推行的集体消费的改革;而要了解这一改革,又不能不分析集体消费制度在改革开放前后的演变路径。

五、集体消费制度的转型:从合法性逻辑到理性化逻辑

前面已经说过,在新中国成立之初,由于资源的极度匮乏,国家采取了集中一切资源以建设社会主义工业化的政策,其中包括"低工资"与"高积累、低消费"的政策。从工具理性的角度看,抑制个人消费水平是国家在当时所做出的一种

---

① 房爱卿、范剑平、朱小良:《我国消费需求发展趋势和消费政策研究》,中国经济出版社2006年版。

② 李通屏:《中国消费制度变迁研究》,经济科学出版社2005年版。

理性选择。但是,与之矛盾的是,国家在城镇的集体消费领域却采取了"包下来"的政策,也就是说,国家实行基本上免费的社会福利政策(医疗、住房、教育、工伤、养老、生育保险等)和就业保障政策,对职工实行全方位的福利庇护主义。从当时的经济发展水平来看,国家推行的社会福利政策(集体消费)显然超越了经济发展所能允许的水平。因此,如果说国家在私人消费领域的政策遵循的是"理性化逻辑",那么,国家在集体消费领域的政策显然没有遵循同样的逻辑。当然,在一定的意义上,当时的社会福利政策对"低工资"政策具有弥补功能,但是,这种福利政策显然不能用理性选择来解释。

事实上,国家当时实行社会福利政策主要不是出于经济考虑,而是出于政治和意识形态的考虑,即合法性考虑。社会福利政策是体现"劳动人民当家作主"和"社会主义优越性"的制度性举措,是国家的"父爱"的证明。[①] 由此可见,改革开放以前,国家在集体消费(主要是福利和社会保障)领域的政策,遵循的是"合法性逻辑"(见表2)。在一定的意义上,在全能主义和再分配体制国家,社会福利体系起到了一种"误识"的作用,它使来源于职工的劳动收入所创造的福利和社会保障,看起来是国家"恩赐"的,因此,它对于提高和维持国家的声望与威望具有重要的功能。换言之,它充当了生产和维持国家的合法性资源的任务,并成为国家意识形态宣传话语的重要内容。不仅如此,它还构成神圣化劳动激励机制的一个组成部分。

但是,正如前面讨论过的,随着计划经济时代的低下的社会劳动生产率导致人民生活水平长期得不到改善,同时也由于劳动生产率低下导致的国家财政问题以及财政投入不足问题,集体消费出现了"捉襟见肘"的境况(如:70年代严重的住房短缺)。私人消费和集体消费的双重短缺,使得国家在70年代中后期陷入了严重的合法性资源危机。所以,改革初期国家把改善居民生活水平作为重建国家合法性资源的一个途径,就丝毫也不令人奇怪了。

但是,一旦国家把集体消费的生产合法性资源的功能转让出去(如:转交给私人消费和其他民生自由领域),原先社会福利导向的集体消费体制便不可避免地面临重新选择的问题。为什么呢?前面讲到,在改革开放以后的"补偿消费政策"阶段(80年代),由于私人消费生活水平的提高,党和国家在人民心目中的威信和威望提高了,国家的合法性资源得到有效的重建。尽管随后也发生过波动,

---

[①] 郑功成等:《中国社会保障制度变迁与评估》,中国人民大学出版社2002年版。

但在"稳定压倒一切"的政策下,国家并不担心合法性不足的问题了。在这种情况下,传统计划经济时代的集体消费(社会福利与保障)所承担的生产"合法性"的功能的重要性便下降了。在逻辑上,当国家借助居民消费水平的提高和经济自由的获取而重建了合法性资源的时候,或者当国家已经不担心合法性资源问题的时候,国家便不必继续依靠提供免费福利(集体消费)来生产和维护合法性资源了。事实也正是按照这个逻辑在进行。国家为了在90年代后期进一步推进经济市场化改革的速度和效率,于1994年提出了"效率优先、兼顾公平"的原则。该原则成为国家推行收入分配领域和集体消费制度改革所遵从的主要依据。于是,集体消费制度的改革开始按照理性化逻辑(即效率逻辑)而不是"合法性逻辑"来推行了(见表2)。

表2 改革开放前后的集体消费制度转型的逻辑

阶　　段	集 体 消 费
改革开放以前	合法性逻辑
改革开放以后(尤其是90年代后期)	理性化逻辑

事实上,早在改革开放初期,计划经济时代遗留下来的集体消费制度就一直在被人们"问题化"(problemized)。例如,由于在计划经济时期集体消费领域的欲望软约束,导致需求膨胀而供给不足;同时,有限的供给也没有得到充分利用,浪费现象严重(如:医疗浪费问题);人们围绕集体消费资料的竞争采取了种种不正当手段(如:分房上的不正当竞争),使得计划经济时代的集体消费模式的弊端凸显出来,并被建构为必须革除的现象。然而,90年代中后期,在究竟应该如何进行集体消费制度改革这个问题上,集体消费制度的设计者更多地考虑的是集体消费供给的效率,而相对忽视了公民在集体消费摄取上的公平与公正,忽视了政府对社会成员应尽的责任,忽视了集体消费所难以剥夺的生产和维护国家的"合法性资源"的功能。因此,"效率优先"成为集体消费制度改革的主要依据;而公平则仅仅成为附属的、应该"兼顾"而事实上常常难以兼顾的东西。[①] 所以,可以说,90年代后期所推行的集体消费制度改革,遵循的不再是传统计划经

[①] 关于"效率优先、兼顾公平"原则的历史合理性、历史局限性和负面效应,吴忠民进行了全面、深入的评析(参见吴忠民,2004)。

济时代集体消费制度所依据的"合法性逻辑",而是"合理性逻辑"(即效率逻辑)(见表2)。效率逻辑于是从劳动动机的激励延伸到了集体消费领域。

国家在90年代后期对集体消费的改革还同集体消费与劳动激励的分离有关。改革开放以后,国家在推动经济体制改革的过程中逐步对劳动、人事制度和企业管理方式进行了改革;把个人的收入同个人的劳动贡献挂钩,多劳多得,打破"大锅饭"和平均主义的分配模式;建立劳动合同制度和现代劳动纪律,使企业有权解雇不称职的职工,打破"铁饭碗"。物质报酬的激励和劳动合同的约束,使得神圣化激励机制转变成为世俗化激励机制(即制度化的物质激励机制)。正是由于国家从"制度激励"的角度解决了劳动激励问题,使得集体消费不再承担劳动激励(神圣化激励)的功能,国家便可以放手按照效率逻辑对传统的集体消费制度进行改革。

归结起来,将上述国家在安排私人消费制度和集体消费制度背后的逻辑合并起来概览,便形成了表3:

表3 改革开放前后消费制度转型的逻辑

阶　　段	私　人　消　费	集　体　消　费
改革开放以前	理性化逻辑	合法性逻辑
改革开放以后	合法性逻辑(80年代)	理性化逻辑(90年代末)

可以说,国家在50年代初采取抑制私人消费的政策和在90年代末采取抑制集体消费(主要是社会福利与保障)的政策,具有某种内在的联系。二者皆源于国家的"现代化冲动"。在50年代,抑制私人消费是为了腾出资源用于工业化建设,而在90年代后期,压缩政府对社会福利和保障(集体消费)的支出比例为的是减轻政府财政负担,以便腾出资源用于政府投资,拉动经济增长。但为什么在50年代初国家所要抑制的是私人消费,而在90年代末国家所要抑制的是福利和社会保障(集体消费)呢?二者均同合法性资源有关。在50年代,党和国家有着崇高的威望,有着十分丰富的合法性资源作为政策推行的基础,不必顾虑压缩私人消费所引起的社会反弹。同时,由于集体消费(社会福利与保障)具有生产和维护国家的合法性("社会主义的优越性","国家对人民的关心和爱护"等)的政治和意识形态功能,因此,不论国家财政如何困难,国家也要建立和维护。

在90年代,由于劳动激励采取了制度化的物质激励方式,国家没有理由直接压缩私人消费。相反,恰恰由于改革开放给人们的私人消费带来改善和民生自由的实惠,国家才重建了合法性资源,因此,国家便可以不再继续倚重集体消费来承担合法性资源的生产和维持的功能。于是,国家便借"效率优先"的名义拿集体消费(社会福利与保障)"开刀"了。但国家在集体消费上的改革却导致与其初衷相背离的后果:为了经济增长,国家试图启动国内消费市场,但集体消费的改革措施恰恰在很大程度上抑制了居民的私人消费支出。

六、结论与讨论

本文从分析政府政策文献入手,从宏观角度分析了中国自20世纪50年代初到90年代末围绕劳动激励与消费生活的宏观政策演变及其规律,我认为,在新中国成立之初,劳动动机和消费欲求是一对影响国家政策的重要矛盾。为了迅速摆脱农业国的贫穷落后面貌,实现社会主义工业化,国家需要建立一种持续性的劳动激励和社会动员机制,调动人民的劳动积极性。但是,国家却不得不同时抑制人民的消费水平。国家领导层认为,在一个经济落后、资源匮乏的国度建设社会主义工业化,必须集中一切可能集中的资源,节省一切可能节省的开支,提高国家的资源动员能力。为此,国家在新中国成立初期实行了"高积累、低消费""低工资"和城镇居民基本消费品资料凭票证供应的政策,并借助"统购统销"制度来落实这些政策(这些政策一直持续到改革开放以后的一段时期)。

但是,如此一来,劳动激励和消费抑制之间难免产生张力和冲突。为了化解这种冲突,国家逐渐建立了神圣化激励机制,将劳动激励从物质激励转移到精神激励。不过,长期抑制消费的结果是国家付出了巨大的政治成本。到了"文革"的中后期,随着国家承诺的落空(长期的短缺和贫困)以及乌托邦理想的幻灭,国家不但面临神圣化激励机制失效的困境,而且陷入合法性资源的危机之中。从这个背景来看,70年代末启动的改革开放政策不但是要寻找新的劳动激励机制,而且是要通过摆脱贫穷(富民政策)来克服合法性资源危机。而提高居民的私人收入和消费水平,发挥了"一箭双雕"(即建立新的劳动激励和恢复合法性资源)的功效。

从国家的私人消费政策的演变路径看,在改革开放以前,尤其是在新中国成立初期,国家在私人消费领域的政策遵循的是"理性化逻辑",即为了尽快实现工业化目标,不惜牺牲一代人的消费生活水平,并采取措施来抑制人们的消费欲求。在国家看来,人民必须"节衣缩食","勒紧裤带搞建设"。然而,随着神圣化激励机制的失效,抑制消费的政策已经走到了尽头。因此,改革开放以后,提高人民的生活水平(消费水平),事实上充当了重建国家的合法性资源的角色(尽管不是唯一的角色)。所以,改革开放前期,国家在私人消费领域的政策所遵循的逻辑发生了置换,从过去的"理性化逻辑"转向了"合法性逻辑",即提高人民生活水平是为了显示社会主义还有生命力,是为了恢复国家的威望(即合法性资源)。不仅如此,它本身就构成新的劳动激励的一个组成部分。

从国家的集体消费政策演变的路径看,改革开放以前,国家在城镇的集体消费领域实行基本上免费的、低水平、广覆盖的政策,它所遵循的是"合法性逻辑",即是为了体现"国家的关怀",体现"社会主义制度的优越性";同时,它也构成神圣化激励机制的一部分。但是,改革开放以后,随着私人消费水平和民生自由度的提高以及国家"合法性资源"的重建,集体消费原来所承担的生产"合法性资源"的功能的重要性相对下降了。与此同时,随着制度化的物质激励取代了神圣化激励,国家也不需要继续倚重集体消费来扮演劳动激励的角色了。在这样的背景下,计划经济时期集体消费的弊端便变得突出了,成为国家所要改革的对象。国家对集体消费进行改革所遵循的逻辑也发生了置换,即从"合法性逻辑"转向了"理性化逻辑"(如:"效率优先,兼顾公平")。正是由于集体消费政策的逻辑置换,导致近期新的合法性资源问题的产生。①

可见,在一个全能主义和再分配经济体制的国家,消费安排同劳动激励有着内在的联系。这是因为国家的意识形态性目标必须依赖高度的劳动激励和社会动员来实现。但是,国家目标的实现受到双重约束:物质资源约束和合法性资源约束。物质资源约束大,国家就会"天然地"产生集中一切物质资源、提高资源动员能力的冲动。正是由于物质资源约束大,使得国家在50年代"理性地"选择"抑制消费"政策,以便集中一切能够集中的物质资源来尽早实现国家目标。但要使得"抑制消费"的政策能够落实,仅有国家的"命令性权力"是不够的,因为在实施"抑制消费"制度的同时,国家必需有能力调动人民的劳动积极性和工作热情,后者依赖于国家的合法性资源和"说服性权力"来实现。

---

① 王宁:《消费者增权还是消费者去权——对中国宏观消费模式转型的重新审视》,《中山大学学报》(社会科学版)2006年第6期。

显然，没有足够的合法性资源，抑制消费的政策往往会导致劳动积极性的下降和消极怠工的出现，而这正是"文革"后期的现状。这就解释了为什么改革开放之初国家必须通过一系列政策来补偿人民在私人消费上的"欠债"。这种补偿消费不但有助于恢复国家的合法性资源，而且也有助于调动人民的生产劳动积极性。与此同时，正是由于在不担心合法性资源的情况下，国家才在90年代后期实施了集体消费的自由主义式的改革。由此可见，在一个全能主义国家，不但消费的制度安排同国家的劳动激励机制相关，而且二者（消费制度和劳动激励）的关系同国家所拥有的合法性资源的消长相关。的确，从国家所拥有的合法性资源的消长变化趋势，不难辨认出国家在消费安排和劳动激励上的制度安排的逻辑轨迹。

国家政策和制度的制定，表面上看似乎包含许多"宏观行动者"的个性化偏好与不确定的"任性"成分，事实却未必尽然。从本文对围绕消费生活与劳动激励制度转型的路径分析来看，国家政策和制度的出台，是遵循着一定的规律和逻辑路径的。意识形态性目标、物质资源与合法性资源均构成影响"政策循环"的约束条件。由于政策构成实现既定意识形态性目标的手段，"政策效率"常常支配了政策的制定。但是，政策效率却受到合法性资源的约束。正因为如此，国家政策往往是在"理性化考虑"（政策效率）与"合法性考虑"（政策价值）之间来回摇摆。

本文的言外之意是，政策社会学是一个值得开发的研究领域，这不但是因为国家政策事关千家万户的利益，而且还因为在中国的国情下，政策的出台似乎包含更多不可预测的因素，而从不确定性中寻找确定性，对于各方利益主体把握政策的走向，以至于主动参与政策制定的博弈过程，都将具有积极的意义。

 方法谈：

文件分析作为方法

在《社会学研究》上发表的《消费制度、劳动激励与合法性资源》这篇文章是在国家社科基金课题结项报告基础上形成的。课题研究的最终形态，与申请时描述的期待的结果，发生了很大的改变。主要原因是，我在写申报书的时候，还没有充分意识到研究所要面对的更重要的问题。课题申请书的核心范畴是文化和生活方式,而消费是其体现之一。随着课题研究的深入,我发现文化和生活方式范畴难以真正把握中国城镇居民消费生活的独特国情,便决定更换角度,从社会结构转型的角度来分析,但很快也发现不顺畅。后来,我改从制度分析视角来分析中国城镇居民的消费生活。于是,我开始阅读制度主义的文献。这一文献给我很大启发,并觉得制度分析视角更能说明城镇居民消费生活真相。如果只从社会结构视角来分析中国居民的消费,社会学者往往倾向于采用布尔迪厄的经济资本和文化资本组合的视角。但这只适合于分析改革开放以后阶层分化以后的社会,不太适合分析计划体制时期的相对同质的社会。究竟是什么因素让城镇居民采取几乎相同的消费生活模式？这只能是因为相同的制度强约束及其经济水平造成的。随后的市场化改革引起阶层分化,阶层分化则反映到消费行为模式上。但在中国,市场化改革和阶层分化本身是制度转型的结果。布尔迪厄用阶层分化来解释消费选择差异的理论,预设了民主政治和市场经济是常量,所以这些制度没有被纳入消费社会学分析框架中。但中国的民主法制建设和市场化是在改革开放以后才逐步启动的。所以,要解释改革开放前后中国城镇居民的消费生活的演变,不能停留在社会阶层变量,必须深入更深层的制度变量。

既然制度是变量,而不是常量,那就要去探寻制度变迁的逻辑。从一方面看,制度是城镇居民的消费生活模式的自变量,但从另一方面看,制度又是某种自变量的因变量。那么,引起制度变化的自变量是什么？它就是制度安排,或国家的制度安排行动。所以,要分析城镇居民的消费生活,就必须探究国家是如何进行制度安排的。为此,我选择以官方公开文件作为资料,来分析这个过程。

但问题在于,凡是公开的官方文件,都是经过官方筛选的,是官方愿意让公众看到的。而官方不愿意让公众看到的,就成为机密,不会公开,我们也看不到,这就导致用公开的官方文件难以充分解释官员的全部行动和想法。这也正是许多人质疑采用官方政策文件进行社会学研究有效性的一个理由。这一质疑是有道理的。但它只在某一方面成立,在其他方面未必成立。这一质疑成立的地方在于,把公开的官方文件作为官方所宣示的立场和观点及其理由的证据,的确涉及马克斯·韦伯所说的"意义不充分"的问题,因为未公开的官方文件我们看不到。同时,官方文件往往表达了官方意识形态立场和内容,具有意识形态性的自我辩护功能,把意识形态性辩护的官方文件当做官方的真实观点和行动逻辑的证据,未能达到"真实性"标准。例如,就官方来说,其"说的"和"做的"有时并不一致。有时,官方只"说"不"做"(如形式主义);有时,官方只"做"不"说"(如隐性制度、潜规则、缄默知识等)。

如何解决官方文件利用上的方法论困难呢？第一个方法论困难是，我们难以得到机密文件或未公开文件。从方法论上看，如果是按照主位视角去利用官方文件，即：把官方文件当作官方宣示的立场和观点的"主位事实"(或主观事实)的证据，就陷入了"意义不充分"的误区。我们难以从公开的官方文件理解宏观行动者的全部的真实想法，尽管可以了解部分的想法。但是，如果我们从客位视角出发，把官方文件当作是一种辩护策略，那么，官方文件就可以作为他们"如何辩护"的证据。例如，官方文件具有意识形态性的自我辩护的功能，那么，官方文件恰恰就可以成为官方如何进行意识形态性的自我辩护的证据。而这种官方辩护作为自变量，常常会导致某种因变量的变化，如制度安排的变化。而辩护逻辑是有差异的，辩护逻辑不同，做出的制度安排也可能不同。本文提到的合法性逻辑和合理性逻辑，其实就是两种不同的辩护逻辑，这种辩护逻辑的不同，导致制度安排上的差异。

针对第二个方法论困难：官方的"说的"和"做的"不一致的问题，我们可以采取筛选原则，只选择那些"又说又做"的官方文件作为资料。从本文的角度看，我只选那些宏观行动者围绕已经实际形成的制度的讲话和报告作为资料。我不侧重他们说的是真是假，我侧重的是他们是否在为某种政策进行辩护，尤其是，他们的辩护逻辑的类型是什么。而这种辩护逻辑与制度安排之间，客观上是存在因果关系的。而官方文件可以成为这种辩护逻辑的类型的经验资料。

但这里还面临一个方法论的问题：如果国家是行动者，那么，国家是谁？这个问题不解决，会导致资料收集工作操作上的困难。换言之，如何搜集国家进行制度安排的资料？一般来说，学者们会去搜集现有的政策规定(如"统购统销"的规定)的政策文本资料。然而，这些政策文本资料只告诉我们制度是什么，却没有关于国家是如何做出制度安排的信息；或者即使有，往往也很少。但我要用的"制度安排"的资料，不仅包括"制度是什么"的资料，而且包括"国家如何做出制度安排"的资料。

因此，要收集有关"国家如何做出制度安排"的资料，就必须解决"国家是谁"的问题。不然，我们就依然只能在收集到"制度是什么"的资料后，难以继续深入收集更多的资料。为了让资料收集变得有可操作性，我把国家界定为"宏观行动者"，即中央级的党政领导人。在中国，宏观行动者是国家制度安排的核心或关键人物(即宏观的制度企业家)。因此，收集这些宏观行动者的报告、讲话等文本资料,就可以看作是"国家如何做出制度安排"的资料。而这些资料几乎唾手可得。宏观行动者(国家领导人)的大部分报告和讲话,都可以在网上找到。而网上找不到的,也很容易从图书馆找到,或从书店买到。

之所以可以把国家领导人的报告和讲话当作"国家如何做出制度安排"的资料,是由中国独特的"民主集中制"的国情所决定的。但是,在分析这些资料的时候,如何判断这些资料是属于"国家"的制度安排的资料,而不是个人的与制度安排无关的资料呢?为此,我对大会报告、正式场合讲话、内部会议讲话(已公开)和非正式讲话进行了分别处理。把国家领导人的报告、正式场合讲话和内部会议讲话看作国家正式的制度宣示或制度安排,它体现了国家领导决策层的共同意志。与之不同,国家领导人的非正式讲话是否可以当作"国家如何做出制度安排"的资料,主要看是否达到四个"一致":第一,讲话精神与随后出现的制度(所推出的并得到执行的政策)一致;第二,在满足第一条的基础上,不同领导人的讲话相互之间在精神上一致;第三,在满足第一条的基础上,国家领导人,尤其是最高领导人的讲话前后一致。第四,尽管国家领导人,尤其是最高领导人的讲话不涉及相关制度,但与这些相关制度兼容。在四种类型(大会报告、正式场合讲话、已公开的内部会议讲话和非正式讲话)的资料中,前两种资料更多地属于"制度是什么"的资料(但也有部分关于"何以推出这些制度的理由"的信息);后两种(已公开的内部会议讲话、非正式讲话)则更多地属于"国家如何做出制度安排"的资料,因为这些资料包含了正式报告或正式场合讲话所没有的丰富而微妙的信息(如文章中引用到的已公开的关于"统购统销"的内部会议讲话)。

要分析宏观行动者如何进行制度安排,就必须了解他们所处的决策情境,尤其是决策所面对的张力(在"鱼与熊掌不可兼得"的情境下,宏观行动者如何决策),以及在处理这些张力时所依据的原则或逻辑。所以,政策分析就不仅仅是国家领导人的报告和讲话文本的分析,而且是情境分析。文本分析侧重他们"说了什么",而情境分析则侧重他们"为什么这么说"(这么说的原因是什么)。关于"说了什么"的文本资料可以从宏观行动者的行动意义的角度理解他们的行动。在这一方面,资料分析要达到马克斯·韦伯说的"意义充分"。关于"他们为什么这么说"的资料,则从他们说话的情境来理解他们为什么这么说(或做),在这一方面,资料分析要达到马克斯·韦伯说的"因果充分"。

情境信息包括两类:被当事人提及的情境信息和当事人没有提及的情境信

息。本文中引用的邓小平讲话,提及过去二十年的贫困,而"贫困不是社会主义"。这就是当事人提及的情境信息。这个情境信息解释了他何以倡导通过改革开放来消除贫困,进而用实力来体现社会主义优越性。当事人没有提及的,但对当事人的行动产生影响的情境信息,如果与当事人提及的情境信息一致,也可以用来解释当事人的行动。例如,中国城镇居民在过去的具体经历,当事人没有提及,只是笼统地说"贫穷"。所以,有关中国居民消费经历的经验资料,就与当事人提及的"贫穷"的情境信息一致,可以用来辅助解释当事人提及的情境对其行动的影响。邓小平在"文革"期间在江西的经历,是他没有提及的情境信息。但这个情境对于他对中国居民的"贫困"形成某种切身感知,无疑是有作用的(不过本文没有阐述这个情境信息)。此外,还有一类当事人没有提及的情境,但是否对当事人的观念和行动有影响,其效度则比较难以判断。例如,邓小平早年到法国勤工俭学的经历对他有关现代化的视野,或许有某种影响。但由于这种未提及的情境信息比较难以确保效度,本文也没有使用。

研究方案构思好了以后,关键的环节是资料分析。在过去,我们形成了一种错误的研究模式,即线性研究模式:先收集资料,等这个环节结束后,再开始分析资料,最后才形成理论。事实上,这是一种机械的方法论。我在研究中采取的是循环式研究模式,在收集资料的同时,马上就进行资料分析,并很快上升到概念和理论层面来思考。再带着这种理论思考来重新面对资料,尤其是新增的资料。如果发现理论设想与新增的资料不一致,迅速调整理论思路。从一开始到最后项目结项,我已经换了几种思路:文化与生活方式变迁思路、社会结构转型思路、消费制度与劳动激励体制的相互作用的思路。思路的最后确定,是在资料阅读中,看到第一代宏观行动者反复提到"节衣缩食"和"艰苦奋斗",尤其是看到毛泽东关于"忆苦思甜"的讲话,提及年轻人奋斗精神不足的问题。我忽然意识到,原来宏观行动者感知到了"消费安排"与"劳动激励"的张力!按照这个思路分析下去,是否计划体制时期的制度安排行动就讲得通呢?我再重新审视资料,感觉按照这个思路分析下去,就全说通了。改革开放前后,宏观行动者依据合法性资源的多寡,来选择政策逻辑类型:理性化逻辑或合法性逻辑。而逻辑不同,制度安排也不同,进而使得居民消费受到的制度约束也不同。

遗憾的是,文章对市场化改革前后的企业制度的背景论述不够,如计划体制时期只有国有单位和集体单位,没有民营企业、外资企业和合资企业,而改革开放后,民营、外资和合资企业被允许存在。只有在公有制单位,国家才得以直接干预劳动动机。在社会主义市场化改革期间,市场机制从根本上解决了劳动激励问题,市场经济的自我调节和自发平衡,国家对市场干预是有限的。更大的遗憾,是限于篇幅,文章没有对如何有效利用官方文件进行方法论分析。本篇小文算是对这个遗憾的一个弥补吧。

经济体制、社会网络与职业流动*

边燕杰　张文宏**

摘要：本文在评述市场经济和再分配经济体制下社会网络对于职业流动不同作用的社会学理论的基础上，提出了转型经济中社会网络对于职业流动作用的4个理论假设，即市场化假设、权力维续假设、机制共存假设和体制洞假设。文章运用对天津1999年就业过程所做调查获取的资料检验了上述假设，第一次对人情和信息两种关系资源进行了测量，并进一步分析了社会网络在3种经济体制下发挥作用的不同形式。作者的结论是：职业流动者的社会网络主要是由亲属和朋友两类强关系构成，社会网络发挥作用的形式以提供人情为主，以传递信息为辅，这些作用在转型经济时代尤为突出。

关键词：职业流动；社会网络；经济体制

职业流动是市场经济的重要特征。调节职业流动的机制大体有3种，即计

---

* 原载《中国社会科学》2001年第2期。

** 边燕杰，男，博士，西安交通大学人文社会科学院社会学系"领军人才"特聘教授、博士生导师，实证社会科学研究所所长，美国明尼苏达大学社会学终身教授，曾任中国社会学会社会网与社会资本专业委员会理事会主席，香港科技大学社会科学部讲座教授、部主任、调查研究中心主任、人文社会科学学院副院长，北美华裔社会学家协会主席，美国社会学学会亚洲分会主席、国际社会网络学会常务理事。主要研究领域：经济社会学、关系社会学、社会网络分析、社会分层与流动、实证社会科学方法论。主持国家哲学社会科学重大课题"基于多学科理解的社会网络模型研究"和重点课题"社会分层流动机制的和谐互动研究"、澳大利亚国家科研资助项目"Social networks and subjective wellbeing in Australia, China and the United Kingdom"多项。发表中英文著作19部，中英文论文160余篇，Elsevier 2014—2018年全球高被引中国学者。张文宏，男，南开大学周恩来政府管理学院院长、教授、博士生导师，曾任上海大学社会学院首任院长（2011—2021）。入选国家级人才计划特聘教授和领军人才，兼任国务院学位委员会社会学学科评议组成员、中国社会学会副会长、（ее）社会变迁研究会副会长、教育部高等学校社会学类专业教学指导委员会副主任委员、中国社会网络与社会资本研究专业委员会理事长、中国社会分层专业委员会副理事长。主要研究领域：社会分层与社会流动、社会网络与社会资本、经济社会学、社会问题、社会研究方法。主持国家社科基金重大项目"社会分层流动的和谐互动"等国家级、省部级课题10余项，发表中外文论文百余篇，出版著作10余部，多项成果分别获教育部和省级优秀成果奖。

划分配机制、市场机制、社会网络机制。一般认为,从计划向市场的过渡,就是市场机制代替计划分配机制的过程。我们对天津的研究表明,从 1956 年到 1999 年的 43 年中,社会网络机制的作用显示持续上升的趋势。如何理解这一趋势?社会网络作用的持续上升,对转型经济时代职业流动的含义又是什么呢?

本文依据天津 1999 年就业调查资料考察社会网络在不同经济体制时代对职业流动的作用。我们将首先评述社会网络在市场经济和再分配经济中不同作用的社会学理论,然后提出社会网络在转型经济中作用的 4 个理论假设,即市场化假设、权力维续假设、机制共存假设和体制洞假设。最后,在分析天津调查资料、检验上述理论假设的基础上,我们将根据资料分析结果得出理论结论,并提出未来研究的任务。

一、社会网络在职业流动中的作用

20 世纪 70 年代初期,美国社会学家格兰诺维特(Granovetter)提出了社会网络在职业流动中的作用这一问题,并对它进行了研究。之后,近 30 年的研究证明了社会网络在职业流动中的作用,包括在不同经济体制中这种作用的不同。

(一)社会网络在市场经济中的作用

市场经济是不完善的经济,主要表现在信息不对称(Information Asymmetry),即信息拥有者的信息是确定的、丰足的,而信息需要者得不到确定的信息,其信息量也是相对贫乏的。[①] 例如,劳动力市场中的信息传播就是不对称的:雇主拥有确定的、丰足的工作信息,但并不能获得有关求职者的全部信息;同样,求职者往往不能得到有关职业的可靠和充分的信息,也不能将个人的全部情况告诉雇主。在这样一个信息不对称的劳动力市场中,很难想象劳动力的配置是职遇其人、人施其才、才尽其用,无序流动和自愿失业是不可避免的。

有没有一种机制弥补这种不足呢?有,这就是社会关系网络。格兰诺维特在波士顿郊外牛顿镇对 300 名白领求职者的研究表明,他们中的 57% 是通过社会网络了解工作信息而成功地找到新职业的。[②] 通过社会网络谋职不一定能解

---

① Devine, Theresa J., and Nocholas M. Kiefer., 1991, *Empirical Labor Economics: The Search Approach*. New York: Oxford University Press.
② Granovetter, Mark., 1974, *Getting a Job: A Study of Contacts and Careers*. Cambridge, MA: Harvard University Press.

决信息不对称的问题,但至少可使求职者广泛而深入地了解有关职位的情况,也为雇主扩大和筛选了申请人后备军。① 格氏有一个惊奇的发现:通过相识得到信息的人往往流动到一个地位较高、收入较丰的职位,而通过亲属和朋友得到信息的人向上流动的机会则大大减少了。格氏将这一现象解释为"弱关系的强度",提出了著名的"弱关系假设"②。

在格氏看来,强关系是群体内部的纽带,由此获得的信息重复性高,而弱关系是群体之间的纽带,它提供的信息重复性低,充当着信息桥的角色。格氏的弱关系假设就是指弱关系发挥着提供非重复性信息的桥梁作用。使用弱关系谋求职业流动的人,正是由于了解到非重复的更有价值的信息,才获得了向上流动的机会。林南扩展和修正了弱关系假设,提出了社会资源理论。③ 该理论的出发点是,在一个分层体系中,相同阶层的人们在权力、财富、声望等资源方面相似性高,他们之间往往是强关系;而不同阶层的人们的资源相似性低,他们之间往往是弱关系。当人们追求工具性目标时,弱关系就为阶层地位低的人提供了连接高地位人的通道,从而获得社会资源。格氏和林南的理论被大量的实证研究所证明。④

(二) 社会网络在再分配经济中的作用

再分配经济也是不完善的经济。不过,信息不对称不是再分配经济的缺陷,而是它的本质特征。这是因为,再分配经济靠中央计划调控,经济信息,特别是重要信息像经济资源一样由国家控制,在国家部门中按上下级关系有序地传递。劳动力作为国家控制的经济资源,是按计划配置的,职业信息是极不对称的:国家劳动部门控制和有序地传递职业信息,工作单位接收所分配的劳动力,待业者服从分配。在这种制度安排下,对于求职者来说,自谋职业根本不可能,寻获职业信息并无直接意义。

在这种体制下,社会网络的作用是什么呢?边燕杰依据天津 1988 年的调查研究指出,社会网络在这里的作用不是传播和收集职业信息,而是待分配的择业

---

① Fernandez, Roberto M., and Nancy Weinberg., 1997,"Sifting and Sorting: Personal Contacts and Hiring in a Retail bank", *American Sociological Review*, 62, pp. 883—902.
② Granovetter, Mark., 1973, "The Strength of Weak Ties", *American Journal of Sociology*, 78, pp. 1360—1380.
③ Lin, Nan., 1982, "Social Resources and Instrumental Action", pp. 131—147 in Peter Marsden and Nan Lin. Beverly Hills (eds.), *Social Structure and Network Analysis*, CA: Sage Publications, Inc.
④ Granovetter, Mark., 1995, "Afterword", In *Getting A Job*. 2ed edition. Chicago: University of Chicago Press. 边燕杰:《社会网络与求职过程》,载涂肇庆、林益民编:《中国改革时期的社会变迁:西方社会学研究评述》,(香港)牛津大学出版社 1999 年版,第 110—138 页。

者通过人际关系,得到工作分配主管部门和分配决策人的照顾。① 换言之,社会网络不再是信息桥,而是人情网。人情关系的强弱与获得照顾是正相关的:人情关系强,得到照顾的可能性就大;人情关系弱,结果不得而知;没有人情关系,除偶然的例外,不会得到照顾。信息的获得只是人情关系的副产品。边燕杰为此提出了"强关系假设",并用天津和新加坡的调查资料进行了初步证明。②

为什么人情关系的强弱会产生上述结果呢?道理有二:一是义务问题。人情关系的实质是情意、实惠的交换。强关系往往表明这种交换已经在主客方长期存在,相互的欠情、补情心理,使得有能力的人会尽力提供帮助。二是信任问题。人情交换是违背正式组织原则的,但如果是强关系,主客双方的信任度提高,就能降低由"东窗事发"所导致的不必要麻烦。所以,在再分配经济的职业流动中,强关系应比弱关系"强"而不是"弱"。

人情关系在再分配经济中之所以发挥作用,其制度安排的前提是,资源控制者是经济实体的代理人,而不是所有者。陶志刚、朱天指出,在经济决策不是至关重要的条件下,代理人往往放弃所有者的利益而寻租或送人情。③ 再分配经济中的劳动力分配决策人就是这样的代理人,而人员分配和调动对于劳动部门和接收单位来说都不是至关重要的,所以人情关系就成为职业流动的调节机制了。

(三)社会网络在转型经济中的作用

转型经济是一个动态过程,其趋势是越来越偏离再分配经济,越来越趋向市场经济。近些年的许多研究证明,在进城农民工的求职和下岗职工的再就业过程中,社会网络都发挥着提供信息和信誉保证等方面的重要作用。④

---

① Bian, Yanjie., 1994, " Guanxi and the Allocation of Jobs in Urban China", *The China Quarterly*, 140,pp. 971—999. Bian, Yanjie., 1997,"Bringing Strong Ties Back In: Indirect Connection, Bridges, and Job Searches in China", *American Sociological Review*, 62,pp. 266—285.

② Bian, Yanjie, and Soon Ang., 1997, "Guanxi Networks and Job Mobility in China and Singapore", *Social Forces*, 75,pp. 981—1006.

③ Tao, Zhigang, and Tian Zhu. 2000, "Agency and Self2Enforcing Contacts", Journal of Comparative Economics,28, pp.180 - 94.

④ 李培林:《流动民工的社会网络和社会地位》,《社会学研究》1996 年第 4 期,第 42—52 页。彭庆恩:《关系资本和地位获得》,《社会学研究》1996 年第 4 期,第 53—63 页。陈阿江:《农村劳动力外出就业与形成中的农村劳动力市场》,《社会学研究》1997 年第 1 期,第 33—41 页。王汉生、陈智霞:《再就业政策与下岗职工再就业行为》,《社会学研究》1998 年第 4 期,第 13—30 页。许欣欣、李培林:《1998—1999 年:中国就业、收入和信息产业的分析与预测》,载汝信、陆学艺、单天伦主编:《1999 年:中国社会形势分析与预测》,社会科学文献出版社 1999 年版,第 18—42 页。王汉生、刘世定、孙立平、项飚:《"浙江村":中国农民进入城市的一种独特方式》,《社会学研究》1997 年第 1 期,第 56—67 页。李强《中国大陆城市农民工的职业流动》,《社会学研究》1999 年第 3 期,第 93—101 页。丘海雄、陈健民、任焰:《社会支持结构的转变:从一元到多元》,载《社会学研究》1998 年第 4 期,第 31—37 页。

但是,学术界对社会网络作用的性质尚未形成一致的看法。在转型经济条件下,社会网络的使用频率是减少、上升还是不变,强关系和弱关系作用的性质是否发生了变化,以及它们的相对使用比例是怎样发生变化的? 为了回答这些问题,首先要弄清楚转型经济动态过程的实质是什么。对此我们提出 4 种不同的论点并阐发各论点关于社会网络作用变化的假设。

第一,市场化的论点及其假设。市场化的论点认为,虽然具体情况十分复杂,但转型经济动态过程的主流是中国在不断向着市场化的方向迈进。① 这表现在资源配置越来越通过市场进行,而不是靠行政调拨;硬预算上升,软预算下降;私有产权的比例上升;劳动力配置实行双向选择,职业分配机制被削弱了。与此相应的假设是,社会网络作用的性质可能发生了变化:作为信息桥的关系使用频率上升,作为人情网的关系使用频率下降。这意味着,弱关系可能逐步代替强关系作为职业流动的调节机制。

第二,权力维续的论点及其假设。权力维续的论点认为,虽然市场化是经济转型的总趋势,但并不表明政治权力对资源的直接和间接控制将会削弱。② 相反,中央宏观调控能力的增强,公共和其他重要物品生产和流通的国家垄断,单位制在盈利企业和事业组织中的巩固,地方社团主义的上升,以及党对人事任免的决策作用,都保证了政治权力的维续,保证了资源控制在代理人而非所有者手中。③ 为此,在转型经济中,经济实体的代理人作为雇主,将继续向求职者送人情。以往劳动部门的分配权被限制了,但代之而起的是成倍增长的雇主代理人。所以,社会网络在职业流动中的使用频率不但不会下降,反而会上升;不是弱关系将代替强关系,而是强关系仍将保持其优势地位。

第三,机制共存的论点及其假设。机制共存的实践基础是 80 年代双轨制的运行。而在 90 年代以后,机制共存的逻辑是路径依赖:市场是在经济和政治两个领域平行发展的,它们共同推动着改革的进程。④ 这一论点的含义是,市场规

---

① Nee, Victor., 1989,"A Theory of Market Transition: From Redistribution to Markets in State Socialism", *American Sociological Review*, 54, pp.663—681.
② Bian, Yanjie, and John Logan., 1996,"Market Transition and the Persistence of Power: The Changing Stratifica2 tion System in Urban China", *American Sociological Review*, 61, pp.739—758.
③ Tao, Zhigang, and Tian Zhu., 2000, "Agency and Self Enforcing Contacts", *Journal of Comparative Economics*, 28, pp.80—94.
④ Parish, William L., and Ethan Michelson., 1996, "Politics and Markets: Dual", *American Journal of Sociology*, 101, pp.1042—1059.

律和权力规则同时制约着资源的配置。① 在劳动力市场领域,机制共存的含义是:一方面,成功的求职者需要弱关系收集职业信息以克服劳动力市场信息不对称所带来的困难;另一方面,求职者必须通过强关系与决策人进行人情交换,获得实质性的帮助。这意味着,作为信息桥的弱关系和作为人情网的强关系将共同发挥作用,强弱关系的使用比率将呈现同步增长的趋势。

第四,体制洞的论点及其假设。一个经济体制的不完善可以看成该体制存在漏洞,或称体制洞。但我们在此提出并强调的体制洞是指从再分配向市场的转型过程中出现了体制断裂,即再分配体制解体了,但市场体制不是尚未形成,就是运行无效。例如,国家劳动部门的职业分配制度取消了,但职业信息的传递渠道在市场中不是很少存在,就是所提供的信息只是无人问津的工作。求职者处于劳动力配置和流动的体制洞之中:有价值的信息无从获得,与雇主的相互信任无从建立,求职者与雇主的相互约束没有体制保证。在这种情况下,社会网络将发挥特殊的作用:作为信息的桥梁,作为信任的基础,作为人际关系约束的保证。这说明,在国家分配制度解体、劳动力市场形成和发展过程中,社会网络的作用将是重要的过渡机制。作为信息桥的弱关系将提高使用频率,而作为信任和规范约束的人情关系网络,也将提高使用频率。

二、研 究 设 计

(一) 抽样

天津市 1999 年就业过程问卷调查(以下简称天津就业调查)的样本分布于中心 6 区,包括常住人口 757 户和外来人口 244 户。常住人口的样本从 12 个街、36 个居委会的住户花名册中等距随机抽取。外来人口指调查时在天津市没有常住户口但有固定或临时工作的外地流入人口,样本按每街 10 户配额和 4 个聚集地每地 29 户配额随机抽取。在抽中的户中随机选定 1 名 18—60 岁有就业经历的人作为访问对象。

(二) 主要分析指标的测量

第一,关系类别和强度。我们把职业流动者所使用的社会关系分为 3

---

① Zhou, Xueguang., 2000, "Economic Transformation and Income Inequality in Urban China: Evidence from Panel Date", *American Journal of Sociology*, 105, pp. 1135—1174.

类:(a)"相识",包括非亲非友的直接关系和各种间接关系;(b)"朋友",包括朋友和关系密切的同学、邻居、过去和现在的同事、战友、同乡、生意和项目合作伙伴等;(c)"亲属",包括核心和扩大家庭的成员、各种血缘关系、姻亲关系等。为了与以往的研究比较,我们将相识定为弱关系,将朋友和亲属定为强关系。

第二,信息和人情。这是本文的分析重点。以往研究对信息和人情两种关系资源做了区别,但没有测量。本文在中西文献中首次对此做出测量。人情在英文文献中是 influence 或 favor,包括直接为求助者安排工作、解决求职中的具体问题、向有关部门打招呼、帮助报名和递交求职申请、帮助整理申请材料等。而信息则指提供有关职位的信息,包括一般信息和比较详细的信息。由于在实际的职业流动过程中,求职者往往从社会关系那里获得了人情和信息的双重帮助,所以我们在分析中使用了3个类别,即"人情+信息"(既提供人情又提供信息)、"只是人情"、"只是信息"。

第三,关系人及其特征。在英文文献中,关系人用 contact 表示。在本研究中,关系人是向职业流动者提供人情和信息的社会关系。① 我们使用3个指标测量关系人的社会经济特:(1)职务,分为党政干部、国企经理(包括国有和集体)、非国企经理/所有者、个体所有者和经理、专业技术人员、无职务者等6个类别;(2)单位所有制,分为国有、集体、非国有、个体等4类;(3)单位的主管部门,从高到低依次是中央、省/直辖市、区/局、街道/处、无行政级别/无上级主管部门等5个级别。

三、社会网络在职业流动中作用的动态分析

(一)经济体制时代的划分

职业流动包括离职和重新就业两个过程。我们的分析重点是社会网络在重新就业过程中的作用以及这种作用随着经济体制改革发生了什么变化。在千名被访者中,466人有职业流动的经历,这种流动发生在1956年至1999年之间,其间我国经历了3个经济体制时代。

第一,1956年至1979年的再分配经济时代。全国城镇无一例外地实行统一

---

① 在本项调查中,通过社会网络机制成功实现最后一次职业流动的被访者有53.2%使用了2个以上的关系人,平均使用了2.95个关系人,但我们仅仅收集了提供最大帮助的那位关系人的情况,即为本文所说的关系人。

的劳动力招收和调配制度。企业招工必须向劳动部门备案并获得许可,企业之间的劳动力余缺调剂由主管产业部门和地方劳动部门协调,跨行业、跨地区的劳动力调配由国家劳动部门统一安排。企业既缺乏用人权,也不能辞退剩余劳动力。由于不存在劳动力市场,职工自谋职业基本上是不可能的。除了解决夫妻两地分居和因工作需要的调动之外,职工在不同组织之间的职业流动极为困难。

第二,1980年至1992年的计划为主市场为辅的双轨制时代。统分统配的用工制度逐渐受到劳动合同制的冲击,劳动用工制度不再是统分统配的一统天下。尽管国有和集体部门还不能完全自主地依据劳动合同解雇职工,但它们已拥有招聘新职工的权力。个体、私营、民营、合伙或联营、三资企业等新经济形式则拥有自由招聘、解雇职工的权力,劳动力市场已经在这些企业之间发挥作用,构成了劳动用工制度上的双轨并存的局面。相应地,职工个人在选择工作单位和职业方面已经拥有了较大的自主权。①

第三,1993年以后的市场机制占主导地位的转型经济时代。这个时代的标志是邓小平南方讲话的公开发表及经济改革的全方位发展。在劳动力市场领域,自主性的职业流动、全员劳动合同制、双向选择、多渠道就业正在从抽象的理论表述变为具体的现实。天津就业调查的466名职业流动者的最后一次流动,再分配时代占13.7%,双轨制时代占23.6%,转型时代占62.7%。这说明转型时代的职业流动比率上升,劳动力市场趋于活跃。

(二)流动机制的时代变迁

我们根据职业流动的多种途径,将流动机制划分为下列3种。第一是计划分配机制,包括顶替父母、顶替亲属、单位内部招工、国家分配、组织调动。第二是市场机制,包括职业介绍、机构介绍、个人直接申请和自雇。第三是社会网络机制,包括运用各种人际关系获得信息和人情达到职业流动的目的。计划分配机制和市场机制的使用是相互排斥的,但社会网络机制是一种非正式的社会机制,它既可以单独发挥作用,又往往与计划分配机制或市场机制交叉。如在再分配时代某人变换工作,形式上属于组织调动,是计划分配机制;但实际上该人往往动用人际关系,使原单位放人、新单位接收。在转型经济时代,某人直接向雇主申请工作,形式上属于市场机制,但事实上该人可能通过朋友收集职位信息,

---

① 杨宜勇:《失业冲击波——中国就业发展报告》,今日中国出版社1997年版。袁志刚、方颖:《中国就业制度的变迁》,山西经济出版社1998年版。

靠亲属建立与雇主的人情关系,进而受雇。表1的结果显示,在天津调查的职业流动者中,31.1%使用了计划分配机制,48.1%使用了市场机制,但高达76.8%者使用了社会网络机制。

表1 职业流动与社会网络的时代分布:天津,1999

流动者和网络使用者		1956—1979年 再分配时代	1980—1992年 双轨制时代	1993—1999年 转型时代
职业流动渠道	466	64	110	292
计划分配	31.1%	73.4%	58.2%	11.6%
市场	48.1%	12.5%	28.2%	63.4%
社会网络	76.8%	57.8%	66.4%	84.9%
社会网络的类型	358	37	73	248
相识	13.1%	13.5%	15.1%	12.5%
朋友	49.7%	64.9%	42.5%	49.6%
亲属	37.2%	21.6%	42.5%	37.9%
关系资源的类型	358	37	73	248
人情+信息	39.4%	48.6%	39.7%	37.9%
人情	40.8%	27.0%	39.7%	43.1%
信息	19.8%	24.3%	20.5%	19.0%

从再分配到转型时代,使用计划分配机制的比率急剧下降,使用市场机制的比率迅速上升。这种此消彼长的趋势,说明了经济改革的性质,即市场机制逐步代替计划分配机制,预示着职业流动渠道选择的未来方向。但只看到这一趋势并不能了解职业流动机制演变的全部真谛。这是因为,无论在哪个时代,社会网络都是十分重要的流动机制。使用社会网络机制的比率,在3个时代分别是58%、66%和85%,说明在劳动力市场的培育和发展过程中,社会网络所发挥的作用越来越大。①

---

① 自80年代以来,劳动力市场经历了一个从无到有、从少到多、从弱到强的发展过程。1996年,全国有职业介绍机构311万家,共有890万人在职业介绍机构的帮助下就业(杨宜勇等,1997,第119页)。天津市1994年进入劳动力市场招聘的单位为11 447个,进场人次为896 328人,达成就业意向者为26 912人,占30.02%。到1998年,上述3个数字分别为31 274个、2 972 513人和648 637人,达成就业意向者的比例为21.82%(天津统计局,1999,第365页)。我们的天津调查数据印证了上述官方统计所反映的趋势,说明越来越多的人将劳动力市场作为实现其职业流动的渠道。

如何解释社会网络机制的持续上升趋势呢？如果在经济改革不断深化的条件下，社会网络的作用是信息桥而不是人情网，则预示着市场化假设有可能成立。如果它的作用是人情网而不是信息桥，就必须分析劳动力市场的具体过程。为此，我们将探讨关系类型、关系强度、关系资源在3个经济体制时代的变化趋势。

（三）关系类型和关系强度的时代变迁

表1显示，在358名使用社会网络渠道实现职业流动的被访者中，13.1%使用了相识关系，49.7%是朋友关系，37.2%靠的是亲属关系；后两项合并，计有86.9%使用了强关系。与1988年相比，强关系的使用比率上升了15.9%。[①]

使用相识关系实现职业流动的比例在3个时代变化不大（各占13%左右），说明弱关系在提供人情和信息等关系资源时，并没有随着时代的变迁而发生显著变化，而一直在求职者的社会关系网络中居于从属地位。与之相反，由朋友和亲属构成的强关系在不同的时代一直保持主导地位。使用朋友关系的比例从双轨制时代到转型时代的增加和使用亲属关系比例的微弱降低，与人们社会交往圈子随着经济改革不断扩大有关。随着改革的发展。更多的人走出家庭网络去发展更广阔的朋友关系。以获得更多的信息和人情，满足日益增长的职业流动和其他方面的需要。

（四）关系资源的时代变迁

表1的最后一部分呈现了关系资源的统计结果。网络使用者中的40.8%从关系人那里获得了"人情"，19.8%获得了"信息"，39.4%获得了"人情＋信息"。随着时代的变迁，人情的比例持续上升，但信息的比例呈微弱下降的趋势。这说明，随着改革的深化，人们获得就业信息的渠道越来越多，就业信息不再紧俏，从关系人那里寻求就业信息，往往是为了证实从其他渠道获得的信息的可靠程度，或进一步了解某个职位的具体情况。

同样，由社会关系网络所提供的"人情＋信息"的不断下降与上述解释相一致，这主要是由人情与信息渠道的不断分离而引发的。再分配经济时代，就业信息往往是封闭的或保密的，被严格地控制在政府或企业的代理人手中，通过等级分明的官僚机构自上而下地逐级传递。人们只有通过一定的人情关系才能获得

[①] Bian, Yanjie., 1997, "Bringing Strong Ties Back In: Indirect Connection, Bridges, and Job Searches in China", *American Sociological Review*, 62, pp. 266—285.

关键的内部信息,也就是说信息是人情的副产品,所以"人情+信息"在社会网络关系中所占比例最高。

到了经济体制改革时代,劳动力市场从无到有、从少到多、从不规范到逐步制度化,职业信息的传播也越来越开放,人情和信息逐渐分离,所以关系人提供"人情+信息"的比例下降。结果是靠社会关系网络获得人情的绝对数和相对数不断上升,到转型时代已经在关系资源中占据最重要的位置(43.1%)。这说明了人情关系对于成功实现职业流动的重要性。

为了进一步分析这一趋势,我们做了关系类型和关系资源的交互分类统计,结果见表2。在社会关系的资源结构中,由亲属和朋友(即强关系)所提供的人情,总的趋势是随着经济体制改革的深化而不断上升,所提供的信息略有下降。这证明了强关系假设在转型经济时代仍然成立。由相识所提供的"人情+信息"从60.0%下降到9.7%,所提供的"人情"从20%增长到67.7%,而所提供的信息的相对比例大体不变。这说明,从再分配体制到市场体制,弱关系的作用没有发生根本变化:提供人情是其主要作用,提供信息是其次要作用。这一发现与市场化假设相悖。

表2 关系类别与关系资源的时代分析

	人数	人情+信息	人情	信息
1956—1979年 再分配时代				
所有关系	37	18	10	9
相识	5	60.0%	20.0%	20.0%
朋友	24	41.7%	29.2%	29.2%
亲属	8	62.5%	25.0%	12.5%
Chi-Square=1.562				
1980—1992年 双轨制时代				
所有关系	73	29	29	15
相识	11	36.4%	54.5%	9.1%
朋友	31	45.2%	38.7%	16.1%
亲属	31	35.5%	35.5%	29.0%
Chi-Square=3.242				
1993—1999年 转型时代				
所有关系	248	94	107	47

续表

	人数	人情＋信息	人情	信息
相识	31	9.7%	67.7%	22.6%
朋友	123	45.5%	33.3%	21.1%
亲属	94	37.2%	47.9%	14.9%

Chi-Square=17.335

四、流动者和关系人结构地位的动态分析

随着改革的深入，人情和信息不断分离，人情关系资源比例不断上升，这是不是由职业性质决定的呢？比如，通过人情而谋取的职业是不是都在国有部门呢？是不是都发生在远离市场、级别颇高的工作组织中呢？是不是仅限于非技术工种的体力劳动呢？而人情资源提供者（关系人）的职业状况与他们所提供的资源的关系又是怎样的呢？本节将分析这些问题。

我们集中分析流动者和关系人的3种职业状况，即职务、单位所有制类型、单位的上级主管部门（简称单位级别），统称为"结构地位"。我们假定，流动后的结构地位与流动者获得的关系资源有关，而关系人的结构地位也直接影响到他们能够提供什么样的具体帮助。

（一）流动者结构地位的动态分析

我们将3种关系资源（人情、人情＋信息、信息）作为因变量，将流动后的结构地位作为自变量，分析其影响作用，方法是类别变量的多元回归（Multinomial Regression），结果见表3。许多变量的回归系数在统计上都不显著，表明人情和信息资源的分布较广，也较平均，但有3项发现值得说明。

第一，再分配经济时代，流动到中央级主管单位的被访者获得的关系资源，更多的是人情而不是信息。从科层制的分层秩序来看，处于金字塔顶端的中央级单位是最少的，要想成功地实现向上的职业流动，只有依靠关系人的人情，因为仅仅获得关于某个职位的信息是不够的，况且在那个时代，劳动力配置信息是绝对封闭和保密的，即使获得了信息，如果不能得到强有力的决策人的照顾，也没办法实现其流动意愿。这再次证明了边燕杰的"强关系假设"。

表3 被访者结构地位对关系资源的多元回归(Multinomial Regression)

	1956—1979年 再分配时代		1980—1992年 双轨制时代		1993—1999年 转型时代	
	(1)	(2)	(1)	(2)	(1)	(2)
自变量：被访者流动后的职务/职业[a]						
党政干部	0.625	1.414	−0.402	−2.211	—	—
国企经理	0.499	1.983	0.318	−1.398	0.412	0.132
非国企所有者/经理	—	—	0.537	−0.780	−0.269	0.279
个体所有者/经理	—	—	0.537	−0.780	1.040	0.237
专业技术人员	−0.644	−1.092	−1.717	−31 169***	−0.226	0.586
单位所有制类型[b]						
国有	−2.338	−0.081	0.166	1 003	1 090	0.137
个体	—	—	−1.803	−11 505	−11 141	0.111
非国有	—	—	—	—	0.286	1.226
单位上级主管部门[c]						
中央	2.683*	0.634	−1.575	0.018	0.492	1.490!
省市	—	—	−1.518	−1.437	0.242	0.965
区、局	—	—	—	—	1.051!	0.757
街道、处	—	—	—	—	1.261***	0.742
Intercept	1.099	−0.000	2.718	2.904	0.272	−0.584
Pseudo R-Square (Nagelkerke)	0.389		0.238		0.125	
−2 Log Likelihood	27.897		53.096		151.464	
Chi-Square	15.442		17.140		28.790	
D. F.	10		16		22	
样本数	37		73		248	

注：! $p<0.10$，* $p<0.05$，** $p<0.01$，*** $p<0.001$（单尾检验）。
a. 参考类别是"无职务"。
b. 参考类别是"集体"。
c. 参考类别是"无上级主管部门"。
预测方程：(1)为"人情"，(2)为"人情+信息"。两个方程的控制变项都是"只是信息"。

第二,双轨制经济时代,专业技术人员和党政干部更可能从关系人那里获得"信息"而不是"人情+信息"。专业技术人员由于所从事的工作专业性强,需要较高的教育背景,在职业流动中主要靠社会网络收集有关职位的信息。由此推论,白领职业者能否通过社会网络获得信息是实现流动的关键。这与格兰诺维特的美国发现类似。[①] 另外,党政干部需要较强的政治背景,须经严格的政审[②],而靠人情关系不能完全解决问题,所以流动者希望得到有关职位的内部信息。这两个发现说明,知识分子政策和干部选拔政策的改革到双轨制时代已经发挥了效力。

第三,转型经济时代,流动到区/局级以下单位的被访者更能获得人情或"人情+信息",而不是信息。反过来说,那些流动到无行政级别或无上级主管部门的被访者,更可能从关系人那里获得信息。无级别单位大多是新生的,包括个体、私营、民营、外商独资以及混合产权和模糊产权企业。中央和地方政府最近几年推行了淡化级别和取消级别的改革措施,允许成立无上级主管部门的企事业单位。这些无级别、无主管的经济实体市场化程度很高,所以到这里求职的被访者,大多是通过信息而不是人情实现流动的。这一发现部分地支持了市场化假设。

(二)关系人结构地位分布的动态分析

表4的结果显示,作为关系人,党政干部和国企经理的比例逐年下降;党政干部作用的衰落尤其明显。相应地,非国有企业经理和所有者的比例则从无到有、从低到高,到转型时代已占相当大的比率;个体所有者/经理的比例则已经超过党政干部。这是由两种结构变化造成的。第一种变化是国有部门的劳动力流向不断膨胀的非国有部门,他们的受雇由非国有部门的所有者和经理决定。[③] 第二种变化是国有部门内部的劳动决策权从党政干部转移到经理阶层,特别是在邓小平1992年南方讲话公开发表以后,这种变化尤甚。此外值得注意的是一部分党政干部和国企经理的身份变动。80年代中期开始的经商热,诱发一些党政干部和国企经理"下海",他们往往成为新经济形式的代理人,比如由政府委派出任三资企业的中方董事长或总经理。

---

① Granovetter, Mark., 1973, "The Strength of Weak Ties", *American Journal of Sociology*, 78, pp.1360—1380. Granovetter, Mark., 1974, *Getting a Job: A Study of Contacts and Careers*. Cambridge, MA: Harvard University Press.

② Walder, Andrew G., 1995, "Career Mobility and the Communist Political Order", *American Sociological Review*, 60, pp.309—328.

③ 1956、1992年和1998年,天津市国有单位职工分别占全部职工总数的83.3%、72.5%和60.1%,集体单位职工分别占16.7%、24.6%和15.8%,非国有单位的职工分别占0%、2.9%和24.1%(天津市统计局,1999,百分比根据第88页的绝对数计算)。

表4 关系人结构地位的分布

	人数	1956—1979年	1980—1992年	1993—1999年
		再分配时代	双轨制时代	转型时代
N	358	37	73	248
关系人的职务/职业				
党政干部	80	43.2%	31.5%	16.5%
国企经理	87	29.7%	27.4%	22.6%
非国企所有者/经理	27	—	2.7%	10.1%
个体所有者/经理	54	—	6.8%	19.8%
专业技术人员	18	10.8%	4.1%	4.4%
无职务	92	16.2%	27.4%	26.6%
Chi-Square=44.479				
D.F.=10				
关系人的单位所有制类型				
国有	201	91.9%	76.7%	44.8%
集体	51	8.1%	9.6%	16.5%
非国有	48	—	9.6%	16.5%
个体	58	—	4.1%	22.2%
Chi-Square=47.108				
D.F.=6				
关系人单位的上级主管部门				
中央	56	27.0%	17.8%	13.3%
省市	162	67.6%	61.6%	37.1%
区、局	22	—	2.7%	8.1%
街道、处	40	—	2.7%	15.3%
无级别	78	5.4%	15.1%	26.2%
Chi-Square=42.238				
D.F.=8				

表4的最后一部分呈现了关系人单位上级主管部门的时代分布。中央和市级主管部门的关系人的比例不断下降,区/局级、街道/处级和无级别的关系人的比例则逐渐上升。上述发现说明,当劳动力配置的中央、地方控制放松,用人单位可以直接决定时,关系人就会大量出现在直接用人的级别较低的单位。

(三) 关系人作用的动态分析

在表 5 的回归分析中,自变量是关系人的结构地位,因变量是关系资源的类别。这里有 3 个重要发现:第一,在 3 个经济体制时代,同无职务的关系人相比,国企经理更可能提供人情,而不是信息;这一发现支持了权力维续假设。但是,党政干部与其他职业/职务的关系人无显著差异,这与权力维续假设相悖。两项结果的解释是,劳动力配置的权力已从党政干部转移到国企经理手中,随着经济改革的深化,国企经理在调配劳动力方面的权力越来越大,进行人情交换的资源也越来越多。如果国有企业的产权明晰问题长期得不到解决,作为代理人的经理以职位安排的方式送人情的现象就可能长期存在。

表 5 关系人的结构地位对关系资源的多元回归(Multinomial Regression)

	1956—1979 年		1980—1992 年		1993—1999 年	
	再分配时代		双轨制时代		转型时代	
自变量:关系人	(1)	(2)	(1)	(2)	(1)	(2)
职务/职业[a]						
党政干部	1.667	1.140	0.865	0.883	0.035	0.560
国企经理	1.961	2.359*	2.000**	1.135	0.708	1.061*
单位所有制类型[b]	−2.258	—	17.303***	−0.328	0.123	−1.108*
国有						
单位上级主管部门[c]						
中央	2.163!	0.489	−18.034***	0.769	0.495	1.987**
省市	—	—	—	0.498	0.338	1.490***
Intercept	0.256	−17.524***	0.789	−0.067	0.507**	0.058
Pseudo R-Square (Nagelkerke)	0.385		0.193		1 095	
−2 Log Likelihood	22.949		39.157		74.675	
Chi-Square	15.225		13.569		21.546	
D. F.	8		10		10	
样本	37		73		248	

注:! $p<0.10$,* $p<0.05$,** $p<0.01$,*** $p<0.001$(单尾检验)。
a. 参考类别是"无职务"。
b. 参考类别是"集体"。
c. 参考类别是"无上级主管部门"。
预测方程:(1) 为"人情",(2) 为"人情+信息"。两个方程的控制变项都是"只是信息"。

第二,与集体单位相比,国有单位关系人在双轨制时代更可能提供人情,在转型经济时代更可能提供信息。这个发现与国有单位在这两个时代所占据的不同地位有关。在双轨制时代,国有单位按照统一计划招收和调配劳动力,同时也获得了一定限度的用人自主权,为进行人情交换提供了条件。但是国有单位关系人在转型时代更可能提供信息的发现令人费解。我们的猜测是,在多数国有企业效益急剧下降的情况下,流动者通过关系人所获得的信息有可能是下岗分流、再就业或内部招工方面的。从职业介绍机构得到的信息,往往供非所需,并有重复或虚假成分,所以来自关系人的内部信息就有可能发挥特殊的作用。

第三项发现是关于关系人的单位级别的作用,有 3 个具体结果需要说明。一是再分配时代,中央部门的关系人更可能提供人情,这符合强关系假设。二是双轨制时代,中央部门的关系人更可能提供信息,这超出我们的想象。三是转型时代,中央和省市部门的关系人更可能提供"人情＋信息",说明关系人的主管单位级别越高,所管辖的下属单位越多,其在工作安置中所能利用的纵向和横向关系网络越大,由此使其提供"人情＋信息"的机会增加。这个发现支持了权力维续假设。

五、结论和探讨

(一)强关系假设继续有效,弱关系假设的解释力不强

本次调查的资料证明,强关系假设不仅在再分配体制下的职业流动中发挥着作用,而且在双轨制时代和转型时代发挥着更重要的作用。再分配体制下,社会网络的作用是通过强关系影响计划分配的具体方案,使关系使用者获得符合意愿的职业。双轨制和转型时代,强关系仍然起着人情交换的作用,但它是在劳动力市场不断扩展的条件下出现的。对天津就业情况的调查资料表明,职业流动者很少单独使用一种机制,而往往使用多种渠道,将社会网络机制与另外一种机制相结合。从这个意义上说,职业流动者具有很明显的理性选择趋向。弱关系假设在本项研究中的解释力不强,并不能说明格兰诺维特的理论有误,也许与中国劳动力市场的发展受多种因素影响有关。当中国步入完全市场化的时代,我们也许会收集到支持弱关系假设的实证数据。

(二)关于市场化、权力维续、机制共存假设的结论

支持市场化假设的发现是,在职业的资格考核(比如党政干部的政治考核和

技术人员的专业考核)比较严格的条件下,流动者通过社会网络所获得的是信息,而不是人情。这一情形随着劳动力配置的市场化而不断凸显,说明越是市场化,越需要信息桥的作用。但是这一结论不能概括劳动力市场发展的一般规律,因为与市场化假设相悖的权力维续假设得到了更广泛的证明。资料表明,在向市场化迈进的过程中,强关系的作用持续上升,权力对资源的控制以及依此进行的人情交换不断强化。此外,转型时代,国企经理、中央及省市部门持续提供人情资源,而不是信息资源,这也是权力维续的反映。市场和权力的机制共存是不言自明的,但两种机制又不是平行发展、无主无次的(即机制共存假设)。天津调查预示着权力维续是主线,而市场化是副线。如果这是天津市劳动力市场不够发达的原因所致,那么进一步的研究应该对市场化程度不同的多个城市进行比较分析。

(三)体制洞假设得到证明

从双轨制到转型时代,劳动力统分统配的计划体制逐步解体,劳动力市场日益强大,越来越成为职业流动的一个正式渠道。但劳动力市场的制度化是一个漫长的过程。资料证明,使用社会网络的流动者主要是从关系人那里获得人情,单纯通过关系获得信息的频率并未显示出增加的趋势,网络的持续作用在于提供人情。此外,作为信息桥的弱关系的使用率不但没有上升,反而表现出微弱下降的势头,而作为信任和规范基础的强关系的使用频率却随着改革的不断推进而上升。这就预示着,正在完善的劳动力市场的信息机制可能比较发达,而劳资双方的信任机制、规范机制、监督机制等存在很大的漏洞,需要人情网络或强关系来补充。所以说,强关系和人情交换的上升证明了体制洞假设的成立。未来研究应该明确界定和测量体制洞,并用量化手段分析社会网络对体制洞的弥补作用。无论作用如何,一个重要的问题是,社会网络是阻碍还是促进了劳动力配置的最优化? 我们将另文讨论这个问题。

 方法谈:

量化研究的论文写作之道

边燕杰教授1999年夏天组织了天津、上海、广州、厦门和长春5个城市的"城市居民社会网络与职业流动状况"大型问卷调查项目。按照边燕杰教授的统

社会学与社会工作研究论文写作：案例与方法

一安排，我当时作为天津调查项目的执行人，具体组织实施了天津市1 000 余份样本的入户面访、数据录入及数据清理工作。天津调查完成以后，边燕杰教授邀请我访问香港科技大学人文社会科学学院社会科学部，就问卷数据的进一步清理、开发及合作研究进行为期三个多月的访问。该文就是这次我在香港科技大学做访问学者期间与边燕杰教授合作撰写的。

我所理解的论文选题是否有价值应该从两个方面判断。第一，选题是否具有学术价值或理论意义。所谓学术价值是指一个选题在学术史上是否具有推动知识更新、学术创新和学术积累的作用，在此意义上，重复性研究的选题意义不大。社会网络与职业流动的研究，是自格兰诺维特提出"弱关系的强度"（Granvotter，1973）以来统治西方社会科学界的一个经典命题，此后的类似研究既有支持的成果，也有质疑的文献问世，边燕杰的"找回强关系"命题（Bian，1997）曾在国内外引起了较大的反响。我们当时思考的问题是，格兰诺维特研究的对象是市场经济发达的美国专业技术管理人员如何利用社会网络实现职业流动的状况，边燕杰的成名作则研究了计划体制下社会主义中国城市劳动力利用社会网络寻找首份职业的情形。那么，在中国从计划体制到双轨制再到市场体制的转型中，社会网络影响职业流动的机制是否发生了变化？如果发生了变化，将会产生哪些社会后果？第二，选题是否具有应用价值。具体而言，本文的应用价值是指运用大规模随机问卷调查数据得出的结论对于职业流动者和劳动人事部门的劳动力流动政策的完善是否具有可资借鉴的实际意义。因此，我们在开始这篇论文的设计时就考虑到，对于全球规模最大的中国城市劳动力的职业流动机制的量化研究结果对于步入社会主义市场经济时代的劳动力流动政策的改进和完善，将会带来什么启示和借鉴。

所谓理论建构，我的理解是与现有的经典理论对话，在比较分析中完善已有的理论和提出新的解释。20世纪80年代末和90年代初，美国著名社会学家倪志伟基于福建厦门郊区问卷调查数据提出的"市场转型论"（Nee，1989）引起了美国社会学家和国内社会学家关于中国市场转型、社会分层与不平等机制变化的长达十余年的争论（Bian and Logan，1996；Parish and Michelson，1996；Zhou，2000）。我们的研究在某种程度上试图与弱关系强度、市场转型论及其悖论（权力维续论、政治与经济双重市场论）对话，因此，在对相关文献进行系统梳理的基础上，针对职业流动的社会网络机制提出了四种不同的论点及其研究假设：即市场化假设、权力维续假设、机制共存假设和体制洞假设。实际上，提出四种论点及假设的过程亦即量化研究的理论化过程,在此基础上形成了该文的核心框架。如果在量化研究中能够提出竞争性的假设,比如本文所涉及的强关系假设—弱关系假设、市场化假设—权力维续假设、机制共存假设和体制洞假设,尤其当对话的竞争性假设是由学术界数一数二的学者提出的时候,将有可能提高论文的影响力和扩大传播范围。

研究设计的核心要点是,首先介绍量化分析所要使用的问卷调查数据的抽样过程以及与论文直接相关的一些指标的描述性统计结果,以表明该调查样本的代表性;其次,需要对与论文的研究假设密切关联的核心变量包括自变量、因变量和控制变量做出操作化的说明,为与以前的相关经验研究发现和结论的比较和对话奠定基础。该文重点对"关系类别与强度""信息与人情"和"关系人及其特征"三组核心变量的操作化进行了详细说明。

数据分析部分主要针对在文献评述部分提出的四个核心假设而展开。在将调查样本所涵盖的1956—1999年分为再分配时代(1956—1979)、双轨制时代(1980—1992)和市场转型时代(1993—1999)之后,我们首先运用交叉统计分析方法对于社会网络在不同体制下职业流动中的作用进行了描述,对于关系类型、关系强度和关系资源的时代变迁进行了分析,发现了强关系假设的持续解释力以及弱关系假设的"水土不服"。然后运用多类别对数比率方法建立回归模型,分析了求职者和关系人的结构地位分别对关系资源的影响,发现了支持权力维续假设、机制共存假设的证据,以及部分支持和部分反对市场化假设的结果,同样获得了支持体制洞假设的证据。数据分析部分还呈现了四个核心假设之外有创新意义的一些研究发现。此外,需要提醒注意的是,针对研究假设的统计结果的描述,多数研究仅仅聚焦于那些具有统计显著度的结果,实际上,对那些统计学上不具有显著度的结果,也应该对重要自变量或核心控制变量对因变量影响的方向做出说明和解释。另外一个容易忽视的问题是,一些量化研究论文仅仅对统计结果做出说明,但是并没有进一步对结果做出理论解释,特别是对自变量与因变量之间的因果机制没有做出合理的诠释。

结论与探讨部分对于本文的四个核心假设的证实或证伪结果进行总结,得出论文的结论:强关系假设继续有效,弱关系假设的解释力不强。权力维续假设和机制共存假设得到了更广泛的证明,与权力维续假设相悖的市场化假设也得到了一定程度的证明,但是权力维续是主线,市场化是副线。劳资双方的信任机制、规范机制、监督机制等存在很大的漏洞,需要人情网络或强关系来补充的

证据证实了转型时期存在着"制度洞"。

我认为本文的得意之处在于,聚焦当时在国际社会学界有重大影响的顶尖学者格兰诺维特的"弱关系的强度"、倪志伟的"市场转型论"、白威廉(William Parish)的"政治与经济双重市场论"作为对话的目标,从他们的相关研究中推演出本文的主要研究假设并运用"社会网络与职业流动"的数据进行证实或证伪。

当然本文也存在着一定的不足或局限:由于当时上海、广州、厦门和长春四个城市的调查数据清理还没有完成,该文仅仅使用了天津一个城市的数据,一个北方经济重镇的数据在多大程度上能够代表当时的中国城市,需要进一步讨论;本文并没有明确界定和测量"体制洞"的概念,也没有用量化工具分析社会网络对体制洞的弥补作用;此外,本文也没有用量化方法回答社会网络是阻碍还是促进了劳动力配置的最优化问题。

美貌与地位：中国人婚姻中的匹配与交换[*]

许 琪[**]

摘要：婚姻关系中是否存在外貌—地位交换以及其他更加一般化的婚姻交换，这个议题在近年来引起了学术界的广泛争论。在回顾相关学术争论的基础上，本文对匹配与交换间的关系以及"婚姻交换论"的成立条件进行了深入的思考。通过对2010—2018年五期CFPS数据的深入分析，本研究并未发现中国人的婚姻关系中存在明显的外貌—地位交换，即便是人们通常认为的"男才女貌"式的婚姻交换也很少发生。但教育、职业、收入和家庭背景这四个地位特征之间在婚姻中存在较为明显的交换，主要是因为这四个特征的同质性较强，而越同质的特征之间越可能发生交换。因此，"婚姻交换论"是否成立取决于特征之间的相似性或可替代性，全盘否定或全盘肯定该理论的做法都是不正确的。

关键词：婚姻交换论；外貌—地位交换；匹配；异质婚

一、引　言

"社会交换论"是当代社会学的主要理论流派之一，在数十年的理论发展过

---

[*] 原载《社会》2021年第6期。
[**] 许琪，男，博士，南京大学社会学院副教授，美国密歇根大学访问学者，江苏省"社科优青"获得者。主要研究人口社会学、家庭社会学等。在《社会学研究》、《社会》、*Chinese Sociological Review*、*Demographic Research* 等中英文期刊上发表学术论文30余篇，著有教材《Stata数据管理教程》(2021)。曾主持国家社科基金项目、中国博士后科学基金项目等。

程中,它已被用于分析社会生活与人际关系的方方面面。① "婚姻交换论"就是用"社会交换论"来解释婚姻关系的产物。该理论认为,婚姻的缔结过程涉及男女双方为满足最大效用而对有价资源进行的交换。用古德的话来说,"所有的求爱体系都是市场或者交换系统"。② 在具体研究中,"婚姻交换论"最早由戴维斯和莫顿提出。③ 他们认为,美国黑人与白人间的通婚更可能发生在社会经济地位较高的黑人与社会经济地位较低的白人之间,即存在所谓的种族—地位交换。除此之外,男性工作能力与女性家务能力之间的交换和男性社会经济地位与女性外貌之间的交换也是现有研究讨论较多的婚姻交换现象。④

虽然"婚姻交换论"已被普遍用于解释各式各样的婚姻行为,但近年来,一些学者对该理论的适用性提出了质疑,并在《美国社会学评论》(*American Sociological Review*)和《美国社会学杂志》(*American Journal of Sociology*)这两本社会学顶级刊物上展开了两场旷日持久的论战,本文研究的外貌—地位交换议题就是其中之一。婚姻中的外貌—地位交换最早由埃尔德提出,并在后续研究中得到进一步发展。⑤ 2014 年,麦科林托克在《美国社会学评论》上发表的一篇文章却提出了截然不同的观点。⑥ 她认为,现有研究只考虑了伴侣间外貌与地位的关系,忽视了个体内部外貌与地位的强相关性,因此错将夫妻双方外貌与外貌的匹配,地位与地位的匹配当成一方外貌与另一方地位的交换。2017 年,支持外貌—地位交换的葛立克森在《美国社会学评论》上发表了对麦科林托克文章的批评,认为麦科林托克的研究在概念定义和分析方法上都存在严重问题,因而不足以推翻外貌—地位交换理论。⑦ 作为回应,麦科林托克同年在《美国社会学评论》又

---

① Homans, George C., 1958. "Social Behavior as Exchange." *American Journal of Sociology*, 63(6): 597—606. Blau, Peter M., 1964. *Exchange and Power in Social Life*. New York: Wiley.

② Goode, William J., 1970. *World Revolution and Family Patterns*. New York: Free Press.

③ Davis, Kingsley., 1941. "Intermarriage in Caste Societies." *American Anthropologist*, 43(3): 376—395. Merton, Robert K., 1941. "Intermarriage and the Social Structure: Fact and Theory." Psychiatry(4): 361—374.

④ Becker, Gary S., 1991. *A Treatise on the Family*, Expanded ed. Cambridge: Harvard University Press.

⑤ Elder, Glen., 1969. "Appearance and Education in Marriage Mobility." *American Sociological Review* 34(4): 519—533. Taylor, Patricia A. and Norval D. Glenn., 1976. "The Utility of Education and Attractiveness for Females' Status Attainment through Marriage." *American Sociological Review*, 41(3): 484—498.

⑥ McClintock, Elizabeth A., 2014. "Beauty and Status: The Illusion of Exchange in Partner Selection?" *American Sociological Review*, 79(4): 575—604.

⑦ Gullickson, Aaron., 2017. "Comments on Conceptualizing and Measuring the Exchange of Beauty and Status." *American Sociological Review*, 82(5): 1093—1099.

补充发表了一篇文章,一一辩驳了葛立克森的指责。① 尽管这三篇文章从理论到方法都对婚姻中的外貌—地位交换问题进行了深入探讨,但依旧没能得到统一的答案,学术界依然对外貌—地位交换是否真实存在、社会交换论能否解释婚姻双方的外貌—地位关系等问题各执一词。

与国外学者对相关问题的激烈争论不同,"婚姻交换论"在国内并未引起足够关注。虽有学者在研究综述中介绍了国外学者对相关问题的争论②,但国内学者对婚姻匹配的研究仍以分析同质婚的模式和变迁为主③,不仅异质婚中的外貌—地位交换未能得到足够重视,对"婚姻交换论"的一般性讨论也很少有研究涉及。本文希望在这方面有所突破,即本文致力于探究中国人婚姻中的外貌—地位交换和其他形式的交换,以此检验"婚姻交换论"的适用性,进而借助中国的数据为世界性难题提供解决思路。

除了上述理论价值,婚姻中的外貌—地位交换也是一个与性别平等密切相关的重要议题。事实上,已有的支持外貌—地位交换的研究大都专述女性用外貌换取男性社会经济地位的现象,这种现象得以存在的隐含假设是根深蒂固的性别不平等观念。④ 在一个期待男性承担更多经济义务而女性承担更多家庭义务(及性义务)的性别分工体系中,女性的外貌(性吸引力)与男性的社会经济地位之间发生交换是一种较为"合理"的推断。如果真是如此,那么中国将为检验该理论提供一个绝佳的土壤。众所周知,中国的父权制家庭传统长期存在,"男主外、女主内"的传统性别分工深刻影响着中国人的观念和行为,也同样深刻影响着人们对婚配对象的选择。⑤ 因此,我们预计外貌—地位交换(特别是女性用外貌换取男性社会经济地位的现象)在中国将表现得更加明显。如果在中国仍无法发现这种交换,那么该理论的适用性就更加值得怀疑。

---

① McClintock, Elizabeth A., 2017. "Support for Beauty-Status Exchange Remains Illusory." *American Sociological Review*, 82(5): 1100—1110.
② 马磊、袁浩、顾大男:《婚姻匹配研究:理论与实证》,《人口与经济》2019年第3期,第1—15页。
③ 李煜:《婚姻匹配的变迁:社会开放性的视角》,《社会学研究》2011年第4期,第122—136页。齐亚强、牛建林:《新中国成立以来我国婚姻匹配模式的变迁》,《社会学研究》2012年第1期,第106—129页。石磊:《新中国成立以来教育婚姻匹配的变迁》,《人口研究》2019年第6期,第90—104页。
④ Elder, Glen., 1969. "Appearance and Education in Marriage Mobility." *American Sociological Review*, 34(4): 519—533. Taylor, Patricia A. and Norval D. Glenn. 1976. "The Utility of Education and Attractiveness for Females' Status Attainment through Marriage." *American Sociological Review*, 41(3): 484—498.
⑤ 杨菊华:《近20年中国人性别观念的延续与变迁》,《山东社会科学》2017年第11期,第62—73页。

同时,我们也注意到,中国的性别不平等正处于快速变迁过程中。在当代中国,女性在教育获得上已经赶上甚至超过男性①,在职业发展和对家庭的经济贡献方面,女性也承担着非常重要的角色。② 在此背景下,中国女性是否仍通过外貌来换取男性的社会经济地位,以及是否存在男性通过外貌来换取女性社会经济地位的现象,都是值得深入研究的问题,对于探究当代中国的性别不平等问题也具有重要的现实意义。

二、文献回顾

（一）婚姻匹配与同质婚

婚姻匹配是关于"谁与谁结婚"的研究,研究者往往借助夫妻双方在年龄、地域、民族、宗教、教育、职业、家庭背景等维度上的关联模式来探究婚姻市场上的匹配过程。③ 大量的研究发现,无论在中国还是西方国家,夫妻双方在诸多社会经济特征和人口特征上的同质性匹配是婚姻匹配的主流,这种婚姻常被称作"同质婚"。④ 与之相对,夫妇双方在社会经济特征与人口特征上相差较大的婚姻被称作"异质婚"。⑤

由于同质婚是婚姻匹配的主流,国内外学者对同质婚的关注度明显更高。很多研究指出,同质婚的形成可以从偏好与结构两个角度进行解释。⑥ 首先,从偏好的角度来说,个体倾向于寻找与自己有相同价值、品味、兴趣爱好、生活方式

---

① 叶华、吴晓刚,《生育率下降与中国男女教育的平等化趋势》,《社会学研究》2011 年第 5 期,第 153—177 页。吴愈晓,《中国城乡居民教育获得的性别差异研究》,《社会》2012 年第 4 期,第 119—144 页。

② Wu, Yuxiao and Dongyang Zhou., 2015. "Women's Labor Force Participation in Urban China, 1990—2010." *Chinese Sociological Review*, 47(4): 314—342.

③ Kalmijn, Matthijs., 1998. "Intermarriage and Homogamy: Causes, Patterns, Trends." *Annual Review of Sociology*, 24(1): 395—421. Blossfeld, Hans-Peter., 2009. "Educational Assortative Marriage in Comparative Perspective." *Annual Review of Sociology*, 35(1): 513—530. Schwartz, Christine R., 2013. "Trends and Variation in Assortative Mating: Causes and Consequences." *Annual Review of Sociology*, (39): 451—470. 马磊、袁浩、顾大男,《婚姻匹配研究:理论与实证》,《人口与经济》2019 年第 3 期,第 1—15 页。

④ 高颖、张秀兰,《北京市近年婚配状况的特征及分析》,《中国人口科学》2011 年第 6 期,第 62—73 页。李煜,《婚姻匹配的变迁:社会开放性的视角》,《社会学研究》2011 年第 4 期,第 122—136 页。齐亚强、牛建林,《新中国成立以来我国婚姻匹配模式的变迁》,《社会学研究》2012 年第 1 期。

⑤ Kalmijn, Matthijs., 1998. "Intermarriage and Homogamy: Causes, Patterns, Trends." *Annual Review of Sociology*, 24(1): 395—421.

⑥ Schwartz, Christine R., 2013. "Trends and Variation in Assortative Mating: Causes and Consequences." *Annual Review of Sociology*, (39): 451—470.

的结婚对象,这导致拥有相似社会身份或属于同一社会阶层的人更可能结婚。[①]此外,另一种关于择偶偏好的理论认为,人们偏好在各个特征上均优于自己的结婚对象。但是,婚姻市场上的激烈竞争最终导致人们只能与具有相似特征的人结婚。[②]

其次,从结构的角度来说,学者们讨论了很多影响同质婚的结构性因素。[③]一些研究指出,社会交往的同质性和居住隔离等结构性因素大大提高了有相同特征的人的交往机会,因而增大了同质婚产生的概率。[④]此外,第三方的干预也是已有研究讨论较多的对同质婚有重要影响的结构性因素。在西方国家,很多研究分析了宗教群体的干预对宗教同质婚的影响。在中国,学者们讨论较多的是家庭。例如,田丰和戴维斯[⑤]发现,通过父母介绍达成的婚姻更可能在各方面表现出同质性匹配的特征,这在一定程度上验证了第三方干预的影响。

除了分析同质婚产生的原因,现有研究还从多个角度分析了同质婚的变动趋势。以中国为例,很多学者结合中国的社会经济背景,从教育[⑥]、户籍[⑦]、年龄[⑧]、家庭背景[⑨]等角度分析了同质婚随时间的变迁,并讨论了这种变迁对社会不平等和社会开放性的影响。此外,也有不少研究分析了同质婚对婚姻满意度[⑩]、离婚风险[⑪]、代际流动[⑫]、收入不平等[⑬]的影响。这些研究发现,婚姻的同质

[①] 马磊:《偏好与结构——同质婚的形成机制研究》,《北京社会科学》2019年第8期,第77—86页。
[②] Hitsch Günter J., Ali Hortacsu, and Dan Ariely., 2010. "Matching and Sorting in Online Dating." *American Economic Review*, 100(1): 130—163.
[③] 马磊、袁浩、顾大男:《婚姻匹配研究:理论与实证》,《人口与经济》2019年第3期,第1—15页。
[④] Kalmijn, Matthijs, 1998. "Intermarriage and Homogamy: Causes, Patterns, Trends." *Annual Review of Sociology*, 24(1): 395—421.
[⑤] Tian, Felicia F. and Deborah S. Davis., 2019. "Reinstating the Family: Intergenerational Influence on Assortative Mating in China." *Chinese Sociological Review*, 51(4): 337—364.
[⑥] 李煜:《婚姻的教育匹配:50年来的变迁》,《中国人口科学》2008年第3期,第73—79页。石磊:《新中国成立以来教育婚姻匹配的变迁》,《人口研究》2019年第6期,第90—104页。
[⑦] 王丰龙、何深静:《中国劳动力婚姻匹配与婚姻迁移的空间模式研究》,《中国人口科学》2014年第3期,第88—94页。Qian, Yue and Zhenchao Qian., 2017. "Assortative Mating by Education and Hukou in Shanghai." *Chinese Sociological Review*, 49(3): 239—262.
[⑧] Mu, Zheng and Yu Xie., 2014. "Marital Age Homogamy in China: A Reversal of Trend in the Reform Era?" *Social Science Research*, (44): 141—157.
[⑨] 李煜:《婚姻匹配的变迁:社会开放性的视角》,《社会学研究》2011年第4期,第122—136页。齐亚强、牛建林:《新中国成立以来我国婚姻匹配模式的变迁》,《社会学研究》2012年第1期,第106—129页。
[⑩] 王杰、李姚军:《教育婚姻匹配与婚姻满意度》,《中国人口科学》2021年第3期,第52—63页。
[⑪] 陆益龙:《"门当户对"的婚姻会更稳吗?——匹配结构与离婚风险的实证分析》,《人口研究》2009年第2期,第81—91页。
[⑫] 许志、刘文翰、徐舒:《婚姻市场正向匹配如何影响代际流动?》,《经济科学》2019年第5期,第93—103页。
[⑬] 李代:《教育的同型婚姻与中国社会的家庭工资收入不平等:1996—2012》,《社会》2017年第3期,第103—130页。

性匹配不仅会影响微观的婚姻家庭生活,还会对宏观层面的社会不平等产生持续而广泛的影响。

（二）异质婚中的婚姻交换

相较于对同质婚的各种研究,国内学者对异质婚的关注很少。一些学者指出,中国人婚姻中存在较为普遍的女性在社会经济地位上高攀男性的现象,即存在女性相对于男性的"上迁婚"①。在"上迁婚"中,又以男性在社会经济特征上比女性高一个等级最为普遍,这被一些学者称为"梯度婚"②。学者们普遍认为,中国根深蒂固的性别不平等结构是导致"上迁婚"和"梯度婚"的主要原因。但是,这种跨越不同社会阶层的异质婚中是否存在婚姻交换,特别是外貌与地位之间的交换,已有研究很少提及。

如前所述,"婚姻交换论"是一种通过"社会交换论"来解释异质婚形成机制的理论。该理论认为,婚姻中的一方会利用占优势的某个特征非正式地换取另一方占优势的另一个特征,通过婚姻交换形成的婚姻也被称作"交换婚"③。

"婚姻交换论"起源于默顿和戴维斯对美国跨种族通婚问题的开创性研究。④ 他们通过深入的田野调查发现,美国白人与黑人间的通婚更可能发生在受教育程度较高的黑人与受教育程度较低的白人之间。因为在婚姻市场上,白人的种族身份和较高的受教育程度都是有价资源,黑人要想与地位更高的白人结婚就必须在教育方面妥协,即被迫接受一个受教育程度较低的白人配偶。此后,很多学者使用更有代表性的数据和更加精巧的统计模型对默顿和戴维斯提出的种族—地位交换理论进行了更加严格的检验。例如,卡尔敏⑤和钱振超⑥分别使用美国婚姻登记数据和人口普查数据发现,美国白人在与黑人通婚时更可能在受教育程度上低就,而很少高攀,这直接验证了默顿和戴维斯的理论。随

---

① 张翼:《中国当前的婚姻态势及变化趋势》,《河北学刊》2008年第3期,第6—12页。
② 高颖、张秀兰:《北京市近年婚配状况的特征及分析》,《中国人口科学》2011年第6期,第62—73页。
③ Gullickson, Aaron and Florencia Torche., 2014. "Patterns of Racial and Educational Assortative Mating in Brazil." *Demography*, 51(3): 835—856.
④ Davis, Kingsley., 1941. "Intermarriage in Caste Societies." *American Anthropologist*, 43(3): 376—395. Merton, Robert K., 1941. "Intermarriage and the Social Structure: Fact and Theory." *Psychiatry*, (4): 361—374.
⑤ Kalmijn, Matthijs., 1993. "Trends in Black/White Intermarriage." *Social Forces*, 72(1): 119—146.
⑥ Qian, Zhenchao., 1997. "Breaking the Racial Barriers: Variations in Interracial Marriage between 1980 and 1990."*Demography*, 34(2): 263—276.

后,福康①和葛立克森②通过严谨的对数线性模型再次证实美国跨种族通婚中存在地位交换现象。

除了种族—地位交换,"婚姻交换论"的另一个应用场景是外貌与地位间的交换,特别是女性通过外貌换取男性社会经济地位的现象。1969 年,埃尔德率先提出了这一观点,他发现貌美的女性更可能与职业地位较高的男性结婚,证实了婚姻中存在外貌—地位交换。③ 此后,很多学者使用其他数据对这一观点进行了检验,且都得到了与埃尔德一致的研究发现。④ 因此,(女性)外貌与(男性)地位间的交换成为支持"婚姻交换论"的另一个重要证据。

(三)对"婚姻交换论"的争论

虽然"婚姻交换论"在种族—地位交换与外貌—地位交换等多个模式中得到证实,但近年来,一些学者对该理论提出了严厉的批评,以致在《美国社会学杂志》和《美国社会学评论》这两本社会学顶级期刊上爆发了两场旷日持久的学术论战。

1. 罗森菲尔德对种族—地位交换的挑战

第一场争论起始于罗森菲尔德对种族—地位交换理论的挑战。罗森菲尔德反驳了跨种族婚姻中黑人通过较高的社会经济地位交换白人种族身份的观点。⑤ 他发现,在大多数跨种族婚姻中,黑人与白人的社会经济地位是相同的,而已有的研究在三个方面误认了种族—地位交换。第一,误将种族差异背景下的教育同质婚当成种族—地位交换婚。部分研究将受教育水平较高的黑人与白人通婚的概率与受教育水平较低的黑人与白人通婚的概率进行比较,得到受教育水平越高的黑人越可能和白人通婚的结论。但是,由于黑人整体受教育程度

---

① Fu, Vincent K., 2001."Racial Intermarriage Pairings." *Demography*, 38(2): 147—159.
② Gullickson, Aaron., 2006. "Education and Black-White Interracial Marriage." *Demography*, 43 (4): 673—689.
③ Elder, Glen., 1969."Appearance and Education in Marriage Mobility." *American Sociological Review*, 34(4): 519—533.
④ Taylor, Patricia A. and Norval D. Glenn., 1976."The Utility of Education and Attractiveness for Females' Status Attainment through Marriage." *American Sociological Review*, 41(3): 484—498. Carmalt, Julie H., John Cawley, Kara Joyner, and Jeffery Sobal., 2008. "Body Weight and Matching with a Physically Attractive Romantic Partner." *Journal of Marriage and Family*, 70(5): 1287—1296. Bjerk, David. 2009. "Beauty vs. Earnings: Gender Differences in Earnings and Priorities over Spousal Characteristics in a Matching Model." *Journal of Economic Behavior and Organization*, 69 (3): 248-259.
⑤ Rosenfeld, Michael J., 2005. "A Critique of Exchange Theory in Mate Selection." *American Journal of Sociology*, 110(5): 1284—1325.

较低,这会导致与白人通婚的黑人是黑人中受教育程度较高者,而与黑人通婚的白人是白人中受教育程度较低者,从而造成种族—地位交换的假象。第二,误将婚姻中的性别差异当成了交换。部分研究将跨种族婚姻中黑人一方与白人一方的受教育程度进行比较,得到黑人一方的受教育程度总是高于白人一方的结论,却忽略了跨种族婚姻中几乎都是黑人丈夫与白人妻子的结合。由于婚姻梯度的存在,丈夫的受教育程度往往高于妻子,而跨种族婚姻中妻子与丈夫在受教育程度上的差异并不比其他婚姻大。第三,已有研究总是选择性地报告能证明交换存在的模型分析结果。罗森菲尔德指出,在多个不同的模型组合中,只有少数几个特定的模型显示交换的存在。在计算机的帮助下,研究者似乎总是可以在无数个模型设定中选出最"称心如意"的那一个。

葛立克森①和福康及卡尔敏②对前述罗森菲尔德的文章进行了回应。葛立克森和福康指出,罗森菲尔德错误地将种族和夫妻受教育程度间的三维交互项作为控制变量纳入模型,事实上,这个三维交互项本身就包含了种族—地位交换的成分,所以罗森菲尔德对模型的设定和解读都是错误的。他们还指出,黑人男性和白人女性之间的交换效应要远强于白人男性与黑人女性,因此应该对其分别进行测量。卡尔敏则对罗森菲尔德总结前人研究时所发现的简单模型和复杂模型之间结论的明显差异进行了评论。他指出,种族和性别不平等在教育分布上造成的结果是与交换效应相反的,而简单的列联表分析不能控制样本的边缘分布,故而造成了交换效应的不显著。因此,虽然对数线性模型使得模型更难理解,却因能够控制不同性别、不同受教育程度者的边缘分布而更适合用来测量交换。③

罗森菲尔德很快回应了这些批评。④ 他认为,葛立克森和福康所说的三维交互项的误设问题是不存在的,而卡尔敏的模型设定也有严重的问题。他总结道,这两篇批评性的文章充分说明,社会科学研究者完全可能通过选择"更适合"的模型来得到"更恰当"的结果,而无视模型的拟合效果,因此,对他的上述批评

---

① Gullickson, Aaron and Vincent K. Fu., 2010. "Comment: An Endorsement of Exchange Theory in Mate Selection." *American Journal of Sociology*, 115(4): 1243—1251.

②③ Kalmijn, Matthijs., 2010. "Educational Inequality, Homogamy, and Status Exchange in Black-White Intermarriage: A Comment on Rosenfeld." *American Journal of Sociology*, 115(4): 1252—1263.

④ Rosenfeld, Michael J., 2010. "Still Weak Support for Status-Caste Exchange: A Reply to Critics." *American Journal of Sociology*, 115(4): 1264—1276.

并没有充分的根据。

2. 麦科林托克对外貌—地位交换理论的挑战

正当学者们就种族—地位交换是否存在争得不可开交之时,另一场关于婚姻交换的争论很快在《美国社会学评论》上爆发。正如前文所言,这场争论起始于麦科林托克对外貌—地位交换理论的挑战。[①] 她指出,以往支持外貌—地位交换的研究都忽视了夫妻双方各自的外貌与地位间的强相关性,因而错误地把外貌与外貌、地位与地位的匹配当成一方的外貌与另一方地位的交换。为了解决这一问题,她分别报告了差分模型,进行充分统计控制的多元线性回归模型,控制了边缘分布的对数线性模型。数据结果显示,在排除匹配的影响之后,交换只在少数测量方式或仅在恋爱而非婚姻样本中显著存在。

葛立克森对麦科林托克的文章进行了批评。[②] 首先,他将差分模型与线性回归模型进行对比,认为差分模型是把男性的教育与女性的教育,以及男性的外貌和女性的外貌视为同价的,而这实际上错误地理解了"交换"的概念。因此,他提出交换应该考虑相对差异而非绝对差异,故需要在控制双方外貌和地位的基础上设定差分模型,而纳入全部控制变量后的差分模型和线性回归模型是等价的。其次,他认为麦科林托克的对数线性模型通过设定男性与女性的差异项来测量女性是否更容易用外貌交换男性地位的做法是不恰当的。如果在对数线性模型中为不同性别的交换效应设置单独的项,那么只有男性用外貌交换女性地位的系数是不显著的,而女性用外貌交换男性地位的系数是显著的,因此可以得到与以往研究完全一致的结论。

麦科林托克回应了这些批评。[③] 关于差分模型,她认为这只是对"交换"的理解不同,而她所定义的绝对水平的交换比葛立克森所说的相对水平的交换更容易理解,也更为直接。关于对数线性模型,她补充报告了不同样本下使用不同测量方式和不同设定方法的模型分析结果,并指出,即使葛立克森的批评是正确的,也不影响原文所说的婚姻中的外貌—地位交换是不稳健、不普遍的结论。

[①] McClintock, Elizabeth A., 2014. "Beauty and Status: The Illusion of Exchange in Partner Selection?" *American Sociological Review*, 79(4): 575—604.

[②] Gullickson, Aaron, 2017. "Comments on Conceptualizing and Measuring the Exchange of Beauty and Status." *American Sociological Review*, 82(5): 1093—1099.

[③] McClintock, Elizabeth A., 2017. "Support for Beauty-Status Exchange Remains Illusory." *American Sociological Review*, 82(5): 1100—1110.

三、匹配与交换：进一步的理论思考

综上所述，在这两场关于婚姻交换的学术争论中，学者们就婚姻交换的定义、测量方法和模型分析策略进行了广泛且深入的讨论。暂且抛开这些技术细节不谈，可以发现这两场争论背后实际上包含着不同学者对匹配与交换这两个基本概念的不同理解。因此，要平息这两场旷日持久的学术论战，就必须对匹配与交换的关系进行更加深入的理论思考。

（一）匹配与交换的关系

本节将要讨论的匹配（matching）指的是狭义上的匹配，即前文所述夫妻双方在各种社会经济特征与人口特征上的同质性匹配或同质婚。同质婚是婚姻匹配的主流模式，正是在此基础上，罗森菲尔德和麦科林托克提出了对"婚姻交换论"的挑战。罗森菲尔德指出，即便在跨种族婚姻中，黑人与白人在社会经济地位指标上也是以同质性匹配为主，而种族—地位交换理论无法解释这一现象。[①] 麦科林托克指出，外貌—地位交换背后是男女双方在外貌与地位两个维度上的同质性匹配，由于长相美貌的人通常地位也高，所以以往的研究误以为存在外貌与地位间的交换。[②] 由此可见，无论是罗森菲尔德还是麦科林托克，都是站在匹配的立场上批评交换，而且在二人的论述中，都将交换视为与匹配相对立的竞争性理论，因此匹配与交换是不相容的。

这种将匹配与交换相对立的观点在"婚姻交换论"的早期研究中也存在。然而，在该理论的最新发展中，学者们开始用一种全新的视角来看待匹配与交换间的关系。葛立克森和托奇明确提出了对婚姻交换的两种不同理解方式。[③] 一是相对传统的理解，认为某些婚姻缔结的基础就是交换，即有些人会有目的地利用自身的某种优势（如美貌、白人种族身份）来换取配偶的某种有优势的特征（如社会经济地位）。如果从这个角度来理解婚姻交换，那么匹配与交换自然是不相容的。

[①] Rosenfeld, Michael J., 2005. "A Critique of Exchange Theory in Mate Selection." *American Journal of Sociology*, 110(5): 1284—1325.

[②] McClintock, Elizabeth A., 2014. "Beauty and Status: The Illusion of Exchange in Partner Selection?" *American Sociological Review*, 79(4): 575—604.

[③] Gullickson, Aaron and Florencia Torche., 2014. "Patterns of Racial and Educational Assortative Mating in Brazil." *Demography*, 51(3): 835—856.

不过,葛立克森和托奇也指出,可以从另一个角度理解婚姻交换,而从这个角度来看,婚姻交换的基础依然是匹配。具体来说,这一观点认为,人们在择偶时会通盘考虑潜在结婚对象的所有特征(如种族、外貌、社会经济地位等),进而得到一个能反映其吸引力高低的总分。然后,择偶双方会以这个总分为依据做出婚配选择。因此,从这一观点来看,婚配双方在吸引力总分上依然是匹配的,但在构成吸引力总分的各分项上可以是不匹配的。由于总分依然遵循匹配原则,那么某分项上得分高者在另一个分项上的得分必然会低,这在实践中就表现为交换。因此,婚姻交换本身并不排斥匹配,只不过它强调的是吸引力总分的匹配,而不是各个特征的匹配。而前文所述的匹配论者认为,婚配双方在每个特征上都必须遵循匹配原则。因此,双方争论的焦点不在于是否承认匹配,而是匹配的层次,或者说择偶双方是否坚持在所有社会经济特征与人口特征上的精确匹配。

(二)婚姻交换的条件

如果沿用葛立克森和托奇对"婚姻交换论"的当代理解,我们可以发现,这个理论能否成立的关键在于,人们是否会按照理论家所设想的那样对潜在结婚对象的各种社会经济特征和人口特征进行折算。换句话说,人们是否可以将外貌、种族身份、社会经济地位等不同性质的特征折算为一个统一的分数。在交换论者看来,这种折算是不成问题的,而在匹配论者看来,这种折算则是完全不可能的。我们认为,对这一问题给出全盘肯定或全盘否定的答案都过于武断,因为这种折算的难度与可行性在很大程度上取决于具体的特征。基于越同质的特征越可能相互替代或越容易相互折算的原理,我们认为,婚姻交换更可能发生在性质接近的特征之间,而较难发生在完全不同质的特征之间。

以本文将要着重研究的外貌—地位交换为例。外貌与地位是两个差异较大的特征,前者主要满足感官上的需求,后者则主要满足物质、文化与情感沟通上的需求。正如麦科林托克所言,以教育、职业和收入为主要测量指标的社会经济地位不仅在很大程度上决定个人的阶层归属,而且深刻影响着人们的品位、生活方式和价值观念。[①] 现代婚姻非常强调配偶在经济和情感沟通方面的职能,所以,社会经济地位的匹配在婚姻缔结过程中扮演着极为重要的角色,地位不匹配

---

① McClintock, Elizabeth A., 2014. "Beauty and Status: The Illusion of Exchange in Partner Selection?" *American Sociological Review*, 79(4): 575—604.

所带来的损失很难通过外貌来弥补。基于此,我们认为,外貌与地位间的替代性很弱,因而发生婚姻交换的可能性很小。

不过,如果我们关注同属社会经济地位的不同特征,情况则大不相同。根据韦伯的多元分层理论①,社会学家通常会从教育、职业、收入等多个维度来测量地位。② 除此之外,还有学者从先赋与自致的角度区分了不同来源的地位。③ 根据这一观点,我们在测量地位时还应考虑受访者的家庭背景特征。虽然教育、职业、收入和家庭背景同属于地位因素,但它们之间也有重要区别,因而根据匹配论者的观点,我们需要分别研究夫妻双方在每个地位特征上的匹配。当前关于中国夫妻婚姻匹配的研究大多采用这一做法。但我们认为,这种研究取向忽视了教育、职业、收入和家庭背景等同样作为社会经济地位测量指标间的同质性或可替代性,因而,也忽视了夫妻双方在这些指标之间进行婚姻交换的可能性。本研究对中国夫妻在不同地位测量指标上的婚姻交换现象的分析有助于弥补现有研究的不足。

四、研 究 假 设

基于上文对"婚姻交换论"及其学术争论的相关介绍以及本文对"婚姻交换论"成立条件的理论思考,本研究提出四个研究假设。

首先,"婚姻交换论"认为,所有能够提高个人在婚姻市场吸引力的特征之间都具有可替换性,因而可以用来交换潜在配偶在其他方面具有优势的特征。基于该理论,即便是不同质的特征(如外貌与地位)也是可交换的,因此提出以下研究假设。

假设1:中国夫妻中存在一方用外貌换取另一方地位的婚姻交换现象。

其次,考虑到中国根深蒂固的性别不平等,以及国外研究大多认为外貌—地位交换主要是女性通过外貌换取男性地位,我们进一步提出以下研究假设。

---

① 李强:《社会分层十讲》,社会科学文献出版社2008年版。
② 李春玲:《当代中国社会的声望分层——职业声望与社会经济地位指数测量》,《社会学研究》2005年第2期,第74—102页。谢桂华:《"农转非"之后的社会经济地位获得研究》,《社会学研究》2014年第1期,第40—56页。田丰:《逆成长:农民工社会经济地位的十年变化(2006—2015)》,《社会学研究》2017年第3期,第121—143页。
③ Blau, Peter M. and Otis D. Duncan., 1967. *The American Occupational Structure*. New York: Wiley.

假设2：在中国夫妻中，女性通过外貌换取男性地位的现象要比男性通过外貌换取女性地位的现象更为普遍。

再次，基于匹配论者对"婚姻交换论"的批评，外貌—地位交换的主要原因是夫妇双方在外貌与外貌、地位与地位上的同质性匹配以及同一个人在外貌与地位上的强相关性，因此我们提出以下与假设1和假设2完全相悖的研究假设。

假设3：在进行充分的统计控制之后，外貌—地位交换的强度会大幅下降，甚至完全消失。

最后，基于上文对"婚姻交换论"成立条件的讨论，我们认为，婚姻交换更可能发生于同质性较高的特征（如不同地位测量指标）之间，而不太可能出现在不同质的特征（如外貌与地位）之间，因此提出以下研究假设。

假设4：在进行充分的统计控制之后，不同地位测量指标间的交换依然显著存在，而外貌与地位间的交换则趋于消失。

五、数据、变量与模型

（一）数据

本文使用"中国家庭追踪调查"（China Family Panel Studies，以下简称CFPS）数据进行研究。CFPS是由北京大学中国社会科学调查中心负责设计实施的一项大型综合性社会调查，它采用了内隐分层、多阶段、概率与规模成比例（PPS）的抽样方法，样本覆盖了除香港、澳门、台湾、新疆、内蒙古、宁夏、青海和海南之外的其他25个省区，覆盖面约占中国大陆总人口的95%。CFPS在2010年正式启动，并在2012年、2014年、2016年和2018年对初访样本进行了四轮追踪调查。本文将使用从2010年开始的全部五轮调查数据。

就本研究而言，CFPS的优势在于：第一，该调查详细询问了受访者在教育、职业、收入和家庭背景等维度上的地位特征，且通过访问员评价的方式测量了受访者的外貌，因而满足本研究对变量的所有需求；第二，该调查对同一户中的所有受访者都进行了访问，因而通过夫妻匹配，我们可以获得夫妻双方的各项指标。

在具体研究时，考虑到夫妻双方的地位和外貌均会随时间发生变化，为了尽可能准确地测量夫妻在结婚时的地位与外貌，我们仅选取了2009年以后结婚的夫妻进行研究，且使用与结婚年份最接近的一轮调查数据作为测量。具体来说,2009 年至 2010 年结婚的夫妻数据取自 2010 年调查,2011 年至 2012 年结婚的夫妻数据取自 2012 年调查,依此类推。如果夫妻在某个测量指标上有缺失,则采用相邻年份的调查数据填补缺失值。① 在保留所有匹配成功且在所有变量上数据均完整的夫妻之后,进入分析的样本包含 2 512 对夫妻。

（二）变量

本研究的核心变量是夫妻双方的外貌与地位。参照麦科林托克②和葛立克森③的做法,本研究使用访问员对受访者外貌的评分作为外貌的测量。尽管这种测量方式不可避免地存在主观性,但国外的很多研究发现,他评外貌具有很高的交互信度④,因此在以往关于外貌—地位交换的研究中被广泛使用。CFPS 在历年调查问卷中均要求访问员按 1—7 分对受访者的外貌评分,评分越高意味着外貌越好。在线性回归分析时,我们沿用了原始的 7 分类测量,并将之当作连续变量使用。在进行对数线性模型分析时,我们将观测频数较少的 1—4 分合并,得到一个四分类的外貌变量。为了检验 CFPS 数据中的他评外貌是否稳定一致,我们计算了不同调查年份对同一受访者外貌测量结果的信度系数。结果显示,2010 年和 2012 年不同访问员对同一受访者外貌评分的皮尔逊相关系数为 0.60,2012 年与 2014 年为 0.54,2014 年与 2016 年为 0.61,2016 年与 2018 年为 0.61。这些相关系数均在 $p<0.001$ 的显著性水平上通过了统计检验。此外,我们还综合 2010—2018 年五轮 CFPS 数据,计算了五轮外貌测量值的总体信度系数,结果显示,五轮外貌评分的科隆巴赫 α 系数为 0.84,达到了一般分析的要求。综合这些结果,我们认为,不同轮次间对同一受访者外貌的测量结果是比较稳健的。

此外,考虑到他评外貌不可避免地存在一些主观成分,我们还使用体质指数(BMI)和年龄这两个相对客观的指标对外貌进行间接测量。分析发现,无论是使用他评外貌,还是相对客观的间接测量指标,研究结论都不变。下文将以他

---

① 可用于填补的数据在时间跨度上不能超过 2 轮。举例来说,2012 年数据中的缺失值可以用 2010 年和 2014 年数据填补,但不可以用 2016 年和 2018 年数据,这样可以尽可能准确地获得夫妻结婚时的特征。

② McClintock, Elizabeth A., 2014. "Beauty and Status: The Illusion of Exchange in Partner Selection?" *American Sociological Review*, 79(4): 575—604.

③ Gullickson, Aaron., 2017. "Comments on Conceptualizing and Measuring the Exchange of Beauty and Status." *American Sociological Review*, 82(6): 1093—1099.

④ Langlois, Judith H., Lisa Kalakanis, Adam J. Rubenstein, Andrea Larson, Monica Hallam, and Monica Smoot., 2000. "Maxims or Myths of Beauty? A Meta-Analytic and Theoretical Review." *Psychological Bulletin*, 126(3): 390—423.

评外貌的分析结果为主,并在稳健性检验部分报告基于体质指数和年龄的分析结果。

对于受访者的地位,以往研究并没有统一的测量标准。很多研究使用教育作为地位的测量指标,也有学者从职业或收入的角度测量受访者的地位。麦科林托克认为,如果外貌—地位交换是普遍存在的,那么这种交换应该在各种地位测量指标中均得以体现,所以研究者应当综合使用多种测量方式。本研究采纳了麦科林托克的建议,即从教育、职业和收入三个维度测量地位,以充分检验研究结论的稳健性。①

首先,教育既可通过受教育年限这一连续变量来测量,也可通过受教育程度这一分类变量来测量。本研究根据模型要求采用了不同的测量方法:对于线性回归,采用连续取值的受教育年限;而在对数线性模型中,则采用受教育程度。受教育程度分四类:"小学及以下""初中""高中/职高/技校""大专及以上"。

其次,与教育相同,职业也可通过连续(职业声望得分)和分类(职业类别)两种方式测量。由于CFPS在部分年份的数据中没有提供国际职业标准码,使我们无法获得职业声望得分,因此本研究采用分类变量的方式测量职业。具体分为四类:"农民和无业者""生产工人""商业服务业人员和办事人员""专业技术人员和管理人员"。在这四类中,农民和无业者的职业地位最低,而专业技术人员和管理人员的职业地位最高。

最后,收入包括个人获得的家庭经营收入和受雇劳动收入。参照以往研究,我们在线性回归时对收入做了对数变换。此外,考虑到对数线性模型要求所有变量均为分类变量,我们以丈夫收入的25%分位数、50%分位数和75%分位数为分割点,将夫妻双方的收入重新编码为两个四分类变量。还要说明的一点是,CFPS数据中收入的缺失值较多,因此,我们采用多重插补法(multiple imputation)对收入的缺失值进行插补。分析结果显示,无论是采用例删法(casewise deletion)还是多重插补法,分析结果不变。下文将同时汇报基于例删法和多重插补法的模型分析结果。②

除了上述三个在国外研究中常用的地位指标之外,本研究还考虑了夫妻的

---

① McClintock, Elizabeth A., 2014. "Beauty and Status: The Illusion of Exchange in Partner Selection?" *American Sociological Review*, 79(4): 575—604.
② 对数线性模型只汇报了基于多重插补后的分析结果,因为该模型要求列联表各单元格的观测频数不能过于稀疏,因此我们仅使用了多重插补后的数据进行分析。

家庭背景。在中国的社会背景下,"门当户对"是一个非常重要的择偶标准①,且家庭背景在一定程度上也可作为受访者先赋性地位的一个测量指标。具体来说,本文使用父母的最高受教育程度测量家庭背景,具体分四类:"文盲""小学""初中""高中及以上"。另外,考虑到父母教育变量存在一定程度的缺失值,我们还增加了一个类别,标识父母最高受教育程度是否缺失。

最后,在线性回归分析时,本研究还控制了夫妻双方的出生年与结婚年,这些变量均可直接从CFPS数据中获得。

(三)模型

在现有研究中,学者们曾使用三种方法分析婚姻交换:一是线性回归,二是差分模型,三是对数线性模型。② 葛立克森认为,差分模型仅能分析基于绝对差异的婚姻交换,而无法研究基于相对差异的婚姻交换,因此,我们没有使用差分模型,而是使用线性回归和对数线性模型这两种相对成熟且学界公认的分析方法。③

与对数线性模型相比,线性回归的好处是能非常方便地纳入很多控制变量,其缺陷在于对关键变量(如外貌和地位)边缘分布的控制不够充分。考虑到线性回归是一种较为常见的统计分析方法,我们不再过多介绍。

与线性回归相比,对数线性模型能够对各变量的边缘分布进行更好的统计控制,但该模型的设定比较复杂,且相关研究对于如何设定模型才能更好地验证婚姻交换争议较大。本研究采用的是葛立克森推荐的模型设定方法。实际上,麦科林托克和葛立克森的模型除了在分性别的婚姻交换项上略有差异之外,其他是完全一样的。④ 我们也使用了麦科林托克的模型,发现研究结论不变。

以外貌—地位交换为例,本研究使用的对数线性模型起始于以下基准模型:

$$\log(F_{ijkl}) = \lambda + \lambda_i + \lambda_j + \lambda_k + \lambda_l + \lambda_{ik} + \lambda_{jl} + \lambda_{ij} + \lambda_{kl}$$

其中,F 是单元格的观测频数,它包含四个下标:i 代表"丈夫的外貌",j 代表"妻子的外貌",k 代表"丈夫的地位",l 代表"妻子的地位"。F_{ijkl} 经过对数变换,

---

① 李煜:《婚姻匹配的变迁:社会开放性的视角》,《社会学研究》2011年第4期,第122—136页。
② McClintock, Elizabeth A., 2014. "Beauty and Status: The Illusion of Exchange in Partner Selection?" *American Sociological Review*, 79(4): 575—604.
③ Gullickson, Aaron., 2017. "Comments on Conceptualizing and Measuring the Exchange of Beauty and Status." *American Sociological Review*, 82(5): 1093—1099.
④ 麦科林托克通过在模型中纳入性别与婚姻交换项的交互项来检验性别差异,而葛立克森则为男性和女性分别设定了独立的婚姻交换项。

可以表示为多个参数线性相加的形式,这也是该模型被称作对数线性模型的原因。

在基准模型的各参数中,λ 代表模型截距。四个主效应 λ_i、λ_j、λ_k 和 λ_l 分别代表夫妻双方的外貌和地位对观测频数的影响,将它们纳入模型的主要目的是控制各变量的边缘分布,以排除结构性差异对关联模式的影响。除此之外,基准模型还纳入了四个二维交互项,分别代表四种关联。其中,λ_{ik} 刻画的是丈夫外貌与其自身地位的关联,λ_{jl} 刻画的是妻子外貌与其自身地位的关联。λ_{ij} 刻画的是夫妻双方在外貌上的关联,或者说外貌的同质性匹配程度。与之类似,λ_{kl} 反映的是夫妻双方在地位上的关联或地位的同质性匹配。

基准模型允许夫妻在外貌与地位两个维度上存在匹配,但没有设定交换。换句话说,基准模型是一个没有婚姻交换的模型。我们可以在此基础上纳入婚姻交换项来检验外貌—地位交换[1],可得到如下表达式:

$$\log(F_{ijkl}) = \lambda + \lambda_i + \lambda_j + \lambda_k + \lambda_l + \lambda_{ik} + \lambda_{jl} + \lambda_{ij} + \lambda_{kl} + \phi_{ijkl}$$

该模型与基准模型的唯一区别是增加了婚姻交换项 ϕ_{ijkl},它是一个四维交互项,其本质是一个二分变量:当夫妻一方的外貌得分比另一方高且地位得分比另一方低时取值为 1,否则,取值为 0。很明显,如果存在外貌—地位交换,那么 ϕ_{ijkl} 的系数将显著为正。

上述婚姻交换模型通过一个统一的参数(ϕ_{ijkl})测量婚姻交换,而没有对女性用外貌交换男性地位和男性用外貌交换女性地位加以区分。为了充分考虑可能存在的性别差异,我们在基准模型中纳入分性别的婚姻交换项,具体如下所示:

$$\log(F_{ijkl}) = \lambda + \lambda_i + \lambda_j + \lambda_k + \lambda_l + \lambda_{ik} + \lambda_{jl} + \lambda_{ij} + \lambda_{kl} + \phi_{ijkl}^F + \phi_{ijkl}^M$$

其中,ϕ_{ijkl}^F 被定义为如下二分变量:当妻子的外貌高于丈夫且地位低于丈夫时取值为 1,否则,取值为 0。与之类似,ϕ_{ijkl}^M 的定义如下:当丈夫的外貌高于妻子且地位低于妻子时取值为 1,否则,取值为 0。如果外貌地位交换主要存在于女性用外貌换取男性地位的情形中,那么预计 ϕ_{ijkl}^F 的系数将显著大于 0,而 ϕ_{ijkl}^M 的系数则与 0 无明显差异。

---

[1] Gullickson, Aaron., 2017. "Comments on Conceptualizing and Measuring the Exchange of Beauty and Status." *American Sociological Review*, 82(5): 1093—1099.

除了外貌—地位交换,本研究还使用对数线性模型分析了不同地位指标间是否存在婚姻交换,这些模型的设定方法与外貌—地位交换类似,此处不再赘述。

六、分析结果

（一）描述性统计分析

表1对本研究使用的所有变量进行了统计描述。从该表可以发现,平均而言,妻子在外貌得分上比男性略高,但在教育、职业和收入等地位指标上,妻子则呈现不同程度的劣势。样本中丈夫的平均出生年份为1985年,妻子为1987年,"男大女小"依然是中国夫妻在年龄匹配上的一个重要特征。另外,样本的平均结婚时间为2012年,所以使用该样本可以很好地反映当下中国夫妻的婚姻匹配状况。

表1 所有变量的描述性统计($N=2\,512$)

	丈夫	妻子
外貌得分	5.7(1.1)	5.8(1.1)
外貌得分分类(%)		
低	12.8	12.2
中低	26.1	24.4
中高	34.4	35.4
高	26.7	28.0
受教育年限	10.0(4.1)	9.8(4.3)
受教育程度(%)		
小学及以下	23.4	24.1
初中	35.3	35.3
高中/职高/技校	19.4	18.2
大专及以上	21.8	22.3
职业类型(%)		
农民和无业者	28.8	52.1
生产工人	36.9	8.4
商业服务业人员和办事人员	20.2	24.5
专业技术人员和管理人员	14.2	15.0
年收入(万元)	3.3(4.4)	2.1(2.5)

续 表

	丈　夫	妻　子
年收入分组(%)		
低收入组	24.7	55.9
中低收入组	25.5	22.4
中高收入组	26.5	14.5
高收入组	23.3	7.3
父母最高受教育程度(%)		
文盲	34.2	24.9
小学	32.4	22.2
初中	17.0	12.0
高中及以上	2.3	1.7
缺失值	14.1	39.3
出生年	1 985.3(7.6)	1 987.2(6.9)
结婚年	2 012.2(2.4)	2 012.2(2.4)

注：1. 对于连续变量，括号中给出的是标准差。

2. 在"农民和无业者"中，具体来说，男性无业者占 8.6%，女性占 29.2%；男性农民占 20.2%，女性占 22.9%。

表 2 描述了夫妻的外貌、教育、职业、收入间的双变量相关关系。根据丈夫与妻子不同变量的交叉组合，我们将该表分为四个子表。其中，位于左下角的子表展示的是丈夫特征与妻子特征之间的相关。可以发现，该子表对角线上的数值比其他子表数值明显更大，这在一定程度上证明了夫妻在相同特征上存在很强的相关，或者说，夫妻在各个特征上均存在较为明显的同质性匹配。此外，从该子表还可以发现，丈夫的外貌与妻子的地位，以及妻子的外貌与丈夫的地位之间也存在显著的正相关关系，所以，无论是对丈夫还是对妻子来说，都存在外貌越好配偶地位越高的现象，这在一定程度上支持了外貌—地位交换理论。但是，从位于左上角的子表和位于右下角的子表可以发现，丈夫的外貌与其自身的地位，以及妻子的外貌与其自身地位之间也存在非常显著的正相关，再加上外貌与外貌、地位与地位间的同质性匹配，我们通过双变量分析发现的外貌—地位交换可能完全是虚假的，这也是麦科林托克批评外貌—地位交换理论的主要原因。[①]

[①] McClintock, Elizabeth A., 2014. "Beauty and Status: The Illusion of Exchange in Partner Selection?" *American Sociological Review*, 79(4): 575—604.

表 2　夫妇外貌与地位指标间的双变量相关关系

	丈夫				妻子			
	外貌	教育	职业	收入	外貌	教育	职业	收入
丈夫								
外貌	1.00							
教育	0.20***	1.00						
职业	0.16***	0.45***	1.00					
收入	0.14***	0.33***	0.37***	1.00				
妻子								
外貌	0.62***	0.20***	0.12***	0.14***	1.00			
教育	0.21***	0.64***	0.41***	0.30***	0.24***	1.00		
职业	0.17***	0.45***	0.44***	0.29***	0.19***	0.51***	1.00	
收入	0.20***	0.42***	0.38***	0.49***	0.21***	0.43***	0.49***	1.00

注：1. 因为相关系数矩阵是完全对称的，所以表 2 仅汇报了主对角线以下的相关系数。

2. * $p<0.05$, ** $p<0.01$, *** $p<0.001$。

（二）回归分析结果

在这一部分，我们将使用线性回归对外貌—地位交换进行更加严格的检验。考虑到妻子外貌与丈夫地位，以及丈夫外貌与妻子地位间的交换可能存在差异，我们分性别拟合了线性回归模型①，模型分析结果参见表 3 和表 4。

首先来看妻子外貌与丈夫地位间的交换，这也是以往外貌—地位交换研究中着重分析的一种类型。通过表 3 可以发现，如果我们不控制丈夫的外貌与妻子的地位，那么妻子的外貌对丈夫的教育、职业和收入这三个地位指标均有非常显著的正向影响。这与外貌—地位交换论的预期完全一致。但是，在模型中纳入丈夫的外貌与妻子的地位变量后，上述影响就全部消失了。

麦科林托克认为，导致上述结果的原因有三点：首先，夫妇双方在教育、职业和收入等地位指标上均存在非常明显的同质性匹配；其次，无论是对丈夫还是

---

① 严格来说，职业类型是定序变量，应当采用定序 logit 模型进行分析，但这类非线性模型的回归系数无法进行相互比较（参见洪岩璧：《Logistic 模型的系数比较问题及解决策略：一个综述》，《社会》2015 年第 4 期，第 220—241 页。），而本文的分析涉及不同嵌套模型间的系数比较问题，因此我们使用了更易解释的线性回归模型。同时，我们也使用定序 logit 模型进行了稳健性检验，发现研究结论完全一致。

表 3 妻子外貌与夫夫地位间的线性回归分析

	不控制丈夫外貌与妻子地位				控制丈夫外貌与妻子地位			
	教 育	职 业	收 入	收入(插补)	教 育	职 业	收 入	收入(插补)
妻子外貌得分	0.422***	0.056**	0.120***	0.100***	−0.046	−0.032	−0.028	0.017
	(0.069)	(0.018)	(0.032)	(0.025)	(0.074)	(0.021)	(0.036)	(0.029)
丈夫外貌得分					0.225**	0.080***	0.128***	0.038
					(0.072)	(0.021)	(0.036)	(0.031)
妻子受教育年限					0.526***			
					(0.017)			
妻子职业类型						0.323***		
						(0.017)		
妻子收入对数							0.365***	0.348***
							(0.022)	(0.024)
妻子父母最高受教育程度("文盲"=0)								
小学	1.334***	0.188**	0.198*	0.246**	0.271	0.119*	0.147	0.223**
	(0.218)	(0.057)	(0.097)	(0.085)	(0.186)	(0.053)	(0.087)	(0.079)
初中	2.534***	0.445***	0.424***	0.426***	0.621**	0.290***	0.228*	0.283***
	(0.263)	(0.069)	(0.097)	(0.085)	(0.186)	(0.053)	(0.087)	(0.079)
高中及以上	4.535***	0.955***	0.981***	0.672***	1.566**	0.660***	0.437***	0.219
	(0.588)	(0.154)	(0.221)	(0.204)	(0.503)	(0.144)	(0.201)	(0.193)
缺失值	1.069***	0.296***	0.049	0.189*	0.192	0.166**	−0.051	0.094
	(0.229)	(0.060)	(0.109)	(0.093)	(0.195)	(0.056)	(0.098)	(0.085)

续 表

	不控制丈夫外貌与妻子地位				控制丈夫外貌与妻子地位			
	教 育	职 业	收 入	收入(插补)	教 育	职 业	收 入	收入(插补)
丈夫父母最高受教育程度("文盲=0")								
小学	1.752***	0.141**	0.275**	0.228**	1.011***	0.068	0.152*	0.111
	(0.184)	(0.048)	(0.086)	(0.073)	(0.157)	(0.045)	(0.077)	(0.068)
初中	3.120***	0.429***	0.412***	0.298**	2.044***	0.262***	0.206*	0.136
	(0.222)	(0.058)	(0.102)	(0.086)	(0.190)	(0.055)	(0.092)	(0.085)
高中及以上	5.535***	0.823***	0.469*	0.391*	3.070***	0.488***	0.096	0.037
	(0.505)	(0.132)	(0.214)	(0.177)	(0.431)	(0.124)	(0.193)	(0.168)
缺失值	2.095***	0.399***	0.295*	0.336***	1.315***	0.203**	0.144	0.179
	(0.266)	(0.070)	(0.124)	(0.092)	(0.225)	(0.065)	(0.111)	(0.093)
妻子出生年	−0.007 3**	−0.005	−0.003	−0.006	−0.029	0.003	0.010	0.005
	(0.023)	(0.006)	(0.011)	(0.008)	(0.019)	(0.006)	(0.010)	(0.007)
丈夫出生年	0.073***	0.008	0.004	0.002	0.016	0.000	−0.001	0.001
	(0.021)	(0.006)	(0.010)	(0.007)	(0.018)	(0.005)	(0.009)	(0.007)
结婚年	0.142***	0.031**	0.082**	0.069***	0.059	0.002	0.039*	0.030*
	(0.039)	(0.010)	(0.018)	(0.015)	(0.033)	(0.010)	(0.016)	(0.014)
截距	−280.754***	−67.003**	−158.968***	−122.005***	−89.626	−10.543	−91.012**	−65.979*
	(77.939)	(20.405)	(36.173)	(29.484)	(65.801)	(19.182)	(32.677)	(28.646)
R^2	0.220	0.105	0.102	—	0.449	0.228	0.280	—
N	2 512	2 512	1 215	2 512	2 512	2 512	1 215	2 512

注: * $p<0.05$, ** $p<0.01$, *** $p<0.001$。

表 4　丈夫外貌与妻子地位间的线性回归分析

	不控制妻子外貌与丈夫地位				控制妻子外貌与丈夫地位			
	教　育	职　业	收　入	收入(插补)	教　育	职　业	收　入	收入(插补)
丈夫外貌得分	0.534***	0.109***	0.181***	0.156***	0.055	0.017	0.021	0.056
	(−0.07)	(−0.02)	(−0.037)	(−0.032)	(−0.074)	(−0.023)	(−0.043)	(−0.037)
妻子外貌得分					0.363***	0.089***	0.11**	0.091*
					(−0.075)	(−0.024)	(−0.043)	(−0.038)
丈夫受教育年限					0.549***			
					(−0.017)			
丈夫职业类型						0.402***		
						(−0.021)		
丈夫收入对数							0.510***	0.439***
							(−0.031)	(−0.029)
妻子父母最高受教育程度("文盲"=0)								
小学	2.012***	0.204**	0.119	0.063	1.268***	0.127*	0.014	−0.049
	(−0.223)	(−0.064)	(−0.114)	(−0.115)	(−0.189)	(−0.059)	(−0.103)	(−0.107)
初中	3.668***	0.480***	0.532***	0.418***	2.228***	0.292***	0.299*	0.218
	(−0.269)	(−0.077)	(−0.136)	(−0.116)	(−0.23)	(−0.072)	(−0.124)	(−0.112)
高中及以上	5.594***	0.863***	1.391***	1.285***	3.047***	0.469***	0890***	0.972***
	(−0.602)	(−0.172)	(−0.26)	(−0.227)	(−0.511)	(−0.161)	(−0.236)	(−0.213)
缺失值	1.692***	0.405***	0.275*	0.277**	1.073***	0.280***	0.233*	0.186*
	(−0.234)	(−0.067)	(−0.128)	(−0.102)	(−0.198)	(−0.062)	(−0.116)	(−0.092)

续 表

	不控制妻子外貌与丈夫地位				控制妻子外貌与丈夫地位			
	教 育	职 业	收 入	收入(插补)	教 育	职 业	收 入	收入(插补)
丈夫父母最高受教育程度("文盲=0")								
小学	1.454***	0.231***	0.321*	0.348**	0.435**	0.163**	0.172	0.234**
	(−0.188)	(−0.054)	(−0.101)	(−0.083)	(−0.161)	(−0.05)	(−0.091)	(−0.073)
初中	2.051***	0.496***	0.539***	0.464***	0.280	0.313***	0.313***	0.317***
	(−0.227)	(−0.065)	(−0.119)	(−0.096)	(−0.198)	(−0.061)	(−0.108)	(−0.095)
高中及以上	4.583***	0.978***	0.964***	0.985***	1.544***	0.648***	0.722***	0.809***
	(0.517)	(0.147)	(0.251)	(0.198)	(0.444)	(0.138)	(0.227)	(0.188)
缺失值	1.565***	0.618***	0.395**	0.472***	0.318	0.439***	0.220	0.300*
	−0.271	(0.077)	(0.145)	(0.132)	(0.231)	(0.073)	(0.131)	(0.129)
妻子出生年	−0.082***	−0.025***	−0.028*	−0.029*	−0.044*	−0.023***	−0.028*	−0.027**
	(0.024)	(0.007)	(0.013)	(0.010)	(0.020)	(0.006)	(0.012)	(0.009)
丈夫出生年	0.103***	0.023***	0.004	0.000	0.065***	0.020***	0.003	−0.001
	(0.022)	(0.006)	(0.012)	(0.009)	(0.018)	(0.006)	(0.011)	(0.009)
结婚年	0.168***	0.089***	0.121***	0.114***	0.079*	0.075***	0.078***	0.081***
	(0.040)	(0.011)	(0.021)	(0.017)	(0.034)	(0.011)	(0.019)	(0.016)
截距	−374.284***	−173.630***	−188.206***	−163.262***	−201.029**	−143.219***	−103.630**	−104.647
	(79.725)	(22.709)	(42.503)	(35.594)	(67.144)	(21.213)	(3.595)	(35.800)
R^2	0.231	0.172	0.15	—	0.459	0.283	0.312	—
N	2 512	2 512	1 215	2 512	2 512	2 512	1 215	2 512

注:* $p<0.05$, ** $p<0.01$, *** $p<0.001$。

对妻子来说,地位与外貌之间都存在显著的正相关;最后,夫妻双方在外貌上也存在很强的同质性匹配。[①] 将这三点结合起来,最终的结果就是美貌的妻子嫁给了美貌的丈夫,地位高的妻子也嫁给了地位高的丈夫,而且地位较高的妻子和丈夫通常也拥有较好的外貌。因此,表面上看起来是美貌的妻子嫁给了地位高的丈夫,实质上这种交换关系是虚假的。一旦我们在模型中控制了丈夫的外貌与妻子的地位,这种虚假的地位—外貌交换就会彻底消失。表4对丈夫外貌与妻子地位交换的分析也得到了相同的结论。综上所述,本研究对中国数据的分析再次验证了麦科林托克在美国的研究发现。因此,外貌—地位交换理论在中国并不成立,假设1和假设2都没有得到数据的支持,而假设3则更加符合中国的国情。

虽然表3和表4没有支持外貌—地位交换理论,却在一定程度上说明,不同地位指标之间可以发生交换。通过表3和表4可以发现,即便在纳入所有控制变量后,妻子父母的最高受教育程度依然对丈夫的教育、职业和收入具有显著的正向影响(参见表3);同样,丈夫父母的最高受教育程度也对妻子的教育、职业和收入具有显著的正向影响(参见表4)。由于父母的最高受教育程度是家庭背景或先赋性地位的一个重要测量指标,这一结果充分说明,先赋性地位可以用来交换自致性地位,假设4得到了数据的支持。

(三)对数线性模型

上文使用线性回归分析了中国人婚姻中的外貌—地位交换,在这一部分,我们将使用对数线性模型对前文的研究结论进行检验(参见表5)。表5针对教育、职业和收入这三个地位测量指标拟合了三组模型。其中,模型1-1、模型2-1、模型3-1是三个基准模型。如前所述,基准模型考虑了夫妻双方在外貌和地位上的同质性匹配,以及任一方的外貌与自身地位间的相关,但没有考虑外貌与地位间的交换。从分析结果看,三个基准模型的拟合效果都很好。首先,三个基准模型的似然比卡方值与其自由度大致相等,且卡方检验结果显示其在 $p<0.05$ 的统计水平下均不显著。因此,从似然比卡方的角度说,这三个基准模型的拟合程度与饱和模型相比并无明显差异。其次,从BIC的角度看,这三个基准模型的拟合情况也很好。从理论上看,饱和模型的BIC为0,且BIC越小,模型拟合越好。[②]

---

① McClintock, Elizabeth A., 2014. "Beauty and Status: The Illusion of Exchange in Partner Selection?" *American Sociological Review*, 79(4): 575—604.

② Raftery, Adrian E., 1995. "Bayesian Model Selection in Social Research." *Sociological Methodology*, (25): 111—163.

表 5　外貌—地位交换的对数线性模型分析结果（N=2 512）

	教育			职业			收入		
	模型1-1	模型1-2	模型1-3	模型2-1	模型2-2	模型2-3	模型3-1	模型3-2	模型3-3
外貌—地位交换									
女性外貌—男性地位		0.105 (0.080)	0.074 (0.115)		0.104 (0.078)	0.087 (0.105)		0.114 (0.087)	0.123 (0.100)
男性外貌—女性地位			0.139 (0.123)			0.131 (0.133)			0.08 (0.204)
似然比卡方	205.832	204.17	204.03	205.834	204.100	204.038	223.219	221.517	221.483
自由度	207	206	205	207	206	205	207	206	205
BIC	−942.019	−938.137	−932.731	−942.018	−938.207	−932.723	−924.633	−920.79	−915.278

注：1. 受篇幅所限，表中仅列出了婚姻交换项的回归系数及其统计检验结果。
2. * $p<0.05$，** $p<0.01$，*** $p<0.001$。

表 5 中三个基准模型的 BIC 都明显小于 0,因此,可以认为这三个基准模型在模型拟合方面比饱和模型还要好。

接下来,本研究在基准模型的基础上纳入了婚姻交换项。如果存在外貌—地位交换,那么这些项的系数应显著为正。然而,模型 1-2、模型 2-2、模型 3-2 的结果表明,所有婚姻交换项的统计检验结果均不显著,因此,没有充分的证据表明存在外貌—地位交换。此外,纳入婚姻交换项以后,模型的拟合效果也没有明显改善。首先,从似然比卡方的角度说,纳入婚姻交换项后的模型在似然比卡方值上的下降并不显著。其次,从 BIC 的角度说,纳入婚姻交换项后,模型的 BIC 相比基准模型均有所上升。这些结果充分说明,我们应当选择更加简约的基准模型,因此,中国人婚姻中的外貌—地位交换并不明显。

最后,本研究进一步纳入了分性别的婚姻交换项,以检验外貌—地位交换是否存在性别差异。模型 1-3、模型 2-3、模型 3-3 的结果表明,无论是女性外貌与男性地位间的交换,还是男性外貌与女性地位间的交换,在统计上均无显著差异。因此,外貌—地位交换论并未得到数据的支持,即便人们通常认为的"男才"与"女貌"间的交换也很少发生。此外,与之前的分析结果相同,在纳入分性别的婚姻交换项后,模型的拟合程度相比基准模型也没有明显改善。因此,综合来看,在这三组模型中基准模型拟合得最好。

上述对数线性模型分析结果充分说明,外貌—地位交换在中国并不明显。我们认为,导致这一结果的主要原因是外貌与地位是不同质的特征,因而不具有可替代性。相比之下,不同地位指标间的可替代性较强,因而也更可能发生婚姻交换。为了进一步研究不同地位指标间是否存在婚姻交换,我们采用了与之前分析外貌—地位交换时类似的对数线性模型,各特征间两两发生婚姻交换的系数如表 6 所示。

表 6 对数线性模型下各特征间两两发生婚姻交换的系数

	教育	职业	收入	家庭背景	外貌
教育	—				
职业	0.434*** (0.077)	—			
收入	0.451*** (0.083)	0.270*** (0.090)	—		

续表

	教育	职业	收入	家庭背景	外貌
家庭背景	0.278*	0.418***	0.414***	—	
	(0.112)	(0.102)	(0.113)		
外貌	0.105	0.104	0.114	0.127	—
	(0.080)	(0.078)	(0.087)	(0.109)	

注：* $p<0.05$，** $p<0.01$，*** $p<0.001$。

从表 6 可以发现，在教育、职业、收入和家庭背景这四个地位特征之间，任意两个均可发生婚姻交换，但外貌与这四个地位特征之间均不能交换。因此，表 6 的分析结果很好地验证了本文对婚姻交换发生条件的观点，假设 4 得到了数据的支持。

（四）稳健性检验

综上所述，本文未发现中国人的婚姻中存在明显的外貌—地位交换，考虑到这一发现与人们的常识不太相符，我们对其进行了更多的稳健性检验。

首先，考虑到夫妻之间的外貌差异越大，越可能存在外貌—地位交换，而之前的对数线性模型并未考虑夫妻双方在外貌得分上的差值大小，因此，我们将夫妻间外貌差值为 1 分、2 分、3 分的情况分别计算，分析结果如表 7 所示。可以发现，即便考虑了夫妻外貌之间的差距，外貌—地位交换也无法得到数据的支持，因此，原先的分析结果是稳健的。

表 7　考虑夫妻外貌差距的对数线性模型分析结果（$N=2\,512$）

	教育		职业		收入	
	模型1-1	模型1-2	模型2-1	模型2-2	模型3-1	模型3-2
外貌—地位交换						
外貌相差 1 分	0.084		0.086		0.052	
	(0.089)		(0.086)		(0.095)	
外貌相差 2 分	0.183		0.225		0.154	
	(0.174)		(0.168)		(0.185)	

续表

	教育		职业		收入	
	模型 1-1	模型 1-2	模型 2-1	模型 2-2	模型 3-1	模型 3-2
外貌相差3分	0.213		−0.185		0.038	
	(0.505)		(0.557)		(0.541)	
女性外貌—男性地位						
外貌相差1分		0.014		0.073		0.095
		(0.127)		(0.114)		(0.109)
外貌相差2分		0.322		0.229		0.218
		(0.228)		(0.213)		(0.203)
外貌相差3分		−0.082		−0.522		−0.110
		(0.779)		(0.779)		(0.592)
男性外貌—女性地位						
外貌相差1分		0.162		0.106		−0.117
		(0.133)		(0.144)		(0.237)
外貌相差2分		−0.011		0.218		−0.174
		(0.277)		(0.283)		(0.522)
外貌相差3分		0.470		0.253		0.705
		(0.672)		(0.785)		(1.054)
似然比卡方	203.66	201.70	200.94	200.43	197.48	195.95
自由度	204	201	204	201	204	201
BIC	−927.56	−912.88	−930.27	−914.15	−933.74	−918.63

注：1. 受篇幅所限，表中仅列出了婚姻交换项的回归系数及其统计检验结果。
    2. $^{*}p<0.05,^{**}p<0.01,^{***}p<0.001$。

其次，考虑到采用受访者评分测量外貌过于主观，我们还使用体质指数（BMI）和年龄这两个相对客观的指标对外貌进行间接测量。本研究将BMI取值在18.5到24之间（通常认为的标准体型）的视作身材较好，低于18.5或高于24视为身材欠佳。此外，考虑到过胖比过瘦更可能导致人们在婚姻市场上的劣势地位，我们还将BMI分为三组：18.5至24之间取值为1；18.5以下取值为2；24以上取值为3。结果发现，无论是将BMI分为两组还是三组，结论都不变。

表 8 展示的是将 BMI 分为两组时的分析结果。可以发现,婚姻交换项几乎在所有模型中都不显著。当我们以教育作为地位的测量指标时,该交换项是统计显著的,但其系数是负数,这意味着当夫妻一方的地位较高时,更可能与一个身材较差的对象结婚,这与外貌—地位交换的预期完全相反。导致这一结果的原因超出了本研究的讨论范围,但无论如何,表 8 的分析结果说明,用 BMI 作为外貌的测量无法验证外貌—地位交换。

表 8 使用 BMI 对外貌—地位交换的稳健性检验($N=2\,512$)

	教育		职业		收入	
	模型 1-1	模型 1-2	模型 2-1	模型 2-2	模型 3-1	模型 3-2
外貌—地位交换	−0.224**		−0.011		−0.095	
	(0.082)		(0.080)		(0.090)	
女性外貌—男性地位		−0.264*		0.105		−0.058
		(0.115)		(0.104)		(0.104)
男性外貌—女性地位		−0.179		−0.193		−0.221
		(0.122)		(0.133)		(0.199)
似然比卡方	54.24	53.96	58.84	55.80	46.86	46.34
自由度	38	37	38	37	38	37
BIC	−103.80	−99.92	−99.20	−98.08	−111.17	−107.54

注:1. 受篇幅所限,表中仅列出了婚姻交换项的回归系数及其统计检验结果。
2. $^*p<0.05,^{**}p<0.01,^{***}p<0.001$。

此外,本研究还使用年龄作为外貌的间接测量指标对外貌—地位交换进行了检验。具体来说,本研究用丈夫的年龄减去妻子的年龄,得到夫妇婚龄差,然后将夫妇婚龄差分为三类:4 岁及以上(男比女大 4 岁及以上)、−2 岁及以下(女比男大 2 岁及以上)、−2 至 4 之间(夫妇年龄匹配)。考虑到"年轻"更可能对应"貌美",如果存在外貌—地位交换,那么当丈夫地位高于妻子时,婚龄差更可能出现在男比女大 4 岁及以上组;当妻子地位高于丈夫时,婚龄差更可能出现在女比男大 2 岁及以上组。然而,从表 9 的分析结果可以发现,所有婚姻交换项都不显著,因此,以年龄作为外貌的测量指标也无法验证外貌—地位交换。

表 9　使用年龄对外貌—地位交换的稳健性检验（$N=2\,512$）

	教 育		职 业		收 入	
	模型 1-1	模型 1-2	模型 2-1	模型 2-2	模型 3-1	模型 3-2
外貌—地位交换	0.121		−0.074		0.221	
	(0.153)		(0.164)		(0.167)	
女性外貌—男性地位		−0.183		−0.320		−0.190
		(0.269)		(0.303)		(0.320)
男性外貌—女性地位		0.237		0.020		0.368
		(0.174)		(0.190)		(0.193)
似然比卡方	14.92	12.98	17.32	16.37	18.52	16.09
自由度	17	16	17	16	17	16
BIC	−50.89	−48.96	−48.49	−45.57	−47.29	−45.85

注：1. 受篇幅所限，表中仅列出了婚姻交换项的回归系数及其统计检验结果。
　　2. $^{*}\,p<0.05,\,^{**}\,p<0.01,\,^{***}\,p<0.001$。

七、结论与讨论

婚姻关系中是否存在外貌—地位交换以及其他更加一般化的婚姻交换，近年来引起了学术界的广泛争论。本文在回顾相关争论的基础上，对匹配与交换间的关系以及"婚姻交换论"的成立条件进行了深入的理论思考。基于2010—2018年五期CFPS数据，本文分析了中国人婚姻中的外貌—地位交换及不同地位特征间的交换，得到了以下几方面的研究发现。

首先，中国人的婚姻关系中确实存在一方外貌与另一方地位间的正相关关系，但是，一旦控制了夫妻双方的外貌与地位，这种简单相关会完全消失，且无论我们采用何种指标测量外貌和地位，使用的是线性回归还是对数线性模型，结论都一致。因此，与麦科林托克的观点相同，我们发现，外貌与外貌间的匹配和地位与地位间的匹配是中国人组建婚姻的主要机制，而外貌与地位间的交换现象并未得到数据的支持。[1]

---

[1] McClintock, Elizabeth A., 2014. "Beauty and Status: The Illusion of Exchange in Partner Selection?" *American Sociological Review*, 79(4): 575—604.

其次,与人们通常认为的女性更可能通过外貌来交换男性的地位不同,我们并未发现这种交换。因此,"男才女貌"的说法只是人们基于性别刻板印象产生的错误认识。由此可知,一方面,在当代中国,男性和女性在择偶时都非常看重对方的社会经济地位,或者说,男女的择偶观念已经趋同,女性仅凭美貌已无法实现阶层跃迁;另一方面,这也说明随着中国女性社会经济地位的提升,婚姻中的性别关系正在往男女平等的方向发展。

最后,虽然本文并未发现中国人的婚姻关系中存在外貌—地位交换,但教育、职业、收入和家庭背景这四个地位特征之间存在非常明显的交换现象。这主要是因为这四个特征的同质性较强,而越同质的特征之间越可能相互替代,也越可能发生交换。由此可见,"婚姻交换论"成立与否在很大程度上取决于具体特征之间的相似性或可替代性,对该理论全盘否定或全盘肯定的做法都是不正确的。

本文的上述发现在两个方面拓展了前人的研究。首先,我们将国外学者对婚姻交换(特别是外貌—地位交换)的争论拓展到了中国。与西方国家相比,中国的性别角色观念更加传统,从逻辑上说,也更可能出现外貌—地位交换论所认为的女性用外貌换取男性地位的现象。然而,我们对中国数据的分析并未证实这种现象,因此我们有更加充分的理由对该理论提出质疑。其次,本文更加深入地探究了"婚姻交换论"得以成立的条件,因而大大拓展了前人对该理论的理解。需要说明的是,本研究是沿着国外学者关于婚姻交换的最新理解展开的,即,本文认为,婚姻交换得以发生的一个重要前提是人们会通盘考虑潜在配偶的所有特征,进而追求吸引力总分的匹配,但是,形成吸引力的各个组成部分则不要求严格匹配,由此导致具有可折算性或可替代性的各个特征之间产生交换。① 除了这类婚姻交换之外,以往研究还提到了另一种基于互通有无或各取所需基础上的婚姻交换现象,如贝克尔强调的男性经济能力与女性家务能力之间的交换本研究的结论并不适用于这种交换,读者在阅读时需要充分认识到这一点。除此之外,本研究也无意于检验更加一般意义上的经济交换和社会交换现象,对于这些交换,学术界已做过充分研究。总而言之,本文的主要目的是对外貌—地位交换这一特殊的交换现象进行检验,并借此对婚姻交换论者提出的关于婚姻交

---

① Becker, Gary S., 1991. *A Treatise on the Family*, Expanded ed. Cambridge: Harvard University Press.

换的最新解释加以补充和拓展。

综上所述,"婚姻交换论"是一个具有广阔发展前景的理论,但遗憾的是,国内学者对它的研究依然很少。本文结合中国的背景和数据对该理论进行了较为全面的介绍和分析,但在以下几个方面依然存在不足。首先,本文主要使用访问员评分法测量受访者外貌,虽然这一方法在以往的研究中被广泛使用,且本研究中访问员他评外貌在不同轮次的调查数据之间具有较高的信度,但这种方法的主观性较强,因而在外貌测量方面依然存在不可避免的缺陷。未来的研究需要结合更加严谨的外貌测量方法对本研究的结论进行检验。其次,本研究对职业的测量比较粗糙,由于数据的限制,我们无法获得CFPS五轮数据中所有的职业ISEI得分,因此只能基于较为粗糙的职业大类进行分析。考虑到某些职业人数较少,而对数线性模型要求各单元格的观测频数不能太少,因此,我们最终将职业合并为四类,数据合并难免会有不尽如人意的地方,这也有待后续的研究加以拓展和改进。第三,本文使用的是2009年以后结婚的夫妻样本,该数据可以较好地研究当下中国夫妻的婚姻交换现象,但对较早期结婚的夫妻则未能顾及。考虑到婚姻交换的强度可能随时间的推移而发生变化,因此,如果能使用更长时间跨度的数据对不同时代的婚姻匹配进行对比研究将更有价值。最后,国外关于婚姻交换的研究已经深入包括恋爱、同居在内的其他亲密关系。例如,麦科林托克发现,外貌—地位交换在恋爱关系中最强,在同居关系中较弱,而在婚姻关系中最弱。[①] 她认为,亲密关系是否涉及长期承诺是影响外貌—地位交换的一个重要因素。恋爱关系是一种相对松散的亲密关系,因而发生外貌—地位交换的可能性较大,而婚姻关系因涉及长期承诺,夫妻双方会更加看重社会经济地位特征上的同质性匹配,所以发生外貌—地位交换的可能性较小。与麦科林托克的研究不同,本文仅在婚姻关系中检验了外貌—地位交换。在未来,如果能获取恋爱、同居等其他亲密关系的数据,则可以对此进行更加深入和全面的分析。总之,"婚姻交换论"是一个亟待开发的前沿研究领域,我们借此文抛砖引玉,希望更多国内学者投入对该理论的研究,产出更加丰富的研究成果。

---

① McClintock, Elizabeth A., 2014. "Beauty and Status: The Illusion of Exchange in Partner Selection?" *American Sociological Review*, 79(4): 575—604.

 **方法谈：**

从复制到拓展：定量研究论文的写作技巧

从 2014 年进入南京大学工作以来，我已经指导了十几篇本科生和硕士生的毕业论文。幸运的是，我指导的学生大多有比较好的文字功底，或者说他们在本科前就接受过比较好的作文训练。但中学时能写出一篇好的作文，不代表大学或研究生毕业时一定能写出好的论文。作文与论文虽然不是完全不同，但二者确实存在重大差异。举例来说，写好作文需要有文采，需要用很多修辞，但是对一篇好的学术论文来说，这些修辞却不是必需的，有时候，文风过于浮夸对学术研究反而是一件坏事。既然如此，写好一篇学术论文的关键在哪里呢？在我看来，其关键无外乎"创新"二字。对一篇定量取向的学术论文来说，这种创新无非体现在三个方面：数据新、方法新和观点新。"数据新"指的是用与前人不一样（通常是更好或有某种特点）的数据重复前人的研究。"方法新"指的是通过更加可靠与稳健的方法来检验以往的结论。"观点新"指的是拓展前人的观点或理论，对某种现象提出独到的见解。当然，对一篇定量研究来说，这种独到的见解必须要得到数据的支持，或者说需要通过程序化的统计检验。

在上述三种创新中，观点上的创新无疑是学术价值最高、通常也是最难实现的。有时候，观点创新起源于奇思妙想，但更多时候，这种创新是建立在前两种创新的基础之上。换句话说，研究者需要不断通过新数据和新方法重复前人的研究，进而从中迸发出新的学术观点。陈云松和吴晓刚（2012）曾大力提倡在定量分析中开展"复制性研究"，不过，他们是从建立一个透明和开源的学术机制的角度来探讨这一问题的。在我看来，复制性研究的另一个好处是能帮助研究者在复制过程中产生新的学术观点与想法，进而推动理论创新。实际上，在我还是学生的时候，就复制过很多高水平的学术论文，这种复制过程本身就是一个很好的学术训练，至少让我在较短的时间内摸清了定量研究的"套路"。除此之外，复制他人研究也带给我很多学术灵感，我已发表的很多论文就是在复制的基础上创作而成的。我认为，从复制到拓展的过程是一个学术新人在成长过程中的必经之路，因此，我也经常鼓励我的学生沿着这一路径开展学术研究。2021 年，我与潘修明在《社会》上发表的《美貌与地位：中国人婚姻中的匹配与交换》就是一项在复制前人研究的基础上拓展而来的学术研究。下面,我将简要介绍这篇文章的创作思路与写作过程。

这项研究起源于文献阅读。2014年,麦科林托克(McClintock)在《美国社会学评论》上发表了一篇很有趣的论文,这篇论文对人们普遍认为的女性在婚姻中会通过美貌来交换男性地位的观点提出了挑战。此后,这一挑战又引起了很多学者对该问题的持续论战。当我把这些研究介绍给潘修明(我指导的一个本科生)之后,立刻引起了他的强烈兴趣,因此,我鼓励他用CFPS数据来复制麦科林托克和后续学者的相关研究。与单纯的阅读相比,复制他人研究提出了更高的要求。首先,研究者必须精读原文献的每个细节,因为只有这样才有可能复制出他人的结果。其次,复制性研究也是一项研究。在复制过程中,研究者也需要厘清思路、整理数据、挑选变量、分析模型并呈现最终结果,对一个没有什么研究经验的初学者来说,走完上述研究过程本身就是一种很好的学术训练。最后,复制性研究不是一个完全被动的模仿,在复制过程中,研究者总会有所思考和感悟,这就为从复制走向拓展奠定了基础。

一般来说,使用新数据复制他人研究会有两种结果。一是得到与原文献不完全一致的结论。如果在反复检查数据分析的每个环节之后,发现复制过程没有技术性错误,那么我觉得,研究者应该对此感到兴奋,因为这种不一致本身就预示了一种理论拓展的可能。接下来,研究者需要做的就是为这种不一致提出可能的理论解释,并使用数据对这种解释加以检验。如果研究者提出的新解释得到了数据的支持,那么恭喜你,你已经成功地在复制他人研究的基础上拓展出了一项新的研究。

但不幸的是,我和潘修明在复制麦科林托克的研究时发现,我们使用CFPS数据得到了与她完全一样的发现,即在中国人的婚姻中,也不存在美貌与地位之间的交换。这实际上是一个比较令人沮丧的结果。因为这意味着麦科林托克的观点是对的,我们已经没有再进一步拓展的必要了。这时候该怎么办呢?我的经验是,此时研究者需要跳出原文献,从更加一般化的意义上对原文献进行拓展。以我们的这项研究为例,麦科林托克研究的美貌与地位之间的交换是婚姻交换的一种具体表现形式,虽然他们的研究以及我们的复制性研究都发现,美貌与地位之间不存在交换,但这不代表不存在其他形式的婚姻交换。如果我们能够得出婚姻交换论的适用条件,就可以在更加一般化的意义上拓展麦科林托克的研究,据此也可以对婚姻交换论本身提出更有价值的见解。

沿着这一思路,我和潘修明阅读了大量关于婚姻交换论的文献,其中既包括支持该理论的研究,也包括反对该理论的研究。在广泛阅读的基础上,我提出了一个想法,即婚姻交换是否成立取决于待交换特征的同质性程度,换句话说,越相似的特征越可能交换。根据这一假设,美貌与地位之间的差异较大,所以不太可能发生交换,但如果同样是地位指标(如教育和职业),出现婚姻交换的可能性就会大大增加。沿着这一思路,我们分析了夫妻双方在教育、职业、收入和家庭背景这四个地位指标之间的交换现象,研究结果与我们的猜想完全一致,即婚姻交换更可能发生在相似性较强的地位指标之间,而不太可能发生在差异性较大的美貌与地位之间。至此,我们通过另一种方式实现了对原文献的拓展与超越。

综上所述,复制他人研究是进行学术创新的一个很好的起点,特别是对那些缺乏研究经验的初学者来说,不妨从复制性研究开始,慢慢寻找做研究的感觉。当然,这种感觉不是一蹴而就的,特别是想在理论层面有所突破必须要有一定的基础和积累才能做到。但无论如何,复制经典研究是一条相对可靠的,也是更容易操作的做研究的途径。在某种程度上说,我认为复制性研究是研究者独立自主地开展学术研究的必经步骤。所以,我希望更多的研究生和对学术感兴趣的人从复制他人研究开始,我相信你的研究生涯会因此而有所改变。

> 第二编 社会工作篇

社会工作干预与中国乡村生态、生计和生活可持续发展的行动研究*

——以绿耕项目为例

张和清 尚 静**

摘要：本文以广东绿耕社会工作发展中心在中国云南、四川和广东省农村近二十年的社会工作行动研究经验为基础，借助马克思主义生态视野，分析中国乡村社区衰落的表现及其社会根源，并探寻生态社会主义的出路。研究认为，区别于"个人主义—改良主义""反身性—治疗性"社会工作实务模式，中国农村社会工作应该借鉴"社会主义—集体主义"范式，致力于在小农经济的现实条件下实施干预，推动乡村生态、生计和生活的"系统性恢复"与可持续发展，以此回应国家乡村振兴战略。

关键词：生态；生计；生活；新陈代谢断裂；系统性恢复

过去20年，广东绿耕社会工作发展中心（以下简称"绿耕"）在中国边远贫困

---

* 原载《社会学研究》2021年第6期。

** 张和清，男，教育部新世纪优秀人才，中山大学社会学与社会工作系教授、博士生导师、副系主任、社会工作专业负责人，中山大学社会工作教育（MSW）中心主任，民政部"全国城乡社区建设专家委员会"成员，中国社会工作教育协会农村社会工作专业委员会主任委员，中国社会工作教育协会华南片区委员会主任委员。兼任广东省社工师联合会顾问，中山大学华南农村研究中心副主任。倡导并践行日常生活化的社区社会运动和城乡合作运动及行动研究，主要研究方向为社区为本整合社会工作理论与实践、农村社会工作、灾害社会工作。著有《农村社会工作》《灾害社会工作：中国的实践与反思》《国家、民族与中国农村基层政治：蚌岚河槽六十年》等十余部著作及教材，在《社会学研究》等国内外核心刊物发表学术论文五十余篇。主持民政部课题、香港政府研究资助委员会项目、广州市民政局2009年社工人才队伍建设政府购买社会工作试点项目、香港理工大学"四川汶川灾后社区重建行动研究"、香港理工大学"探索一个中国农村减贫的能力建设模式——以云南为例"等项目。2010年获林护中国社会工作培训及发展基金第二届林护杰出社会工作学人奖。尚静，女，博士，东莞理工学院马克思主义学院教师。主要研究领域为农村社会工作、行动研究等。

乡村和灾区开展农村、民族与灾害社会工作实验,本文是对绿耕近 20 年社会工作实践经验的理论反思与实务模式探索,是行动研究的结晶。行动研究相信,研究即实践,研究即行动者,行动本身既是研究的对象,也是反思的依据,行动与研究合二为一,在行动中做研究,将研究结果指导行动,形成行动—研究的反思性循环。① 笔者注重在行动过程中收集资料,具体方法包括田野日志、深度访谈、焦点小组、参与式观察、一线工作日志等。② 本文的经验材料来源于绿耕社会工作者(以下简称"绿耕")过去 20 年在云南绿寨村(2001 年至今)、四川龙坡村(2008 年至今)和广东溪流村(2009 年至今)等农村社会工作项目点社区行动的积累。③

一、中国社会工作的理论与实务困境

(一)问题的缘起

2001—2006 年,绿耕扎根云南绿寨的少数民族村落,运用社会工作专业方法推动文化与发展项目。驻村社会工作者运用口述史研究方法评估村民的需求,发育出包括老人、妇女和青少年在内的七个兴趣小组,并与村民一起建立文化活动中心。以活动中心为依托,社会工作者与部分村民编写出版村史、开办妇女夜校、资助小学、举办大型文娱活动等。项目总目标是通过社区组织和社区活动,在丰富村落文化娱乐生活的同时弘扬少数民族传统文化,使村民重拾民族自信心。然而,在项目实施的过程中,社会工作者却不断遭遇项目目标与村民需求相互不契合的状况。例如,在编写村史的过程中,面对社会工作者召集的会议,

---

① 夏林清:《由实务取向到社会实践——有关台湾劳工生活的调查报告(1987—1992)》,张老师出版社 1993 年版。Altrichter, Berbert, Peter Posch & Bridget Somekh:《行动研究方法导论》,夏林清译,远流出版公司 1997 年版。Schon, D. A.,《反映的实践者:专业工作者如何在行动中思考》,夏林清译,远流出版公司 2004 年版。

② 英国社会工作学者派恩(又译为佩恩,Malcolm Payner)在讨论研究与实物的关系时引用西格尔(David Siegel)的发现,认为有五种方式可以有效地联结研究与实务:(1)在与服务对象共同工作时,可使研究和实务有效地联结;(2)研究的发现可被运用来决定实务的行动或工作者个人的实务模式;(3)不论研究或实务,在本质上都可视为问题解决的过程;(4)研究的概念可被视为实务的概念加以运用;(5)不论研究或实务都涉及运用(应用性的逻辑)(佩恩,1995:57)。

③ 文中所有乡村名称和人名都已做匿名化处理。关于云南、四川、广东项目和绿寨、龙坡、溪流村的详细情况可参见绿耕官方网站 www.lvgeng.com 以及《两个村庄的可持续发展实践——乡村振兴战略中的广州农村社会工作案例》(http://www.sohu.com/a/327792995_825958,2019 年 7 月)。感谢云南、四川、广东三省项目所在地的社区民众、一线社会工作者和各级政府部门工作人员及实习生对绿耕社会工作项目的长期坚守和鼎力支持。

村民碍于情面一般都会参加，但当要求讲述村寨历史时，他们往往一边推脱自己不善言辞，一边请求社会工作者帮助销售农副产品。村民不断强调自己"没钱买化肥""没钱看病""没钱交学费""没钱盖房子"等生计方面的困难。另外，村落的生态问题也令人担忧。为了赚钱，许多村民砍树种姜，破坏了生态环境；为了提高农作物产量，几乎所有农户都存在过度施用化肥农药的现象，导致水源污染、土壤板结等问题。面对村民生态、生计和生活方面的问题，驻村社会工作者基本无力回应，挫败感很强。

2008年，绿耕进入四川省汶川县龙坡村和雅安市庙村推动灾害社会工作，之后经历了从紧急救助到社区重建的十余年历程。在此期间，笔者还深入青海玉树、广东茂名和云南鲁甸的地震、泥石流现场开展灾害社会工作调研，目睹天灾—人祸恶性循环所造成的山河破碎，深感切肤之痛，对当下乡村社区生态、生计和生活的脆弱性十分忧虑，对人类面临的灾难以及应对之策深感责任重大。

(二) 社会工作理论范式与实务模式的本土困境

面对社区民众的生态、生计和生活问题，以维护公平正义为己任的社会工作专业实践本应大有作为，但却遭遇专业发展的瓶颈：很多时候社会工作实务既无力回应社区民众的民生问题，也无法应对人与环境相互侵害的生态议题。究其原因，笔者认为是中国社会工作面临的理论与实务双重困境使然。

按照派恩的观点，社会工作理论范式可以分为"个人主义—改良主义""反身性—治疗性"和"社会主义—集体主义"三种。"个人主义—改良主义"范式具有维护取向，社会工作针对服务对象的个人问题提供相应的社会福利服务，使其能够摆脱困境，恢复社会功能，达到维护社会秩序和社会结构稳定运转的目的。"反身性—治疗性"范式具有治疗援助取向，社会工作者与服务对象在持续不断的互动中相互影响，使社会工作具有反身性，在觉察和回应服务对象需求的基础上，协助个人、团体和社区成长与自我实现，进而使其走出困境，提升福祉。"社会主义—集体主义"范式具有解放取向，社会工作通过赋权，使人们参与到学习与合作的行动过程中，改变致使贫困弱势群体处于不利处境的结构性因素，共同创建新的更平等的资源分配机制和社会关系。[1]

在理论层面，受功能主义理论影响，"个人主义—改良主义"和"反身性—治

---

[1] 马尔科姆·派恩：《现代社会工作理论》第三版，冯亚丽、叶鹏飞译，中国人民大学出版社2008年版。

疗性"范式强调个体对社会环境的适应,相比于社会改变,这一范式更加关注个人工作。"个人主义—改良主义"范式下的任务中心模型和"反身性—治疗性"范式下的心理动力模型,它们未将服务对象及其问题置于社会结构的发展脉络中加以理解分析,而是"针对案主①的心理社会问题,探究可能的阻碍和可以催化改变的部分,并协助案主界定当前想要和可以解决的问题为何,并解决问题,而非探究问题之历史根源",故而社会工作者的处置策略重在"协助案主自觉与自决,让案主清楚觉知自己的问题,并决定目标、策略和自己的行动"。② 这种专业模式虽然有助于解决服务对象眼前的迫切问题,但忽视了人与环境的有机联系以及人的全面发展需求,因而无法有效应对人与自然的矛盾,也无法解决服务对象面临的生计困难、文化衰落和社会关系疏离等可持续生活的诉求。

在实务层面,受"个人主义—改良主义"和"反身性—治疗性"范式的影响,一些社会工作实务出现了"头痛医头,脚痛医脚"的短期化介入取向。在具体的工作过程中,社会工作者倾向于割裂式地套用个案、小组和社区工作方法,针对服务对象的问题对症下药,或是使社会工作实务机械地透过"三大方法"解决个人问题、恢复社会功能、维护社会稳定;或是把社会工作看作化解社会矛盾的"灵丹妙药",似乎"社会工作方法是个筐,什么问题都能往里装"。结果不仅忽视了服务对象作为一个独立个体的人的存在,更忽略了社会、政治、经济、文化、生态等结构因素对其困境的形塑力量。此外,这样的专业助人关系还会强化服务对象的依赖性,弱化其能动性,以及因无法修补服务对象功能而增强社会工作者的挫败感。③

在反思前两种社会工作理论范式及实务模式局限性的基础上,笔者以云南绿寨、四川龙坡和广东溪流村为例,运用马克思主义生态视野分析乡村衰落的现状及其社会根源,并探寻生态社会主义的出路。之所以运用马克思主义生态视野,是因为其具有"社会主义—集体主义"范式的解放取向和结构立场,乡村生态、生计和生活的恶化及相互缠绕与社会结构有着深刻而广泛的渊源,马克思主义生态视野关于人与自然新陈代谢断裂和系统性恢复的观点有助于本文分析乡

---

① "案主"指的是社会工作的服务对象,本文在行文中统一采用"服务对象"这一表述。此处引文中仍保留原文所使用的"案主"。
② 宋丽玉、曾华源、施教裕、郑丽珍:《社会工作理论——处遇模式与案例分析》,红叶文化事业有限公司2002年版。
③ 张和清、裴谕新、古学斌、杨锡聪等:《灾害社会工作:中国的实践与反思》,社会科学文献出版社2011年版。

村生态、生计和生活恶化的社会根源,提炼社会工作干预的本土经验,以此回应乡村振兴战略并推动可持续发展。

二、马克思主义生态视野与中国乡村衰落

受到当前西方绿色社会工作理论思潮和具体实践的启发与反思,笔者对一些继承马克思主义观点的社会工作学者积极回应当代生态环境议题、探寻人与自然可持续发展路径的行动和倡议十分认同。例如,英国学者多米内利(Lena Dominelli)在《绿色社会工作:从环境危机到环境正义》中倡导可替代的整体世界观。她认为,西方关于世界的思考方式和工业化进程优先考虑人的利益,强调人对自然的控制和剥削,在意识形态和实践中逐渐发展为人与自然的二元对立。绿色社会工作挑战这种人类优先的二元对立观点,认为人与自然万物以及社会组织之间相互依赖,人类的经济活动造成的生态环境危机反过来影响人类福祉。建议开展整合社会工作实践,既要致力于改变全球结构性不平等和贫困问题,加强互信与团结,更要充分利用有限的自然资源造福弱势群体。① 但相比于侧重环境伦理的绿色社会工作,笔者更倾向于马克思主义的生态视野,它不仅批判了资本主义生产方式如何造成新陈代谢断裂及人与自然的双重破坏,而且从社会主义角度指出了新陈代谢断裂的系统性恢复与可持续发展之道。

(一)马克思主义的生态观:资本主义生产方式的批判与可持续发展

对于资本主义生产方式所造成的人类灾难和不平等方面的批判,马克思主义的影响最为广泛而深刻的。马克思从他所处的时代特征出发,把目光主要投注于资本对人的剥削,因此,很长一段时间,人们认为马克思主义仅是关于无产阶级和人类解放的学说,没能重视马克思关于资本主义条件下生态问题的论述。不过,随着时代的发展,生态问题越来越凸显,马克思主义关于生态问题的精辟论述也越来越引起人们的重视。

首先,马克思认为人与自然之间是既统一又对立的关系。一方面,人类是自然界长期发展的产物,人本身是自然的存在物,自然是人类赖以生存的基础。人

---

① Dominelli, L., 2012, *Green Social Work: From Environmental Crisesto Environmental Justice*. Cambridge: Polity Press.

类通过劳动获取必需的物质生活资料,而劳动是以自然为前提的,没有自然,劳动不可想象。"正像劳动的主体是自然的个人,是自然存在一样,他的劳动的第一个客观条件表现为自然,土地,表现为他的无机体……这种条件不是他的产物,而是预先存在的;作为他身外的自然存在,是他的前提。"①另一方面,人在自然面前并不是完全被动的。作为自然的存在,人类受到自然条件和自然规律的约束;作为能动的存在,人类将自己的各种需求转化为对自然的改造,从而开辟出人化自然和社会化自然。同时,劳动也是联结人与人之间关系的纽带,为了不断实现与自然更新、更高的交换需求,人们必须通过合作共同完成与自然的交换,于是分工越来越细,人与人之间的联系也更加紧密,人类对自然的改造就变成人类集体协作的实践活动。

其次,马克思对资本本质的批判揭露了生态、生计和生活恶化的根源。资本主义生产方式就是以资本为原则、以雇佣劳动为基础、以获取利润为目的的商品生产。马克思通过对资本本性的分析,深刻揭示了资本在资本主义经济、政治、生活中的双重作用。一方面,资本极大地推动生产力的发展;另一方面,它也在不断加剧资本主义社会的基本矛盾,导致人与自然、人与人、人与社会之间矛盾的日益尖锐,资本主义社会走上了一条充满冲突和对抗的不归之路。由于马克思生活在早期资本主义社会,阶级压迫残酷。这一时期他对资本本性的批判目光更多投注到资本对劳动者的剥削以及无产阶级的日益贫困化问题上,其目标在于探寻无产阶级和人类解放的道路,而对资本压榨资源、破坏环境的一面没有进行系统的批判。

随着生态环境的日益恶化,生态马克思主义②理论家从马克思那里寻找批判的武器,通过对马克思主义文本的解读,使马克思的人类解放学说发展为关于解放自然的生态学说。其中,福斯特(John Bellamy Foster)从马克思主义文本中挖掘了"新陈代谢"和"新陈代谢断裂"这两个反映马克思生态观的重要概念,分析马克思使用这两个概念所包含的人与自然的关系以及资本主义生产方式与生态危机之间关系的辩证性,强调资本主义所造成的人与自然物质变换关系的断裂,揭示了马克思生态观点的意涵。③

---

① 马克思:《马克思恩格斯选集》第二卷,人民出版社 2012 年版。
② 进入 20 世纪后,全球范围内的环境问题愈演愈烈,一些学者从马克思的哲学和政治经济学原理出发诠释与重构马克思的环境思想,形成回应当代环境和社会危机的生态马克思主义。
③ Foster, J. B., 2000, *Marxs Ecology: Materialism and Nature*. NewYork: Monthly Review Press.

1."新陈代谢断裂"

19世纪60年代,在反思第二次农业危机时,马克思采用了"新陈代谢"①概念来解释人与自然的关系。② 他认为,人与自然之间发生着新陈代谢,而劳动是人和自然新陈代谢过程的中介。他一方面强调劳动对人与自然之间新陈代谢发挥着调控作用,另一方面也指出了劳动的本质。"劳动首先是人和自然之间的过程,是人以自身的活动来中介、调整和控制人和自然之间的物质变换的过程。人自身作为一种自然力与自然物质相对立。为了在对自身生活有用的形式上占有自然物质,人就使他身上的自然力——臂和腿、头和手运动起来。当他通过这种运动作用于他身外的自然并改变自然时,也就同时改变他自身的自然"。③ 马克思用"新陈代谢"来定义劳动过程,实际上是利用这一概念揭示了人与自然的关系。④ 在资本主义生产条件下,劳动引发了"活的和活动的人同他们与自然界进行物质变换的自然无机条件之间"发生"分离",并且"这种分离只是在雇佣劳动与资本的关系中才得到完全的发展"。⑤ 此外,马克思还将"新陈代谢"的使用从自然领域扩大到商品流通以及更广泛的社会领域,从商品这个资本主义最基本的社会现象入手,将"新陈代谢"贯穿于资本主义的劳动、价值、货币和商品等领域的分析,为揭示资本主义基本矛盾提供了基础。如此一来,"新陈代谢"概念既有特定的生态意义,也具有了广泛的社会意义。⑥

"新陈代谢断裂"这一概念是德国农业化学家李比希(Justus von Liebig)最早使用的。他以第二次世界农业革命为背景,用"新陈代谢断裂"概念论述生态与资本主义工业化农业之间的矛盾。⑦ 马克思借用这一概念指出,生态危机是

---

① "新陈代谢"的德语是 stoffwechsel,英语是 metabolism。在中译本《马克思恩格斯全集》《马克思恩格斯选集》《资本论》等著作中分别译为"新陈代谢"和"物质变换"。本文采用"新陈代谢"这一译法,但是在引用中译本的相关内容时按照原文引用(详见陈学明,2010)。
② Foster, J. B., 2007, "The Ecology of Destruction." *Monthly Review*, 58(9).
③ 马克思:《资本论》第一卷,人民出版社2018年版。
④ 陈学明:《马克思"新陈代谢"理论的生态意蕴——J. B. 福斯特对马克思生态世界观的阐述》,《中国社会科学》2010年第2期。
⑤ 马克思:《马克思恩格斯选集》第二卷,人民出版社2012年版。
⑥ 约翰·贝拉米·福斯特:《马克思的生态学——唯物主义与自然》,刘仁胜、肖峰译,高等教育出版社2006年版。
⑦ 当今世界经历过三次农业革命。第一次农业革命是一个持续了几个世纪的渐进过程,这个过程与圈地运动和市场的日益中心化联系在一起,也与包括施肥的改进、作物轮种、排水系统和家畜管理在内的技术变化联系在一起。第二次农业革命持续的时间较短,即从1830年至1880年,以化肥工业的发展和土壤化学的发展为主要特征。第三次农业革命发生的时间较迟,主要发生在20世纪,其主要内容包括在农场中使用机械牵引力代替动物牵引力、动物在大型饲育场集中养育、植物的基因改造以及化肥和杀虫剂这样的化学产品更加密集的使用(福斯特,2006:165)。

资本主义社会人与自然之间出现物质交换新陈代谢断裂的结果。"资本主义生产使它汇集在各大中心的城市人口越来越占优势,这样一来,它一方面聚集着社会的历史动力,另一方面又破坏着人和土地之间的物质变换"①,大土地所有制及其所产生的各种条件"在社会的以及由生活的自然规律所决定的物质变换的联系中造成一个无法弥补的裂缝"。在分析土壤养分和肥力枯竭问题时,马克思认为,资本主义农业滥用和破坏土地的自然力,资本主义工业使掠夺土地肥力的手段更疯狂,资本主义商业加速了工农业对土地的掠夺。"大工业和按工业方式经营的大农业共同发生作用……在以后的发展进程中,二者会携手并进,因为产业制度在农村也使劳动者精力衰竭,而工业和商业则为农业提供使土地贫瘠的各种手段。"②"资本主义农业的任何进步,都不仅是掠夺劳动者的技巧的进步,而且是掠夺土地的技巧的进步,在一定时期内提高土地肥力的任何进步,同时也是破坏土地肥力持久源泉的进步",因为"对大农业和以资本主义生产方式为基础的大地产来说",受所有权的限制,导致"对地力的榨取和滥用代替了对土地这个人类世世代代共同的永久的财产……的自觉的合理的经营"。追求利润最大化的不二法则使资本家不仅剥削劳动财富,而且还掠夺自然财富。福斯特从马克思的分析中得出一系列关键性结论:第一,资本主义在人类和地球的"新陈代谢关系"中催生出"无法修补的断裂",而地球是大自然赋予人类的永久性生产条件;第二,在资本主义制度下的大规模农业和远程贸易加剧并扩大了这种新陈代谢的断裂;第三,工业化和机械化农业共同参与了对传统农业的破坏;第四,所有这一切都是资本主义制度下城乡对立的写照。③ 上述结论揭示出资本主义新陈代谢断裂本质上是资本主义生产方式问题。

2."系统性恢复"与可持续发展

马克思基于"新陈代谢断裂"的分析,提出新陈代谢的"系统性恢复"之道。一是改变资本主义私有制。马克思认为,土地的资本主义私有制导致了土壤衰竭,阻碍了满足"人类世世代代"生活所需的农业的可持续发展。因此,恢复土地公有制是消除新陈代谢断裂的可能途径:"从一个较高级的经济的社会形态的角度来看,个别人对土地的私有权,和一个人对另一个人的私有权一样,是十分荒谬的。甚至整个社会,一个民族,以至一切同时存在的社会加在一起,都不是土

---

① 马克思:《资本论》第一卷,人民出版社 2018 年版。
② 马克思:《资本论》第三卷,人民出版社 2018 年版。
③ 约翰·B. 福斯特:《历史视野的马克思的生态学》,刘仁胜译,《国外理论动态》2004 年第 2 期。

地的所有者。他们只是土地的占有者,土地的受益者,并且他们应当作为好家长把经过改良的土地传给后代。"①

二是在土地公有制的基础上强调合作生产。"历史的教训(这个教训从另一角度考察农业时也可以得出)是:资本主义制度同合理的农业相矛盾,或者说,合理的农业同资本主义制度不相容(虽然资本主义制度促进农业技术的发展),合理的农业所需要的,要么是自食其力的小农的手,要么是联合起来的生产者的控制"。

三是消除城乡对立。城乡对立的背后体现了人与土地关系的对立,马克思提出,通过工业和农业相结合、人口均匀分布以及恢复人类与土地的新陈代谢关系等措施来消除城乡对立。② 马克思提出的恢复之道就是以社会主义的生产和生活方式对人与自然的关系进行"系统性恢复",从而达致"新陈代谢"的恢复,在人与自然之间建立可持续发展关系。③

当代马克思主义者进一步丰富拓展了"系统性恢复"之道,提出在生产资料共同所有制基础上进行集体行动④、生产过程非官僚化和工人对生产过程实施自我管理⑤,以及生产力和生产关系向更具社会性的形式转型⑥等行动方案,基本形成了关于追求人和自然彻底解放的社会形态构想,即实现生态社会主义。生态社会主义指的是在生态环境问题政治意义日渐突出的事实中逐渐形成的、在社会主义视角下对生态环境问题的政治理论分析与实践应对。⑦ 马克思主义生态视野是生态社会主义的重要理论基础,一些学者从实践角度进行阐释,认为生态社会主义是基于马克思主义生态理论的"社会物质性实践活动"⑧或"实践应用"。关于社会主义与生态环境问题,学者们也做了理论和现实的区分。佩珀(David Pepper)认为,"从理论上说,如果应用适当的话,社会主义不一定导致

---

① 马克思:《资本论》第三卷,人民出版社2018年版。
② 约翰·贝拉米·福斯特:《马克思的生态学——唯物主义与自然》,刘仁胜、肖峰译,高等教育出版社2006年版。
③ 陈学明:《马克思"新陈代谢"理论的生态意蕴——J. B. 福斯特对马克思生态世界观的阐述》,《中国社会科学》2010年第2期。
④ 岩佐茂:《环境的思想——环境保护与马克思主义的结合处》,韩立、张桂权、刘荣华等译,中央编译出版社1997年版。
⑤ 本·阿格尔:《西方马克思主义概论》,慎之等译,中国人民大学出版社1991年版。
⑥ 詹姆斯·奥康纳:《自然的理由——生态学马克思主义研究》,唐正东、臧佩洪译,南京大学出版社2003年版。
⑦ 郇庆治:《生态社会主义述评》,《马克思主义研究》2000年第4期。
⑧ 詹姆斯·奥康纳:《自然的理由——生态学马克思主义研究》,唐正东、臧佩洪译,南京大学出版社2003年版。

一个污染的社会"①。奥康纳（James O'Connor）也指出，"与资本主义的情况不同，大规模的环境退化可能并非是社会主义的内在本质"。在发展生产力为第一要务以及污染国际转移等因素的影响下，社会主义国家发生环境问题似乎难以避免，这也使转向生态社会主义变得更具现实性。因此，在卷入国际资本主义市场和允许生产资料多种所有制并存的背景下，探寻"系统性恢复"之道和生态社会主义出路，对于我国生态文明建设和乡村"五位一体"全面振兴无疑具有重要意义。

综上所述，马克思主义生态视野强调，资本主义的生产方式对自然环境（土地等）和人类社会（劳动力等）的破坏，导致人与自然的有机关系解体，也必然产生"新陈代谢断裂"。马克思还指出，正是资本主义大工业和工业化的大农业"齐头并进"破坏了一切财富的源泉——土地和工人。当劳动者与土地等生产资料分离，就产生了马克思所说的"新陈代谢断裂"。如何应对"新陈代谢断裂"，马克思主义给出的答案是系统性恢复人与自然的有机联系，走向生态社会主义和可持续发展之路。

（二）中国乡村社区的衰落：生态、生计和生活危机

晚清、民国以来，中国被迫卷入世界资本主义文明进程和世界贸易体系，资本主义生产方式所造成新陈代谢断裂的影响扩展到中国，中国乡村处于持续衰落的过程中。正因如此，毛泽东认为，农民问题不解决，中国社会各阶级的问题也无从解决，农民问题成为中国民主革命的中心内容和中心环节。中国革命的胜利为解决近代中国社会矛盾，包括资本主义生产方式所造成的新陈代谢断裂提供了政治前提。但是，中华人民共和国成立后，国家通过"农村社会主义改造""大跃进""人民公社"等一系列运动方式，实现了对农村组织和资源的强有力控制，为城市工业化积累巨额资源的同时，也造成中国乡村"乌托邦社会主义破灭"。改革开放后，农村掀起"大包干"浪潮，小农经营模式被恢复。20世纪90年代后，以资本主导的农业产业化和市场化政策，使几亿农民进入产业化、市场化和全球化农业的历史进程，中国农业被重新纳入市场化轨道。

自20世纪90年代至今，笔者及其团队扎根于中国云南、四川、广东农村从事社会工作行动研究，目睹部分地方政府为了增加财政收入不断推动农业产业化，通过产业结构调整，强制将传统小农生产方式纳入资本主导的农业产业链。同时，地方政府在农村的扶贫模式也从传统救济式扶贫转变为市场化开发式扶

---

① 戴维·佩珀：《生态社会主义：从深生态学到社会正义》，刘颖译，山东大学出版社2005年版。

贫模式("公司+农户"等),许多农村社区非但没能脱贫,反而出现"新陈代谢断裂"式的生态、生计和生活危机。以云南绿寨为例,20世纪80年代初期,它还几乎是与世隔绝、保持传统生活方式的处女地,村民种田除了缴纳公粮以外,基本能满足自身需要,绝大多数村民过着"温饱、和谐而闲暇的生活"。但是从"大包干"改革后,地方政府以改变"原始生产方式"为名,强制村民放弃传统大春"种老品种稻谷"和"种卫生田"(种田不施肥)的习惯,改种杂交稻,并开始施用化肥农药。从20世纪90年代起,地方政府又与农业公司合力推动农业产业结构调整,不仅在大春农作物种植上要求村民规模化种植杂交水稻,而且在小春农作物种植上要求村民通过"公司+农户"的产业化扶贫方式大规模种植各类经济作物,使农产品的生产、销售越来越卷入风险莫测的市场经济。相应地,地方政府扶贫开发政策也转到产业化、市场化的发展模式上来。例如,有地方官员某次偶然造访"下三乡"(包括绿寨),未经科学论证,凭其长官意志推动全县少数民族地区规模化种甘蔗、建糖厂的扶贫开发热潮。政府与公司合力动员农民先规模化种植了两年甘蔗,虽然承诺包销,但由于滞销,政府最终给农民打了白条。之后,地方政府又通过提供低息贷款鼓励农民种植了三年马铃薯,并承诺给予种植补贴,但同样出现滞销,导致村民欠政府贷款、政府欠村民种植补贴,双方互欠马铃薯债。在地方政府农业产业化的实践中,乡村干部陷入频繁调整产业结构的旋涡不能自拔,干群关系紧张,生态出现危机,村民生计和生活陷入困境。[①]

在中国,尽管政府推动农业产业化、市场化的目的是为了提高农业资源配置效率,实现农业发展、农民增收,但在允许生产资料多种所有制并存和卷入资本主义市场的前提下,会不可避免地出现资本对农业产业化市场链条的主导。农业产业化、市场化使农民从事农业生产主要是为了实现交换,谋取经济利益最大化,这几乎成为所有参与主体的愿望。如此,资本主义生产方式的某些特征在中国农业产业化、市场化的进程中得以呈现,同时也充分印证了马克思的观点:资本主义大工业和工业化经营的大农业携手破坏了土地的自然力和人类的自然力。首先,土地的自然力遭到破坏,引发生态环境退化,出现马克思基于"新陈代谢断裂"所批判的资本主义工业化农业对自然的破坏问题。这一方面表现为地方政府与资本主导的农业产业结构调整和单一品种的规模化种植,既破坏了生物的多样性,也导致农村生产和生活环境的日益恶化。在云南绿寨,大规模种植

---

① 张和清:《国家、民族与中国农村基层政治:蚌岚河槽六十年》,社会科学文献出版社2010年版。

某一新品种后,就必须依靠大量施用化肥农药才能保证农作物收成,从而造成土壤板结、水源和食物污染、生物种类减少,还导致村民农药中毒事件时有发生。在广东溪流村,地方政府自 2001 年开始实施"一村一品"工程,村民大肆占用山地、耕地规模化种植砂糖橘,造成番薯、蔬菜、豆类等传统农作物种植严重萎缩,生态环境不断退化,村民生计过度依赖市场,生活自主性逐渐丧失。更重要的是,生态环境退化诱发多种病虫害,最终导致果树绝收,村民陷入生计危机。另一方面,当农业种植无利可图,而维持家庭教育、医疗、建房等方面的开支又不断增加时,许多村民只能"靠山吃山",私自非法砍树、挖矿……过度农业产业化、市场化造成的土地自然力破坏致使农民生计困难,而急剧扩大的消费支出又驱使农民不惜竭泽而渔地向自然索取,从而不断加剧生态环境的恶化。

其次,资本主导的农业生产方式破坏了人类自然力,抑制了劳动价值,造成劳动者日益贫困。在绿寨,改种杂交水稻和小春经济作物后,农民被纳入工商资本主导的层级化长链市场。[①] 在长链市场中,农民仅处于生产环节。在生产投入方面,种子、化肥、农药等农资价格持续上涨,农业种植成本不断增加,而农产品价格起伏不定,当种植成本高于农产品价格时就会出现"越种越穷",甚至"血本无归"的生产致贫现象。在生产产出方面,由于规模化种植严重依赖市场销售,而市场价格又波动剧烈,加上销售环节层级繁复和运输成本高昂等因素,农民只能获得很小部分的农产品价值,出现"谷贱伤农"的现象。以绿寨种姜为例,在姜的种植成本约 1 元/公斤而收购价格为 3 元—4 元/公斤时,大多数村民开始种姜,但不久后姜价急转直下,最低时不足 0.5 元/公斤,大量姜农血本无归。如此剧烈的市场价格波动使村民生计和生活充满风险,原本相对独立的小农生产方式逐步被资本主导的市场形塑。"生产致贫"和"谷贱伤农"均无益于农民在劳动中实现自我认同,产业化生产方式与农业新品种、新技术的推广相互配合,导致农民丧失自信心,身份认同出现危机,昔日的"种田能手"在面对高科技新品种种植要求时变得无所适从,成了"文盲农民"[②]。而乡村社区原有的劳动互助习俗也在农业生产方式的转变过程中遭到瓦解。一直以来,云南绿寨和四川龙坡延续着重要农事全村参与的"换工"习俗,在农忙季节,村民们会互相投工投

---

① 叶敬忠、贺聪志:《基于小农户生产的扶贫实践与理论探索——以"巢状市场小农扶贫试验"为例》,《中国社会科学》2019 年第 2 期。
② 张和清:《国家、民族与中国农村基层政治:蚌岚河槽六十年》,北京:社会科学文献出版社 2010 年版。

劳,家家户户轮流"换工",直到全村农事完成为止。但随着产业化农业的兴起,"换工"逐步演变为"卖工"(花钱雇工),乡村互助互惠的社会文化习俗日渐瓦解。

在长期与村民的交往中,笔者深深体会到消费主义意识形态对当下农村贫困和生态环境的影响。因此,仅从生产方式的角度分析新陈代谢断裂是不够的,还需要从消费方式的角度予以补充分析。资本主导的以追逐利润为首要原则的扩张型生产方式必然要依赖大量消费的支撑,在马克思主义生态视野下,受政治、经济、文化等"社会外力牵引"①,人们为了补偿"单调乏味的、非创造性的且常常是报酬不足"的劳动所带来的痛苦,借由消费来寻求幸福,逐渐变得"越来越柔弱并依附于消费行为"②。膨胀的消费助推生产方式的继续扩张,生产出更多、更细分的商品,而这又会进一步强化消费,如此循环往复,形成大量生产、大量消费、大量废弃的模式,在消耗自然资源的同时又向自然界倾倒废弃物。不止于此,现代社会的消费方式已超越了单纯的消费范畴,它与人们的生活方式交织在一起,甚至成为生活方式的代名词。

2000年前后,自给自足仍然是绿寨村民主要的生活方式,但之后却发生了变化。一是村民开始追求城市消费生活,争相赊账(借高利贷)购买汽车、摩托车、电视机、手机等商品,汽油费、手机话费等支出给许多家庭造成沉重的生活负担,出现"砍树买手机,卖猪充话费"等情况。二是许多村民盖大房子(炫耀消费)互相攀比,加上教育、医疗等方面的开支日益增加,开始出现入不敷出甚至背负沉重债务的现象。为满足支出需求,许多村民或外出打工,或"砍树""挖矿"赚钱,当地生态环境遭到进一步破坏。三是与商品消费有关的生活垃圾成为环境污染的一大来源。村庄遍布廉价食品包装袋、纸盒、饮料瓶、塑料袋、电池等垃圾,举办红白喜事也时兴使用一次性水杯和碗筷。至于垃圾处理,村民要么随手丢弃,要么集中焚烧,因此生活垃圾尤其是难以降解的塑料垃圾成为村庄环境的主要污染物。此外,消费也加剧了人与人关系的疏离,村庄的互助文化逐渐没落,"赚钱—消费"成为人们日常生活的主线,村民缺乏文化认同和身份认同,对社区公共事务漠不关心。

总之,20世纪90年代以来,地方政府与资本合力推动的农业产业化生产方式和市场化的销售模式以及消费主义意识形态侵蚀下的乡村文化统识,使得中

---

① 赫伯特·马尔库塞:《单向度的人:发达工业社会意识形态研究》,刘继译,上海世纪出版集团2008年版。
② 本·阿格尔:《西方马克思主义概论》,慎之等译,中国人民大学出版社1991年版。

国乡村经济社会发展与生态环境之间出现"新陈代谢断裂",造成乡村社区生态环境恶化、生计困难、传统社会文化生活式微。这种生态、生计和生活危机的恶性循环使中国乡村社区呈现不可持续发展的图景(见图1)。

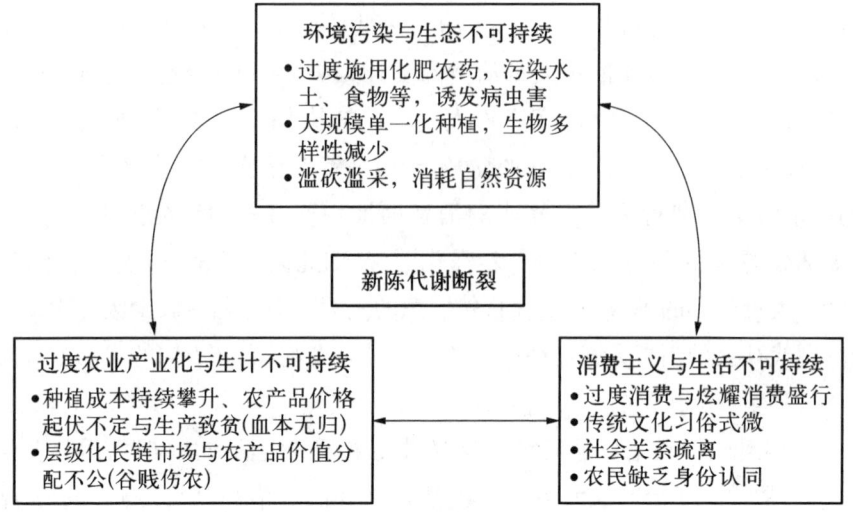

图1 乡村社区"新陈代谢断裂"循环

三、再造乡村生态、生计和生活可持续发展

马克思主义生态视野对于探讨全球化背景下中国经济发展模式及其高速发展带来的生态环境危机和人与自然新陈代谢断裂具有很强的解释力。依据马克思主义的观点,当前中国农村社会工作所面临的乡村生态、生计和生活问题,在某种意义上也是政治、经济、社会、文化等结构性问题,相比采用任务中心模型的"个人主义—改良主义"范式和心理动力模型的"反身性—治疗性"范式将问题个体化,此类结构性问题的分析更适合采用解放取向的"社会主义—集体主义"范式,即通过社会改革探索系统性修复的途径,推动生态、生计和生活的可持续发展。与经典马克思主义关于传统小农经济必然被以雇佣关系为主的资本主义生产方式和社会主义集体化大生产所代替的观点不同,笔者的经验研究表明,小农经济并未在中国及其他许多国家瓦解,反而展现出坚韧的生命力和适应性。根据这一现实,本文基于马克思主义生态视野,在实践中结合恰亚诺夫(A. V.

Chayanov)、黄宗智等学者的小农经济理论,探讨资本下乡背景下中国小农及小农经济的出路,尤其是探寻小农生产、生活方式和志愿合作对新陈代谢断裂系统性修复的可能,通过重塑小农组织形态实现生态、生计和生活的可持续发展。

2007年绿耕开始调整农村社会工作的目标和行动策略,在继续秉持"扎根社区、精耕细作、弱势优先、彰显公义"理念的前提下,将乡村再造的行动目标确定为:运用社区为本整合社会工作的方法推动乡村社区生态、生计和生活的可持续发展。社区为本整合社会工作是以社区为服务对象,采用微观和宏观双重视角,系统分析社区发展中存在的问题和优势资产,综合运用个案工作、小组工作、社区工作等专业方法,动员和组织社区民众共同行动,推动社会改革。社区作为村(居)民日常生活场域,一方面被社会结构性力量形塑,另一方面社区的主体性和能动性又能推动公平正义的社会发展。社区美好了,生活在社区的个体、家庭、邻里也会美好,更多的社区美好了,整个社会才会变得更加美好。因此,社区为本的整合社会工作致力于社会改革。首先,社区为本整合社会工作的目标是推动乡村社区政治、经济、社会、文化和生态的整体性发展。其次,社区为本整合社会工作的途径是城乡合作、公平贸易,通过城乡合作创造生产者和消费者直接对接的公平贸易市场,使生产者的劳动价值得到尊重,使消费者获得健康安全的农产品,重塑可持续的生产方式和生活方式。最后,社区为本整合社会工作遵循的行动策略包括:① 驻守村居。只有扎根乡村社区,才能深刻理解民众的"心声""疾苦"和"愿望"。② 优势视角。从社区基本需求和优势资产出发,最大限度激发社区内生力量,实现乡村可持续发展。③ 志愿合作。通过志愿合作的赋权途径,小农及其劳动价值得到公平对待。因此,绿耕以社区为本整合社会工作实务模式推动乡村生态、生计和生活可持续发展的实践,可以看作是马克思主义生态视野下中国小农经济社会"系统性恢复"的本土尝试。

(一)可持续生态再造

化肥农药的大量施用对乡村生态环境造成长期侵害。同时,在消费主义刺激下急剧增加的生活垃圾和生活污染越来越成为生态环境压力的重要来源。针对乡村生态环境退化,绿耕社会工作可持续生态再造采取了以下行动。

首先,改变化学农业在农业生产中的支配地位,扭转单一品种的规模化种植方式。在绿寨,社会工作者推动村民成立合作社,恢复本地老品种水稻种植①,

---

① 一般来说,传统老品种水稻对化肥农药的依赖性弱于种子公司培育的水稻品种。

减少化肥农药的施用,逐步改变杂交稻种植面积独大的生产格局。合作社每年稳定地种植老品种水稻,通过减少施用化肥农药降低种植成本和单一种植带来的风险,同时有助于土壤修复和水体净化,维护了社区生物多样性,并为城市居民提供安全的食物来源。在溪流村,原来家家户户都有一片青梅林,青梅是一种粗生粗长、不需化肥农药的果树。2003年起,为配合当地"一村一品"的砂糖橘产业化种植要求,村民纷纷砍伐青梅树改种砂糖橘树。为了保护村中最后一片青梅林免遭砍伐,社会工作者动员村民成立青梅加工互助组,开发出梅精、梅汁、梅干等系列产品。随着生产规模的扩大,对青梅原材料的需求量不断增加,带动村民复种青梅树,直接减少了农药化肥施用量,改善了农作物种植结构。

其次,在日常生活中弥合人与自然的疏离关系,重建人与自然和谐共生的生态观。人与自然的疏离表现为人与自然直接联系的减少、人对自然的漠视和侵害。因此,弥合人与自然的疏离关系需重塑人们的环境意识,使其日常生活习惯符合人与自然和谐发展的需要。社会工作者通过组织主题讨论、播放环保电影、邀请环保生活践行者分享经历等方式开展社区教育,提升村民的环保意识;开展乡村社区生态导赏项目,促使村民重识自然,思考人与自然的关系,同时也为城市居民提供与自然直接互动的生态体验平台。社会工作者还推动村民将环保意识转化为环保行动。比如,通过设置社区公益金制度,引导生计组织成员用公益金购买环保水杯,分发给所有农户以代替一次性塑料杯,动员村民循环利用近几年集中建房产生的大量废弃建筑垃圾打造社区文化广场,等等。

扎根日常生活世界,提供具有可替代性的多元选择,唤醒村民的环境意识和环保行动,是社会工作乡村社区再造之生态恢复的实践途径。但我们也不得不承认,绿耕所推动的可持续生态再造实践主要依靠生计和健康等元素,还不能引导村民从价值观(信仰)层面关切生态环境。大多数村民从事生态生产的最大动力来自改善生计,当生态保护与生计增收短期内难以协调发展时,村民可能会放弃生态保护。绿寨驻村社会工作者曾指出,"有合作社社员私底下使用化肥农药",而溪流村也出现过村民因认为无法快速获得经济收益而退出生态种植合作组的状况。另外,在社区层面撼动环境不友好的日常生活习惯和消费主义行为异常艰难,减少塑料袋使用、开启绿色消费行动等都难以持续落实。面对这些问题,除了调整工作策略之外,还需以结构性视角思考问题背后的社会根源,在社区为本的实践中迈向微观与宏观的双向改变。

（二）可持续生计再造

循着平均地权的土地革命以及"社会主义改造"中土地所有权的集体化路径，中国在改革开放期间确立了独特的家庭联产承包责任制，成为小农生产仍然占据中国农业生产主体地位并将长期延续的重要制度前提。① 家庭联产承包责任制是在土地集体所有的基础上，以家庭为基本单位承包土地等生产资料并自主生产与经营的一项重要经济制度，是一种小农性质的农业生产经营方式，它有效地提高了农业发展水平和农民生产积极性，同时也面临着一些挑战。小农虽然数量庞大，但原子化的小农及其家庭根本无力应对资本的强势地位和复杂的市场波动，也无从打破"生产致贫"和"谷贱伤农"的怪圈。如何重构小农生产方式，建立新的市场机制并为小农提供具有保护性和公平性的生计服务，成为可持续生计再造的关键。恰亚诺夫的小农合作理论对这一问题具有重要启示。② 从组织方式出发，恰亚诺夫认为，小农基于自身主体性，以自下而上的方式组织起来进行生产、加工及销售合作，有助于小农摆脱受制于资本的弱势地位。他设想的小农合作虽然有追求规模化生产、以规模效益来降低小农生产成本从而提高生产收益之意，但其强调的合作是涵盖生产、加工及消费等环节的适度规模纵向合作，而非新自由主义理论和经典马克思主义经济学理论对横向规模化生产的信赖。③ 绿耕汲取早期"回避生计问题"的教训，从 2007 年开始，以互助合作的生产方式维护劳动者权益，试图重建另类的社区经济系统，推动生计可持续发展。

首先，基于志愿原则发展集体合作生产。在云南绿寨，社会工作者凭借与村民的长期信任关系，将有意愿的四个贫困户组织起来，支持他们以互助组的方式生态种植传统老品种水稻。之后，互助组成员每年都在增加，2009 年正式注册成立农民专业种植合作社。到 2014 年，绿寨种植合作社社员已经发展到 50 户，种植老品种水稻面积达 155 亩，产量突破 45 000 公斤，销售收入 40 余万元。在发展的过程中，村民充分发挥互助合作精神，积极解决种植和田间管理难题。因为老品种稻种流失，村民多方打听后分组深入更加偏远的山区

---

① 黄宗智：《中国的新型小农经济：实践与理论》，广西师范大学出版社 2020 年版。
② 扬·杜威·范德普勒格：《小农与农业的艺术：恰亚诺夫主义宣言》，潘璐译，社会科学文献出版社 2020 年版。
③ 黄宗智：《中国的新型小农经济：实践与理论》，广西师范大学出版社 2020 年版。

寻找优良种子;在停止施用化肥农药的情况下,大家一起商量如何提高土壤肥力,不断尝试可用于驱虫防虫的传统技艺;当遇到灾害天气时,村民聚在一起讨论应对之策,集体行动抢救倒伏水稻、及时晾晒稻谷。在广东溪流村,社会工作者推动村民发展涵盖生产、加工等环节的纵向合作,不仅推动生态种植小组共同制定种植计划、购买种子及合作堆肥,而且组织青梅加工小组共同种植青梅树,采购陶罐、木炭、蜂蜜、米酒等原材料加工梅酒、梅精、话梅,还制定加工标准,参与销售活动。纵向合作使村民绕过诸多中间环节,提高了农产品附加值,实现稳定增收。

在集体合作生产方式下,小农收入与劳动投入息息相关,在计算集体产出的基础上,根据按劳分配原则确定个人收益。这种分配方式更能体现劳动价值,将资本主导利润分配时的劳动无价变为劳动有价。同时,还可以定期提取一定比例的生产盈余作为社区公益金,用于扶助社区鳏寡孤独者、修葺公共空间、恢复社区公共事务等,公平性和公益性在互助合作的集体生产方式中得以彰显。绿耕所推动的集体合作生产方式是在我国家庭联产承包责任制的基础上,基于志愿原则,将分散生产经营的小农循序渐进地组织起来进行集体合作生产,以克服家庭联产承包责任制下小农生产缺乏规模效应和市场议价权、市场风险抵御能力低、社区公共性淡薄等问题。可以认为,基于志愿原则的集体合作生产是对我国农村家庭联产承包责任制的一种继承和发展。

其次,建立城乡合作平台,推动公平贸易。从 2007 年起,绿耕把社会工作队分为城市和驻村社会工作者两部分,驻村社会工作者在乡村社区发育生产合作组织,城市社会工作者在城市社区构建消费者支持网络,进而建立城乡合作平台,开展公平贸易。公平贸易与追求资本利润最大化的贸易不同,它可以避免因为农产品市场价格波动和中间商剥削造成的"谷贱伤农",使农民获得合理的劳动报酬,同时也调动农民生产优质健康食品的积极性。公平贸易离不开生产者和消费者的直接对接,因此,没有城乡合作平台,公平贸易难以落地生根。为了支持农民合作组织搞好生态种养殖,绿耕城市社会工作者深入城市社区宣传动员,组织消费者进村体验,举办"城乡汇"农墟市集,甚至在昆明、广州等地开设公平贸易商店等。通过搭建城乡合作平台,生产者、消费者合理议价,将农村生产合作组织的农副产品直销出去。2007 年夏,在绿寨传统稻谷即将丰收之际,绿耕组织合作社成员与昆明城市消费者召开议价会,尽管计算出的价格比当时杂交稻市场价格高出近三倍,但消费者尊重价格中包含的劳动价值和生态价值,很快与生产者完成了"公平贸易"。此后,绿寨合作社生态种植的农产品不断以"公平贸易"的方式被直销出去。2007—2014年的七年时间,绿寨合作社老品种水稻公平贸易市场销售金额超过100万元。

绿耕建立城乡合作平台,推动公平贸易,其实质是发育层级化长链市场的替代性市场形态——巢状①市场。农业农村现代化离不开市场主体作用的发挥。但在以往的层级化长链市场中,产品价值的绝大部分被工商资本占有,生产者与消费者被中间环节区隔开来,资本以农业企业的模式组织食物的生产、加工与流通,不断对生产与消费领域进行形塑,建构产品的质量标准,引导消费者的需求与偏好②,从而引发劳动无价、农产品价格波动、生态环境退化等问题。为应对这些问题,需要改变主导层级化长链市场的资本逻辑,培育替代性市场形态,以更好地发挥市场作用。巢状市场本身嵌入在市场之中,旨在绕过长链市场通道,将被区隔的生产者与消费者以及被割裂的社会与生态关系进行重新联结。在巢状市场中,生产者与消费者直接对接,小农既是生产者(其生产一般是生态的),同时也是加工者和销售者,以此打破工商资本对中间环节和价格的控制,从而获取绝大部分农产品/食品价值,而城市消费者则由此获得安全食物,实现小农生产者与城市消费者互惠互利。

综观绿耕可持续生计的再造实践,如果说互助合作集体生产方式最大限度地降低了农民的生产成本,那么,建立城乡合作平台、推动公平贸易方式则是打破资本主导的市场对农产品价格的控制、实现按劳分配必不可少的环节。但随着生产规模的日益扩大,水稻种植面积大增,城市社会工作者面临着很大的销售压力。2008年、2013年绿寨合作社两次"大跃进"③,使社会工作者陷入"卖不掉想方设法都要卖"的销售困境。2015年,当笔者再次为合作社扩大、连片种植面积扩大而感到欣喜时,却面临上一年稻米滞销问题。提高经济收入的殷切期望也使合作社社员日益陷入"为钱合作"的不良状态。在这种情况下,绿耕决定重整合作社,逐步淡化"包销"模式带来的弊端。同时,社会工作者开始将村民的注

---

① "巢状"有两层含义:一是特定人群所形成的有限而又相对闭合的产品、现金、信息、服务等的流通圈和交往圈,如同在市场中筑入的一个个"鸟巢";二是对特殊市场形势和食物供需网络的隐喻,强调基于信任、直接对接的生产者与消费者网络如"鸟巢"里的各个节点,紧密连接,构成一个边界相对明确的市场结构(详见叶敬忠、贺聪智,2019)。

② 叶敬忠、贺聪志:《基于小农户生产的扶贫实践与理论探索——以"巢状市场小农扶贫试验"为例》,《中国社会科学》2019年第2期。

③ 合作社有过两次"大跃进":一次是由2007年的3户3亩扩大为2008年的13户22.5亩,另一次由2013年的28户95亩扩大为2014年的50户156.5亩(统计数据由驻村社会工作者提供,特此致谢)。

意力从单纯关注生计收入扩展到关注可持续生活。

（三）可持续生活再造

受工业化、城市化进程和消费主义兴起的影响,乡村社会文化生活逐渐衰落。提升村民文化身份认同、重建社会互助关系、破除消费主义意识形态宰制成为可持续生活再造的着力点。

绿耕社会工作者采用口述史的方法整理村史,重新打造宗祠、老围屋、风水池等公共空间,开办农耕博物馆和农产品展览馆,以保育传统文化;举办"社区学堂",让村民掌握、分享、传播传统技艺及习俗;恢复老品种稻谷种植,使传统稻作文化得以传承。这些日常生活中的文化资产建设提升了村民文化身份认同和社区互助。此外,为了消除消费主义和攀比文化的影响,针对许多村民不惜花光所有积蓄甚至负债也要"修建洋楼"的做法,社会工作者邀请建筑师团队为村民设计出既能节约开支,又能保留传统建筑文化风格的生态民居,期望引导村民跳出"赚钱—消费"的陷阱。但也必须承认,在消费主义盛行的背景下,社会工作者改变消费主义生活方式的尝试收效甚微,有村民在讲述建楼目的时说:"不(是)羡慕别人住洋楼,(而是)害怕被别人看不起!"可见,转变村民思想观念,再造可持续生活是一个漫长的过程。

在绿耕乡村社区再造实践中,生态、生计和生活的可持续再造是相互统一和协同并进的。当劳动价值得到充分尊重时,不仅乡村经济得以改善,生态环境有所恢复,乡村传统文化也得以保育传承,村民生产、生活的自信心亦得到提升;当生态环境得到保护时,可持续生计也有了资源保障,在城乡合作和公平贸易过程中,村民的身份认同和价值感得以提升;当社会文化生活被重塑时,人与自然的疏离关系得以弥补,文化资源也成为可持续生计资产。乡村可持续生态、生计和生活再造实践有助于新陈代谢断裂的"系统性恢复",有助于乡村振兴和可持续发展(见图2)。

从2007年至今,笔者及其团队遵循知行合一的行动研究精神,大胆尝试并依据马克思主义生态视野不断反思中国乡村社区衰落的社会根源,持续推动小农户志愿合作,期望依靠社区经济的发展模式助力乡村生态、生计和生活的系统性恢复,再造可持续社区。为此,绿耕凭借志愿合作的组织力量将小农联合起来,借助"城乡合作、公平贸易,共创生态文明与可持续生计"的社区经济模式,推动乡村社区生态、生计和生活的整体性改善。但我们也清楚意识到,在具体的实践过程中,社会工作仍面临深层次困扰,诸如现实的结构性压力,村民重视"收

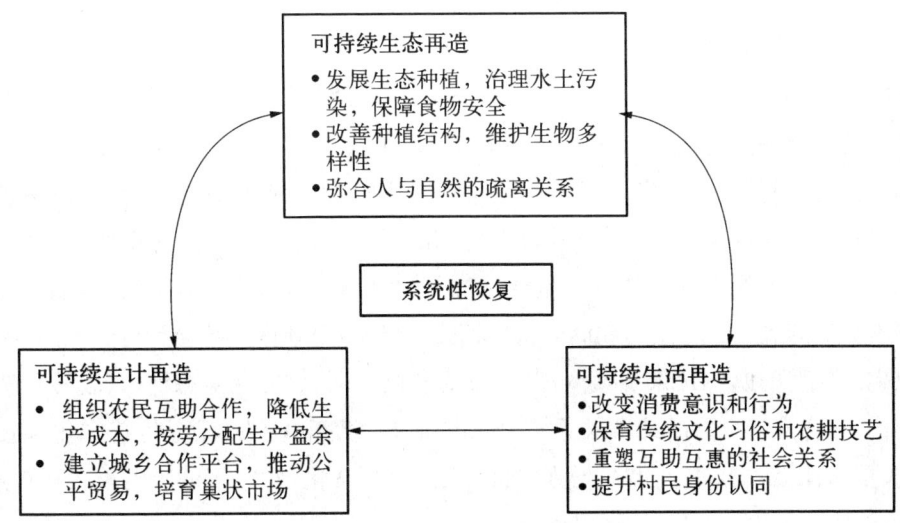

图 2　乡村社区"系统性恢复"循环

入＋消费"的经济效益,轻视生态环境保护。村民重视"家庭＋自我"的个体发展,忽视组织与合作,尤其是深受城市消费文化的影响,难以安心守护乡土。实现再造乡村可持续发展的目标任重道远。

四、结论与讨论

采用马克思主义生态视野分析当前中国"三农"问题具有很强的历史脉络性和社会根源辨识效应,能够帮助我们厘清资本主导的生产方式、生活方式如何形塑乡村社区的生态、生计和生活。一方面,过去 20 年,中国农业发生了实质性的资本化,单位土地的资本投入不断增加。[1] 农产品价值的大部分被资本(尤其是大型工商资本)占有,农民不时陷入"生产致贫"和"谷贱伤农"的境地,化肥农药的大量施用造成土壤肥力衰竭、水质下降等诸多生态问题,随之也破坏了农村的生计基础。另一方面,乡村的消费主义生活方式不仅制造了大量污染物,而且不断攀升的消费支出转化为生计压力,通过进一步破坏生态资源要素提高收入,成为环境压力的又一来源。

基于绿寨等村庄的实践经验,笔者不断探索契合马克思主义生态视野的生

---

[1] 黄宗智、高原、彭玉生:《没有无产化的资本化:中国的农业发展》,《开放时代》2012 年第 3 期。

态、生计和生活"系统性恢复"道路。卡尔·波兰尼(Karl Polanyi)认为,一个"脱嵌"的经济体制会给社会和生态带来双重破坏。作为"虚拟商品"的劳动力和自然在自发调节的市场上被出售和购买,人的劳动力连同附着其上的生理、心理及道德层面被一同处置,导致社会关系被损坏、环境被污染、生产能力遭受破坏等。与此同时,现代社会也出现了意图将市场扩张控制在某种确定方向上,以保护人、自然以及生产组织的反向运动。① 因此,基于中国小农经济的现实条件,以志愿参与为原则发展集体合作生产,建立城乡合作平台,推动公平贸易,以破除资本主导的农业产业结构和商业销售模式,将经济重新嵌入社会和自然中,是实现生态、生计和生活"系统性恢复"的重要尝试。同时,发展生态种植、改善种植结构、弥合人与自然的疏离关系以及改变消费意识和行为、保育传统文化和技艺、重塑社会关系等行动,可增强"自然""社会""文化"对经济的吸纳能力,推动生态、生计和生活的可持续发展。

经典马克思主义认为小农经济会被资本主义大农业生产或社会主义集体化生产取代,小农经济必然消亡。但基于英、德等国经验"作出的预言未在中国发生,也未在第三世界的多数地方发生",小农经济至今仍存在于许多国家(包括欧美等发达国家),以恰亚诺夫和舒尔茨为代表的当代小农经济理论两大学派都承认现代市场经济下小农经济可能持续的事实。② 即便如此,马克思关于小农经济和小农的部分论述以及关于社会主义农业的设想仍不失理论价值,他认为"合理的农业"需要的是"自食其力的小农的手"或"联合起来的生产者的控制"。从历史上看,农民非常珍视土地,对土地形成了"情感联系"③,正是在此意义上,小农经济和志愿合作被认为是通向生态农业的途径,在社会主义中国,可以在去阶级化分析的基础上研究小农经济。④ 我国家庭主导的小农经济根基深厚,社会工作有可能借助传统乡土文化和现实需求将小农组织起来,发育互助合作社,联动家庭承包的土地、农具等生产资料,搭建城乡合作公平贸易平台,以民主、公平的原则进行生产与分配,充分发挥小农经济在生态保护、生计改善、食品安全、文化传承和社区发展等方面的多元功能,助力实现生计发展、社会互助、文化认同、

---

① 卡尔·波兰尼:《大转型——我们时代的政治与经济起源》,冯钢、刘阳译,浙江人民出版社2007年版。
② 黄宗智:《长江三角洲小农家庭与乡村发展》,中华书局1992年版。
③ H.孟德拉斯:《农民的终结》,李培林译,社会科学文献出版社2005年版。
④ 叶敬忠、张明皓:《"小农户"与"小农"之辩——基于"小农户"的生产力振兴和"小农"的生产关系振兴》,《南京农业大学学报(社会科学版)》2019年第1期。

环境友好和社区自治等"五位一体"的乡村振兴,走出不同于资本主导市场体系的中国特色社会主义乡村振兴与可持续发展之路。

绿耕以社区为本的整合社会工作模式体现了"社会主义—集体主义"范式和马克思主义生态视野可能的实践途径,成为超越任务中心和心理动力模型的替代选择。在推进社区为本整合实践的过程中,社会工作应将事件或问题置于更宏观的结构性脉络中进行分析,建构与创造更具解放性的行动策略,以实现结构/政策、社区以及个体三个层面的改变。[①] 绿耕的实践立足社区,运用优势视角,充分尊重人的主体性和地方性知识,通过整合的社会工作方法进行社区资产建设和能力建设,搭建城乡合作、公平贸易平台,这是基于中国乡村文化处境和社会工作实务脉络的本土化行动,也是契合马克思主义生态视野的理论探索,更是迈向乡村可持续发展和生态社会主义的出路探寻。

 方法谈:

社会工作实务发展的探寻之路

一、缘起

刊登于《社会学研究》2021年第6期的《社会工作干预与中国乡村生态、生计和生活可持续发展的行动研究——以绿耕项目为例》一文,从构思到书写、发表,断断续续经历了七八年时间,其间得益于本人及同事、学生从事社会工作教育、实务和行动研究二十余年从未间断的实践、阅读和思考。我从最初割裂地运用个案、小组、社区工作方法教学实践到撰写出版实务理论专著《社区为本整合社会工作实践》,标志着团队从方法为本的专业实务取向逐渐迈向中国特色本土化专业社会工作实践的探索。

这一时期我主要在中国早期创办了社会工作专业的云南大学任教,迫于教学的需要,除了担任核心方法课程"小组工作"的教学任务之外,还参与观察昆明金碧社区居委会戒毒康复小组实务工作,撰写和发表了有关"金碧社区戒毒康复模式"小组工作方法的论文。之后机缘巧合,我参与主编教育部21世纪社会工

---

① Stepney, P. & K. Popple:《社会工作与社区——实践的批判性脉络》,邓湘漪、陈秋山译,心理出版社股份有限公司2011年版。

作统编教材《小组工作》。

现在回顾最初的专业教研过程,发现那时我对中国社会工作的理解仍然停留在专业方法层面的社会工作实务探索,自己的教研及实务兴趣聚焦于药物滥用者与性工作者等边缘弱势群体的现实问题探讨和帮教方法运用等。

2001—2008年,我很荣幸先是在职就读香港理工大学与北京大学合办的中国社会工作硕士课程,之后全职就读香港理工大学博士学位课程,从而得以长期深入云南少数民族乡村从事基层政治演变及贫困问题研究,其间陪伴驻村社会工作者持续推动中国农村及民族社会工作实务发展。

读博期间是我学术兴趣和行动研究日渐成熟的时期。一方面透过三代村支书从政生涯和生命历程的口述史访谈,我对中国乡村基层政治的思考更加深入,得以从社会问题的社会根源去探讨中国乡村衰落、贫困、基层政治演变等核心问题,从而探寻乡村社会的出路等。可以说,博士研究的过程和研究结论更加坚定自己从事中国农村,尤其是少数民族社会工作的决心,增强了使命感。

2008年,我刚入职中山大学社会工作专业就遇到两个大事件,正是这两个事件及其前因后果,促使我对中国农村/民族/灾害社会工作,尤其是社区社会工作的发展道路等核心问题探索不止,我开始思考中国乡村生态、生计和生活的可持续发展问题,模糊感受到环境友好的生计模式才是可持续的生活。

第一件大事是从"5·12"汶川地震开始,绿耕社工团队深入映秀、草坡、雅安等极重受灾乡村建立社工站,探索中国灾害社会工作实务模式。其间我们不断目睹了"天灾—人祸"恶性循环给百姓带来各种生态、生计和生活灾难及个体、群体的伤痛……痛心之余,深感以方法和活动为本的社会工作介入十分无力,促使团队开始关注环境及可持续发展议题并学习绿色社会工作理论实务。其间,我也开始指导博士生尚静(本文共同作者)系统阅读马克思主义生态理论和生态社会主义出路的文献,运用马克思主义生态视野审视、思考中国乡村社区生态、生计和生活问题及其出路。

第二件大事是我刚到中山大学社会工作专业教学不久就遇到广州市民政局启动政府购买社会工作服务计划。绿耕团队有幸承接从化仙娘溪—乐明农村社会工作服务项目。我认为绿耕从化农村社会工作十余年实践的最大收获是逐渐探寻出一条中国小农经济现实条件下农村社会工作者推动乡村生态、生计和生活可持续发展的实务模式及可能的出路。

因为绿耕具有长期探索中国本土农村及社区社会工作实务理论的经验,我有幸得到广东省民政厅信任而担任"广东兜底民生服务社会工作双百工程"(以下简称"双百")总督导。"双百"是广东省民政厅、省财政厅、省人力资源社会保障厅、省妇联、省残联在全面总结广东社工"双百计划"实践经验基础上组织实施的一项重大民生工程。"双百"按照"统筹规划、合理布局、以点带面、循序渐进、全面覆盖"的原则,到 2021 年年底全省乡镇(街道)建成社会工作服务站,到 2022 年年底全省村(居)建成社会工作服务点,实现全省社会工作服务站(点)100%覆盖、困难群众和特殊群体社会工作服务 100%覆盖。实施"双百"的社工由乡镇(街道)直接聘用,接受省、市统一督导和培训,立足镇街、深入村居,为有需要的困难群众和特殊群体提供社会工作专业服务,打通为民服务"最后一米"。

作为总督导,我感到责任重大,除了深度参与广东省政府"双百"民生工程外,也开始以"双百"大样本民族志及其行动研究为例(详情见《"双百"社会工作概论》),系统性思考中国本土化城乡社区社会工作的发展道路问题。尽管《社会工作干预与中国乡村生态、生计和生活可持续发展的行动研究——以绿耕项目为例》一文仅以绿耕项目为例,但我们在撰写、修改文章的这几年正好也是"双百"持续发展的阶段,作为绿耕和"双百"的核心成员,我除了以绿耕的经验教训指导"双百"行动之外,也从"双百"广东全省大样本民族志行动研究审视绿耕经验。可以说这篇文章的核心观点、行动研究方法,尤其理论反思("社会主义—集体主义"范式、新陈代谢断裂等)和出路思考(生态社会主义等)既是对绿耕经验的反思,也已经在"双百"实践过程中得到借鉴运用。最近,我们以"双百"为例撰写的文章《中国特色社会工作实践探索》,开始系统性总结中国特色社会工作发展道路和实务模式,将推动城乡社区生态、生计和生活可持续发展定位为"双百"工程社会工作的奋斗目标。我们坚信,环境友好的生计发展才是可持续的生活。

二、方法

我们秉持行动研究方法论和具体行动研究方法搜集资料并撰写论文。《社会工作干预与中国乡村生态、生计和生活可持续发展的行动研究——以绿耕项目为例》这篇文章不同于国内外一些实证主义社会工作研究范式的论文,因为我们不是遵循假设验证的实证逻辑——从国际社会工作概念、理论出发演绎社会工作知识体系,而是立足绿耕实务经验,遵循发现的逻辑,从案例总结本土的经验性知识,再与国内外公认的社会工作概念及实务理论进行对话,尤其从马克思主义生态理论与生态社会主义出路的理论视野进行案例的理论分析,从而归纳并提炼绿耕实务理论知识的本土内涵和方法技术。这篇文章是案例主导的本土化专业社会工作行动研究论文。因为是一篇案例主导的实务理论论文,期望读者在理解时,能够从文章里的社会工作实践案例出发,带着对案例背后的经验性问题、社会议题和社会工作实务的思考,认识和理解相关的概念、理论、实务方法等,并在案例理论分析的基础上进一步理解相关概念及实务理论的本土内涵和实务模式。期望论文的案例理论分析及其结论能够起到抛砖引玉的作用,深化读者对中国社会工作实践与理论的认识,加深理解及运用。

基于二十年行动研究的体会,我真正感受到有力度的行动研究必须做到三个"足够",从而具有三种缺一不可的感受力。

首先是实践经验足够深入并具备行动研究的实践感受力。从具体研究方法而言,本文首先基于绿耕近二十年中国云南、四川、广东、湖南等省村居社区社会工作行动研究的实践经验,确定经验性研究问题。我几乎每一篇行动研究论文的问题意识都源于田野行动的经验性问题。能否发现有价值的经验性问题,取决于作者是否具有深入的实践经验和社会实践感受力。例如,本文研究的问题意识首先来源于长期驻村的实践经验。根据过往经验,我们都是从贫困问题切入社区民众日常生活,在几年到十余年的深入实践过程中,深刻感受到基层农民生计困苦、生活艰辛和环境污染的压力,从而激发大家扎根社区,期望与村居民共同行动带来改变的实践感受力。

其次,理论阅读足够深厚并具备行动研究的理论感受力。具体方法包括从经验性问题出发确定理论知识的阅读主题和范围,充分利用大学图书馆和网络图书资源沉下心情,既泛读,更精读,等等。当围绕经验性问题(主题)的阅读足够深厚时,就能够将经验性问题提升为理论性问题,即是从感性认识上升到理性认识的阅读升华。本文从田野深入体会到生计问题是生态问题更是生活问题时,从绿色社会工作和环境社会工作的理论阅读,进一步到系统生态马克思主义和生态社会主义出路的阅读,并从新陈代谢和新陈代谢断裂概念将经验性问题提升到理论性问题及其出路的理论探索。

最后,实践结合理论的分析足够深刻并具备理论联系实际的分析力。作为一篇发表在顶级刊物《社会学研究》的行动研究论文,本文前后断断续续经历了七八年的书写分析历程。具备实践结合理论的深刻分析力是行动研究的最高境界。而要做到书写分析足够深刻除了必须具有深刻的社区实践感受力(绿耕行动研究项目历时5—10余年)之外,还要能够围绕研究主题将碎片化的实践经验书写成为深厚的"过程—事件"分析案例或完整的实践"故事"。很显然,要做到这一步,除了"经验丰富"之外,必须具备"将故事讲得有意义"的能力,这种能力我称之为"故事里暗含经验性问题和理论价值"。

书写分析足够深刻的意涵是指将案例(故事)的分析提升至理论的高度。我认为,从案例理论分析的角度而言,一篇深刻的社会工作行动研究作品可以从两方面衡量:一是将实践经验的深描提升至理论的高度分析并能够提出社会工作介入的实务模式;二是基于深入的实践经验,探索中国特色社会工作实践知识。本文的志趣在于后者。

三、理论

这篇论文的理论梳理经历了曲折的过程。最初只是从行动反思中国社会工作为何难以有效介入乡村的生态、生计和生活问题,但因缺乏理论支撑,无法系统回应"何以如此"及"何以可为"的深层议题。几经辗转,我决定从马克思主义生态视野寻找理论源泉,遂建议我的博士生尚静阅读经典马克思主义原著,试图从中找到分析乡村生态、生计和生活问题及解决的理论基础。很长一段时间,人们认为马克思主义主要是关于无产阶级和人类解放的学说,但在重温原著时,我们惊奇地发现,马克思、恩格斯针对森林滥伐、土地沙化、动物种类减少、物种的商品化、工业排污、有害物质的排放、循环利用问题、煤矿资源耗竭等问题的观察和论述卓有洞见和历史穿透力。他们当时就对如今困扰全球的气候变化发出了警示:"文明是一个对抗的过程,这个过程以其至今为止的形式使土地贫瘠,使森林荒芜,使土壤不能产生其最初的产品,并使气候恶化……在德国和意大利,现在似乎比森林覆盖时期的气温高。"从理论演变脉络来看,马克思主义早期侧重从哲学上辩证解释人、自然、社会之间的关系,后期通过使用"新陈代谢"(中译本一些地方也译为"物质变换")这一概念,使相关讨论变得更为具体和动态,并用"新陈代谢断裂"来分析生态危机的产生及其根源,进而提出改变资本主义私有制、合作生产、消除城乡对立等"系统性恢复"之道。在此基础上,当代马克思主义者进一步丰富拓展了这些颇具解释力的概念,提出生态社会主义理论。随着阅读的深入,我们采用马克思主义生态视野,逐步建立起"生态—生计—生活"新陈代谢断裂的社会学分析框架,帮助我们厘清形塑乡村社区生态、生计和生活的社会机制和原因;同时,基于多个案例村庄的实践经验,探索迈向生态社会主义的生态、生计和生活"系统性恢复"的社会工作干预框架。这篇文章仍有不少研究问题值得继续探索,期待社会工作对乡村社区可持续发展的重要议题展开更为丰富的探讨并取得进一步进展,更好地回应我国生态文明建设和乡村"五位一体"全面振兴的理论及实践需要。

空间正义与绿色社会工作介入：四川雅安灾后参与式社区设计的行动研究[*]

古学斌　齐华栋　莉娜·多米内利（Lena Domineli）[**]

摘要： 2013年四川芦山地震给当地带来人员伤亡和重大损失。本文项目团队的介入点名为T村，是四川雅安S镇的一个古老村落。由于大多数年轻劳动力都去城市务工，这个古老的社区逐渐破败。它的传统文化、传统建筑、传统习俗、传统技艺与智慧日渐凋敝。单凭社会工作的力量在灾后重建过程中无法满足社区多元化的需求，尤其是在环境和地理空间方面。在这个跨学科的行动研究项目中，社会工作与建筑设计专业联手探索出一种另类的灾后社区重建模式，这种模式致力于利用在地文化资源，凝聚民众，发展新的合作组织，改善地震灾后民众的福祉，从而实现灾后乡村长期可持续地发展。本文论述了绿色社会工作和空间正义的关系，指出空间也是社会工作介入的重要领域；本文还详细介绍了跨学科研究团队与在地村民共同打造社区厨房的案例，展示了参与式社区设计的过程，阐释了绿色社会工作的内涵与跨学科灾后社区重建的实践方法。

关键词： 绿色社会工作；参与式行动研究；灾后社区重建

---

[*] 原载《中国社会工作研究》第十九辑，第1—21页。
[**] 古学斌，男，博士，香港理工大学应用社会科学系副教授、博士生导师，中央团校（中国青年政治学院）荣誉教授。中国及全球发展网络主任，北京大学—香港理工大学中国社会工作研究中心联合主任，香港理工大学应用社会科学系社会工作博士课程主任、社会学专业负责人，*China Journal of Social Work* 主编和 *Action Research Journal* 副编辑；曾为中央民族大学、山东青年政治学院荣誉教授及中山大学、云南大学客座教授。研究方向为农村和灾害社会工作、社区发展、社会经济等，近年积极倡导行动和实践取向的研究范式。齐华栋，男，四川农业大学法学院社会工作系讲师，全国首批高级社工师，中国社会工作教育协会灾害社会工作专业委员会副主任委员，四川省社会工作人才专家库专家。主要研究领域为灾害社会工作、农村社会工作和儿童社会工作。曾参与四川省社会工作服务体系督导、成都市城乡社区可持续总体营造督导、成都市社会工作示范项目督导等。莉娜·多米内利（Lena Domineli），女，博士，英国斯特灵大学社会科学学院教授。主要研究领域为绿色社会工作、灾害干预、社区参与等。

一、研究问题的提出

许多国家都曾遭受自然灾害的巨大破坏,威胁着国家的经济发展和人民的可持续生计。[①] 中国是一个自然灾害频发的国家,经常面临各种各样的自然灾害。降低风险、制定合适可行的战略和灵活的灾后重建行动计划,需要社区居民和多元主体(从公共部门的工作人员到企业家)的共同参与。

对于从事减少灾害风险和进行灾害风险管理的专业而言,制订出符合地方具体情况及文化特色的发展方案是非常大的挑战,这需要跨专业团队的有效合作。多米内利指出,跨学科团队合作(transdisciplinary)不单是指来自不同专业学科的人员合作解决一个相同的问题。[②] 在她看来,一个有效的跨学科团队合作是指来自不同专业的人员,在实践中进行专业知识的交流、共同学习和反思,并建构一个适切地方文化并且能够解决在地问题的理论框架。

笔者认为社会工作者,尤其是绿色社会工作者在跨学科的团队中扮演着关键的角色。[③] 他们能够协调组织不同利益相关者(stakeholders)扮演沟通的桥梁角色,将科学知识转换成当地居民能理解的在地知识,并且让科学家理解社区和在地的知识,动员社区居民参与知识生产、共同策划行动、协力计划的实施与结果的评估等。在这篇文章中,笔者将展示跨学科团队如何介入灾后社区重建,在参与式行动研究的框架下回答几个重要的研究问题:① 什么是社区的优势和灾后民众的需求;② 如何让社区边缘的人群在灾后重建中被培力;③ 有何方法可以鼓励民众参与社区重建的设计、规划和建设过程;④ 社会工作在介入空间再造时跨学科合作是否有效。

二、绿色社会工作与灾害的文献回顾及理论分析

作为一个以促进人类福祉为己任的助人专业,在西方社会,社会工作在自然灾害介入方面有很悠久的历史。社会工作在灾后的创伤性压力管理、物资发放、

---

① UNISDR. Global Assessment Report on Disaster Risk Reduction 2013. Switzerland, United Nations Office for Disaster Risk Reduction (UNISDR),2014.
② Galambos, C. M. Natural Disasters: Health and Mental Health Considerations, *Health and Social Work*, 2005, 30(2): 83.
③ Dominelli, L., *Green Social Work*. Cambridge: Polity Press, 2012.

为受伤人群提供服务①、不同服务计划的形成与实施②、社区组织和倡导③等方面等都非常有效,并且发挥了重要的作用。正如 Yanay 和 Benjamin 总结的那样,回应灾难是社会工作实践和专业的一部分。同时,作为专业人员,社会工作者应有充足的专业知识和技能储备,从而才能应对突发事件引发的复杂状况。④

过去,社会工作的灾害介入主要集中在受灾个人、家庭、社区及组织的情绪抚慰和恢复工作,以及满足受伤群体的特殊需求上。⑤ 然而,对社会工作专业而言,此种介入具有极大的局限性。灾害引起的毁坏、创伤和悲剧需要被关注,但是社会变迁和灾后发展的议题依然重要。正如联合国救灾组织所宣称的那样,"灾难经常会创造一种政治和经济氛围,在这种氛围中广泛的改变比在正常的氛围中得以更快速的形成"⑥。因此,就受灾地区的灾后恢复和灾后重建的可持续发展来说,赋权以及当地社区组织和居民的参与是至关重要的。⑦ 多米内利也

---

① Ginsberg, L. H., Social Work in Rural Communities. Alexandria, V. A.: CSWE Press, 2005. Mitchell, J., "When Disaster Strikes: The Critical Incident Stress Debriefing Procedure". *Journal of Emergency Medical Service*, 1983, 1: 36—39. Van de Eynde, J. and Veno, A., Coping with Disastrous Events: An Empowerment Model of Community Healing, in R. Gist and B. Lubin (eds.). *Responses to Disaster: Psychosocial, Community and Ecological Approaches*, 1999: 167—192. Zakours, M. J., Disaster research in Social Work, in C. L. Streeter and A. A. Murty (eds.). *Research on Social Work and Disasters*. Binghamton, N. Y.: Haworth Press, 1996.

② Banerjee, M. M. and Gillespie, D. F., "Linking Disaster Preparedness and Organizational Response Effectiveness". *Journal of Community Practice*, 1994, 3: 129—142. Dodds, S. and Nuehring, E., " A Primer for Social Work Research on Disaster". *Journal of Social Service Research*, 1996, 1: 27—56.

③ Dominelli, L., *Disaster Interventions: Immediate Relief or Long Term Reconstruction? Introducing Social Work*, London: Polity Press, 2009. Pyles, L., "Community Organizing for Post-disaster Social Development: Locating Social Work". *International Social Work*, 2007, 3: 321—333.

④ Yanay, U. and Benjamin, S., "The Role of Social Workers in Disasters: The Jerusalem Experience". *International Social Work*, 2005, 3: 263—276.

⑤ Cherry, A. L. and Cherry, M. E., "Research as Social Action in the Aftermath of Hurricane Andrew". *Journal of Social Service Research*, 1997, 1: 71—87. Shahar, I. B., "Disaster Preparation and the Functioning of a Hospital Social Work Department during the Gulf War". *Social Work in Health Care*, 1993, 4: 147—159. Zakours, M. J., Disaster research in Social Work, in C. L. Streeter and A. A. Murty (eds.). *Research on Social Work and Disasters*. Binghamton, N.Y.: Haworth Press, 1996.

⑥ United Nations Disaster Relief Organization (UNDRO). Disasters and Development: Trainer's Guide for the UNDP/UNDRO Disaster Management Training Program, Madison. University of Wisconsin, Disaster Management Center, 1992.

⑦ Harrell, E. B. and Zakours, M. J., "Including Informal Organizations in Disaster Planning". *Tulane Studies in Social Welfare*, 2000, 2: 61—83. Ozerdem, A., Disaster as Manifestation of Unresolved Development Challenges: The Marmara Earthquake, Turkey, in M. Pelling (ed.). *Natural Disasters and Development in a Globalizing World*. London: Routledge, 2003. Pyles, L., "Community Organizing for Post-disaster Social Development: Locating Social Work". *International Social Work*, 2007, 3: 321—333. Vandeventer, P., *From Chaos to Community: A Guide to Helping Friends and Neighbours Recover and Rebuild after a Major Disaster*. Los Angeles, C. A.: Community Partners, 2004.

社会学与社会工作研究论文写作：案例与方法

强调社会工作者在灾害的介入中应担任多种角色,包括促进者、协调者、服务提供者、社区动员者、谈判者、经纪人和教育者。①

多米内利也指出,社会工作缺乏对环境灾难和自然环境对人类福祉影响的意识,在灾难发生后,社工也没有做好介入社区不同层面的准备。② 于是,她提出了绿色社会工作(green social work)的新视角,以应对 21 世纪环境危机的挑战。她对"绿色社会工作"的定义如下。

> 绿色社会工作是这样一种实践,它的介入是为了保护环境和提升人类的福祉。将人类和他们的社会文化、经济和自然环境整合在一个平等的框架内,使人们能够看到主流结构的不平等以及权力与资源的不平等分配。绿色社会工作要求社会工作者能看到身份的政治及再分配的不平等,不再把环境作为被人类利用的工具。③

绿色社会工作已经对 2008 年汶川地震灾后的社会工作实践产生了影响。汶川地震对中国社会工作的发展来说既是契机也是挑战。作为中国一个新兴的专业,它应对灾难知识的储备尚不充足。汶川地震之前,在社会工作的训练方面,社会工作介入灾害管理的知识在社会工作的学术研究和实践中都是缺席的。因此,当汶川地震发生后,中国的社会工作都没有预备好去参与救灾社区工作,社工在灾后援助和重建过程中,都是"摸着石头过河"。④ 开始阶段,中国社会工作大部分都是借鉴外部的经验;慢慢地,一些中国社会工作的教育者和实践者总结出了符合本土情境的灾害社会工作实践,提炼出了与西方不同的介入路径和模式。⑤ 笔者及其伙伴们在映秀初步践行绿色社会工作的介入。我们的经验与多米内利的观点相契合,即具有文化敏感和符合地方本土特色的灾害社会工作

---

① Dominelli, L., *Disaster Interventions: Immediate Relief or Long Term Reconstruction? Introducing Social Work*, London: Polity Press, 2009.
② Dominelli, L., *Green Social Work*. Cambridge: Polity Press, 2012.
③ Dominelli, L., *Green Social Work*. Cambridge: Polity Press, 2012.
④ Sim, T., "Crossing the River Stone by Stone: Developing an Expanded School Mental Health Network in Post-quake Sichuan". *China Journal of Social Work*, 2009, 3: 165—177.
⑤ Pei, Yu-xin, Zhang, He-qing & Ku, Hok Bun., "Guangzhou Social Workers in Yi-ngxiu: a Case Study of Social Work Intervention in the Aftermath of the Sichuan 5.12 Earthquake in China". *China Journal of Social Work*, 2009, 3: 151—163. 古学斌、张和清、欧阳令芝:《坚守:从"映秀母亲"到"山里码头客栈"》,社会科学文献出版社 2017 年版。

介入路径应该考虑实现社会、经济与环境的可持续发展。①

社会工作者在四川的工作面临非常多的困难,尤其是在前期,他们的工作缺少社区的认可。然而,社会工作者被巨大灾难中仍存的希望之光深深感动。因此,他们本着利他主义和人道主义的原则,心甘情愿并毫不迟疑地投身于服务有需要的人群。汶川地震成为社会工作专业发展的转折点,社会工作者帮助那些因地震而身处绝望的人们,并且促使社会工作者在社区和社会上获得新的专业身份。社会工作者承担一种新的任务、扮演一种新的角色、借鉴西方社会工作相关知识,从优势视角、资产为本到绿色社会工作,并在中国的脉络和情境中运用了这些理论。②

三、空间与社会工作介入

空间是地理学重要的范畴和研究领域,如 David Harvey 和 Edwards W. Soja 皆指出,空间组织是人类社会非常重要的面向。③ 但是,社会工作却很少关注空间。④ 社会工作关于空间的文章大多是研究办公和工作空间,以及空间如何影响服务对象的生活及社会工作实践。⑤ 正如 Jeyasingham 所说:"虽然物理空间没有进入实践者有意识或无意识的经验,但它非常重要。家、会议室及办公室的空间安排影响着人们之间的互动……正如人们的姿势及肢体姿态在社会工作中经常被理解为自我表达和沟通的符号一样,空间的安排也是身体和环

---

① Ku, H. B. & Ma, Y., "Rural-Urban Alliance as a New Model for Post-disaster Social Work Intervention in Community Reconstruction: the Case in Sichuan, China", *International Social Work*, 2015, 5: 743—758. 张和清、裴谕新、古学斌、杨锡聪:《灾害社会工作:中国的实践与反思》,社会科学文献出版社 2011 年版。古学斌、张和清、欧阳令芝:《坚守:从"映秀母亲"到"山里码头客栈"》,社会科学文献出版社 2017 年版。

② Green, G. P. and Haines, A., *Asset Building & Community Development*. Thousand Oaks, C. A.: Sage, 2002. Kretzman, J. P. and McKnight, J. L., *Building Communities from the Inside Out*. Evanston I. L.: Institute for Policy Research, Northwestern University, 1993. Saleebey, D., *The Strengths Perspective in Social Work Practice*. Boston: Allyn and Bacon, 2004. Dominelli, L., *Green Social Work*. Cambridge: Polity Press, 2012.

③ Harvey, D., *Social Justice and the City*. London: Edward Arnold, 1973; Soja, E. W., *Seeking Spatial Justice*. Minneapolis, University of Minnesota Press, 2010.

④ Jeyasingham, D., "The Production of Space in Children's Social Work". *British Journal of Social Work*, 2013, 7: 1879—1894.

⑤ Ferguson, H., "Driven to Care: The Care, Automobility and Social Work". *Mobilities*, 2009, 2: 275—293. Ferguson, H. Walks., "Home Visits and Atmospheres: Risk and the Everyday Practices and Motilities of Social Work and Child Protection". *British Journal of Social Work*, 2010, 40: 1106—1117.

境之间互动的展现。"① 然而,在社会工作的研究中,空间正义与社会工作介入方面的文献是空白的。

以绿色社会工作的原则为基础,可以认为,空间正义应该是社会正义和环境正义的延伸,因为空间不仅满足人们居住的需要,还具有社会性,反映了社会现实和社会关系。② 因此,正义和不正义在空间中凸显出来。理解空间和社会之间的互动,可以让我们更加看清空间如何生产社会的不正义,从而制定各种政策回应这些社会不平等和不正义。

空间还具有文化性,除了再生产各种社会关系,还承载着历史、文化与记忆。③ 正如 Kohn 所言,空间的布局标识了社会的位阶,也影响着个人和群体的情感纽带,形成了人们的归属感,促成社区的凝聚。环境和空间也形塑着人们的行动、集体记忆和身份认同。每一个空间皆告诉我们自己是谁,从哪里来。一个特别的空间承载个人和群体的故事、记忆和梦想。它将过去与现在相连,并且把过去渗透入未来。④ 例如,村口的一棵大榕树下,每天都有许多村民聚集于此,形成了一个社会和文化空间,在这里大家互动闲聊,形成一种情感的交流,也促进彼此的关系。大榕树下也承载了我们集体的记忆,长辈在这里回忆过去,为小孩讲述各种过去。村口的这棵大榕树,也是村里每个人身份的印记,当离乡回家的村民在远处看见它时,就知道已经到家了。

Margaret Kohn⑤ 还提醒我们空间(space)和地方(place)是具政治性的。一个空间的设计既包容了某些群体,也排斥了某些人群,决定着人们互动的形式和范围,起到了社会分割(social segregation)的作用。譬如,厕所的设计反映了性别不平等的权力关系,电梯的设计妨碍了残障人士的使用,居住区域的分割也反映了种族歧视和排挤的意识形态。空间的打造也可以为政治服务,例如,纪念碑和宫殿的建造是为了提升民族主义的意识,培养人民对国家的情感认同;城市的规划(包括街道、社区和城墙),可以是为了社会防卫和控制,以便于管理和控制具有潜在破坏性的人群或防御他们的暴动。因此,空间承载着某

---

① Jeyasingham, D., "The Production of Space in Children's Social Work". *British Journal of Social Work*, 2013, 7: 1879—1894.

② Dominelli, L., *Green Social Work*. Cambridge: Polity Press, 2012.

③ Low, S. M., Cultural Meaning of the Plaza: The History of the Spanish-American Gridplan-Plaza in Urban Design, in R. Rotnberg and G. McDonogh (ed.). *The Cultural Meaning of Urban Space*. Westport, Bergin and Garvey, 1993.

④⑤ Kohn, M., *Radical Space: Building the House of the Hope*. Ithaca and London: Cornell University Press, 2003.

种价值的符号。

空间的再造是灾后重建的重要部分,物理环境和各种设施的建造,包括房屋、道路、电力供应设备、通信设施、供水和卫生设施都是重建的部分。在汶川和芦山地震之后,硬件重建就是政府的首要任务。政府通过一系列论述重建计划来开展重建行动。① 然而,有一些研究发现,灾后重建的工作并没有完全满足人民群众的需求。

在震后重建期间,汶川的大型重建项目强调硬件设施的建设。学校、医院、办公楼、高速公路、桥梁、电站、水利设施和文化中心在震后的每个乡镇很快投入使用。灾民也购买并入住了代表着现代和发展的新式房屋。然而,当地人的生计问题的解决需要充分考虑。另外,有些地方的房屋的设计模仿城市的房屋,房屋间距非常小,房屋的最上层有两个或三个卧室,客厅或餐厅与厨房在中间一层,厕所在最上面和最下面的楼层。村民挤在房子中,没有空间保持他们原来的生活和生产方式,造成他们与自己的历史和记忆完全断裂。例如,他们没有院子饲养家禽、种植蔬菜和放置农具。有些村民居住在离自己的田地非常遥远的地方。像在汶川县的草坡乡,村民就抱怨他们要走2个小时才能到农田。更糟糕的是,新房子与村民的传统习惯和文化相脱离。②

笔者发现T村的现代房屋设计模仿城市居民的住宅,缺少饲养家禽、放置农具和种植蔬菜的地方。重建也意味着当地发展的契机,当地政府告诉我们,当地希望通过发展旅游业来带动经济的发展。一位当地的干部对笔者说:"我们计划发展旅游业。当村民搬入漂亮的新房后,我们将组织他们发展民宿(客房),接待外面的游客。我们村与S老镇很近,游客参观S老镇的时候,他们可以住在T村,这样就会带动当地经济的发展。"但是,有经验显示这是不成功且不可持续的。③

人们惊叹政府为受灾者建设房屋的效率。然而问题在于:这样的空间格局

---

① Ting, W. F. and H. L. Chen., "The Alternative Model of Development: The Practice of Community Economy in Disaster-stricken Sichuan". *China Journal of Social Work*, 2012, 1: 3—24.

② Ku, H. B. & Ma, Y., "Rural-Urban Alliance as a New Model for Post-disaster Social Work Intervention in Community Reconstruction: the Case in Sichuan. China", *International Social Work*, 2015, 5: 743—758. 古学斌、张和清、欧阳令芝:《坚守:从"映秀母亲"到"山里码头客栈"》,社会科学文献出版社2017年版。

③ Ku, H. B. & Ma, Y., "Rural-Urban Alliance as a New Model for Post-disaster Social Work Intervention in Community Reconstruction: the Case in Sichuan. China", *International Social Work*, 2015, 5: 743—758.

真正适合当地百姓居住吗？建设过程合理吗？在这个过程中，当地居民参与过设计和建设吗？从社会工作的角度来看，四川震后重建的过程缺乏民众的参与。

面对重建过程中的"不公平"，作为社会工作专业的我们应该问："社会工作在捍卫空间正义方面有责任吗？""社会工作在空间介入方面有何角色？"但是，社会工作专业在这方面却是空白的。法国哲学家 Lefebvre 呼吁城市研究的理论家、建筑师和规划者们应该"努力朝向一种新的人道主义、一种新的实践"，为那些生活者争取与空间相关的具体权利，包括教育、工作、文化、休闲娱乐、健康及居住的权利等。① 这些权利的争取难道社会工作专业不需要参与吗？绿色社会工作的答案是：我们必须关注环境正义，因为环境正义也是社会正义的延伸。所以在灾后重建过程中，社会工作者要协力在地民众通过参与设计宜居的私人和公共空间等积极参与灾后重建过程。为实现这一目标，第一步是让弱势群体在灾后的规划和重建过程中发声。采取参与式行动研究的方法，在设计、规划和建设过程中鼓励社区民众参与，让民众在过程中得以增能。

四、参与式行动研究：一种社区培力的方法

在本研究中，基于社会工作的理念和价值，研究团队采用的是参与式行动研究的方法，目标是在灾后社区重建的过程中提升社区的能力，使其不断成长和改变。参与式行动研究方法的基本目标是通过研究促进社会转变、创造一个更加公平正义的社会，研究不仅仅是生产知识的手段，亦是一种教育、意识提升和行动发动的过程。② 参与式行动研究的基本信念是相信参与者（包括穷人和边缘人群），他们皆被认为是"有知识的人"，并且他们的知识和经验都是有价值的。研究者必须谦卑地放下他们的专家姿态，去掉他们的优越感，与民众同行。③ 参与式行动研究者的其中一个重要任务是协力在地参与者建立主题性，重新发掘本土认识和重视本土知识的价值，让民众和研究者在研究过程中形成一种平等

---

① Lefebvre, H., *Writings on Cities*. Cambridge: Blackwell, 1996.
② 古学斌：《道德的重量：论行动研究与社会工作实践》，《中国农业大学学报》2017 年第 3 期。Small, S. A., "Action-oriented Research: Models and Methods". *Journal of Marriage and Family*, 1995, 4: 941—955. Park, P., "People, Knowledge, and Change in Participatory Research". *Management Learning*, 1999, 2: 141—157. Reason, P. and Hilary, B., *The Sage Handbook of Action Research: Participative Inquiry and Practice*. London: Sage Publications, 2008.
③ Dominelli, L. Greening Social Work in Meeuwisse, in A., Hans Swärd, A., Sunesson, S., and Knutågrd, M. (eds.). *Socialt arbete En grundbok*, Stockholm: Natur & Kultur, 2015.

合作的关系,共同创造知识和探究解决社区问题的方法。① 在研究过程中,参与式行动研究有赖于当地民众最大限度的参与,让当地民众成为共同研究者。②

T村的研究团队是一个跨学科的团队,包含社会工作、人类学、环境设计专业的人员和在地民众。在此参与式行动研究项目中,我们主要有如下几个研究问题:① 什么是社区的优势和民众的需求;② 如何让社区边缘的人群在灾后重建中被培力;③ 有何方法可以鼓励民众参与社区重建的设计、规划和建设过程;④ 社会工作在介入空间再造时跨学科合作是否有效。

要回答以上研究问题,必须在行动研究的每一个阶段寻找答案:行动的最初阶段,研究团队的首要工作是与人们建立信任关系、深入了解人们震后的生活、评估在地的需求和资产;接着,研究团队探究如何协助当地居民成立不同的组织、推动行动以满足他们自身的需求,如成立妇女小组、公共空间管理小组等;最后,研究团队需要评估和分享行动的成果和有效性。

在参与式行动研究的指引下,资料收集的方法是多元的。本研究团队采取不同的技巧鼓励居民参与、实施计划并细致地记录行动过程:通过参与式观察、深度访谈和画资产图等方法,挖掘社区的需求和资产;过程中,运用焦点小组和工作坊手法促进小组讨论、探讨参与者的想法并形成行动策略;采用参与式观察和书写田野日志的方法对社区行动过程进行详细记录;小组讨论作为一种朴素的社区手法推动参与者的反思;社区公共会议也是一种鼓励参与者表达和分享他们想法的方法。另外,深入访谈也是行动研究中不可缺少的方法,用于访谈当地政府人员、社区领袖和不同年龄段的代表(儿童、青少年、成人和长者)。在整个研究过程中,研究团队全程记录他们的话语和他们在访谈过程中的反应。同时,研究团队还培训当地人成为研究伙伴,与我们一同收集和分析资料。本文书写的资料主要来自工作员参与式观察的田野日志和深入访谈。

本论文集中论述行动干预过程与结果,细致描述行动的过程,这也是行动研

---

① Kesby, M., "Participatory Diagramming: Deploying Qualitative Methods through an Action Research Epistemology". *Area*, 2000, 4: 423—435.
② Park, P., "People, Knowledge, and Change in Participatory Research". *Management Learning*, 1999, 2: 141—157. Gaventa, J., "Participatory Research in North America". *Convergence*, 1988, 24: 19—28. Schruijer, S. G. L., "Research on Collaboration in Action". *International Journal of Action Research*. 2006, 2: 222—242. Small, S. A., "Action-oriented Research: Models and Methods". *Journal of Marriage and Family*, 1995, 4: 941—955. Streck, D. R., "Research and Social Transformation: Notes about Method and Methodology in Participatory Research". *International Journal of Action Research*, 2007, 1: 112—130.

究书写所要求和期待的过程知识的呈现。

五、T村参与式社区重建的历程

本研究中的T村位于四川西部雅安县S镇的一个小峡谷中，S镇是在芦山地震中受灾最严重的地区之一，它距离成都有两个小时的车程。一条峡谷连接着成都北部山区，冲积平原和低矮的山地提供了大量肥沃的农田，同时，大量的山地和森林也使当地能够发展林业和相关的手工业。这样的地理特征促使当地的建筑主要为木质结构。在研究中，我们也发现当地有丰富的文化、习俗、技艺和传统。T村是一个有着强烈家族观念和社会关系浓郁的传统乡土社区。2013年的芦山地震破坏了村子的社会、文化、经济和物理空间。在地震发生之前，像其他乡村一样，现代化的过程也冲击着这里的各方面。譬如：土地使用的变化；城镇化导致的土地碎片化；传统村落的破坏和人口减少；传统农耕、文化活动及传统技艺的没落；农业商品化改变了自给自足的小农经济，影响农业的发展和村民经济的来源；T村的大多数成年劳动力都前往城市打工，村里剩下缺少家庭照顾的老人和孩子；老社区变得破败不堪，老房子通风不好，卫生条件差，灯光昏暗且缺少公共空间。

虽然如此，但当研究团队在雅安地震发生不久后来到这个地方的时候，有一个发现让研究团队感到惊讶。我们看见非常多的混凝土房子，不管是新的还是旧的，都在地震中坍塌了，而T村的旧木房子却非常稳固、屹立不倒，这是第一次，我们看到了这些老社区的某种抗逆力。研究团队觉得无论是留在T村还是基于社会工作公平正义的原则，就像齐华栋回忆的那样：

> 4月20日那天发生地震，我们第一次进入灾区是4月23日，去的是芦山。4月29日来到庙坪村，进到这个地方的时候就发现，这个村子就跟在芦山看到的完全不一样。感觉好像人很少，也感受不到灾害发生和救灾的那种氛围。但实际上，它这里距离震中直线距离只有三四公里的样子，所以我们决定说那既然这里来的人比较少，那么我们就在这里留下来。

（一）第一阶段：口述历史与在地需求和优势的发掘

按照社区行动研究的原则，我们第一阶段是对社区进行评估。根据研究团队之前在汶川地震灾害重建的经验,优势视角(strengthper-spective)和资产建设(assets building)的视角非常重要。① 它给我们提供了另一种发掘在地社区多种多样的资产和优势、辨识在地社区正面临的困境的视角。许多学者皆认为这种强调农村社区民众的优势、资产和能力的视角对于社会工作的实践至关重要。② 像 Scales 和 Streeter 就认为农村社会工作者应该重视和积极发掘民众的能力、天赋、生存策略、希望及社区的资产。③ 通过培育农村社区的能力和充分利用社区的资源,致力于再造新的资产,协助当地民众自行决定社区的发展方向、社区事务的优先顺序及协调内外资源。

如何评估在地社区的需求和资源呢?过去参与农村发展的经验告知我们口述历史是一种有效的方法。④ 作为一种参与式农村评估的方法,口述历史让我们可以倾听当地民众的声音,包括收集老人家的口述史以了解当地的历史与文化、发现当地的优势资源和潜能。另外,口述历史也是一种增能的方法,口述史在收集过程中,能够有效地动员社区居民参与并发现社区的需求,使他们成为社区重建的主体。口述历史也是一种路径,可以让社会工作者更深入理解社区经验、获得社区信任、学习在地历史和文化遗产。⑤

2014 年,研究团队选定 T 村作为项目点后,很快与当地政府签订正式协议,从而获得了驻村的合法性。接着,研究团队开始在村中收集口述史。8 月正好是社会工作学生进村实习的时间,我们让实习学生与社区民众一起收集 T 村的口述历史,共同梳理 T 村的历史文化。在口述历史收集过程中,我们得知这个村子有着光辉历史。杨氏(T 村的主要姓氏)的祖先在清朝时是高级将领。镶嵌着豪华木雕的大房子也见证了杨氏祖先过去的社会地位和财富。古老村落中一百多年的木质老房子也让我们看到了传统木雕工艺的精湛,虽然这一传统技艺正面临衰落。在口述历史收集过程中,研究团队还发现,一些老人和当地的建筑

---

① 古学斌、张和清、欧阳令芝:《坚守:从"映秀母亲"到"山里码头客栈"》,社会科学文献出版社 2017 年版。
② Ginsberg, L. H., *Social Work in Rural Communities*. Alexandria, V. A.: CSWE-Press, 2005. Lohmann, N. & Lohmann, R. A., *Rural Social Work Practice*. New York: Columbia University Press, 2005. Collier, K., *Social Work with Rural Peoples*. Vancouver, New Star Books, 2006.
③ Scales, T. L., & Streeter, C. L., *Rural Social Work: Building and Sustaining Community Assets*. Belmont, Brooks/Cole/Thomson Learning, 2003.
④ 古学斌、陆德泉:《口述历史与发展行动的反省——以中国贫困地区教育扶贫项目为例》,《香港社会学年报》2002 年第 3 期。
⑤ Slim, H., & Thompson, P., *Listening for a Change: Oral Testimony and Community Development*. London: New Society Publishers, 1995.

工匠依然懂得日渐失传的传统建筑的工艺（如工序、细节、技术及建筑材料的运用）。重要的是，与倒塌的混凝土建筑不同，在地震中屹立不倒的木质房屋显示了它的耐用性和抗震性。

在通过口述历史接触社区的长辈们时，研究团队发现他们留守家乡，倍感孤独和无力。有的老人身体健康欠佳，生活拮据。但通过口述历史所收集到的材料也让我们改变了对老社区和生活在其中的长辈们的看法。他们并不是像社会主流所认为的那样，老年人"无用"，经常"等靠要"。在讲述故事的过程中，老人们重新唤起了过去的记忆、重获自信、重新发现他们年轻时的光辉历史，如对国家的贡献及做过的很多伟大和有意义的事情。他们在诉说自己的故事时，满脸喜悦，就像证明自己是有用的人一样。在访谈过程中，社工和学生们能感受到长者因为过去历史和文化油然而生的自豪感和强烈的社区认同感。有的长辈依然很有动力要改变现状。在得知我们要在T村做社区重建后，长辈们特意向社会工作者提出要求，希望恢复社区生活和传统文化，如他们所称的"九大碗"的社区宴。

我们在推动口述历史的时候正是暑假期间，我们也让村里的年轻人一同参与，与社工学生一起拜访长辈，做访谈、收集口述史。访谈建立了代际关系，提升了社区凝聚力。通过与老人交流，年轻人意识到虽然老人们的容颜不再，但他们曾经年轻过，拥有多彩的人生和丰富的经验。因此，他们开始尊重老人，并找一些共同话题以缩小代沟。老人重新发现了自己生命的价值，再一次激发了积极参与社区公共事务的动力。因此，我们觉得口述历史这一文化行动在一定程度上重新树立了村民对老院建设与自身文化的信心，也让社工的行动和老院被更多人看见。

口述历史的方法有助于发现本地社区的优势、资产与需求，尤其是有形资产（如村庄环境、技艺、物质资源）和无形资产（如文化和社会结构、社会关系、价值和历史）。共同梳理T村的历史文化后，社工开展了社区教育。为了社区的长期发展，社工协助成立了老人小组和妇女小组，社工不断与小组开会讨论T村的未来发展。妇女们更关注生计，倾向于学习实际的技能，如有机农耕、制作手工皂及教育孩子的方法。长辈们更热衷于传统文化的恢复，尤其是社区宴和社区聚会与娱乐的公共空间。

在社工与村民不断互动的过程中，长辈们提出，想在院内安装路灯，想点亮在黑暗中沉寂了数十载的老院夜空。但怎么做呢？参与式的理念让我们坚持工作不是由社工来做,而是要组织村民一起参与。于是召开村民大会、成立村民小组、推选小组成员,设计、采购、施工建设,老院出现了热火朝天的施工景象。路灯的项目为后面社区厨房的建造打下了很好的基础。就像研究团队成员所描述的那样:"路灯亮了,人心亮了,组织有了,人心也归来了。"有社工在报告中提到路灯点亮之后,老院一点点在变,变干净了、变得有生气了。既然人心归来,村民小组期待更大的作为,他们想打造一个属于大家的公共活动空间——社区厨房。①经过多次的讨论,社工和小组最后达成共识。建社区厨房有以下多个目标。

(1) 恢复在地的文化和价值;
(2) 重建在地的能力和自信;
(3) 凝聚人心、让村民重燃对美好生活的希望;
(4) 促进村民发展新的合作组织和提升公共参与的意识;
(5) 通过社区活动提升村民经济创收的能力。

社会工作者在社区重建中擅长协调不同的群体、建立社会关系并协助社区链接外部资源。然而,他们却缺乏房屋建造、环境和空间设计的技能。面对这样的困境,我们推动了一个跨学科合作的参与式社区设计的项目。于是研究团队邀请两位香港建筑师参与到项目中来。社工团队与建筑团队也需要达成共识,社区厨房的建造重点是发掘社区潜在的能力和资源,推动村民参与,充分发挥自身的力量,达到"自己社区自己造"的效果。两位建筑师在2015年1月进行了第一次评估并分享了参与式社区发展的概念。回到香港之后,建筑师和社会工作者很快就社区的设计形成了具体计划。其中,一位香港建筑师几次往返项目点搜集社区设计的信息。以下的部分将详细描述社区厨房如何从图纸一点点成型,村民小组、建筑师及社工之间如何不断互动博弈,厨房主体结构如何在村民努力下巍然矗立,社区凝聚力如何形成。

(二) 第二阶段:参与式设计的推动和社区能力建设

1. 框架和概念的发展

在社会工作者和村民的协助下,建筑师采用人类学田野民族志调查的方法,进驻社区与村民生活在一起。在项目点进行了实地调研,并以照片形式做了简单的记录,以便了解社区现有的建筑系统和技术。建筑师和社工虚心学习在地的文化、传统习俗和生活习惯,因为他们相信建筑跟在地的文化密切相关。他们

---

① 因为T村仍然保留一起吃饭、相互照顾老人和孩子的传统。

还拜访了老工匠,学习传统建筑的工序、具体的细节、技术及当地的建筑用材。因为受绿色社会工作理念的影响,我们强调空间的打造需要环境友善,所以我们还进行了社区建筑资源评估,挖掘社区可利用的二手材料,如木材、瓦片、竹子等都是社区重建可循环利用的材料。

团队认真聆听在地村民的意见并虚心地就空间的重新设计问题和大家一同交流。社会工作者前后组织了三次参与式设计的工作坊,邀请村民参与讨论设计方案。根据村民对整个项目的反馈和澄清,建筑师不断修正可能的设计、场地与条件。参与式设计强调以使用者为中心、满足村民的要求和诉求。通过不断对话、讨论和协商,研究团队与村民一起重新界定和评估项目的目标和方向,最后大家一致认为应该首先建立社区博物馆和社区厨房。

2. 设计原型和修改

2015年5月,建筑师带给村民两个新的设计方案,并把设计的想法通过简单的模型和图纸呈现出来(模仿"稻草人"的概念)。其中,社区博物馆强调保存村民的工艺和技能;社区厨房则试图打造一个多功能的社区空间,同时,社区厨房是一个社会企业。建筑师们做了一个1∶100比例的设计模型并带到村里。社会工作者组织了一场参与式的设计工作坊,设计师们向村民展示和解释了这些模型。社工积极鼓励村民参与讨论,村民可以自由表达他们对设计的想法。在工作坊中,大家因持有不同的观点而在讨论中相互争论。社会工作者观察小组动力,协调不同的意见以让会议顺利进行。最后,村民集体决定先放下社区博物馆的方案,采用社区厨房的方案。因为村民们(特别是长者们)看到了公共空间建设的迫切性,因为社区厨房可以回复社区传统的文化和生活方式,并且有发展经济、增加收入的潜力。

研究团队分析了村民的反馈,评估和调整了原有的设计,进一步讨论并融合了村民在整个设计过程中的想法。最后,团队确定了这一阶段项目的主要焦点,那就是打造一个多功能的社区厨房,其主要的功能如下。

(1) 多功能的空间:村民可以方便地自由使用;

(2) 社区厨房:作为社会企业,可通过承接各种宴席创收;

(3) 村民活动空间:村民能够感觉温暖、舒适,可以喝茶、聊天、聚会和打牌的地方;

(4) 楼上可作为一个小会议室或公共阳台;

(5) 设计与现有木质建筑协调并融入当地文化。

3. 设计模型的确认和修订

根据第二阶段收集到的信息，建筑师将第二阶段社区厨房的模型制作成了原理图，并以1∶50的简单模型和图纸呈现出来。方案呈现了三种不同的布局和空间组织：① 公共广场和不同组合方式种植的树木（未来可能是有机花园或户外会议区）；② 三个不同设计的屋顶展示出这个建筑如何吸纳了现有村庄环境中的空间话语；③ 不同的内部布局凸显了空间如何组织以便于满足村民的需求，例如，大灶用于社区居民一起做饭、冬天取暖和社区聚会。这些设计让村民看到它们能够融入已有的环境、农村广场及日常的习惯和生活方式中。社工与村民一同讨论这些方案，社工收集完意见后又回馈给建筑师。了解村民的意见之后，建筑师和研究团队又再次到访村子并带来了接近最后的设计方案。社工又组织了一场参与式设计的工作坊，村民们慢慢习惯了参与式工作坊的形式，积极发言。研究团队就村民的不同意见进行了广泛而深入的讨论，并评估了每一种方案的可行性及存在的问题。

工作坊之后，建筑师分析了村民的反馈。最终的设计方案简化了原有的设计，同时，大家一致同意保留社区厨房的特色屋顶，以此显示社区厨房与周围房屋的不同。建筑师和当地的工匠就设计方案和实施计划进行了初步的讨论。村民希望在中秋节之前完工，时间非常紧迫。研究团队邀请中国香港地区设计专业的学生作为志愿者参与社区厨房的设计和修建过程、实践所学的知识。同时，参与的概念在设计中得以体现。

4. 确定设计方案并按照1∶20的比例展示

这一阶段是非常关键的，因为这一阶段要确定最终的设计方案。2015年7月，研究团队和六名中国香港地区学生再次回到村子。建筑师将最初阶段的设计元素贯穿到最后的设计阶段，并决定将传统木结构的拱形屋顶设计成新的形式。对于这样的改变，研究团队成员担心村民不能接受这一新设计，因为村民的能动性慢慢产生，他们不会只听外来专家的意见了。

社会工作者邀请村民参加最后一次的参与式设计工作坊，共同商量最后的设计方案。很多村民参与了此次工作坊，尤其是老人，房间里坐满了人。工作坊中，社工特别解释，这个建筑是村民所拥有的，所以设计方案的最终决定权在村民手上。建筑师将设计方案给村民做了最后的展示和解说，细致说明设计修改及最终确定的各种因素。方案中房顶左右不对称，有一边的房顶是飞高的，与立柱呈30°角。看到左右不对称的房顶，村里的老人和木匠对拱形的屋顶结构提出质疑。有的村民认为这种设计不符合他们的传统,有的村民担心拱形屋顶结构的稳定性,有的村民甚至反对这样的设计,有的村民觉得这样的设计方案使木工团队无法施工。大多数的村民都说:"这样不行!"面对这一情形,社工及时协调建筑师与主要匠人之间的对话。建筑师耐心地为领头工匠解释这种方案的思路并征询他的修改意见。最终,这位工匠同意在这一设计的基础上寻找技术解决方案。建筑师和工匠共同努力,找到了解决的办法。

5. 设计实现,按照 1∶1 的比例建设

社区厨房从 7 月开始施工到 8 月正式落成,整个建设过程有当地村民、志愿者(设计专业的学生)的全程参与。工程的第一步就是清理工作。村民和志愿者一起拆除残存的旧建筑,整理并回收房顶的瓦片、地面石板和一些木材。建筑师确定地址,并通过把柱子立在具体的位置上确定地基的大小和形状。在整个建筑过程中,社会工作者和设计师依赖当地的木匠和村民,因为在建筑过程中,研究团队发现他们仅仅使用基本的建筑工具,因而研究团队捏了一把汗,但也见证了传统的建筑智慧和村民的能力。

研究团队真的非常钦佩当地木匠和村民的技艺和集体合作的精神,正是他们的智慧和集体的力量使这一建筑达到较高的建造水平,并加快了工程进度。在建造过程中,他们只使用简单的机械工具,如便携式台锯、磨床和电钻。在当地工匠的指导下,这些简单的工具主要用于打磨和修整原有的建筑材料以使其可以被循环使用。在组装过程中,不使用钉子,而是使用榫卯结构使木头与木头无缝相接。建筑者们用工具将其加固。社区厨房的框架先在地上组装起来,再树立起来。村民、志愿者和当地的工匠一起将框架立在地基上。显然,集体合作和参与行动是关键,而且这也有助于形成大家对社区厨房的拥有感。

6. 框架完成后,工匠和村民们一起加固立起框架

作为没有钉子的建筑物,在木头干了的时候,需要紧固框架及处理细节。从屋顶结构的建造到铺瓦都是一种集体行动,这个过程伴有重要的封顶和完工仪式,这是传统的祈求建筑物平安的仪式。20 多个人一上午就完成了屋顶的铺瓦工作。这个修建过程有效地动员了社区的力量和民众(尤其是长者)的参与,也是跨区域的(中国香港地区学生志愿者和当地人)合作。这个过程同时产生了一种集体拥有感与社区自豪感。此外,这个过程也使传统的工匠技艺得以延续。

7. 设计装修和建造

研究团队开始设计墙、窗户、空间、装饰内部,如厨房、服务及功能。7 月下

旬,设计师出了一份初步的装修设计方案,该方案最大限度地尊重村民的意愿并尽量减少设计师的干预。社会工作者把这份设计与村民分享,一起解决所有重要问题,以便于达成共识并尽快完工。他们还确定了实施方案、预算、时间安排及先后顺序。社会工作者持续记录村民的意见,建筑完工之后,让村民对它进行评价。

2015年9月是工程的最后阶段。该阶段包含墙体设计、窗户装饰、空间区分、天花板及内墙的装饰。与最初的阶段相比,建筑师和社会工作者在这一阶段的参与较少,因为村民希望能快速完成。但是研究者仍然需要和村民协商如何让空间尽量保持开放。

T村的村民修建了地板和社区厨房的墙壁,这是一项艰苦的工作。因为他们需要整体布局、选择石板砖、完成厨房的收尾工作。厨房炉灶等设施的修建工作是一项技术活。村中有此手艺的长者完成了炉灶的选址和修建工作。他们集体修建炉灶的竹制烟筒、过滤水槽、楼梯、木质天花板、楼顶的花园。其他的工作如修雨水沟、安装排水管道、铺地面、抛光等于2015年11月下旬完工,还有一些窗户的装饰和一些小的调整工作此时尚未完成。2015年12月,村民购置家具,完成内部装饰等工作。

历时近半年的努力,社区厨房正式落成,社工站在全村开展了征名活动,最终选定杨世松所提议的名字——崇善楼。他说:"崇者,尊敬推崇也,善者,善良,假使人心向善,那么我们所想之事都会成功。"这个名字被村民广为接受,也符合研究团队推动建立社区厨房的初衷。遵循当地传统习俗,2016年1月7日崇善楼开灶仪式盛大举行,当时有200多名村民参与庆祝。社区厨房张灯结彩,村民燃放鞭炮,杨氏宗亲狮灯会的表演热闹喜庆。宴席间推杯换盏,现场欢声笑语,再现了传统开灶仪式的场景。最后,两头黄色的舞狮爬上社区厨房的二楼为村民揭开牌匾——崇善楼。村民在一起吃了一天的社区宴,整个社区充满欢声笑语。老人们非常喜悦,有老人对社会工作者说:"我们村好久都没有如此欢乐了!"最后,大家还来了个大合照,共同见证了这一时刻,也展示了社区的大团结。

采用参与式方法建设的社区厨房是三方充分互动的结果,从设计到最终落成开会讨论11次,50余位村民无偿投工投劳200多小时。社区厨房在设计之初就被定位为对外接待和对内服务的公共空间。社区厨房建成之后,村民小组依托社区厨房划分为厨房小组、民宿小组和文化体验小组,在共同行动的基础上各自承担不同的功能。2015年8月至2016年10月,先后18次接待外来参访学习团队,共计600余人,举办社区活动17次,受益1 000余人次。T村在历次接待活动中获得了收益,并建立了社区公益金用于社区服务,以彰显互助友爱的精神。这些成绩不是别人赐予的,而是村民自己努力得到的。在这一过程当中他们也发生了改变。

六、结　　论

行动研究强调过程和实用性知识的生产,所以本文希望把参与式社区设计的过程呈现给读者,让读者明白一个参与式社区发展的行动是如何从问题的辨识到社区资源和需求的评估,再到行动的策划和推动一步步进行的。也希望本文的介绍能让读者明白空间和环境在灾害社区重建中的重要性,以及设计如何成为绿色社会工作介入的平台,并且认识到灾后"参与式共建社区"的可能性。

该项目是中国地震灾区的一个绿色社会工作实践案例。这一跨学科参与式行动研究体现了村民、社会科学家及环境设计师的共同合作,并在社会工作灾后重建中纳入了空间和环境正义的元素,形成了一种新的社会工作实践模式。通过参与式社区设计过程中的培力和能力提升,社区民众从被动的接收者变成了积极的参与者,边缘化的社区也得以重新焕发生机。一个包容性社区空间(社区厨房)的打造,也将村民与他们的传统、土地、记忆重新连接起来。我们将此行动模式命名为绿色社会工作空间介入模式(green social work spatial intervention model)。

这次跨专业合作的尝试也形成了社会工作社区发展的一种工作框架:一方面,通过参与式行动研究创造了"软件平台",研究团队可以更深入地理解当地文化,通过不断对话与参与,大家的意识得到提升,互相培力;另一方面,参与式设计过程(设计过程、空间建设、能力发展与技艺延续)创造了"硬件设施"。在重建过程中,由设计专业、社会工作专业和在地民众(包括普通村民、工匠能人)组成的研究团队,共同对在地的文化情境进行分析、共同形成解决社区问题的方案、共同形成设计方案、共同打造属于社区的公共空间。社区厨房的合作共建过程为社区带来了积极正向的改变,恢复了社区已有的传统技艺,激发了自组织的动力,提升了村庄的能力。社区厨房使村民有能力发展新的合作组织,创造了经济创收的机会,从而使村民走上了可持续社区发展的道路。

总结这个参与式社区设计行动研究的项目,可以看到社区厨房的打造产生的具体结果和成效,其中包括:① 用包容性社区参与的方法实践了绿色社会工作空间正义的理念,揭示了重建背后被隐藏的声音,并把被排斥的社区民众(特别是长者)变成重建行动的重要一分子;② 实现了社区培力的目标,社区厨房的整个实施过程动员了60多人积极参与,他们贡献了自己的技艺、劳动和能力,从而提升了地方营造能力及培育了社区自豪感;③ 社区厨房的打造重拾和激活了社区本土的传统工艺(具备抗震功能的木建筑建造工艺);④ 推动了社区民众的自力更生,社区厨房成为一个多功能的开放平台,除了可用于开展村庄的社会、文化和社区活动外,还可用于推动社区可持续发展和计改善;⑤ 参与式社区设计的跨学科合作也形成了一个新的中国灾害重建的模式;⑥ 开创了一个跨学科合作研究的框架和知识分享的平台,社会工作专业、建筑专业和社区民众在这一平台共同创造新的知识。

最后,这个灾后跨学科参与式社区设计的行动研究再次说明,空间正义和地理空间打造是灾后重建的重要部分。社会工作扎根到受灾的社区,不是简单地提供服务或者重建硬件,更重要的是如何培育社区组织,培力民众,重建社区的文化与关系,增强民众对未来生活的信心和力量。

 方法谈:

如何书写一篇符合国际标准的行动研究期刊论文

这篇行动研究文章的英文稿曾发表于英文期刊2018年 *British Journal of Social Work* 的第48期,题目为 Not only Eating Together: Space and Green Social Work Intervention in a Hazard-Affected Area in Ya'an, Sichuan of China。因为希望在中文学术界推动行动研究和绿色社会工作,作者决定改写,最后发表在《中国社会工作研究》2020年第十九辑,题目改为《空间正义与绿色社会工作介入:四川雅安灾后参与式社区设计的行动研究》。希望让中国社会工作的同仁认识到国际学术期刊的标准和规范,也明白行动研究的书写与一般研究书写的差异。

一般而言,书写学术论文作者需要确定一个文章的主题,问自己:到底这文章要讨论一个什么问题？是理论的问题还是实务的问题（当然可以包含两者）？我们要对话的是哪个学术群体或范围？我们有何结论？行动研究的核心关怀是对实践的探究，从而生产出社会工作实践的知识和改变的知识。所以行动研究的文章除了包括一般文章也有的文献综述和方法论部分外，最大的差别是研究发现的书写，下面会作介绍。

一、题目的设定

书写文章时，题目的设定很重要，因为题目基本上可以点出文章的主题。此文章标题为"空间正义与绿色社会工作介入：四川雅安灾后参与式社区设计的行动研究"，基本上已经说明了文章是关于空间和绿色社会介入以及灾后社区重建的议题，研究方法是参与式行动研究。

二、研究背景与问题的提出

通常文章的第一部分是背景和问题的提出，作者需要清楚说明这研究的重要性，像这篇文章，一开始就指出灾害是全球和中国重要的议题，接着提出绿色社会工作与灾害介入与管理的关系，并解释此研究在绿色社会工作的指导下，提出如下几个重要的研究问题，因为这是一个行动研究，这文章所提出的问题都是实践性的问题。

三、文献综述和理论视角的介绍

文献回顾是一篇学术论文中的重点，一篇规范的学术论文，除了为文章划领域和定位外，也需要与现有的文献进行对话的。对于这篇文章而言，其研究的是灾后社区重建，所讨论的文献范围是灾害社会工作理论和实践的议题。因为要跟现有的灾害社会工作文献对话，笔者必须对灾害社会工作有整体性的理解，然后与之对话，说明自己的观点。文献回顾不是罗列文献，每篇文献逐一介绍，而是需要综合性概括与本研究相关的文献，并且进行评论和提出自己的观点。像这篇文章，笔者一开始从一般的文献进行梳理，讨论灾害社会工作的主要内容，社会工作者在灾害管理中的角色和功能。文献综述的另一个目标是发现相关研究的不足（research gap），本研究通过回顾相关灾害社会工作的研究发现，社会工作普遍缺乏对环境灾难和自然环境对人类福祉的影响，在灾难发生后，社会工作也没有做好介入环境和空间的准备。于是提出绿色社会工作的观点，论述其对灾害社会工作的重要性和介绍其核心内容。除了综合讨论西方灾害社会工作的文献外,文献回顾部分还包括本土灾害社会工作的讨论,提出本研究希望探索本土灾害社会工作理论与实践的目标。文献综述还需要包含理论视角的介绍,当然这部分视乎我们的研究范式。本研究采用绿色工作的视角,其中一个重要的关注是空间与环境,于是需要深入讨论空间的理论概念,并且提出空间正义的理念,从而确定绿色社会工作介入空间的必要性和合法性。

四、研究方法论的介绍

一篇学术论文还需要介绍研究方法论,方法论除了介绍研究方法,还包括研究背后的范式(paradigm),因为不同的方式将影响一个研究的设计、资料收集的方法和资料分析。本研究所采用的是参与式行动研究,其背后是实用主义的范式,其理念是通过研究赋权在地民众,促进社会转变,创造一个更加公平正义的社会。参与式行动研究因为带着实用性关怀,其重要任务是建立在地参与者的主体性,致力转化在地民众成为共同研究者,与民众一起共同创造知识和探究解决社区问题的方法。在研究过程中,参与式行动研究有赖于当地民众最大限度的参与。这些理念皆影响研究的设计和步骤。行动研究有其特定的步骤,每个阶段需要回答不同的研究问题,在每个阶段也有不同的资料收集方法和资料分析方法。这些在文章中也需要介绍。

五、行动研究对于研究发现的书写

行动研究对于研究发现的书写有别于一般的研究,因为行动研究的核心目标是通过行动过程产生改变,希望生产出行动的知识和改变的知识。是故,行动研究非常关注过程知识的生产,因为过程的细致呈现是行动研究建构行动理论和转变理论的基础。所以行动研究强调研究者有意识的记录和整理行动过程,行动研究的书写非常看重行动过程的深描,这些记录让读者看见实践是如何发生,改变是如何发生,在什么真实的处境和脉络下发生,实践中的设计是如何产生,这些服务和活动是如何推动并产生人和社区的转化,在什么机制下发生转化。行动研究的书写另一个目标是让读者学习到一些实用性知识,知道如何做?如何做得好?为何能这样做?为何能产生这样的效果?因此,这篇文章对于行动的过程每一个阶段皆有详细的介绍,从如何发现需求和社区资产,到如何产生建造社区厨房的想法,到参与式设计的推动和社区民众的能力建设,到最后社区厨房的建造与落成。

六、讨论和结论

行动研究的结论一般而言可以讨论实践的成果，说明此行动研究带来了什么样的改变，如果希望能够提炼社会工作的实践模式，也可以在此部分进行总结。在这篇文章的结论中，笔者总结出行动研究的六个效果，并且提出了一个这一跨学合作的绿色社会工作空间介入模式（green social work spatial intervention model）。这种模式强调村民、社会科学家及环境设计师的共同合作，并且在灾害社会工作中纳入了空间和环境正义的元素，形成了一种新的社会工作实践模式。通过参与式社区设计过程中赋权在地民众，转化他们从被动的服务接收者变成积极的参与者。

从"脱嵌"到"再嵌"的张力及困境*
——个体化视角下的单亲贫困母亲生命故事分析

范明林 董云芳**

摘要：在城市化的推动下,成千上万的女性从农村流入城市,被迫挤入大城市的生活规则并进行困难调适。其中不少女性慢慢沦为城市贫困人口,有的还成为城市单亲贫困母亲。从个体化的视角看城市单亲贫困母亲的生命故事,可以发现她们的个体化是从"脱嵌"于农村到"再嵌"入城市的过程。在此过程中,她们并未获得前所未有的机会和自由,而是遭遇了新的控制、强迫、风险和不平等。与西欧女性的个体化相比中国城市单亲贫困母亲的个体化没有个体主义的思想前提,而是在压缩现代化的社会条件下展开、由国家掌控和管理,其缘起和过程都受制于贫困。个体化的理论框架可以帮助我们获得对城市单亲贫困母亲更为深入的了解与理解;单亲贫困母亲个体化的展现,也增强了个体化作为全球性概念的解释力和适用性。

关键词：单亲贫困母亲;个体化;脱嵌;再嵌

---

* 本文系国家社科基金项目"城市贫困家庭个案研究"(项目号：12BSH079)的阶段性成果。原载《江海学刊》2016年第2期,第106—115页。

** 范明林,男,香港理工大学博士,上海大学社会学院社会工作系教授、博士生导师。主要研究非政府组织、社区发展和社会工作、社会服务及其机构评估、社会工作教育及服务本土化等。出版《社会工作理论与实务》《小组工作》《老年社会工作》《质性研究方法》《社会管理与社会政策》《当代中国公共政策实证研究》《政府和非政府组织互动关系研究》等著作,在《社会》《社会学研究》《都市社会工作研究》《当代青年研究》《中国社会工作研究》等期刊发表论文多篇。曾主持教育部哲学社会科学研究重大课题攻关项目、国家社科基金年度项目、教育部人文社科基金项目等。董云芳,女,博士,山东财经大学副教授,民政部社工职业水平评价专家,中国社工教育协会督导专业委员会副秘书长、济南市社工协会副秘书长。主要从事社会工作专业教育和实务的研究,发表学术论文20余篇,主持国家社科基金项目1项。

一、问题提出与理论视角

（一）研究缘起

本研究主要源于以下两个方面的观察和思考。第一，根据国家卫计委发布的《全国流动人口发展报告2015》，至2014年年末，我国流动人口达到2.53亿，性别比为110.6。虽然男性多于女性，但也不排除一些城市某些年龄段上女性流动人口多于男性。如山东省的第六次人口普查（以下简称"六普"）资料显示，2010年，山东省在15—19岁、20—24岁和25—29岁三个年龄段上，流动人口均超过各自男女总流动人口的10%，这三个年龄段的男性流动人口合计超过了男性总流动人口的42%，而女性则超过了47%。此外，从女性流动人口年龄分布集中度看，在15—19岁、20—24岁和25—29岁的女性流动人口比重均高于男性对应的年龄组，全省女性流动人口的平均年龄为30.1岁；而从年龄性别结构上看，20—29岁组的女性流动人口多于男性，其性别比为97.3。人口普查资料进一步表明，女性流动人口主要流向北上广、东部经济发达城市和省会城市。

第二，据调查，全国总计有单亲家庭800万户①，其中90%是由母亲和孩子组成，目前增长最快的贫困群体是单亲母亲家庭。以山东省济南市为例，市内五区的单亲贫困母亲家庭有1 493户，约占单亲母亲家庭总数的46.7%。② 单亲贫困母亲及其背后的家庭虽然相对比例较低，但绝对数量很高，而且大都生活在物质（经济）、精神、社会、发展（机遇）的四重贫困之中，是"弱势群体中的弱者"。她们的生存质量不但影响她们个人及其子女的个人福利，而且也会影响整个社会的稳定及健康发展。

在调查和服务过程中，研究者发现，很多城市单亲贫困母亲都是中国的"第一代农民工"。她们都是在20世纪80年代末或90年代初，从农村来城市打工，然后和当地人结婚而留在城市生活。"六普"的统计资料也证实了研究者的日常观察，资料显示，90年代前，女性因婚姻迁入的人口比例均在20%以上（详见表1）。

---

① 崔效辉、杜景珍：《就业促进/社会融合促进：贫困单亲母亲服务需求研究》，《中国社会工作研究》总第十一辑，2014年11月。
② 杨小朋：《妇联界域中单亲贫困母亲家庭问题研究》，山东大学硕士学位论文，2011年。

表1 "六普"分性别流动人口婚姻迁入比例(%)

	1987年		1990年		2000年		2005年		2010年	
	男	女	男	女	男	女	男	女	男	女
全国	5.0	35.1	2.7	22.9	1.6	9.3	2.7	13.0	1.6	8.4

"女性农民工"的背景与经历对研究对象目前的生活处境有很大影响,甚至可以说是导致目前困境的决定性因素。过去四十年的社会转型与体制改革,造就了规模庞大的"女性农民工"群体,其数量从1982年的1100万人[①]增加至2014年的8074万人[②]。无论是从其规模还是就其产生的社会影响来看,女性农民工的生存和发展问题都值得关注。而本研究的研究对象,兼具"单亲贫困母亲"和"女性农民工"的双重身份,则更具研究价值。

关于单亲贫困母亲的过往研究,国内研究关注的重点是其基本生活状况以及相关的社会救助服务;国外研究的关注点则是导致她们贫困的原因及其对社会福利的依赖性。而对于单亲贫困母亲生活困境的来龙去脉及其背后的复杂成因,过往研究没有进行深入、多元的讨论,也缺乏足够的理论支持。关于女性农民工的城市化过程及其在此过程中遭遇的种种困境,过往的诸多研究都有所涉及。潘毅分析了女性农民工在城市化过程中面临的多重压迫和控制体系——致力于吸引外资却忽视劳工权益的政府、限制她们使用社会福利资源的户籍系统、鼓励女性被驯服特征的意识形态、导致其遭遇不公正待遇的对其农村出身的歧视。[③] 其他研究则分析了她们遭遇的,诸如社会支持网络断裂、社会福利制度缺失、劳动力市场失效、社会性别歧视等一系列困境。但有关的过往研究大都是表面调查或者一般性分析,缺乏深入、细致而且有理论支持的个案研究。[④] 基于此,本研究将以贝克的个体化理论为理论视角,从"女性农民工"的身份和经历入

---

① 李若建:《女工——一个重生的阶层》,《社会学研究》2004年第4期。
② 这里的8074万是根据2014年国家经济与社会发展统计公报(国家统计局)的数据推算而成。根据该公报,2014年全国外出农民工总量为16821万人。关于女性农民工占全部外出农民工数量的比例,有的文献显示是1/3(姜山等:《改革开放以来对女性农民工研究的理论综述》,《农村经济与科技》2008年第12期);《中国流动人口发展报告2010》(国家卫生计生委)的数据显示是48%。按女性占全部外出农民工的40%推算,2014年女性农民工数量应为16821万人×40%=8074万人。
③ 郑广怀:《社会转型与个体痛楚》,《社会学研究》2007年第2期。
④ 陈蓓丽:《结构、文化和能动性——上海外来女工抗逆力研究》,华东理工大学博士学位论文,2013年。

手,深入解读单亲贫困母亲的生命故事,以获得对她们更为恰当和深入的理解。

本文中的"单亲贫困母亲"是指拥有城市户籍,因离异、丧偶等原因导致家庭结构残缺,独自承担赡养老人、抚育子女的责任,没有就业或就业质量低,家庭收入处于或低于当地最低生活保障水平,且缺少改变现状的机遇的女性。

(二)研究的理论视角

发源于西欧的个体化理论是自反性现代化理论的一部分,它揭示了社会学的基本问题——"个人与社会的关系"在特定社会发展阶段的特定形态。个体化表明个体与社会之间的关系发生了根本意义上的转型①,意味着现代性的自我激化使个人从家庭、亲属关系、性别、阶级等工业社会中涵盖一切的社会范畴中脱离出来,并作为风险社会中社会性的再生产单位而出现。③个体化包含三重意涵:① 脱离,即从历史地规定的、在统治和支持的传统语境意义上的社会形式与义务中脱离(解放的维度);② 与实践知识、信仰和指导规则相关的传统安全感的丧失(祛魅的维度);③ 重新植入,即一种新形式的社会义务(控制或重新整合的维度)。② 前两种维度是解传统化与脱嵌,第三种维度则是制度化与再嵌。

本文作者认为,个体化可以理解成个体从传统的、赖以获得安全感、稳定性与自我认同的旧机制(制度、约束关系)中脱离出来,重新嵌入某种新机制(制度、约束关系)的持续的动态过程。新旧机制之间的巨大差异及相互纠缠以及新机制的不完善和不确定,使个体化看似简单的"脱嵌"与"再嵌"之间,具有很大的张力。

本研究试图以个体化理论为分析框架,通过对两个个案生命历程的解读,着重探究:① 单亲贫困母亲个体化的动力机制,即导致她们开始个体化并推动其发展的主要因素是什么以及它们如何相互作用;② 从"脱嵌"到"再嵌"的个体化过程中,单亲贫困母亲遇到的张力与困境,即影响她们生命历程和目前困境的主要因素是什么,以及它们如何相互作用;③ 在个体化视角之下,逐步"再嵌"的历程如何将单亲贫困母亲抛入新的困顿与窘迫之中。

在对山东省济南市某区的单亲贫困母亲进行调查、访谈和社会工作服务的过程中,研究者发现,她们中很大一部分都是在 20 世纪八九十年代从农村

---

① Beck, U., *Risk Society: Towards a New Modenity*, trans. by Mark Ritter, London: Sage Publication, 1992, p. 127, p. 90.

② [德] 乌尔里希·贝克:《风险社会》,何博闻译,译林出版社 2004 年版,第 120、156、159、168 页。

来济南市打工,然后和当地人结婚而留在济南并开始艰难地融入城市生活。本研究从15个调查和访谈的案例中选取的两个个案也是如此。研究发现,在个案的个体化进程中,有两个变化特别重要——一个是她们从代表前现代性、计划经济、集体主义的农村来到代表现代性、市场经济、个体化的城市;另一个是从双亲家庭到单亲家庭。而且,从农村到城市的变化以及来到城市后经历的一切,更能展示她们在个体化过程中遭遇的各种张力和困境,更能解释她们目前生活困境的前因后果。因此,本研究把农村和城市作为她们个体化的两个节点,辅之以从双亲家庭到单亲家庭的变化,来分析她们个体化的相关问题(具体分析框架详见图1)。迄今为止,虽然两个个案都已经在城市安家落户,但她们的个体化并没有真的完成。所以,从"脱嵌"到"再嵌"的过程中,有一段是用虚线表示的。

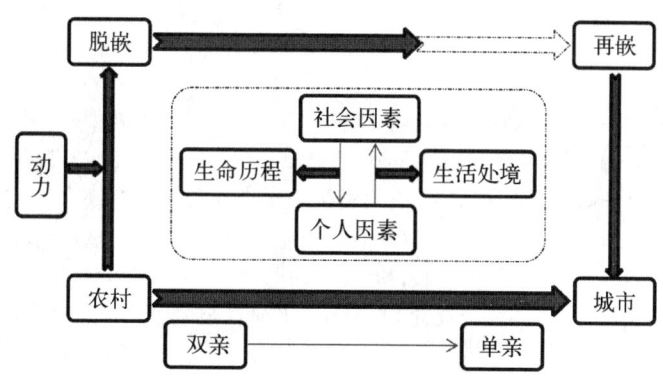

图1 单亲贫困母亲个体化的分析框架

二、研究方法与资料来源

(一)研究方法

本研究主要采用质性研究中的个案研究方法,基于"理论抽样"的基本原则,从研究者在山东省济南市开展的"单亲贫困母亲家庭社会工作服务项目"的15个服务对象中,选取了两个具有代表性和典型意义的个案。她们的生命历程集中体现了在中国社会急剧变革的宏观背景下,单亲贫困母亲这一女性群体个体化的重要特征(个案的基本情况详见表2)。研究者主要通过以下方式搜集资料:

(1) 文献分析。查阅整理相关研究文献，了解与单亲贫困母亲及个体化理论相关的研究成果，梳理并确定研究问题；整理分析与单亲贫困母亲有关的社会政策与制度。

(2) 参与观察。在两年多的服务过程中，研究者对两个个案进行了长期观察并进行记录。观察过程中搜集的资料不仅可以帮助研究者获得对个案更为全面的了解，而且可以提供证据，从而对本研究的研究信度与效度进行"三角测量"。

(3) 半结构访谈。根据访谈提纲，对个案提出问题，同时鼓励她们提出自己的问题，在访谈与讨论中了解她们对有关问题的体验、感受与认识。

表2 个案的基本情况

项 目	云 姐	玉 姐
年龄	44	46
学历	小学四年级	初中
来源地	山东某县（农村）	山东某县（农村）
来济南的时间和年龄	1996年,25岁	1986年,17岁
单亲原因	丧偶（车祸）	丧偶（疾病）
子女情况	男孩,初三	男孩,高三
家庭平均月收入（约）及来源	修鞋1 500元,低保补助800元	小卖部售货员1 300元,低保补助700元
人均月收入（不含低保）	750元	650元
住房情况	自购住房	廉租房

需要说明的是，本研究无意于在统计学意义上进行推论，也不探寻某一个地区单亲贫困母亲的数量、规模或者与某些变量之间的交互关系，而是将研究聚焦于单亲贫困母亲的形成、变化过程，通过"过程—事件"的逻辑顺序，揭示个案从农村进入城市过程中的境遇、抗争、调适、妥协、困顿以及研究对象的城市生活状态与大时代的紧紧勾连，以期引起读者和相关部门的思考。

(二) 单亲贫困母亲的生命故事

两个个案都是在改革开放的影响下从农村来到城市；来到城市后，都在工作、住房、户口和生活方面历经波折。与此同时，她们在个体化的开启及具体化进程等方面又有所不同。

1."为自己而活"的开始

小学四年级时(1984年),云姐因看不惯老师带学生作弊而退学。之后的10年(1984—1994年),都过着农村大家庭中"老小"的"标准化"生活——"下地干活"和"帮哥哥姐姐带孩子"。1994年,23岁的云姐发现在集市上做小生意比种地挣钱多,开始尝试在当地集市上摆地摊。由此开始了自己"选择性的、充满活力但也充满风险"的个体化进程,其生命历程详见图2。

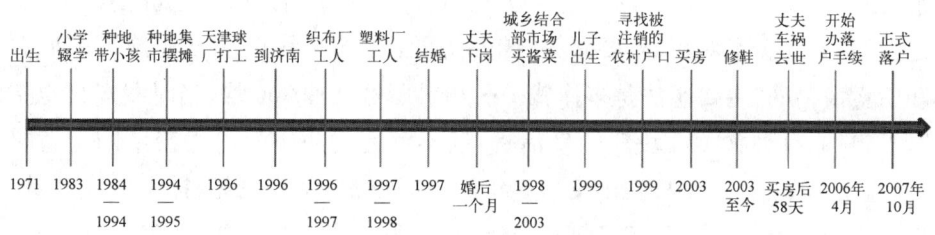

图2 云姐的生命历程图

玉姐1985年中考落榜,和云姐一样开始了当时农村女孩的"标准化"生活——"下地干活"。"农活真是太累了,而且不挣钱";又恰逢母亲和嫂子"整天吵架打仗,搞得我很烦……觉得她们很无聊,整天为一点儿鸡毛蒜皮的小事儿吵来吵去……实在不愿意再过她们那种日子了……觉得去济南应该能生活容易一些、好一些"。因此,务农一年后,玉姐来济南投奔叔叔,"本打算挣两年钱就回老家结婚,没想到在这里待了几年不愿回去了,一待就是这么多年"(见图3)。

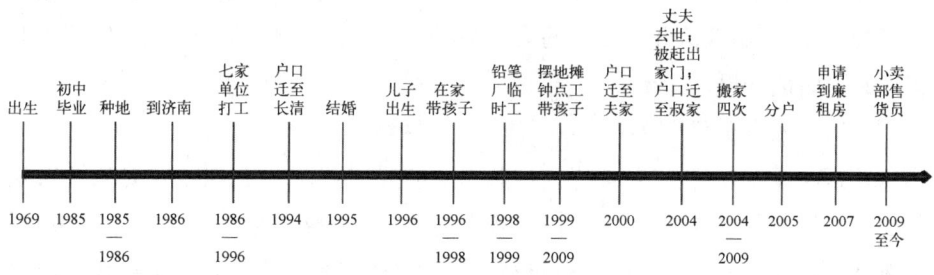

图3 玉姐的生命历程图

2."被迫转换和主动选择"的职业生涯

从1984年辍学到现在,云姐一共从事过7种工作,先后是:农民、老家集市摆地摊、天津球厂打工、济南织布厂打工、济南塑料厂打工、济南某城乡结合部集市卖酱菜、济南某社区市场修鞋。其中2种是自己的主动选择,5种是因客观原因被迫开始。当农民是"随大流"的,"都这样,不上学就下地干活呗。我们家孩子多,我哥哥姐姐家都有孩子了,我是老小,我还得帮他们带孩子"。开始在集市上摆地摊是因为觉得原来的生活没意思、不挣钱,摆摊儿比种地挣钱容易。"天天下地干活,回来看孩子……生活就这样了,怎么干都是这样,也挣不了多少钱,也没什么改变。"去天津球厂打工是因为"要去天津为二姐带孩子,孩子大点儿之后就去球厂打工了"。在球厂和塑料厂打工生涯的结束,都是因为"工厂上了新机器,要裁人,咱学历低,被裁下来了"。从塑料厂辞职并开始卖酱菜的"主要想法是多挣钱……塑料厂每个月200块,当时我老公也下岗了,只能每月拿180块钱的生活费,钱不够花的……看着卖酱菜的生意挺好,也不算多难"。卖酱菜在长达5年的时间里都"生意挺好,攒了一点儿钱,都梦想着当万元户了"。但到2003年年初,很多老客户因为"开发拆迁"而搬家,"买酱菜的人越来越少",云姐不得不开始考虑新的营生,恰逢在同一市场修鞋的师傅因"非典"急于转让自己的摊位。云姐认为,"不管社会怎么样,大家都得穿鞋,有穿鞋的,就有修鞋的,这个事情应该可以(做)"。出于这种考虑,云姐开始修鞋并一直持续到现在。

从1985年来到济南至今20年的时间里,玉姐先后做过粮店售货员、小饭店帮厨、纺织厂工人、服装厂工人、百货商场售货员、小商品市场收银员、铅笔厂临时工、摆地摊、钟点工、社区小卖部售货员等10种工作。其中持续时间最长的是社区小卖部售货员,从2008年到现在,差不多7年,最短的是小饭店帮厨,只有几个月。除了铅笔厂临时工是因为"挣钱少,因为是临时工总是被欺负"而主动辞职之外,玉姐其他几种工作的失去都是因为企业破产、裁员、怀孕、生孩子等客观原因而被辞退。

(三)"无奈选择""始料未及"的"自由婚姻"

云姐离开家乡时已经23岁。按照当地的风俗,"23岁就应该找对象结婚生孩子,当时不愿找,也不知道为什么,就是不想找,过够了那种日子了"。等到了济南,已经25岁的云姐"还是不想找(对象),想等自己工作好点儿了再找……但家里人整天催,不找不行……咱自己没有正式工作,学历又低,又没有济南户口,没什么可选的……他(丈夫)挺老实的,他妈妈人也不错,就这样吧"。云姐的丈夫及其两个弟弟都是工人,公婆则在城乡结合部的市场做小生意,全家一起住在两室一厅的小房子里。云姐本想靠自己的本事,和丈夫一起共同创建新生活,但没想到婚后遇到了一连串的变故。先是婚后一个月丈夫下岗,然后是婆婆患抑郁症,好不容易买了房子,丈夫却在搬新家 58 天之后因车祸突然去世。自此之后,云姐一直独立面对生活中的一切——挣钱养家、偿还房款、照顾上小学的儿子及公婆(因另外两个儿子无力无心养老,公婆一直和云姐一起生活)、找各种人帮忙解决生活中的各种问题……还要时时面对公婆对自己再婚的担心和怀疑。正如她自己所言:"这日子就像演戏,这出完了有那出,天天有啊,让你一天也不素净!"烦琐沉重、举步维艰的生活让云姐应接不暇,根本没有时间和心情为自己以后的生活打算。"没时间想啊,每天睁开眼就干活,干完活就累得睁不开眼了……有老人,老人这一块儿依靠我惯了。如果我什么(再婚),能把她闪一下子。一直吃着药还好点儿,前年又犯病了……先把孩子养大,把老人养好再说吧……再说了,就咱这种情况,人家谁敢(和我一起生活)啊?!"

玉姐的丈夫一家也都是工人。之所以选择和丈夫结婚,除了因为"他人不错"之外,还有"自己年龄大了,又没有正式工作,家也不是济南的,家庭负担又重"之类的客观原因。玉姐于 1996 年生下了让"公公婆婆高兴得不得了"的儿子,"生活不富裕,还算安稳"。但 2004 年,玉姐的丈夫因病突然去世,她们母子二人随即被婆家赶出家门。自那时起到 2007 年申请到廉租房,玉姐母子先后四次搬家。目前,她们住在政府提供的廉租房,最大的希望就是"儿子能考个好大学,将来自己能养活自己"。至于自己的未来,玉姐表示,"有时候寻思找一个(对象)吧……但是我儿不行,我一看俺儿学习也挺好的,这不行(怕影响孩子学习)……再说也不一定遇到什么人,万一碰个不好的人也挺烦"。

4. "曲折复杂"的户口之旅

1999 年之前,云姐的户口一直在农村老家。1999 年,城市人口落户政策改变,云姐因"配偶拥有济南户口"而终于可以落户济南。但当她回老家迁户口时,才发现自己的农村户口因为外嫁已被注销。经历了一年多的寻找,"不知道跑了多少腿,说了多少好话……气得想骂人,但只能自己哭",云姐终于找回了自己的户口。但当时又恰逢丈夫户口所在地开发拆迁,当地派出所"建议等确定了最后的房子在哪里之后再落户,房子在哪里,户口就落在哪里"。2003 年,云姐和丈夫买了房子(房产证是丈夫的名字),但还没来得及办完房产和落户手续,丈夫就因车祸去世了。因为无法证明自己和房子的关系,云姐母子的落户又一次遇到麻烦。"交了很多东西(材料),找了很多人证明,最后俺公公婆婆还按了手印,才特事儿特办,办了户口。"在济南这座城市工作、生活了 17 年之后,云

姐终于"成了真正的济南人",终于能够使用低保、城镇社会养老保险等社会福利资源。

1994年,在玉姐来济南工作生活9年之后,叔叔"找人"把她的户口从农村老家迁到了济南郊区的一个县城,从"农村户口"变成"城镇户口(和城市户口不同)"。2000年,玉姐根据政策将户口从郊区县城迁至济南,成为真正的"城市人"。丈夫去世后,玉姐及儿子被赶出家门,她们的户口也必须从丈夫家迁出。为了让儿子能在条件较好的济南S区上学,玉姐把自己和儿子的户口迁至S区的叔叔家。2005年,因为户口和叔叔家在一起不符合低保救助的条件,玉姐又"费了很大劲"将母子两人的户口从叔叔家分出,单独立户,从而拥有了使用低保、廉租房及其他社会福利资源的资格和条件。

三、单亲贫困母亲生命故事的理论分析:
个体化过程中的张力及困境

两个个案的生命故事展示了中国个体如何在市场力量的牵引之下,从原有的计划经济体制、集体主义生产方式、农村宗族(家族)主义生活方式及其所拥有的稳定感、安全感中脱离出来,主动或被迫卷入新的市场经济体制、城市化的生活方式、完全陌生的社会支持网络之中,开始了艰难而又无助的自我选择、自由竞争、自我负责的过程。

(一)从旧的控制到新的控制从旧机制

"脱嵌"之后,个体似乎可以依照自我感受和体验来自主选择自己的生活。但这并不意味着他(她)获得了完全意义上的解放和自由,因为他(她)必须投入新的社会形式并被施以新的控制和约束。这种控制和约束就来自个体须臾不能离的劳动力市场、教育、消费、社会管理、社会福利等各种新的社会制度与社会安排,个体必须按照它们的需要和标准思考、选择和行动。"个体化并不意味着不受约束的行动逻辑在真空里玩杂耍;也不仅仅意味着主体性(subjectivity)。实际上,个体化在一种甚至比以前更缺少个体自主性的生存境况中出现了。"[①]对于中国的单亲贫困母亲而言,尤为如此。

[①] Beck Ulrich, Beck—Gernsheim Elisabeth, *Das ganz Normale Chaos der Liebe*, Ffm.: Suhrkamp Verlag, 1990, p. 13.

首先,劳动力市场不但直接决定了单亲贫困母亲的职业生涯,而且影响了她们的爱情、婚姻及日常生活。一方面,城市劳动力市场的开放,为单亲贫困母亲从农村来到城市的流动创造了机会。另一方面,劳动力市场固有的"丛林法则"也决定了,学历低、没有专业知识和技能、没有城市户口、年龄大,又是女性的她们只能从事城市生产分工体系中最低端、最不稳定、最具风险、挣钱最少的体力劳动。劳动力市场的弱势地位使她们没有足够的时间及金钱去消费,去接受教育提升自己。而且,因为教育水平、工作岗位、收入水平、城市户口等都是当时中国人的择偶资本,这些方面的弱势,又决定了单亲贫困母亲在选择配偶时的被动和无奈。选择结婚对象时,她们最重要的考虑都不是"我是否爱这个人,这个人是否对我好",而是"自己没有正式工作、没有济南户口"等限制条件。实际上,她们只能选择在城市社会结构中处于底层、在劳动力市场上竞争力很弱的男性及其家庭。而这种"弱弱结合"及偶然性的不幸事件——生病、车祸等,反过来又加剧了她们生活的艰难。

其次,中国特有的社会管理制度——户籍制度以及以其为基础的社会福利制度,也控制和影响着单亲贫困母亲的生活。户口不但意味着某地政府和社会对个体身份的承认、个体作为该地成员的合法资格,而且决定了个体能否使用该地区的社会福利资源。国家和社会给了单亲贫困母亲到城市工作和生活的机会,却没有给予她们城市户口。这使她们在劳动力市场、消费、教育及择偶过程中都处于劣势。而且,在获得城市户口之前,在长达十几年的生活过程中,单亲贫困母亲都因没有城市户口而不能享受当地的任何社会福利资源。

最后,压抑自我的传统观念限制了她们对自我的超越、对新生活的希望和追求。在影响单亲贫困母亲个体化的因素中,有极其矛盾的两个极端:一个极端是现代性,甚至是晚期现代性的社会生活方式及思想观念;另一个极端是在中国社会根深蒂固的、前现代的传统观念。这一方面验证了阎云翔的发现——中国目前处于"压缩现代性"的发展状态,中国的个体需要同时面对前现代、现代和晚期现代的情形[1];另一方面也说明,单亲贫困母亲并未完成个体化中的一个非常重要的任务——"祛魅"。也就是说,她们还没有完全脱离以传统的实践知识和信仰为基础的传统安全感。这主要表现为两个方面:一

---

[1] 阎云翔:《中国社会的个体化》,陆洋等译,上海译文出版社2012年版,第344、375、377页。

是她们将自我困境归因于"神秘力量"。在观察和访谈中都能发现,不少单亲贫困母亲都近乎执拗地认为,"如果当初不来济南,也许不会是这样",之所以碰到失业、丈夫因车祸及生病去世等这些不幸,是因为自己"命不好"。或者没有给予那些"神秘力量"应有的尊重。比如,云姐一直认为,她丈夫之所以出车祸,是因为她们搬家时"没请人算日子……搬新家不到一个月家里就来了带药罐子的人"(丈夫的弟弟生病后住进了他们的新房——研究者注)。二是她们对自我形象的负向固化。不止一位单亲贫困母亲在小组服务和访谈中表示,"有人说我命硬,是什么克星,克死了老公……我们这样的人是不吉利的,到哪儿都带着晦气……一开始自己还不服气,慢慢地,好像我自己也有点儿担心了……"这些被具体化的传统观念不仅使单亲贫困母亲不能真正接纳自我,没有足够的信心去想象和追求未来;而且也使她们生活在沉重的思想包袱之下,难以超越自我而获得精神上、实质上的自由。

(二)从没有选择到被迫的、没有参考和空间的"自由"选择

在20世纪八九十年代的中国北方农村,女性的个体性仍被家庭、家族和社会压制,她们没有机会和权利来为自己的生活做出选择。当时当地的生产和生活方式决定了她们的职业发展和日常生活,父母、丈夫(男性)、家庭和家族的意志决定了她们的爱情和婚姻生活。但是,当她们脱离了这一切,所投身的新机制能够给予她们的,也不是真正的自由选择的机会和权利,而是被迫的、没有参考标准、没有选择空间的"虚假自由"。

首先,选择是被迫的。从农村的生活方式和社会关系、社会文化中"脱嵌"之后,单亲贫困母亲原来可以依赖的各种保护力量(很多控制力量也是保护力量)及其带来的安全感随之被消解。她们必须从原有的"根本不用自己想、不用选……每天就这么过就行,反正到时候就去干活,干完活就有饭吃"的生活状态中脱离出来,不能"想选就选、不想选就不选",而是必须自己做出选择并为之承担责任。"以前在老家不愿就这样结婚,来了济南之后也是,觉得挺委屈自己,可是没办法啊,年龄大了,家里人老催,不结婚没法交代……做不做生意、买不买房子、买什么房子,都得自己做决定啊,因为没人替你做决定啊,因为你不做就没工作啊,就没地儿住,可能连饭都吃不上。"

其次,选择没有参考模式和标准。急剧变革的社会、"非标准化的"人生、社会支持的匮乏,使得单亲贫困母亲经常处在"旧的规范和标准已经失效,新的规范和标准还未形成"的状态之中,没有什么模式和标准可以参考。她们必须独自

探索,陷入了一种"对生活和爱情的自我负责、自我决定和自我危害的孤独,而她们对其既无准备也没有用外部条件和制度装备起来"。①

最后,选择没有空间和自由。选择的自由基于各种可能性的存在,如果只有一个选项,那就无所谓选择。如前所述,因学历、性别、年龄、户口等各方面条件的限制,单亲贫困母亲在"自由"选择工作、结婚对象以及目前及未来的生活方式时,并没有多少选择的空间和自由,她们做的很多事情都是"必须"的。比如,因为女性的"天然义务"——生养子女的限制,云姐和玉姐都曾被迫中断职业生涯;在选择工作时,都必须将"方便照顾孩子"放在首位。

（三）从社会责任（风险）到个人责任（风险）

个体化使"个体落入无意义的泥潭的同时,被抬高到世界塑造者的地位"。②他(她)不仅"在历史上首次成为社会再生产的基本单元"③,而且也成为"以市场为中介的生计以及生涯规划和组织的行动者"。④在这种将个体置于中心位置的社会机制之下,结构性的、被社会化地生产出来的社会风险、矛盾与问题统统被政治化地转化成为个人的风险、矛盾与问题。个人所能陷入的一切混乱都被认为是自我制造的,一个人可能陷入的所有困境都被宣称为陷入其中的不幸的失败者预先早已布置好的。不管充斥于生活中的是幸福还是厄运,一个人只能感谢或责备自己。⑤客观而言,单亲贫困母亲个体化的影响因素存有主观的个人因素,如个人的学历、职业等。但也不能否认,国家义务和社会保障的缺位增加了她们的困境和压力,她们被迫过多地承担了本应由社会承担,或者说本应由社会和她们一起承担的责任和风险。比如,她们之所以多次下岗失业,并非仅仅是个人原因,还有国家调整经济结构的宏观背景。而且,国家和社会只是允许,或者说需要并倡导她们从农村"流动"到城市,但却没有为她们的"新生活"提供任何的准备和保障。首先,国家没有因为她们的流动而调整户籍制度以及与其挂钩的医疗、养老、失业、教育等有关制度安排。其次,国家没有为她们提供任何培训,没有人帮助她们学习和提升职业能力;没有人告诉她们如何运用法律武器保护自己在劳动力市场的合法权益等。最后,国家也没有为她们提供抵御失业、疾

---

① Beck Ulrich, Beck—Gernsheim Elisabeth, *Das ganz Normale Chaos der Liebe*, Ffm.: Suhrkamp Verlag, 1990, p. 13.
②④ [德]乌尔里希·贝克:《风险社会》,何博闻译,译林出版社 2004 年版,第 120、156、159、168 页。
③ [德]乌尔里希·贝克、伊丽莎白·贝克—格恩斯海姆:《个体化》,李荣山等译,北京大学出版社 2011 年版,第 31 页,中文版序言第 6、7 页。
⑤ [英]齐格蒙特·鲍曼:《个体化社会》,范祥涛译,上海三联书店 2002 年版,第 58 页。

病、意外等风险的社会保障。她们必须独自应对和承担所有的社会性风险,而且还要承受传统观念及不合理的户籍制度、社会福利制度带来的压迫。面对种种困难、挫折和压力,孤独无力的单亲贫困母亲只能回到她们早已脱离的旧机制中去寻找生活的解释和安全感,并将这一切归因于自己"命不好""不吉利"。

(四)从旧的不平等到新的不平等

人与人之间不平等的传统来源经常是个人所属的阶级、家庭、性别等。在个体化背景下,人与人之间的不平等并没有因为上述传统力量被消解而自然消失,而只是改变了来源和表现方式。个体化背景下,个人的社会网络与社会关系由个人基于自己的兴趣、抱负和责任来选择。这使得社会纽带变成反思性的,需要通过个人来确立、维持并不断更新。由于选择和维持社会关系的能力不是每个人天生就有的,所以,"对生活的反思性控制,对个人生涯和社会关系的规划,产生了一种新的不平等,即应付不安全感和反思性的不平等"。①

从单亲贫困母亲的生命故事来看,在她们的个体化过程中,阶级、家庭出身、性别等传统的不平等来源并没有被消解,一直具有很大影响。而且,她们同时还面临着因"对个人生涯及社会关系的反思性控制与规划"的能力不同而导致的新的不平等。相对而言,云姐在这方面表现得较为主动。比如,她在选择和改变自己的工作时,经常具有"深谋远虑"的分析;她曾以少有的前瞻意识,在很多年前就冒险借钱,以较便宜的价格购买了现在的住房;她也一直在有意识地发展与市场上的姐妹、片警、居委会工作人员、社工、媒体的关系。相对而言,玉姐对自己工作与生活的安排却较为被动。她很多次工作的转换都是被迫而为,主要交往对象一直限于自己的叔叔,对社会福利资源也有依赖倾向。对个人生涯和社会关系的不同规划和反思性控制及其所产生的影响,从她们目前的生活状态上可以感受得到,也必将影响她们自己及子女以后的发展,进而使得曾经相差无几的她们在未来的生活差异越来越大。

四、理论总结和进一步讨论

(一)研究的理论概括和思考

重温贝克的个体化理论,其核心意涵或论述的维度有二:第一是解传统化

---

① [德]乌尔里希·贝克:《风险社会》,何博闻译,译林出版社2004年版,第120、156、159、168页。

与脱嵌,第二是制度化与再嵌。以此观之,本文所描述和研究的个案正是在农村传统逐渐被侵蚀的巨流中自愿或被迫与之脱离开来;然后又被推向陌生的、不可预知的新的城市社会形式和规则之中,被迫去适应或者说去"重新植入"仅仅为城市居民设计的各种社会制度,没有选择地"再嵌"到各种被控制的环境之中。这个过程可以用图4表示。

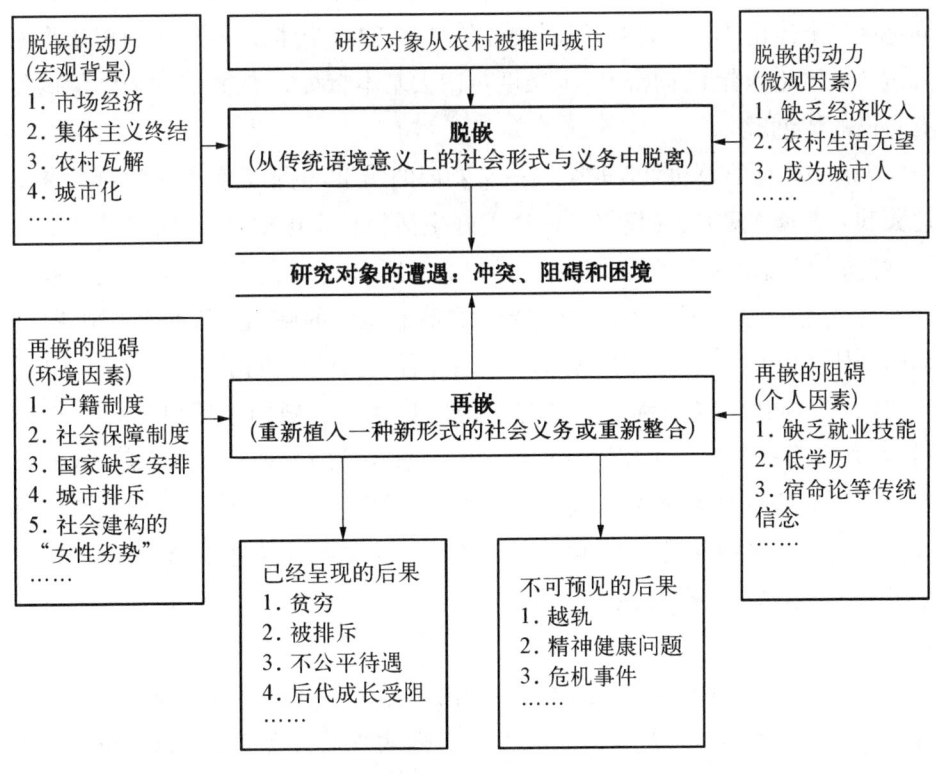

图4 研究对象从"脱嵌"到"再嵌"的过程

从图4不难发现,研究对象不得已从农村传统的"社会形式"和社会规范中被推拉出来,又茫然地被裹挟着奔向城市及其生活形式与生活规则,她们从旧机制"脱嵌"之后,似乎获得了前所未有的机会和自由。但在"重新嵌入"新机制的过程中,到处是城市的排斥以及陷入的冲突、困境。同时,与西欧的很多个体一样,她们又遭遇了新的控制、强迫、风险和不平等。迄今为止,她们仍未真正实现"再嵌"与重新制度化,仍然处在"不再与尚未"(no longer not yet)的两难困局之中。整个中国尚有千千万万个类似本文所描述的女性,她们正在或已经从萧条的农村挣扎出来走在城市边缘,并逐渐沦为贫困的、没有保障的城市单身母亲。

(二)进一步的讨论:中国单亲贫困母亲个体化的特点及个体化理论的适用性

个体化理论虽然发源于西欧,但其"本质是对新的社会生活之道和社会生活形式敞开的,后者既非欧洲个体化模式的重演,也不是这种模式的延伸"。[①] 不同地区的个体化具有不同的过程与特征。与西欧的个体化一样,中国单亲贫困母亲的个体化具有个体化的三大维度与四大基本特征。[②] 但她们的个体化也具有自己的特色。

(1)个体化的源动力既非个人主义发展的结果,也非教育带来的自我意识启蒙和人力资本提升;而仅仅是向往美好生活的朴素愿望,因为市场经济的兴起、劳动力的流动而有了尝试和实现的机会。所以,她们的个体化是一场没有任何准备,在懵懂状态下开始的,寻找新的自我和生活的旅程。从本质上来说,她们的个体化也和韩国女性的一样,是"没有个体主义的个体化"。[③]

(2)个体化的缘起和过程都与贫困息息相关。她们之所以选择走出农村,在很大程度上是为了摆脱农村生活的苦累和贫困。来到城市之后,她们对职业及生活的每次主动选择,都是为了"多挣钱"。但直到现在,她们仍然生活在贫困之中。显而易见,和西欧个体化物质丰裕的社会条件不同,中国单亲贫困母亲,甚至是很多个体的个体化都受制于物质贫困,个人自由因此而大打折扣。

(3)与阎云翔的研究发现相同,她们的个体化也是在国家掌控和管理下开展的。[④] 一方面,国家通过身份证制度的实施,为她们实现流动并进入市场经济的劳动力市场提供了机会和支持;另一方面,国家又通过户籍制度以及与其挂钩的社会福利制度,决定和限制了她们的身份以及使用社会福利资源的资格与权利。

(4)"压缩现代化"的社会发展状态增加了她们个体化的张力和难度。单亲贫困母亲的个体化需要同时面对前现代、现代和晚期现代化的思想意识和社会事实,她们需要处理的状况比西欧国家的个体更为复杂,承受的压力也更

---

①②③ [德]乌尔里希·贝克、伊丽莎白·贝克-格恩斯海姆:《个体化》,李荣山等译,北京大学出版社 2011 年版,第 31 页,中文版序言第 6、7 页。

④ 阎云翔:《中国社会的个体化》,陆洋等译,上海译文出版社 2012 年版,第 344、375、377 页。

加多重化。她们不但是个体化的"一般个体",而且还是"女性",是"单亲女性"。在"重男轻女""迷信神秘力量"等思想源远流长、根深蒂固的中国,她们的个体化风险不但包括一般化的风险,还包括性别、单亲家庭结构带来的风险;她们的个体化压力不仅来自面对新环境的无所适从,还来自旧机制中传统观念的束缚和压制。

总之,"贝克的个体化命题为理解中国个案提供了一个强有力的理论框架"。① 借助个体化的理论框架,我们可以获得对单亲贫困母亲的生命历程及生活处境更为深入的了解与理解。此外,单亲贫困母亲个体化的展现,也推动了个体化理论的丰富与发展,增强了个体化作为全球性概念的解释力和适用性。

 方法谈:

浅谈生命故事分析的写作过程

中国城市化进程对经济发展和财富增长的积极效应有目共睹,但是,这个由国家全力推动的过程,对身处其中的家庭及其个人究竟产生了什么影响?尤其是当个体在并未有充分准备的情况下被连根拔起"抛"入陌生的城市环境,由此而发生的一系列变故、抗争、沉沦、奋起、放逐、适应等画卷是如何一一展开的?结果又如何?100多年前托马斯和兹纳涅茨基撰写和出版的《身处欧美的波兰农民》一书对普通波兰人失业、贫困、社会动荡、拥挤、无根漂泊等问题的描绘,以及对研究对象从本地礼俗社会到美国城市法理社会的过程中,失去传统社区保护和家庭紧密联系,产生连绵不断的生活、行为和心理冲击的深刻分析,是否也符合对现阶段中国城市流动家庭和人口,尤其是哪些不得已进入城市环境而后又成为单亲贫困母亲的描述与探析?这些问题的深入思考与探索构成了相关研究和撰写《从"脱嵌"到"再嵌"的张力及困境——个体化视角下的单亲贫困母亲生命故事分析》一文的起点与基调。

一、从表面描述到深度描述

对于已婚女性进入城市"沦为"贫困人士或单亲贫困母亲已有一些研究,但

---

① 阎云翔:《中国社会的个体化》,陆洋等译,上海译文出版社2012年版,第344、375、377页。

它们大多数停留在对研究对象的现状、特点及影响因素的探索,或者至多增加一些实证资料用以证明研究的可信度或说服力。然而,事件/行为/现象究竟是如何发生的?与整个社会或时代背景又有什么勾连?在这个过程中研究对象又用什么方法来应对几乎无法反抗的外在力量?等等,对此,有关问题现状和特点之类的表面描述根本无法企及亦难以达到对研究对象及其行为的深层理解。

正因为如此,势必需要借助或运用某些概念工具或理论视角,通过深度描述来达到对研究对象行为的发生和发展、行为发生及演变与生活和社会环境的联系、研究对象在外在力量的压力或压迫情境下个人行为的策略性采用等一系列现象的深入把握与理解,由此,生命历程理论进入了研究者的视野。

生命历程理论有四个核心主题,第一,历史时空中的生命。个体的出生和生命嵌入特定的历史阶段、社会环境和空间地域,其生命历程的内容与过程深受影响。第二,具有选择主动性的行动主体。在特定的社会环境中,个体并非机械、被动地接受环境的影响而是具有选择的能动性,该选择除了受社会历史条件的影响之外,还受到个人经历与个体主体性的影响。第三,相互联系的生命。个体生活在特定的社会网络之中获取资源、完成义务并与网络成员及重大生命事件相互影响。第四,生命的时机。重大社会历史事件及个人生活事件对个体产生怎样的影响,不仅关联事件的内容和性质,更取决于它发生时个体所处的生命阶段。

无疑,生命历程理论为本文的"深描"带来"抓手"和方向,上述四个核心主题能够比较精确地指引本研究去探索个案在"'为自己而活'的开始、'被迫转换和主动选择'的职业生涯、'无奈选择'、'始料未及'的'自由婚姻',以及'曲折复杂'的户口之旅"等一系列生命历程中的重要人生阶段及其重要事件,它们发生的时代背景、动力机制、个体挣扎及与环境的相互作用,以及陷入贫穷和困难的社会因素,等等,由此,勾勒出单亲贫困母亲在城市化推动下个体生活的深层图像,以及揭示"人在情境中"和"个人的就是政治的"的社会意涵。

大多数情况下,社会工作论文到此即鸣金收兵,但是,如果不对研究对象的问题或需要以及产生的原因进行更加深入的分析、解释与诠释,那又如何在此基础上制定更加具有针对性、恰当的服务方案或提供相关政策订立的参考意见?

二、从深度描述到深描诠释

一篇好的社会工作论文同样需要对经验现象予以概念提炼、逻辑分析和理论解释,这就让文本叙述进入了"深描诠释"的层次。本文认为,"深描诠释"的基础是"深描"而重点是"诠释"。诠释至少有两个层面的涵义：一是理论解释、诠释以及对经验现象的再概括和言说；二是将"深描诠释"视为一种整合互动、脉络与历史的过程，目的在于了悟行动者的主观意义并进而理解这个主观意义在社会生活世界中的客观意涵。①

对于单亲贫困母亲的生命历程的"整合互动、脉络与历史的过程"的诠释，本文在"深度描述"向"深描诠释"转换时既已展开如此阐述，然而，对个案在经济增长和城市化驱动下从农村流动到城市并最终成为单亲贫困母亲的过程，是否可以有更深刻、更概括化的诠释？无疑，个体化理论提供了一个极其有用的视角。基于个体化理论展开考量与诠释，对单亲贫困母亲生命历程可以理解成个体在市场力量的裹挟之下，从原有的计划经济体制、集体主义生产方式、农村宗族（家族）主义生活方式及其所拥有的稳定感、安全感中脱离出来，主动或被迫卷入到新的市场经济体制、城市化的生活方式、完全陌生的社会网络之中，开始了艰难而又无助的自我选择、自由竞争、自我负责的过程，实质上这是一个从"脱嵌"于农村到"再嵌"入城市的过程，是从旧的控制到新的控制的过程，是从没有选择到被迫的、没有参考和空间的"自由"选择的过程，是从社会责任（风险）到个人责任（风险）的过程，是从旧的不平等到新的不平等的过程。尤其令人不忍的是，个案及所代表的一个群体在"重新嵌入"新机制的过程中，到处是城市的排斥以及陷入的冲突、困境，迄今为止，她们仍未真正实现"再嵌"与重新制度化，仍然处在"不再与尚未"（no longer not yet）的两难困局之中。

对单亲贫困母亲生命历程的深描诠释让人看到 100 多年前《移居欧美的波兰农民》一书所刻画的社会景象，而个体化理论又在生命历程理论四个核心分析主题之上进一步揭示了这个社会景象的一个实质：城市化驱使个体不由自主地从"脱嵌"进入不由自主的"再嵌"过程之中，并由此构建了本文完整的研究分析框架。

论文明显的不足在于：第一，Giddens 指出，做研究应有三种社会学想象，一个是历史的想象，一个是人类学的想象，一个是批判的想象。本文具有些许批判的想象，但是另外两个想象尚不足够；第二，限于篇幅，论文只能从 15 个案例中选用两个个案，从而大大限制了深度描述的"深度"与深描诠释的"厚度"。

---

① 邹川雄：《生活世界与默会知识：诠释学观点的质性研究》，收录于齐力、林本炫编：《质性研究方法与资料分析》，台湾南华大学教育社会学研究所 2003 年版。

改良的认知行为治疗小组对中国老年人阿尔茨海默症焦虑的干预有效性[*]

安秋玲[**]

摘要：本文以发表在英文期刊的《改良的认知行为治疗小组对中国老年人阿尔茨海默症焦虑的干预有效性》[①]为样例,来说明干预类论文的写作过程。相对而言,干预类论文结构固定、术语统一,写作的过程就是对实践的呈现,因此实践的专业性也就直接决定了发文的可行性。论文写作的重点会放在结果及对影响结果可信度的汇报方面,也就是论文的方法与结果部分。在结构上,样例论文包括引言、方法、结果和讨论四部分。引言,以综述形成呈现本研究的必要;方法,说明研究设计与测量设计;结果,以统计呈现出干预的效果;讨论,对结果达成与否的思考及本研究展望与不足的说明等内容。干预类论文成文需要以专业的干预实践为基础。干预类论文的意义在于分享和讨论开发的干预服务项目,为学界与实务领域后续开展直接服务奠定基础。

关键词：社会工作干预;有效性;论文结构;实践

---

[*] 原载 Journal of Affective Disorders, 2020 年第 274 卷,第 76—84 页。

[**] 安秋玲,女,博士,华东师范大学副教授,美国北卡大学教堂山分校访问学者,上海市"浦江人才"学者。主要研究方向为精神健康社会工作、社会工作专业化发展等。在《社会科学》等国内外核心期刊上发表学术论文 30 余篇,发表专著《社会工作者实践性知识研究》《青少年同伴交往与自我同一性发展研究》,参与编著 3 种,独立译著 1 部。主持国家社科基金项目、教育部人文社会科学研究青年基金项目等。

[①] 原文请参见: An, Q., Wang, K., Sun, F., & Zhang, A. (2020). "The Effectiveness of Modified, Group-based CBT for Dementia Worry among Chinese Elders". *Journal of Affective Disorders*, 274, 76—84. https://doi.org/10.1016/j.jad.2020.05.054.本书中因版权原因,未收录原文。

 **方法谈：**

踏实实践，规范写作——社会工作干预论文的写作

本论文针对老年人存在的脑健康焦虑，即老年人对自己可能会患阿尔茨海默症的焦虑，运用认知行为治疗小组开展了干预，并探究该干预的有效性。干预类研究论文直接源于实践服务。从实践执行到论文文本呈现，二者的逻辑一致，仅文本呈现依论文主题而对实践过程的反映有侧重和取舍。

本论文侧重干预有效性的研究，是一个较普遍化的写作视角。论文关注实施的干预效果如何以及如何确定效果的达成是干预的结果。为了呈现这一主题，论文结构分为引言、方法、结果、讨论四个部分，展示出的逻辑脉络是：研究了一个重要问题，运用了专业的方法，取得了有效的结果，反思结果继续前进。

首先，从选题来看，本论文选题直接源于社会工作一线，是社会工作实习生在实习过程中真切感受到的一个现实问题。在老年福利机构中，健康老年人和患阿尔茨海默症的老年人共同生活在一个空间中，耳闻目睹"痴呆"的高发性和严重性，很多老年人也担心自己"痴呆了"或"会痴呆"等。实习生们感受到老年人的焦虑。但是在定位这一问题是否是一个真问题时，我们又在机构内进行了访谈调查，同时深入查询相关文献。结果发现，这种焦虑对老年人健康的影响很大，甚至会直接影响到老年人患认知症。鉴于当前的普遍性及后续的风险性，我们将老人对自己会患阿尔茨海默症的焦虑，即脑健康焦虑，作为干预的问题。实践中的问题选题，反映在论文结构中，即论文的引言。在引言初始，通过呈现事实数字，如问题的发病率、流行率来显现研究问题的重要性；通过综述已有的研究，说明本研究在现有的知识体系中的位置，进而奠定了整个研究的背景和意义等。

理论的选择，在本文中，主要是指干预运用到理论视角。虽然"条条大路通罗马"，但是选择一个契合的、可行的、且对研究者来说有熟悉优势的理论依然是有些难度。理论不但能解释问题形成，同时也能承前启后，决定后续干预材料的研制。本研究选择了认知行为理论，同时也基于人群的特殊性，采择了认知行为理论的关键要素，而修订了其不适合中国文化的部分程序。本部分理论的选择

和修订阐释,均放在了文中的第一部分,即引言中进行介绍。

其次,是方法部分,这是论文的重点之一,在本文的第二部分。因为方法的选择与使用会直接决定后续结果的可信度,因此,在文本中详细介绍了干预研究所必需的环节和步骤,这是干预类论文的固定格式。在本部分,我们详细说明了干预实施的环境与样本人群、干预设计、干预内容、干预实施者、数据的收集与测量等内容。需要强调的是:① 前期理论选择所决定的干预内容,也就是理论和文本的一致,在本部分显现出来。在干预内容方面,我们以改编的太极拳带动大家学习新行为,以知识教育环节推进认知的重构。我们在理论的支持下,有知识学习、有运动,有基于运动的小组讨论,这使小组动力有载体可寻,推动建立了小组内的支持互动关系,显现出理论和文本、理论和实践的融合。② 数据收集与结果测量中,工具的确定是非常重要的环节。在本研究中,我们使用了量表测量了脑健康焦虑、对阿尔茨海默症的知识、脑健康观念等,后续结果统计奠定了基础。建议选择适合的测量工具,如无可直接使用的工具,可以通过改编或编制来进行。整体来说,在干预类论文中,测量而非描述类的工具,更有利于后续的统计与撰写论文。

再次,是结果部分,在论文的第三内容板块。本部分作为论文的重点内容,需要以严谨的统计计算来展示干预的结果。在本文中,我们使用了描述统计呈现干预中实验组和对照组的基本背景信息。使用差异检验对实验组和对照组的变化差值进行检验,以确认在随机对照实验中,二者在假设其他方面都保持一致的情况下,是否因干预而使实验组发生变化。使用敏感性分析和异质性测试,在控制一定的变量后进行回归分析,确认检验干预结果是否受各类变量的影响,以有利于推论干预过程与结果之间的因果关系。在本文中,我们的干预显著降低了老年人对脑健康的焦虑。在干预类论文中,统计分析方法与指标的选择,受数据的影响,也受到作者团队统计力量的影响,因此建议在研究团队中纳入有统计学背景的专业人员,以更深入更准确地呈现干预结果。

最后,也就是本研究的讨论部分。我们对干预结果进行讨论,包括有效结果之所以有效与干预设计的关系、未达成假设的结果产生的可能成因、研究中蕴含的一些有待深入研究的主题、研究的局限性以及最后再次重申本研究的意义及展望未来可发展的方向等。本部分可以有更多对话的可能性,也就是通过引用、比较本研究结果与其他研究之间的关系,来实现研究结果的解释与讨论等。

成文得之容易,但实践过程不容易。本文对我而言,是一个"有意为之"的过程,一直希望在社会工作服务领域突破现有的"小组活动"状态,做专业的干预研究。因此,在实践过程中,就尽量注意做到干预研究所要求的规范。确认问题、厘清问题理论、形成项目理论、落实干预手册、培训干预成员、扩大干预机构与样本——即科学设计、保真执行、数据充足、团队合作,经历了困境也感受到了惊喜,最终有了本文。本研究遗憾没有追踪收集评估数据,但立足于本干预项目,后续仍在机构中以视频形式持续进行,推动了老人们去积极生活。

第三编　学术写作的思考

论文写作思维的转换：从"表达自我"到"为读者创造价值"

项 军[*]

> 任何一位作家，牢记他的受众是什么类型的人，并且真正地为他们所想，是非常重要的。
>
> ——赖特·米尔斯《社会学的想象力·论治学之道》

一般认为，写作就是把自己头脑中的所思所想用文字的形式表达出来。因此，写论文也不过就是把我们做了什么，回答了什么问题，怎样回答的，发现了什么等——呈现出来而已。然而，果真如此吗？本文认为，上述对于写作的认识仅将其视为"表达自我"，是以作者为中心的叙述，而在学术论文写作中却需要转变我们的思维方式，转变为以读者为中心的写作，核心目标是"为读者创造价值"。

一、"表达自我"与读者偏好

我们在写论文或做学术报告时，一般都会有一种"线性"思维方式，依次呈现研究的背景、问题、概念、理论、数据和发现等。这种表达方式类似于盖房子，先建立稳固的根基，再一层层累积，强调结构的稳定性与内容的连贯性，显得四平八稳。

---

[*] 项军，男，香港中文大学社会学系博士，上海大学社会学院讲师，兼任长三角社会学论坛秘书。主要研究社会分层与流动、社会心态、青年社会学等。"香港政府奖学金（HKPFS）"和"ICS 香港中国研究奖学金"获得者。先后在《社会学研究》、《社会》、《社会发展研究》、*Research in Social Stratification and Mobility*、*Chinese Journal of Sociology* 等期刊上发表论文数篇，主持多项国家级与上海市级哲学社会科学基金课题并入选 2018 年上海市"超级博士后"激励资助计划。曾在美国人口学会（ASA）、国际社会学大会（ISA）、国际华人社会学学会（ICSA）等国际学术会议报告研究成果。

然而，这样的表达可能存在风险，如果作者呈现的内容并非读者所感兴趣的，读者就会觉得这样的叙述虽四平八稳，却也显得平淡无奇，索然无味。因为这样的表达仍以作者为中心，并未充分考虑读者的感受。善于讲故事的人一般都以读者为中心，紧密注视着读者的反应，充分调动读者的好奇心，一步步引导读者去探究研究问题的答案。

读者的阅读特点是喜欢猎奇，期待见到矛盾和冲突，这在小说、电影和戏剧欣赏中就易于理解。如果作者一味"表达自我"，内容平铺直叙，平淡如水，那读者的猎奇与寻找矛盾冲突的心理得不到满足，就可能觉得索然无味，丢弃如敝履。

二、研究难题与学术价值

那么，如何找出学术论文的"矛盾冲突"，抓住读者的心理呢？本文认为，通常能吸引学术论文读者兴趣的矛盾冲突是这一文章在既有的研究文献中所要处理的研究难题（research problem）。我们要在文章中清楚地呈现，在过往的研究文献中，针对我们关心的研究议题（research topic），哪些难题是尚未得到有效解决的。由于这一难题尚未解决，会产生哪些损失；如果它被解决了，又会带来哪些收益。

只有清楚交代了这些内容，才能凸显本文的学术价值。否则，读者可能会问，我为什么需要读这篇文章呢？不读这篇文章对我又有什么损失呢？论文的学术价值和意义恰恰就体现在对既有难题的回应上，或提供了新的理论框架和视角，或发现了新的结果，或纠正了已有研究中的偏误，等等。

与此相关，文献综述是论文写作中不可或缺的重要组成部分。但很多研究生在论文撰写中往往无法有效地区分"自学式文献综述"与"研究式文献综述"的差别。"自学式文献综述"，顾名思义，就是研究者为了解某一研究领域，自己对这一领域的文献发展脉络所进行的梳理。然而，这类综述却并不适用于研究论文，因为研究论文需要的是"研究式文献综述"，重点应是能通过对文献的综述，呈现出已有研究的难题，而这一论文正是要回应这些难题，这样才能突出本研究的意义。不难发现，这两类文献综述背后的动机恰恰对应于"表达自我"和"为读者创造价值"。

三、"别人没做过"就一定有学术价值吗?

尽管对研究难题的呈现和回应是体现一篇文章学术价值的关键要素,我们却看到很多文章在评述已有研究时,通常会写:"已有研究尚未对本文的研究问题予以关注或较少关注",随即将其视为支撑本篇研究的充分理由。且不说是否真的无人研究过此问题,就算真无人研究过,我们也要问,"以前没人做过"或"别人不知道你的结果"是否就表明你的研究有充分的学术价值呢?

诚然,这一研究问题(research question)可能确实以前没人做过,但没有做过的问题很多,读者为何就需要关注这一问题呢? 这一问题可能跟他们并没有关系,也不能改变他们对于这一议题的既有看法。换句话说,前人没做过本身并不能自动证明其价值,因为它并未讲明对这一问题的分析和解答与既有研究有什么关系,是否是在回应已有研究中某个尚未被解决的难题? 如果未解决这一难题,又会产生哪些后果?

坦白说,如果不能清楚地呈现你的研究是解决已有研究的哪些难题,你的研究就很难具有累积性,其对既有研究的贡献和价值也就大打折扣了。只有讲明你的研究是在回应哪些难题,才可能唤起读者阅读的兴趣,也才能体现出你研究的学术价值。

四、推进学术对话,改变读者认知

既然论文的价值体现在其对既有研究难题的回应上,这就表明论文的价值并不体现在"自说自话",而体现在与其他研究的"对话"上。学术论文的本质就是参与到一场学术对话中去。相应地,论文的撰写过程本身也是作者在与读者头脑中的知识进行"对话"。本文赞同莱瑞·麦克纳尼(Larry McEnerney)教授的观点,他在芝加哥大学从事学术论文写作的教学工作多年,他认为,学术论文最大的意义在于改变读者认知世界的方式,推进学术对话,为读者创造价值(create value for the readers)。

一篇好的学术研究,不是分享作者的个人感受或表达你做了什么。小说、诗歌等文学作品往往是作者个人情感和价值的表达,其终极追求是善与美。但学术论文却不同,它追求的是"真"——真相、真实和真理。因此,学术作品中常要评断对错,探求真相。而在追求真相的道路上,一定会面对前人既有的认知、理解和发现,是站在前人的肩膀上做研究。故此,作者就有必要告知读者,针对某一议题,既有研究已经走到哪里了,遇到哪些棘手的难题,本研究要回应哪一难题,并如何回应。

因此,研究的价值就体现在通过回应既有难题,能够将学术对话向前推进,而前提是作者要非常了解某一议题的研究进展,学者们正在争论什么。在这个意义上,评价一个学者的价值也经历了一个转变。在传统社会中,判断一个学者的水平高低,主要看他头脑中的知识储备,是否为"博学多识之士"。然而,现今社会由于信息爆炸,知识更新速度快,知识获取便捷,评价学者价值的标准也发生了变化。现在评判学者的水平主要看其是否熟知前沿学者的头脑中在想什么,他们之间在争论什么,是否有能力在争论中提出创新性的观点和发现,从而改变人们的既有认知,使学术对话持续推进下去,这是评价现今学者学术水平的核心标准。由此就不难理解,为什么一些当时很热的学术论文,当其完成了其推进学术对话的历史使命后,往往也就逐渐被人淡忘了。

五、为读者创造价值!你了解你的读者吗?

一篇研究论文对学术界的贡献体现在是否将学术对话向前推进,但再大贡献的论文最终也是要写给读者看的,是与读者"对话"的过程。因此,学术论文的价值最终体现在改变读者对世界或某一研究议题的既有认知上。对读者既有认知的影响和改变越大,这篇论文的价值也就越高。在这个意义上,研究的价值就体现在改变读者的认知,而这就是在"为读者创造价值"。

既然想要改变读者的认知,就需要了解我们的读者。学术论文的读者可能是期刊编辑、匿名评审人、专家学者、同行或部分公众等。我们就需要自问:"我真的了解我的读者吗?"事实上,我们读研究生期间,除了学习理论与方法外,一个重要的学习或者说耳濡目染就是通过阅读经典和前沿学术论文,熟悉我们的读者,特别是对应的学术共同体,他们的知识背景、研究风格、思维习惯、沟通技巧,甚至脾气禀性。因为只有充分了解了我们的读者,知己知彼,才能将论文的信息有效传达,达到沟通效果,也才能够提升读者的兴趣,有力地说服他们,改变他们的认知,为其创造价值。

大家如果想要学习和检视自己是否已经充分了解了自己的读者,推荐大家阅读一本书——《研究是一门艺术》,是由布斯等几位教授合作撰写的论文写作书籍。他们就极为强调以读者为中心的写作原则。书中列出了一个是否了解读者的检视清单,主要分为四个方面:第一,谁会阅读我的论文?第二,他们使用这篇文章的目的是什么?第三,我预期他们对这篇文章的兴趣,背景知识知多少?第四,读者对我的解答将会作何反应?通过这四个方面来确认我们是否真的了解了读者,这一工作需在研究初期、撰写初稿和修改稿件时分别进行,每一阶段都会有新的感受和收获。

总之,论文写作不是"表达自我",不只是告诉读者你做了什么,而是要呈现既有研究中的难题,从中引导出你的研究问题,并带领读者与你一同来回答这些问题,从而回应了这些难题,从而将学术对话向前推进,为读者创造价值。一句话概括就是,要实现从以作者(writer)为中心到以读者(reader)为中心的论文写作思维的转换。

穿梭于理论与经验之间
——博士学位论文开题与成稿的思考

王元腾*

对于学术工作者来说,博士学位论文不仅是正式告别学生身份的见证,也是迈入独立开展研究新征程的象征,开题报告的构思与写作则是其中的第一步,笔者拟从"过来人"角度并结合论文成稿经历,就此做一些点滴记录。仅就社会学专业来说,穿梭于相互拉扯的理论和经验之间大概是每个博士候选人开题及成稿过程中的焦点,如何平衡二者关系既无法回避,而又较为棘手。接下来,本文将着重从要件构成、必要准备、成稿历程等三个方面介绍个人的心得体会,期待有所启发,但更多的是引发交流和讨论。需要说明的是,笔者的思考以飨读者的同时,也仅代表一家之言,并不具有普世性,也敬请酌情采纳。

一、核心要件的构成:论证"可行性"

不同高校、不同学科、不同学派对博士学位论文开题报告的要求不尽相同,并各有侧重,但基本要件构成却有共通之处。对于社科类研究来说,开题报告一般会由选题依据、研究目的、研究意义、国内外文献概述、主要内容、研究方法、前期准备、预期困难和对策、预期成果、参考文献等多个部分组成。在写作过程中,上述要点的呈现方式无须过于刻板,研究者可以灵活地搭建论述框架。但是,无论何种排篇布局,万变不离其宗的则是学位论文"可行性"的论证。仅从笔者视角来看,除去参考文献在内的程式化内容外,其核心要件可概括为以下三个

---

* 王元腾,上海大学社会学博士,纽约州立大学奥尔巴尼分校联合培养博士研究生,上海社会科学院社会学研究所助理研究员,入选"上海市浦江人才计划"。主要研究方向为经济社会学、组织社会学、社会不平等与主观感受,在《社会》等期刊发表多篇论文。所撰曾获上海大学优秀博士学位论文,主持国家社科基金青年项目、上海市浦江人才计划、团中央重点课题等。

部分。

其一，交代问题意识与研究定位。问题意识，或称之为学术母题，亦即博士学位论文的核心关照，这来源于研究者长期理论积累与经验观察后形成的学术关怀。在笔者看来，问题意识并不是具体经验或理论的研究发问，而是研究者所魂牵梦绕的学术关怀的抽象表征。当然，不同人因个人经历、聚焦议题与研究目的差异而会选择不同的学术旨趣，既可能是延续三到五年的聚焦，又或许是数十年的追问，还可能是终其一生的思考。同时，研究定位是问题意识的直接体现，也是研究者试图遵循和发展的学术脉络。在开题报告的开篇论述中，问题意识可作为暗线处理（甚至无须直接表达），但需交代何种历史或现实背景下选择何种研究脉络下的具体研究议题，此为研究定位。从文献述评（学术史梳理及研究动态交代）中引出"别人未曾研究"的议题作为出发点，属于对研究定位必要性的论证。就笔者的开题报告而言，社会剧烈转型中"情理与正义"间相互纠缠为核心学术关照，遵循经济社会学研究脉络，既有理论范式在行为假定、理论构件、建模方法的梳理自然不可回避，并由此论证了探索性构建——"利益—规范"双重博弈均衡——理论模型的必要性。因此，在与既有研究对话中找到合理突破口后，问题意识与研究定位也就给出了"可行性"的论证。

其二，说明研究问题与方法选择。研究设计是将研究定位加以落地的详细安排，最需要说明的是研究问题及其与之匹配的方法选择。在笔者看来，好的研究问题往往是"悖论性"发问，回应那些看似无法解释的现象更容易引发读者的兴趣，可分为理论发问、经验发问、方法发问等多种形式。以经验发问为例，可采用相同条件下为何不同主体做出迥异的策略，同一主体为何在不同历史时期做出了差异化选择等发问方式。在确定研究问题之后，研究设计部分还需要交代有助于研究目的达成的具体研究方法，如理论辨析、定性调查、量化分析、历史比较等，综合采用多类型的"混合研究方法"也开始被学界倡导。笔者的博士论文属于偏重理论的研究，将构建"利益—规范"双重博弈均衡理论模型的研究定位拆解为三个具体研究问题：持有利益和规范偏好的微观行动者的考量决策逻辑，微观行动者之间互动策略与社会结果间关系，社会变迁对决策与互动的形塑机制等。在具体落地上，因可折射出利益与规范复杂交织的经验现实，笔者以"城市流动儿童义务教育同城待遇的历史实践"为典型经验对象。同时，采用可更好捕捉行动者具体考量的定性调查与历史比较为主要研究方法，试图挖掘行动者在不同历史情境变迁中互动博弈过程（利益与规范的制度来源与策略权衡）

及其产生的社会结果(教育供给格局及其变迁)。可以说,研究问题与方法选择的匹配是论证研究设计"可行性"的必要条件。

其三,介绍资料获取与计划安排。对以实证为旨趣的社会学研究来说,相对充足的研究资料自然是开题报告必不可少的要件,这事关后续研究能否顺利地继续开展。若暂且从质性与量化两大研究风格来看的话,质性研究需要交代田野资料获取的可及性,如有何种熟悉程度的田野报告人、何种关系密切的调查引荐人、可获得多少以及何种程度的关键材料等;量化研究则需要说明所用数据库基本结构、自建数据库的预备方案、关键变量操作化题器构成等。除了资料可及性的说明之外,开题报告还需要交代后续推进的详细时间表,如文献梳理与跟进、录音转稿或数据分析、分析框架搭建与打磨、初稿撰写与修改等具体环节的时间节点,并对可能遇到的困难做出提前估计,且针对性给出应对性方案。如果说问题意识与研究定位、研究问题与方法选择衡量的是开题报告的潜在学术价值,那么资料获取与计划安排展现的则是研究者独立推进研究的能力,是对研究者能否顺利完成开题到成稿的"可行性"论证。

上文所述的三个要件大体涵盖了开题报告在论证研究设计"可行性"的关键内容,均不可缺少,但完美符合却较难实现,毕竟尚未研究仅处于起始阶段。相较而言,问题意识与研究定位关乎成稿之后的潜在学术价值,故需对此分配更多的注意力,予以加强论证会起到事半功倍的效果。

二、理论与经验的准备:至少一个"在路上"

开题报告谋篇布局的核心在于论证后续开展的"可行性",理论准备与经验储备的论述不仅是其延续,也是为答辩老师和其他读者提供更具建设性意见的良机。不同研究者面对同一理论脉络或经验现象时会给出不同的观察视角和解读方式,理论准备和经验储备的思考与呈现有助于研究者获得来自学界前辈与同侪学人的灵感刺激,达到完善研究设计的效果。由此,在开题报告撰写和答辩时,理论准备和经验储备至少需要一个"在路上"。

一方面,"在路上"的理论工作准备。包含既有文献述评、分析视角选择、研究脉络梳理在内,但又不局限于此的理论工作准备,不仅反映了研究者对特定领域的知晓程度,也预示着论文成稿之后的潜在贡献可能。但受制于尚不成熟的研究视野所限,开题报告人可能存在驾驭理论生疏的可能。对此,开题报告在翔实而逻辑地呈现已经做的理论工作(如：理论脉络的核心关照、不同学者的争锋之处、最新研究的进展情况、留下哪些待推进议题、这些议题的潜在学术价值是什么等)的同时，也需要诚恳地交代目前存在的局限。以笔者经验来看，如果不能提前暴露理论驾驭短板的话，后续成稿过程中可能会走更多的弯路，但这并不意味着在没有实质努力付出情况下泛泛而谈，甚至百般狡辩，以图临时蒙混过关。需要提醒的是，开题报告中遇到的质疑和提醒若不加以正视，成稿时更不可能轻易应付过去。与其如此，不如将"工夫"尽量做在前边。因此，答辩人可抓住公开答辩汇报的机会，保持开放性吸纳的态度，坦诚地交代所作理论辨析的不足之处，多多征求学界前辈与同侪学人的意见，记录和回应各种建设性意见。

另一方面，"在路上"的田野工作储备。无论是数据分析，还是定性调查，均可宽泛地被视为"田野工作"，开题报告的重要工作在于呈现来自经验事实观察的"初步发现"。仅以定性研究为例，开题报告最好围绕以下要点展现已经准备的田野工作，如访谈或接触了哪些关键人、捕捉到了何种关键信息、观察到哪些有意思的点、发现了何种反常性案例、遗留了什么待解的疑问、跟进获取后续资料的可能性等。只有在开题之前已处于田野工作"在路上"的状态，才能在开题报告中汇报更多的有效信息，也更可能激发读者或听众的思想火花，交流讨论才具有针对性。如果开题报告只是处于某种田野想象阶段，而并未在此之前做好初步准备工作，不但自己会对研究设计可否落地有所心虚，而且也无法向读者证明是否具备成稿潜力，更遑论获得建设性意见的可能。

当然，作为相对不成熟的博士研究生来说，开题报告对理论准备和经验储备的完备呈现并不现实，也过于苛刻，但至少一个已经"在路上"则可较好地交代研究计划落地的可能性。换言之，博士开题报告至少需要说明在理论或经验上已经做好准备，要么展现出对相关研究较为精确的把握，可以找到对话推进的学理贡献可能；要么已前期开展了部分田野工作，对经验事实已较为熟悉，可以进一步挖掘丰富的资料。

三、从开题到成稿：寻找"适切性"

开题报告撰写是完成博士学位论文的基础，但正所谓"计划不如变化大"，所设定好的研究计划往往会在正式成稿前经历诸多变动与调整，处理理论与经验之间的关系想必曾困扰过绝大多数写作过程中的博士研究生。最为常见的是，当收集了诸多繁杂的研究资料后，面对如何理论化的难题，当扎进理论中万般求索时，又纠结于是否可覆盖经验细节。可以说，理论与经验间的相互拉扯其实是博士论文写作中不断寻找"适切性"的过程。

首先，理论与经验的匹配与试错。对于注重现实感的社会学研究来说，搜集经验资料成为研究者开题报告后无法绕过的核心任务之一，这意味着会进入短则几个月、长则几年的社会调查阶段。面对纷繁复杂的现实生活，既保持捕捉理论的敏感性，又需要兼顾经验事实，二者间的平衡的确不那么容易。以质性研究为例，作为学术新手的博士研究生，访谈或田野中通常不知道搜集何种有用资料，收集资料过少或冗余的担心均会发生。当然，任何理论解释均无法涵盖所有调查资料的细节，不可能搭建可以解释一切经验发现的分析框架；再精细的资料搜集也存在一定瑕疵，不存在完美匹配理论预设的经验材料。但是，带有一定理论预设地开展调查或许是可行方案。在笔者看来，如何达成理论与经验间相互匹配的"适切性"解释取决于问题意识与研究定位的设定。如果是旨在进行理论推进的研究，则无须过多关照所有经验细节，在不违背经验事实的前提下摘选核心要点即可。假若是经验导向的研究定位，需要尽量挖掘事件发生过程及其所涉及多方主体的行为逻辑，尽可能展现故事延展的丰富经验事实。但二者的相似之处在于，理论导向和经验导向的研究定位在写作中均离不开不断试错的摸索，"想好之后再动笔"不如"边想边看，边读边写"更为实际。博士学位论文的成稿过程是一个不断犯错、不断纠正的调试过程，切莫持有一蹴而就或一劳永逸的期待，在尝试多种方案并不断否定自己中找到理论与经验间的适切性匹配可能。或者说，打磨形成逻辑自洽的文稿需要更多的学术耐心。

其次，在回望问题意识中摸索研究贡献。当寻找到理论与经验间可匹配方案后，即可大致用自洽的分析逻辑呈现观察到的经验事实，接下来所面对的则是研究贡献点的拷问。在写作过程中，自觉性较高的研究者面对所搭建的分析框架时会不由自主地产生"so what"的疑问，与导师讨论、学友分享、答辩汇报时，同样的追问也会一直萦绕耳边。其实，这背后指向的是博士学位论文给出了何种"适切性"的研究贡献。一般来说，提供新分析视角、提出新解释框架、引入新分析工具、发现新经验事实等均可被视为研究贡献，均属于"填补空白"的具体表现。同时，研究贡献可出现在问题提出、解释框架、分析工具、结论发现等成稿论文的不同部分，问题意识的突破性则更具基础。但是，当数月时间投入数十万字的写作时，研究者往往会陷入完善具体细节的工作中，常常无法从中抽身，"为何

做研究"也容易被抛在身后,笔者的博士论文写作中也曾有类似体会。在笔者看来,当研究者无法"跳出三界"来审视研究贡献时,不妨先停下来去尝试回望当初的问题意识,如可追问自己为什么做这项研究、最初兴趣点如何产生、哪些要点激励着自己坚持完成等问题。不断地回顾问题意识的方式,有助于从琐碎的写作中重新梳理研究兴趣与议题选择,与其存在"适切性"关系的研究贡献或许会呼之欲出。

最后,厘清解释边界与认识局限所在。从学术史发展来看,学术积累往往是后辈学人在前人给出的解释边界和认识局限基础上继续耕耘推进的结果。无论是勾连理论与经验间的解释框架,还是所宣称的填补空白的研究贡献,其"适切性"均依赖于给出的前提条件,而存在局限性也自然不足为奇。由此,对于具有学术自觉性的研究者来说,博士学位论文的成稿既要给出解释边界,又须认识到自己的局限所在。就解释边界而言,研究者需要在交代前提条件、关键概念定义、逻辑关系推演等基础上给出自己的分析方案,并提供"可证伪性"的研究结论,这将给后续研究留下对话和推进的机会。与此同时,受制于研究定位锚定方向、理论解释视角精准程度、经验资料可及程度等影响,博士学位论文所得到的研结论存在瑕疵也并非不可接受。是故,研究者在认识到局限所在后,可在论文最后给出明确的交代和说明。也就是说,捍卫几经辛勤付出后取得的研究成果固然是学术自信的表现,但切莫过度粉饰或狡辩,承认边界与局限会给后续学术道路以更广阔的发展空间。

可以说,从开题报告的研究计划到博士论文的最终成稿,将不可避免地经历诸多变动和调整,寻找"适切性"成为此过程中的关键词。既要充满耐心地找到理论与经验的匹配方案,也要自信地给出自己的研究贡献,还需要在厘清解释边界中认识到自己的局限。毕竟,博士学位论文仅仅是自我学术道路的起点,跟进性研究还在后面。

一千个读者心中就有一千个哈姆雷特,穿梭于理论与经验之间的讨论或许并没有标准答案,每个经历过博士学位论文开题与最终成稿的研究者均有各自不同的心得体会,也自然有不同的教训或经验。上文所述也仅代表笔者个人的点滴思考和不成熟的看法,虽不具普遍性,但某些要点或仍可有其典型性。法无定法,道无常道,在博士学位论文修炼之路上,各有各的痛点,也各有各的欣喜,多一分耐心少一分浮躁地迎接这一挑战不失为一种选择,而将那些"柳暗花明又一村"的精彩交由时间来见证吧!